허드슨강에서
압록강까지

From the Hudson to the Yalu : West Point '49 in the Korean War,
Published by Texas A&M University Press

허드슨강에서 압록강까지

해리 J. 마이하퍼 지음 • 김만종 옮김

FROM
THE HUDSON
TO THE YALU

법문사

추천의 글

미국 육군사관학교 1949년 졸업생들의 한국전 참전 다큐멘터리인 〈허드슨강에서 압록강까지〉가 한글판 책으로 출간되어 이제 많은 사람들에 의해 잊혀져가는 6·25전쟁 기간 중 우리 혈맹 형제국의 수많은 젊은 초급장교들의 영웅적이고 희생적인 활약상을 접하게 되어 참으로 기쁘게 생각합니다.

특히 이들과 함께, 같은 전장에서 피 흘리며 전투를 치렀던 본인으로서는 옛 전우들을 다시 만난 것처럼 반갑고 한편으로 감회가 새롭습니다.

이 책에는 웨스트포인트를 졸업하고 초등군사반을 수료하자마자 한국전에 투입되어 북한군과 중공군에 맞서 싸웠던 참전이야기들이 실화중심으로 수록되어 있습니다. 그들 대부분은 부대 근무경험은 물론 실전경험이 전무한 어린 초급장교들로서 투철한 군인정신과 세계평화에 대한 신념 하나로 머나먼 이국땅에서 자유를 위해 싸우다 이름 모를 산과 들, 골짜기에서 자신들의 꿈을 펼치기도 전에 산화하였습니다. 본인이 알기로는 1949년과 1950년 웨스트포인트 졸업생들의 절반이 한국전에 참전하였고, 백오십 명 이상이 전사했다고 합니다.

이들의 피와 희생이 없었다면 오늘의 번영된 대한민국이 있을 수 없었음을 많은 국민들이 알고 있지만, 안타깝게도 이들의 고귀한 희생은 잊혀져 가고 있습니다.

아무쪼록 《허드슨강에서 압록강까지》를 많은 사람들, 특히 우리 젊은 세대들이 읽음으로써 한국전이 잊혀진 전쟁이 아니라 우리에게 생생하게 기억되는 전쟁이 되는 계기가 되길 바랍니다.

이 책의 원작자인 해리 J. 마이하퍼 씨와 한국판 출간을 위해 수고하신 관계자들께 심심한 감사의 마음을 전합니다.

마지막으로 이 땅의 자유와 평화를 위해 싸우다 산화한 젊은 영령들의 명복을 빌며 이 책의 한국어판 출간이 그들의 부모와 형제들에게 작은 위로가 되었으면 합니다.

대한민국육군협회장 예비역 육군대장 白善燁

소개의 글

6·25 전쟁 60주년을 맞아 미 육군사관학교 웨스트포인트 출신 미군 초급장교들의 참전담 《허드슨강에서 압록강까지》의 한국어판을 출간하게 되어 매우 기쁘게 생각합니다.

젊은 시절 도미해 고학을 하며 미국에 정착한 저는 항상 '알지도 못하던 동양의 머나먼 작은 나라' 한국을 위해 생명과 젊음, 그리고 자신의 모든 것을 바친 미군 참전용사들에 대해 감사와 경의의 마음을 가지고 있었습니다. 6·25 전쟁 당시 유엔은 창설 이후 최초로 전장에 연합군을 파견했는데, 전투병력을 파견한 16개국과 의료지원단을 보낸 5개국 등 총 21개국이 참전했습니다. 그 중에서도 특히 미국은 가장 많은 군을 파병해 말할 수 없이 큰 국가적 희생을 치렀습니다. 이에 대한 고마운 마음은 이루 말할 수 없을 것입니다.

매년 6·25 전쟁 참전용사들과 그 친지들을 샌프란시스코에 위치한 저희 레스토랑에 초청해 조촐하게나마 '보은의 만찬' 을 대접한 것도 이러한 마음에서였습니다. 스테이크와 연어요리를 와인에 곁들여 정성껏 대접해 드리는 그 자리에서 70~80대의 참전용사들은 하나같이 한국에 대한 지극한 사랑의 마음을 나눠주셨습니다. 재작년 만찬에서도 한 노병이 참석자 모두를 울렸습니다. 그는 휴전 후 1953년에 한국을 떠날 때 폐허로 변해버린 나라의 모습을 보며 걱정과 근심이 가득하였는데, 반세기가 지나 한국 정부의 초청으로 다시 한국을 방문했을 때에는 변화된 모습에 매우 놀라고 큰 감동을 받았다고 했습니다. 게다가 젊은 날 자신의 모든 희생이 결코 헛되지 않았다면서, 감사와 감격의 눈물을 흘렸습니다. 전 참전용사들을 만나뵐 때마다 대한민국에 대한 그들의 사랑에 마음이 따뜻해지지 않을 수 없었습니다.

그러던 중 티모시 노먼(Timothy Norman) 박사님을 만나 한국을 위해 생명을 바친 그의 숭고한 가족사를 듣게 되었습니다. 그의 아버지는 6·25 전쟁 참전용사로 휴전 후 군용기를 후송하던 중 불의의 사고로 목숨을 잃었고, 50년의 시차를 두고 그의 아들 케빈 노먼 대위 역시 한국에서 군용기 사고로 사망했습니다. 특히 아들 노먼 대위의 경우, 2003년 복무 중 군용기가 고장 난 상황에서도 한국 주민들에게 피해를 주지 않고자 주택가를 피해 추락하여 결국 산화했습니다. 저는 그의 고귀한 희생이 이대로 잊혀서는 안 된다는 생각에 충남 아산을 방문해 노먼 대위 추락사에 대한 주민들의 목격담을 수집했고 한국과 미국 정부에 자료를 제출했습니다.

이후 노먼 대위가 사후 6년 만에 미국 정부로부터 공군수훈십자훈장(Distinguished Flying Cross)을 추서받고, 한국 정부로부터도 감사패를 헌정받게 되니 참으로 기쁘기 그지없었습니다. 앞으로 진정한 영웅인 故 케빈 노먼 대위의 희생이 한국에서 더욱 기려질 수 있기를 바랍니다.

故 해리 J. 마이하퍼 대령님의 《허드슨강에서 압록강까지》를 만나게 된 것도 티모시 노먼 박사님의 소개를 통해서였습니다. 전 이 책을 작년 서울 방문기간 중에 읽게 되었습니다. 학교 졸업 직후 전장에 투입된 웨스트포인트 1949년도 졸업생들의 생생한 6·25 전쟁 참전담이 유머러스하면서도 진실되게 기록된 이 책을 집어든 순간 깊은 감동 가운데 단숨에 읽어내려 갔습니다.

책의 저자 마이하퍼 대령님은 자신을 포함한 1949년도 졸업생들의 경험담을 꼼꼼히 수집하여 6·25 전쟁 전개과정에 맞춰 풀어냈습니다. 대부분이 20대 젊은이였던 웨스트포인트 1949년도 졸업생 참전자들은 자신들 중 많은 동기들이 죽거나 부상당하거나 작전 중 실종되는 비운을 지켜봐야 했습니다. 우리 주변의 아들, 형, 동생, 친구와 조금도 다를 바 없는 꿈과 웃음, 눈물을 가진 앞날이 촉망받는 젊은이들이 하나둘 한 나라의 자유민주주의 수호를 위해 결연히 목숨을 바쳤습니다. 천안함 사건으로 아름다운 우리 한국의 젊은이들 46명이 전사하여 전 국민 안에 깊은 애도가 가득한 이때, 60여 년 전 6·25 전쟁에서 사랑하는 아들, 남편과 아버지를 잃은 미국 국민들의 형언할 수 없었던 슬픔을 상상해볼 수 있습니다(당시 미군 전사자는 36,940명, 부상자는 92,134명, 실종자는 3,737명, 포로는 4,439명에 달하였습니다).

저는 책을 읽은 후 저자와 직접 통화를 하고 싶은 마음에 곧장 미국으로 전화를 걸었지만 전화를 받으신 마이하퍼 여사님은 부군이 몇 달 전에 세상을 뜨셨다는 안타까운 소식을 전하셨습니다. 전 그녀에게 대령님을 비롯한 많은 참전용사들의 숭고한 삶의 기록인 이 책을 한국어로 번역하여 출간하면 어떻겠냐고 제안했고 승낙을 받게 되었습니다.

한국전에 참전한 미군들의 희생을 담은 이 귀한 책이 이 전쟁을 직접 경험해보지 못한 젊은 세대들에게 널리 읽혀졌으면 하는 간절한 바람에, 한국 국민들에게 참전용사들의 아름다운 사랑의 마음을 알리는 일이 그 어떤 것보다 훨씬 더 보람된 일이라 생각합니다.

현재 한국전참전기념비를 샌프란시스코의 금문교 부근에 건립하려는 사업이 제가 소속된 한국전참전기념비 건립사업회(Korean War Memorial Foundation)를 통해 진행되고 있습니다. 6·25 전쟁 60주년을 기념해 시작된 본 사업을 통해 세워질 기념비는 동부 워싱턴 D.C.의 한국전참전기념비와 같은 기념비가 될 것으로 생각하며, 한미 정부를 비롯, 양국의 저명인사들, 기업들, 우리 국민들이 이 사업에 많이 참여하실 것으로 믿고 있습니다. 《허드슨 강에서 압록강까지》 독자 여러분들도 보은의 마음을 아름다운 역사적 조형물로 표현하려는 이 사업에 많은 관심을 가져주시면 감사하겠습니다.

글을 마치며 원저자의 미망인으로서 한국어판 출판작업에 협조를 아끼지 않으신 마이하퍼 여사님, 책을 소개해주신 티모시 노먼 박사님, 원고를 미리 읽어보시고 추천의 글을 작성해주신 6·25 전쟁영웅 백선엽 장군님, 출판작업을 위해 수고해주신 법문사 배효선 사장님, 전충영 상무님 이하 모든 직원분들, 판권을 허락해준 텍사스 A&M대학교 출판사와 담당자 린다 살리트로스(Linda Salitros) 씨, 금번 출간작업을 위해 필요한 사진자료를 제공해준 미 육사 및 담당직원 수잔 크리스토프(Suzanne Christoff) 씨와 캐시 마드릭(Casey Madrick) 씨, 연락망 역할을 담당해준 JK 벤처스의 조이스 G. 컨(Joyce G. Kern) 여사님, 번역 및 행정작업에 도움을 준 김영빈 씨와 남편 임형진 씨에게도 심심한 감사의 마음을 표합니다. 특히 처음부터 이 책의 번역작업을 격려해주시고, 백선엽 장군님께 이 책을 소개해주셨을 뿐 아니라 군대 전문용어들까지 검토해주신 아산 미군기지의 임종관(Tiger Lim) 씨에게 진심으로 감사를 드립니다.

이제 오랜 번역작업을 마치고 책의 출간을 앞두니 감개무량합니다. 아무쪼록 피와 눈물과 땀이 담긴 6·25 전쟁 역사의 생생한 증언서인 이 책이 젊은 독자 여러분께 널리 읽혀, 6·25 전쟁 60주년을 맞아 6·25 전쟁 실태를 알게 되고, 우리나라를 위해 생명과 젊음을 바친 무수한 참전용사들에 대한 보은의 마음이 더 깊어지는 계기가 되기를 바랍니다.

김만종

들어가는 글

1945년 7월 제2차 세계대전 종결을 얼마 남겨두지 않은 때라 긴장했으나 희망에 부푼 천이백 명의 젊은이들이 사관생도 군단에 합류했다. 하지만 그로부터 우리의 수가 점점 줄어들어 4년 후 졸업할 무렵에는 574명만이 남았다. 그 4년의 기간 동안 우리는 최상의 군사훈련을 받았다.

우리는 신입생 시절의 혹독한 훈련을 함께 이겨냈고, 대학 미식축구 역사상 최고라 할 수 있는 몇몇 팀들에 환호했으며, 학업을 붙들고 씨름했다. 그리고 마침내 우리를 영원히 '웨스트포인트 1949년도 졸업생'으로 기록할 졸업장과 졸업반지를 받으며 졸업했다. 육사의 교훈인 '의무, 명예, 조국'은 재학기간 우리 가치체계의 일부가 되었고 '동기'라는 단어 또한 특별한 의미를 가지게 되었다. 졸업할 때까지만 해도 아직 그 의미의 중요성을 충분히 깨닫지 못하고 있었지만 말이다.

이 책을 쓴 정확한 동기는 말하기 어렵지만, 확실히 말할 수 있는 한 가지는 한국전에 참전했던 1949년도 졸업생들을 기념하기 위해서라는 것이다.

그들 중 많은 이들이 지금은 '잊혀진 전쟁'이 되어버린 이 전쟁에 자신의 목숨을 바쳤다. 전투라는 굉장한 도전들에 맞설 수 있도록 우리를 도와준 친구이자 교사였던 위대한 부사관들에게 감사를 표하고자 하는 마음도 이 책을 쓴 동기다. 마지막으로, "그것이 거기 있기 때문에" 에베레스트 산에 오르고자 시도했다던 한 산악인을 떠올리면서, 어떤 일들이 일어났기 때문에 그것들을 묘사해야 할 필요성이 있다고 생각했다. 기록되지 않는다면 어떤 행위들은 잊힐 것이고, 그러므로 그 희생을 감사히 여기지 않을 것이다.

당시 상황들이 이 책에 기록된 그대로였는가? 오랜 세월이 흐른 지금, 내가 말할 수 있는 것은 "나는 그렇다"고 믿는다는 것이다. 내 자신의 이야기를 포함한 이 책의 이야기들은 진실하게 증언된 것들이고, 만약 이것들이 실제 상황에 대한 정확한 반영이 아니라면, 이것들은 풋내기로서 때로는 겁에 질리기도 했던 일련의 중위들이 지각했던 그대로라는 것이다.

해리 J. 마이하퍼

차 례

From the Hudson to the Yalu

졸업 후

1950년 6월 ~ 7월

1

더그의 용기에 대해 의심하는 이는 아무도 없었지만, 그의 다음 행동은 가장 절친한 친구들까지 숨 막히게 했다. 그것은 그가 전장에서 보여준 그 어떤 행동들보다도 더 대담한 것이었다.

1949년 6월 7일 (우리 동기들이) 웨스트포인트 육군사관학교를 졸업할 무렵, 더그 부시는 이미 전설적인 인물이 되어 있었다. 제2차 세계대전 당시 더그는 열여덟 살의 나이로 밴더빌트를 떠나 이등병으로 입대했고, 사관후보생학교와 낙하산병학교를 마치고 82공수사단 소속으로 해외전투에 참전했다. 공수 선도개척부대의 지휘관으로 작전개시 직전에 노르망디에 뛰어들었으며, 발지 대전투에서 싸웠다. 중위로서는 최초로 가슴에 훈장을 가득 단 채 미국에 돌아온 그는 육군사관학교 시험을 준비했다.

더그는 육군사관학교(이하 육사) 시절 미식축구, 라크로스*, 권투 등 여러 대학 스포츠에도 참여했고, 리더십 또한 널리 인정받았다. 졸업반 때 그는 사관생도 대장이었으며 보병 중대장이기도 했다.

더그는 사랑스러운 캐롤린 토마스와 졸업식 바로 다음 날 결혼식을 올렸다. 그의 모습은 마치 모든 것을 다 가진 것처럼 보였지만, 그의 마음은 사실 보병장교로 임관받았음에도 공군에 있었다. 그래서 그는 결혼식 일주일 후부터 캐롤린과 함께 워싱턴으로 가서 공군으로 전임하고자 며칠간 국방부 복도를 서성이며 숱한 지원서와 요청서를 제출했다. 그러나 그의 모든 노력은 전부 허사로 돌아갔다.

더그의 용기에 대해 의심하는 이는 아무도 없었지만, 그의 행동은 가장

* 라크로스 : 크로스라는 라켓을 사용해 하는 구기

절친한 친구들까지 숨 막히게 했다. 그것은 그가 전장에서 보여준 그 어떤 행동들보다도 더 대담했던 것이다.

버지니아 주 포트마이어 쿼터즈 1번지, 오마 브래들리 합참의장의 집에 벨이 울렸다. 문을 연 당번병 앞에는 키 6피트 1인치(185센티미터), 200파운드(90킬로그램) 정도의 체구에 칠흑 같은 검은 머리를 가진, 눈에 띄게 잘생긴 장교 한 명이 서 있었다.

"전 부시 중위라고 합니다. 브래들리 장군님을 만나뵙고 싶습니다."

더그는 끈질기게 기다린 끝에 결국 장군을 만날 수 있도록 집 안으로 안내받았다. '군인들의 장군'이라 불리던 브래들리는 그의 무모함에 처음에는 꽤나 놀랐지만 그와 대화하는 가운데 유쾌해졌고 그를 잘 이해하게 되었다. 그래서 더그가 그 집에서 나올 때쯤에는 이미 공군 전임에 대한 장군의 구두명령을 받은 상태였다. 물론 이 명령은 더그뿐 아니라 전임을 소망한 다른 여섯 명의 동기들에게도 해당되는 것이었다.

그로부터 1년이 지난 1950년 6월, 더그는 비행학교 동기 중에서 제트전투기 훈련을 위해 선택된 몇 안 되는 사람 중 한 명이 되었다(더 이상 누구에게도 놀라운 사실은 아니었지만, 185센티미터의 장신으로 조종사의 신장규정을 다소간 극복한 결과였다).

이때쯤 당연히 우리 육사 출신들은 전국 각지에서 여러 다양한 상황에 직면하고 있었다. 랄프 버핑톤(버프)은 포트 벨보아의 공병과정을 마치고 캘리포니아 주의 포트 메이슨으로 아내 바바라와 함께 이동 중이었다. 일본에 주둔한 14공병대대로 가는 길목이었다. 랄프는 공병학교에서 동기생 중 5등으로 졸업했는데, 이는 그리 놀랄 만한 일이 아니었다. 그는 항상 학업성적이 우수했기 때문이다. 사실 랄프가 자신보다 재능이 부족한 이들을 도와주는 데 그렇게 많은 시간을 보내지 않았더라면 더 좋은 성적으로 졸업할 수도 있었을 것이다. 많은 이들이 랄프의 자기희생적인 도움에 힘입어 학업을 계속해나갈 수 있었다. 그가 도와준 사람들 중에는 올아메리칸으로 선발되었던 미식축구 쿼터백 아놀드 갈리파도 있었다.

난 그달에 버지니아 주 포트 유스티스에서 열린 2군 토너먼트에 포트 녹스 팀 소속으로 참가해 테니스 경기를 치르고 있었다. 그 경기는 군인이 되기 위해 준비단계를 마무리하는 적절하고 즐거운 방법 같았다. 그날 나는 이미 2차전 단식경기에서 승리했다. 그러나 상대가 중령이었으므로 나는 너무 좋아하는 것처럼 보이지 않으려고 조심했다. 시합 후 중령은 내게 축하인사를 건네고 나를 장교클럽에 초대했다.

육사에서 보낸 4년 그리고 여러 분과학교에서 보낸 1년 후, 우리들은 다행스럽게도 학교와 경기를 모두 마치고 '진짜' 군대에 갈 준비가 되어 있었다. 아직 공군사관학교가 설립되기 이전이라 동기의 약 40퍼센트는(그 대담한 더그로 인해 추가된 수까지 포함해서) 공군에 들어갔고 이들을 뺀 나머지 동기들은 졸업 후 6개월간 캔자스 주 포트 릴리에서 육군사령관 과정을 이수했다. 그 후 1950년이 되었을 때쯤 우리는 분과훈련을 위해 전국 각지로 흩어졌다. 보병들은 포트 베닝, 포병들은 실, 공병들은 벨보아에 갔다. 나는 기갑병으로 임명되어(전통 때문에 여전히 기마병(Calvary)이라고 불렸지만 말이다) 포트 녹스에 있는 기갑학교로 갔다.

우리는 여러 학교에서 분과훈련을 마친 후, 배속명령을 받았다. 본토에서 근무하게 된 이들도 있었지만, 대부분의 동기들은 30일간의 휴가 후 해외로 향하게 되었다. 독일로, 파나마로, 하와이로, 또 심지어 나 같은 경우는 극동으로 말이다.

테니스 시합이 있던 그날 저녁 난 장교클럽에서 나의 옛 적수가 너그럽게 베풀어준 맥주를 즐기다가 라디오에서 깜짝 놀랄 만한 뉴스를 들었다. 한국에서 공산군이 38선을 넘어 남한을 침공했다는 것이었다. 난 중령에게 내가 일본으로 배속받은 사실을 말했다. 그리고 그에게 물었다.

"어떻게 생각하십니까? 지금 한국에서 벌어진 일 때문에 내가 전투에 참가하게 될 수도 있다고 생각하십니까?"

"결코 그런 일은 없을 거야, 해리."

"왜 그렇습니까, 중령님?"

"스스로 생각해보게나. 전투는 나 같은 예비역 장교들이나 나가는 것이거든. 웨스트포인트 육군사관학교 출신 소위들을 전투에 내보낸다는 것은 너무 어리석은 일일세. 손실이 너무 크거든. 이 말을 오해해서 듣지는 말게. 난 웨스트포인트를 존경스럽게 생각하고, 내가 거기 다녔었더라면 얼마나 좋았을까 생각하고 있으니까 말이야. 그렇지만 자네들은 소대장쯤으로 쓰기에는 너무 큰 인재들이야. 걱정 말게, 해리. 결국 자네는 '푹신푹신' 안락한 본부 일이나 하게 될 걸세."

그가 나를 안심시키려 했던 것일까, 아니면 일종의 깊은 적의가 밖으로 표출되었던 것일까? 어찌됐든 난 중령의 말이 옳다고는 생각하지 않았다. 난 2차대전에서 많은 웨스트포인트 졸업생들이 전사한 것을 알고 있었다. 또 어떤 면에서는 그의 말이 옳지 않기를 바라기도 했다. 물론 총에 맞을 수 있다는 것은 생각만 해도 끔찍하지만, 이런 때를 위해서가 아니라면 내가 지금까지 웨스트포인트, 포트 릴리, 포트 녹스에서 대체 무엇을 위해 훈련받아왔다는 말인가.

6월 28일, 남한의 수도인 서울이 함락되었다. 이틀 후 트루먼 대통령은 유엔안전보장이사회의 동의를 받고 맥아더 장군이 남침한 북한군을 격퇴하기 위해 미 병력을 사용하도록 허가했다. 극동에 배속받은 우리 동기생들은 그들이 어디 있든지 간에 저마다 근심이 섞인 흥분을 경험했다. 그해의 많은 졸업생들이 육사 입학 전에 이미 2차대전에 참전했지만, 실제 전투를 목격했던 이들은 사실상 소수에 불과했다. 이제 남북전쟁에 참전했던 군인들이 말했던 것처럼 우리는 '코끼리를 실제로 보기' 직전이었다.

7월 1일, 21보병연대 소속 1개 대대와 52야전부대 소속 1개 포병중대로 구성된 스미스 특수임무부대가 한국에 도착했다. 그러나 이들은 4일 후 수원 근처에서 공격을 받고 퇴각했다. 미국의 단순한 '힘 보여주기' 가 통하지 않는다는 것은 이제 분명해졌다. 그 후 24사단의 남은 병력을 포함하여 더 많은 병력이 투입되었다. 그러나 불행히도 투입된 부대들은 힘이 부족하고, 준비도 부실하며, 불충분하게 훈련받은 '점령' 부대들이었다. 병력증강은 계속되었지만, 상황은 점점 악화되어 갔다. 스미스 부대는 공산당의 전차와 떼 지어 몰려오는 붉은 보병대에 제압당했다. 부대 안 자리들은 비워져갔고 손실은 커져만 갔다. '줄행랑(Bug Out)' 이라는 새로운 단어가 군인들의 사전에 등장했다.

테니스 시합의 준준결승에서 지고 난 후, 나는 뉴저지로 갔다. 그러나 안타깝게도 그곳에서 아내 진과 생후 2개월 된 딸과 보낸 휴가는 너무 짧기만 했다.

휴가 중 어느 날 저녁, 진과 나는 캐롤 채닝이 출연한 〈신사는 금발을 좋아한다〉라는 브로드웨이 뮤지컬을 보러 갔다. 쇼가 끝난 후 극장을 나서니, 거리의 신문들은 한국에 파견된 미국 상급장교인 24사단 소장이 '대전' 이라 불리는 지역에서 실종되었다고 떠들어대고 있었다.

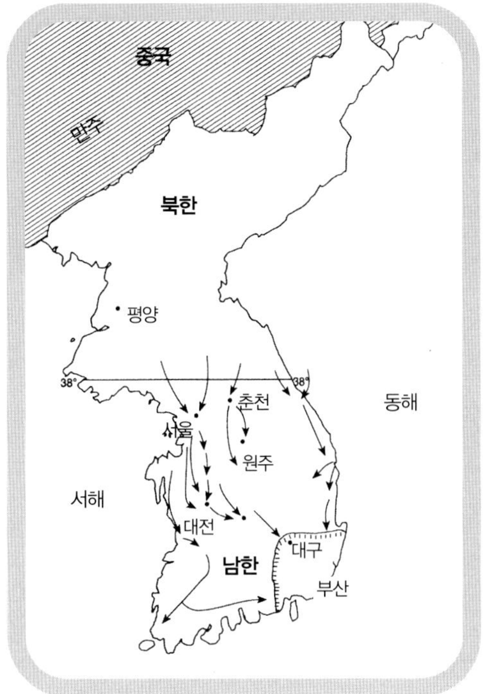

1950년 6~7월
북한의 남한 침략

곧, 내가 시애틀 근처의 포트 로톤으로 떠날 때가 되었다. 일본으로 가는 길에 처음 들르게 되는 곳이다. 아내와 처가족들이 공항으로 배웅나왔다. 비행기가 떠나려 하자 우리는 슬프고 근심스러운 마음으로 손을 흔들며 작별인사를 했다. 우리에게 앞으로 무슨 일이 기다리고 있을지, 언제 서로를 다시 만날 수 있을지 아무도 알 수 없었다. 비행기 창문을 통해 터미널 출입구에 서서 울고 있는 아내를 볼 수 있었다.

비슷한 장면이 전국 각지에서 연출되고 있었다.

랄프 버핑톤과 같은 공병대대로 발령받은 빌 무어는 일리노이 주 스프링필드에서 휴가를 즐기던 중 북한의 남침에 대해 들었다. 우리 중 많은 이들처럼 전쟁이 곧 끝나리라고 생각하면서, 그는 낚시도구와 골프채를 차에 싣고 캘리포니아로 출발했다. 빌 마슬렌더는 북캘리포니아를 떠나 위스콘신으로 향했다. 그리고 그곳에서 웨스트포인트에서 룸메이트였던 로저 쿨만을 만나 함께 시애틀로 갔다.

랄프 버핑톤과 그의 아내 바바라는 다른 이들보다 앞서 7월 8일 요코하마에 도착했다.

이때쯤 포트 베닝에서도 하와이나 일본으로 배치받은 보병 학우들이 서부로 향하고 있었다. 2차대전에서 전투보병 휘장을 수여받은 호리호리한 단신의 텍사스 사내, 세실 뉴먼은 자랑스럽게도 16밀리 카메라와 컬러 필름 한 통을 소유하고 있었다. 그는 샌프란시스코를 거쳐 하와이로 가도록 발령받은 상태였다. 세실이 앙증맞은 어린 딸을 안고 사진을 찍은 후, 그의 아내 웨즈는 그에게 카메라를 가져가서 거기에 여행의 기록들을 담아달라고 부탁했다.

케니 밀러를 포함한 많은 보병 학우들은, 공수학교를 다니기 위해 자발적으로 휴가 일부를 반납했다. 그러나 공수학교에 들어가기 전, 케니는 바니 커밍즈, 코트 데이비스, 딕 스타우퍼와 함께 북캐롤라이나 주 콩코드에 있는 자기 집으로 가서 동기인 척 스페텔의 결혼식 안내를 맡기도 했다. 공수학교를 마친 후 딕과 척은 유럽으로, 다른 셋은 극동으로 향하게 되었다.

아내가 곧 출산을 앞두고 있는 동료 보병 어니 던햄과 마이크 왜즈워스는 극동으로의 발령이 유예됐다. 그들은 당분간 베닝에 머물며 교관으로 일하게 되었다.

공수학교를 마친 잭 매디슨은 부친이 사관생도 사령관으로 있는 찰스톤의 시타델 사관학교에서 휴가를 보내기 시작했다. 잭은 그곳에서 얼마간의 휴가를 즐기고는 서부로 향했고, 가는 도중에 시카고에서 빌 윌버를 만나 함께 시애틀로 갔다. 그는 포트 로톤에 들어갔으며, 배속지로 이동하기 전 부근의 포트 루이스를 방문해 이전부터 알고 지내던 아덴 헤닝이라는 아가

씨를 만났다. 그녀의 아버지 헤닝 대령은 이미 포병부대를 이끌고 극동으로 떠난 상태였다.

헤이즈 메츠거는 브룩클린의 포트 해밀톤에 있었다. 독일행 비행기를 타기 위해 버스로 이동하는 중에 자신의 발령이 변경되었다는 이야기를 듣고 버스에서 내린 그는 새롭게 편성된 북캐롤라이나 주의 공수부대에 들어가게 되었다. 이때부터 다소 시간이 걸렸으나 그도 결국엔 한국에 오게 되었다.

전쟁이 시작되었을 때, 클레이 버킹햄은 육군성에 편지를 보내 독일에서 한국으로 배속지를 변경해달라고 요청했다. 하지만 응답이 없자, 그는 골프채와 테니스 채를 들고 뉴저지 주의 포트 딕스로 갔다. 그가 위탁수하물을 건네고 나서야 새로운 명령이 떨어졌고, 그는 트라비스 공군기지에 있다가 극동으로 이동하게 되었다.

한편, 루 바우만은 공군에서 육군으로 전임했다. 졸업 당시 루는 조종사가 되고자 공군을 택했었다. 그러나 그는 비행학교에서 실격되자 다시 육군으로 돌아갈 수 있기를 요청했다. 6 · 25가 시작되었을 때 그 요청이 받아들여졌고, 루는 곧 보병 소위가 되어 일본으로 발령받았다.

포트 로톤은 많은 동문들이 여러 분과 학교를 마치고 재회하는 만남의 장이 되었다. 이곳에는 웨스트포인트 출신뿐 아니라 ROTC를 통해 상비군 임명을 받은 이들도 많이 있었다. 모두가 학교를 졸업한 지 고작 1년이 지났을 뿐이었으므로, 우리 중에는 여전히 캠퍼스 장난꾸러기들이 있었다. 그중 한 명인 ROTC 출신 장교가 갓 전시근무로 발령받은 젊은 치과의사 하나를 골라내 골탕 먹였다.

"뭐라고요, 의사 선생님? 인식표를 두 개나 받으셨다고요? 정말 끔찍하군요!"

"그래요?"

"음, 당연하죠! 아마도 당신에 대해 이중기록이 있을지도 모르겠는데요? 한 기록은 당신이 부대에 있다고 말하고 또 다른 한 기록은 당신이 무단이탈했다고 말할 것입니다. 이 문제에 대해서 담당자에게 진지하게 이야기해 보시는 것이 좋을 것 같습니다."

의사는 그 조언대로 했고, 자신이 골탕 먹었다는 것을 깨닫기 전까지 엄중하게 이 사무실, 저 사무실 불려다니게 되었다.

드디어 내 이름도 비행기로 출발하게 된 군인들의 명단에 등장했다. 난 로톤의 '서둘러. 그리고 기다려' 식의 혼란에서 벗어날 수 있게 되어 기뻤다. 명령서에 따르면, 나는 서른다섯 명의 사병과 두 명의 장교와 함께 비행하게 되어 있었다. 두 장교가 나보다 계급이 높았음에도 어떤 이유에서였든지 내가 책임장교로 임명되어 있었다.

《톰 아저씨의 오두막집》의 저자 고(故) 헤리엇 비처 스토 여사를 외가친척으로 두고 있는 비처 브라이언도 같은 때에 이동하게 되어 있었다. 그는 부모에게 보내는 편지에 자기가 조지 타우와 같은 비행기를 타게 되었다고 적었다. 비처와 조지는 아버지들이 필리핀에서 함께 근무했기 때문에 초등학교 때부터 알고 지냈다. 두 가정은 오랫동안 서로 소식을 주고받으면서 지낸 사이였다.

난 짐을 꾸리고 보고했다. 준위가 점호하고 있었는데, 그의 뒤에서 미국 내 어딘가로 발령받은 젊은 상병 하나가 끼어들었다. 준위는 사나운 태도로 그를 돌아보며 말했다.

"이봐 친구, 이 사람들은 모두 한국에 가는 길이야. 자네도 이들 사이에 끼고 싶었나?"

"아닙니다, 준위님!"

상병은 씩 웃으면서 뒤로 물러섰다. 이 불행한 무리와 함께하고 싶은 마음이 추호도 없었던 것이다. 우리도 서로를 돌아보면서 함께 씩 웃었지만 그다지 즐겁지만은 않았던 것 같다.

비행장에는 오래됐으나 여전히 건장한 2차대전 노병들인 공군 C-54기들이 우리를 기다리고 있었다. 우리 무리가 첫 비행기를 탔다. 각자 더플백을 싣고 올라타 객실 중간축을 따라 백을 두었다. 그리고 등을 창문 쪽으로 두고 캔버스 천으로 만들어진 양동이 모양의 좌석에 앉았다. 좌석들은 비행기 길이만큼 객실 양쪽 가장자리에 놓여 있었다. 다음 착륙지는 알래스카였다.

우리가 탄 비행기는 수평선을 향해 뻗어 있는 숲 위로 계속되는 장엄한 광경 속을 웅웅거리면서 여러 시간 비행했다. 늦은 저녁 우리가 앵커리지 밖 엘멘도르프 공군기지에 착륙했을 때에도 밖은 여전히 대낮처럼 환했다.

다음 날 아침 우리는 알류산 열도 상공으로 서쪽을 향해 날아갔다. 그러나 두세 시간 뒤 우리는 엘멘도르프로 되돌아올 수밖에 없었다.

기장이 내게 말했다.

"수압시스템에 문제가 있어서 앵커리지에서 하룻밤 더 묵어야 할 것 같네."

다음 날 우리는 비행기를 바꿔 타고 이륙해 얼음 낀 회색빛 물 위로 길고 지루한 비행을 시작했다. 비행기 승무원 중에는 조종사인 중령, 대위 두 명, 중위, 하사관 두 명이 있었다. 웨스트포인트 1948년도 졸업생이며 승무원이기도 한 중위는, 우리가 키스카 섬에서 하룻밤을 보내고 그 다음 날 일본으로 향하는 마지막으로 긴 비행을 할 것이라고 말했다.

키스카의 해군기지는 바람이 몹시 불고 나무도 없어서 황폐해 보였다. 그래서 그곳에 근무하는 이들에 대해 불쌍한 마음이 생겼다. 그날 밤 난 그곳 해군대위의 숙소에서 신세를 졌다. 그가 가지고 있던 며칠 전 날짜의

〈성조지〉*를 읽었는데, 거기에는 미군의 금강 방어선이 어떻게 무너졌으며 러시안산 T-34 전차를 탄 북한군이 어떻게 남쪽으로 계속 밀고 내려오고 있는지가 묘사돼 있었다.

우리는 다음 날 새벽 일찍 이륙했다. 자신의 안락한 잠자리에서 일어난 해군대위는 나에게 작별인사를 하고 행운을 빌어주었다. 다른 이들은 전쟁에 나가는데 자신은 뒤에 남는다는 것에 대해 약간 민망해하는 것처럼 보였다. 어떤 면에서는 그의 안전이 부러웠지만, 키스카에 있는 그의 처지가 부러운 것은 결코 아니었다.

우리가 비행기에 올라탄 후, 승무원인 중위는 우리에게 긴 시간을 비행할 것이라고 설명했다. 네다섯 시간에 걸쳐 알류산 열도 끝자락에 위치한 셰미아 섬까지 날아간 후, 연료보급을 위해 잠시 정차하고 곧이어 열 시간을 날아 도쿄에 도착할 예정이라고 했다.

"점심 먹을 시간은 있습니까?"

내가 물었다.

"아니라네. 지상에 그리 오래 있지 못한다네."

그가 대답했다.

"미리 무전으로 연락해서 점심도시락이 준비될 수 있는지 알아보실 수 있습니까?"

"조종사에게 이야기해보겠네."

드디어 우리는 셰미아 섬에 도착했다. 북극해 방향으로부터 볼품없이 솟아오른 헐벗은 산이었다. 인근 건물들에서 멀찍이 떨어진 곳에 비행기를 정차시킨 후 우리는 비행기 밖으로 나왔다. 승무원들은 비행기에 연료가

* 〈성조지〉 : Stars and Stripes, 미 국방부 허가 해외 주둔 미군 신문

채워지는 동안 작전기지를 방문할 것이라고 말했다. 그들은 나에게 군인들이 비행기 부근에 있도록 지키라고 했다. 난 다시 한 번 점심에 대해서 물었지만, 그들은 점심 먹을 시간까지는 없을 것이라고 말했다. 그들은 점심 도시락에 대해 미리 이야기하지도 않았고 내 요청을 그다지 중요하게 여기지 않는 듯했다.

중위의 운전사가 나를 작전기지까지 데려다주었다. 나지막한 회색빛 조립건물이었다. 비행기 승무원단은 안에 없었다.

"우리가 언제 출발하는지 아시는 분 있습니까?"

그러자, 작전부사관이 말했다.

"승무원들이 식사를 마치자마자 출발할 것으로 생각됩니다. 그분들은 식당에 들어가셨습니다."

옆방 식당에서는 승무원단이 방금 주문을 마친 상태였다.

"중령님, 급식을 위해 사병들을 데려와도 괜찮겠습니까? 이곳에서는 급식을 제공할 준비가 다 되어 있습니다."

"안 된다네. 가능치 않지. 몇 분 후면 이륙할 거야."

"그러면 점심도시락을 준비해보면 어떻겠습니까? 그렇게라도 하지 않으면 긴 비행에 다들 허기가 질 것입니다."

"안 된다네. 그럴 시간조차 없어. 진정하게, 소위."

옆에 앉은 대위가 차분하게 말했다.

"자네까지 배고프게 갈 이유는 당연히 없지. 소위, 자네도 의자 하나 가져와서 여기 끼지 그래?"

난 다만 그를 노려보았다. 그리고 승무원단에 있는 웨스트포인트 출신 중사도 노려보았다. 그는 이 정도밖에 못 배운 사람은 아닐 것이다. 그는 자기 접시만 내려다보고 있을 뿐이었다.

비행기로 돌아와서, 급식장교에게 점심도시락을 준비하는 데 시간이 얼마나 걸릴지 물어봤다.

"45분 안에 이곳까지 배달할 수 있다네!"

그가 대답했다.

난 나와 함께 있는 두 장교에게 지금까지 일어났던 일들을 설명했지만 그들은 나만큼 불쾌해하지 않았고, 나는 그것이 언짢았다. 부대를, 그중에서도 특별히 내 부대를 돌본다는 것은 내게 그 무엇보다도 중요한 문제가 되었다(게다가 이들은 내 첫 부대이지 않는가).

그로부터 30분 후에 승무원단을 실은 버스가 도착했다.

"소위, 이제 군인들이 탑승하도록 하게."

승무원들이 비행기에 올라탔다. 그렇지만 나는 군인들에게 아무런 지시도 내리지 않았다.

함께 있던 장교 중 하나인 에베레트가 내게 물었다.

"이제 사병들이 탑승하도록 해야 하지 않습니까?"

"몇 분 더 기다려봅시다."

내가 말했다.

부조종사가 조종실에서 내려와 몇몇 군인들 보고 비행기에 올라타라고 말하기 시작했다. 그래서 내가 말했다.

"대위님, 잠시만 기다려주십시오. 지금 점심도시락을 기다리고 있습니다. 이제 곧 도착할 것입니다."

"미안하네, 소위. 그러나 일본에서의 이상기후를 피하기 위해서는 지금 출발해야만 하네. 중령님은 지금 모두가 탑승하기를 원하네."

불안감이 엄습해왔다. 군인들은 무슨 일이 벌어지고 있는지를 지켜보면서 근처에 삼삼오오 모여 있었다.

내가 다시 한 번 말했다.

"대위님, 점심도시락이 도착할 때까지 기다려야 한다고 생각합니다."

아드리안 비처 브라이언
(Adrian Beecher Brian)

어디선가 한 원사가 외쳤다.

"말 한번 잘했습니다, 소위님."

대위는 혼란스러운 표정으로 조종사와 상의하기 위해 비행기 안으로 들어갔고 에베레트가 다시 내게 물었다.

"비행기에 탑승해야 한다는 명령을 받아 돌아온다면 어쩌시겠습니까?"

"계급에 상관없이, 부대가 하늘에 있으면 조종사가 최고 명령권자지만, 땅에 있으면 상급 육군장교가 최고 명령권자임을 그에게 상기시켜줘야 되겠지."

비록 내가 말하긴 했지만, 소위를 '상급 육군장교'라 지칭하는 것이 꽤나 우습게 들렸다.

그때 점심도시락을 실은 급식트럭이 도착했다. 군인들이 환호성을 질렀다. 나에게 급식트럭은 때마침 구원의 손길을 뻗어준 기갑부대 같았다. 점심도시락을 전달받은 우리는 재빨리 탑승했고 비행기는 이륙했다. 그러나 나중에 알고 보니, 도쿄는 악천후로 비행이 금지돼 있었고, 언제 출발했든 어차피 도쿄까지는 갈 수가 없었다.

우리는 혼슈 북쪽지역에 있는 미사와 공군기지에 착륙했다. 하룻밤을 보내고 다음 날 도쿄 외곽의 하네다 공항으로 날아갔다. 그리고 하네다에서 트럭으로 드레이크 캠프로 갔다. 이곳은 얼마 전 한국으로 떠난 1기병사단이 주둔해 있던 곳이다.

드레이크 캠프에서 이동 중인 장교들은 커다란 체육관에서 함께 숙박하게 되어 있었다. 강철로 된 간이침대가 줄줄이 빼곡하게 들어서 있었고, 개인 짐들이 침대 밑과 옆에 쌓여 있었다. 체육관은 웨스트포인트 1949년도 졸업생들의 동창모임 장소가 되었다. 스물다섯 명 이상이나 그곳에 있었으니 말이다. 최고 화제는 단연 장교클럽이었다. 그곳에서는 얼마 전 떠난 1기병사단의 주류 배급품이 헐값에 처리되고 있었다. 맥주 한 병에 5센트요, 혼합주나 하이볼* 한 병에 10센트였다.

그날 오후에 우리는 우리의 개인 물품과 그 외 보관이 필요한 다른 물품들을 본국으로 돌려보냈다(내 경우에는 테니스 라켓도 포함됐다. 조심스럽게 그것을 태평양 너머까지 들고왔던 것이다). 우리는 그 다음에 저장소로 가서 철모, 판초우의, 식기, 무기 등 육군 장비들을 꺼내왔다.

그날 늦게 우리 중 첫 무리가 떠나게 되었다. 난 1기병사단으로 떠나게 된 비처 브라이언, 로저 파이프, 세실 뉴먼에게 작별인사를 했다. 세실은 카메라와 필름을 집으로 돌려보냈다. 그가 자기 딸을 안고 있는 장면부터

* 하이볼 : 보통 위스키 따위에 소다수 따위를 섞은 음료

시작했던 필름은 이제 샌프란시스코와 하와이의 그림 같은 풍경까지 담겨 있었다. 세실은 "이봐, 내가 우리 동기 중에서 '분노가 담긴 총소리'를 가장 먼저 듣게 될 것 같아"라고 말했다.

'분노가 담긴 총소리'라는 상투적인 말이 꽤 자연스럽게 표현됐다. 이런 일이 실제 일어나고 있다는 사실이 여전히 쉽게 받아들여지지 않았다. 우리는 대화가 너무 극적으로 들리지 않도록 주의를 기울이곤 했다. 레슬리 컥패트릭과 농담을 주고받기도 했는데, 그는 각자 아내들에게 이렇게 편지를 쓰자고 제안했다.

"여보, 우리 연대는 새벽에 항해해!"

컥도 내 오랜 친구 중 한 명이다. 우리는 펜실베이니아 주 이스턴에 있는 라피엣대학에서 웨스트포인트 입학을 위한 준비과정을 함께 공부하면서, 동료 부사관으로 함께 복무했다. 우리 둘은 좋은 시간을 많이 함께 보내곤 했다. 라피엣에서의 주말휴가에서부터 시작해서 말이다. 주말이면 이탈리아에서 갓 돌아온 낙하산병 컥을 두목으로 우리 무리는 캠퍼스를 떠나 맥주를 마시고 이스턴에 있는 아가씨들과 데이트를 즐기곤 했다.

이번에 떠나는 이들 중에는 14공병대대로 가게 된 빌 무어도 있었다. 그는 명령을 따라 부대에 들어가기 위해 일본에 도착했다. 그러나 그가 도착했을 때는, 랄프 버핑톤을 포함한 전 대대 부원이 3주 전인 7월 12일에 한국으로 떠난 후였다.

어느 날 저녁 톰 파 대위와 다른 두 사람이 일본 유람에 나를 초청했다. 그러나 나는 "우리는 드레이크 캠프를 벗어나지 못하도록 되어 있습니다"라고 항의했다.

"이봐, 자네는 소위야. 자네는 전쟁에 투입되기 직전이라고. 들킨다 한들 그들이 자네에게 어떻게라도 할 것 같은가?"

꽤나 강력한 논증이었다. 우리는 캠프를 몰래 빠져나와 일단 마을에 들어간 후, 궁궐 같은 총사령부 장교클럽에 잠입하자고 결의했다. 그러나 장교클럽에서 일본인 문지기가 정중하지만 강력한 태도로 우리를 막았다. 그곳이 상급장교들을 위한 곳이라는 게 그 이유였다. 때마침 웨스트포인트 1917년도 졸업생 퇴역장교인 클럽매니저가 품위 있는 모습으로 나타나 우리를 구원해주었다. 그는 우리가 클럽에 들어가도록 허가해주었을 뿐 아니라, 우리가 이제 곧 한국에 갈 것이라는 것을 알고는 우리를 위해 특별연회 주인 노릇을 자처했다. 그날은 향기로운 여름 저녁이었고, 테이블들은 웅장한 테라스 정원에 놓여 있었다. 일본 댄스밴드가 글렌 밀러의 편곡들을 완벽하게 연주했다. 스테이크와 포도주가 나오고, 웨이터가 각 좌석 뒤편에서 부지런히 움직였다. 연회 주인은 우리가 기억에 남을 만한 저녁을 보내도록 만전을 기했다. 그러나 그날 저녁의 마력은 드레이크 캠프로 돌아오는 길에 택시가 비탈길을 만날 때마다 소음을 내며 멈추는 바람에 점점 희미해져 갔다.

다음 날 우리는 규슈의 서쪽 해안에 위치한 항구도시, 사세보로 가는 기차에 올라탔다. 창문 밖으로 보이는 풍경은 동양을 처음 방문한 이들에게는 매력과 매혹 그 자체였다. 우리가 만약 가장 최근호 〈성조지〉를 보지 않았더라면 우리 여행은 더 즐거울 뻔했다.

"워커 장군, 저항이냐 죽음이냐."

신문 헤드라인은 절규하고 있었다. 이 톱기사는 미군이 최후 방어선이던 낙동강 뒤편으로 밀리게 된 과정을 다뤘다. 워커 장군은 "이 방어선이 무너지면, 미국 역사상 최악의 핏물목욕을 보게 될 것"이라고 말했다. 곧 이 무리에 가담하기 위해 서둘러 이동하고 있는 우리에게는 그다지 힘을 북돋아 주는 메시지가 아니었다.

우리는 밤새 기차로 여행해, 혼슈와 규슈를 연결하는 터널을 통과했다.

다음 날 아침 사세보에 도착한 우리는 그날 저녁 한국으로 항해하게 될 것이라고 들었다. 난 다른 몇몇과 함께 법률지원서비스 팀을 방문해 유서를 작성했다. 우리가 처한 현실을 생각할 때 이런 조치는 사뭇 실제적이고 적절한 것처럼 느껴졌다. 그런 후 난 고해성사를 들어줄 가톨릭 군목이 인근에 있는지 서비스 부서에 문의했다.

"이곳에는 군목이 없습니다. 그렇지만 사세보에 유럽인 성직자가 선교사로 나와 있는 것으로 알고 있습니다. 그분이 계신 곳을 한번 알아봐드리겠습니다."

오후 5시쯤, 사오백 명쯤 되는 우리는 찌든 때의 구식 일본 화물선 요시바마루 호에 올랐다.

내가 막 배다리에 오르려 할 때, 가톨릭 선교사가 남루한 성직자복을 미풍에 펄럭이며 자전거를 타고 나타났다. 그 선량한 신부는 곧 배에 오르더니, 내 고해성사를 듣고 따뜻하고 이해심 깊은 태도로 대화를 나누며, 심지어 내 아내에게 편지를 써주겠다는 약속까지 했다.

예정보다 조금 늦게 배가 출항했다. 얼마간 해안을 따라 북쪽 방향으로 나아가다가, 서쪽으로 방향을 틀어 쓰시마해협을 가로질러 한국을 향해 나아가기 시작했다. 확성기로 안내방송이 나와 개신교 군목이 7시 30분에 메인 객실에서 예배를 인도할 것이라고 알려주었다. 난 시작시간보다 몇 분 일찍 예배장소로 갔고, 군목은 가톨릭 교인인 나의 예배참석을 환영한다고 안심시켜주었다. 그러고 나서 가톨릭 교인들을 위해서 별도의 모임을 한번 소집해보면 어떻겠냐고 제안했다. 성직자도 없이 우리가 과연 무엇을 할 수 있을까 싶었다. 그래도 혹시나 해서 한 승무원에게 말했더니, 가톨릭 교인들이 8시 30분에 모일 수 있도록 안내방송을 해주겠다고 말했다.

개신교 예배가 시작됐다. 기도하고 찬송을 부른 후, 군목이 설교를 전했다. 내 생각에 그의 설교는 우리들에게 참 적절히 들어맞았다. 그는 우리 대부분이 두려움에 떨고 있다는 사실을 인정하는 데서부터 설교를 시작했다.

"하지만 여러분 주위를 한번 빙 둘러보십시오. 만약 여러분이 미국인이 아니라 공산당, 북한인이라면 어떻겠습니까? 여러분이 이번에 전투에 나가서 이 방에 있는 이들에 대항해 싸워야 한다면 어떻겠습니까? 여러분이 보는 이들은 좋은 훈련을 받았고 용맹스럽기까지 합니다. 또 미국의 모든 부와 힘도 그들을 뒷받침해주고 있습니다! 그러면 북한군들의 입장을 한번 생각해보십시오. 정말 두려워해야 할 자가 누구입니까……."

좋은 설교였다. 최소한 나에게는 다소의 안도감을 주었다.

개신교 예배가 마치자마자 가톨릭 교인들이 오십 명 가까이 모여들기 시작했다. 난 모임의 리더처럼 처신하려고 노력했다. 방금 들었던 개신교 군목의 설교주제를 내가 할 수 있는 한 최대한 반복하려고 애쓰면서 몇 마디 나누었다. 그리고 내 제안에 따라서 우리 모두는 묵주기도를 드렸다. 우리가 드린 그날의 즉흥예배는 심금을 울렸다. "참호 속에는 무신론자가 없다"는 명언이 요시바마루 호에서의 그날 밤보다 더 정확하게 들어맞을 수는 아마 없을 것이다.

다음 날 아침 잠에서 깨어난 나는 뱃전에 난 창문 사이로 고요한 아침의 나라를 처음 만났다.

코끼리를 보다

8월 1일 ~ 12일

2

"이보시오. 나도 이곳에 고작 몇 주 있었을 뿐이라 별로 해줄 말이 없소. 78대대는 사실 대대가 아니며 심지어 소대라고 볼 수도 없소. 부대가 처음 한국에 도착했을 때는 경전차가 17대 있었지만, 지금은 고작 2대만 남았소. 솔직히 말하면, 도대체 본부에서 왜 당신들을 이곳에 보냈는지도 잘 모르겠소. 아마도 우리에게 전차를 좀 더 주려는 계획이 있다는 뜻인지도 모르겠소. 여기에 대해서 들은 바 있소?"

| 8월 첫 주, 지친 남한군과 미군은 부산지역에 얇은 방어선을 형성했다. 방어선은 낙동강을 경계로 북쪽에서 남쪽으로 100마일, 동쪽에서 서쪽으로 50마일에 이르렀으며, 항구도시인 부산에 닻을 내리고 있었다. 곧 북한군은 빠른 적진돌파를 꾀하며, 몇 지점을 공략하기 시작했다.

배가 덜덜거리며 진동하더니 부산 선착장에 닿았다. 우리가 이름 철자순으로 갑판에 서서 인내심을 갖고 기다리는 동안, 군인 하나가 분필로 군인들의 철모에 숫자를 매겼다. 나는 동기였던 포병 얼 록히드에게 "8월 8일 오늘이 나의 스물여섯 살 생일이야"라고 말했다. 곧 소문이 퍼지고 친구들은 꽤 신랄한 유머를 섞어가며 내 생일을 축하해주었다.

조지 타우는, "그래, 해리. 네가 과연 내년에는 몇 살이 될 수 있을까?"라고 말했다. (아주 재밌군, 조지) 또 다른 농담들은 "기갑병들은 강철로 만든 관을 타고 전쟁에 나간다"는 등 전차병의 '무식함'에 대한 것들이었다. 그래서 난 녹스에서 배웠던 농담으로 응수했다.

"그래도 전차의 강철 갑옷이 보병의 오디색 셔츠보다는 낫지 않아?"

내 이름이 호명됐다. 난 더플백과 무기를 가지고 배다리를 걸어내려 와서 기다리고 있던 트럭에 올라탔다. 우리는 처리센터로 쓰이고 있는 어떤 학교 건물로 이동했다. 난 24보병사단의 78중전차대대로 배치되었다. 우린 그날 오후 기차로 출발할 예정이었다.

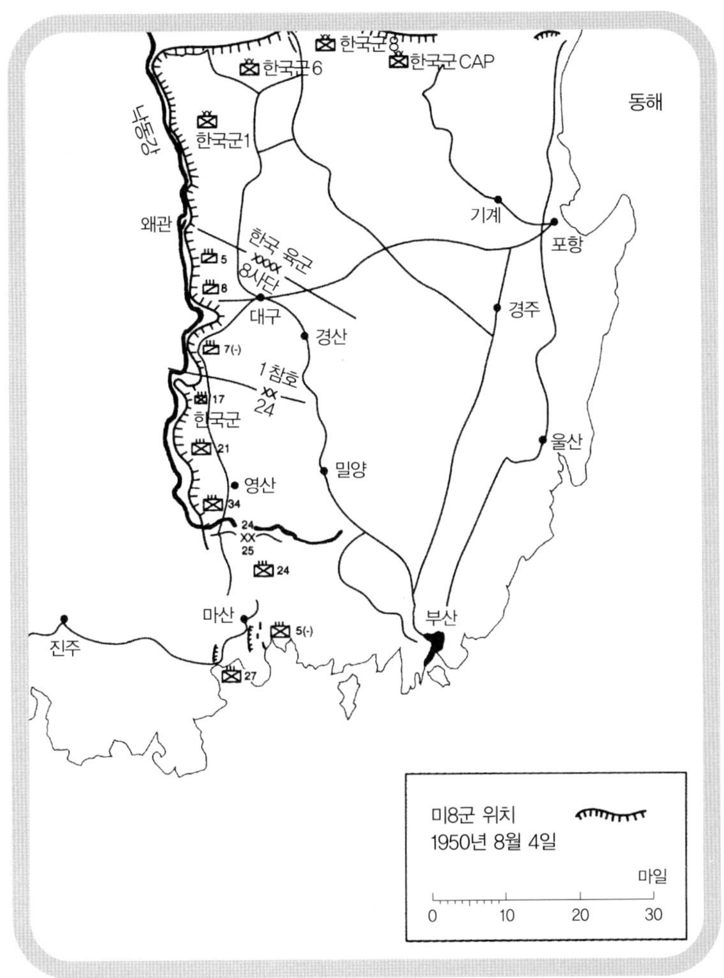

1950년 8월 4일, 부산 주변

우리 무리는 트럭을 타고 부산 기차역으로 갔다. 난 기차에 올라 내가 포트 녹스에서부터 알아왔던 베테랑 옆에 앉았다. 이 사람은 2차대전 참전용사로, 전쟁 중 몇 개월간 독일 포로수용소에 수감되기도 했다. 이때 인접한 철길에 부상당한 남한군들을 실은 기차 하나가 도착했다. 시끌벅적한 가운데 한국 군의관들이 병원 기차에서 들것을 내리기 시작했다.

갑자기 내 옆에 앉아 있던 동료가 말했다.

"운 좋은 녀석들!"

"누구 말이죠?"

내가 물었다.

"들것에 실린 녀석들 말이야."

"그렇게 운 좋은 것은 아닐지도 모르죠. 팔이나 다리 하나를 잃은 사람도 꽤 있을지 모른다는 걸 잊지 마십시오."

"그래도 역시 운이 좋은 거야. 여기서 빠져나갈 수만 있다면, 난 팔 하나를 내주겠어."

난 너무 놀라 할 말을 잃었다. 그가 가진 평정심과 전력 때문에 내가 부러워할 수밖에 없었던, 포트 녹스에서부터 알아왔던 내 친구는 확실히 나보다 훨씬 더 두려워하고 있었다. 전투경험이 항상 긍정적인 영향을 끼치는 것은 아닌 것 같았다. '무지' 가 반드시 '축복' 이랄 순 없지만, 난 적어도 두려움뿐 아니라 흥분과 낙관적인 태도도 가질 수 있었다. 동기들 대부분도 아마 나와 같았을 것이다. 그때 우리는 어렸고, 자신감도 있었다. 인정할 수는 없었겠지만, 우리는 일종의 모험심도 느끼고 있었다.

우리가 탄 기차가 드디어 덜컹거리면서 움직이기 시작했다. 우리는 천천히 북쪽 방향으로 나아갔다. 벼농사를 짓고 있는 논 사이를 지나가면서 간혹 짚으로 지붕을 얹은 흙집들로 이뤄진 마을도 거쳐 갔다. 여러 번 가다서기를 반복했지만 우린 땅거미가 지기 전 24보병사단 보충중대가 위치한 밀양에 도착했다. 곧이어 식사를 하고 잠자리에 들었다. 난 배치된 보초병들이 있을 것이라 생각했다. 아니, 최소한 그러기를 바랐다.

아침이 되자 우리는 보충중대가 위치한 곳이 다소 매력적인 장소인 것을 깨달았다. 근처에는 강과 작은 숲이 있었다. 아침을 먹고 날이 좀 더워지자 우린 나무 아래로 가서 옷을 벗고 수영을 즐겼다. 이후에 무슨 일이 벌어질지는 몰랐지만, 최소한 이날 하루의 시작만큼은 괜찮은 것 같았다.

이따금 보충중대의 부사관이 와서 명단을 호명했다. 호명받은 이들은 트럭을 타고 배치받은 부대로 갔다. 한낮쯤 되어 78중전차대대에 배치받은 이들의 명단이 호명됐다.

"해리 J. 마이호퍼 소위."

늘 그렇듯이 내 성이 또 한 번 잘못 발음되었지만, 어쨌든 내 이름이 들어 있는 것만은 확실했다. 한동안 잊고 있던 불안이 다시 몰려오는 듯했다.

보충장교들과 병원에서 복귀하는 몇 명이 78대대로 가게 되었는데, 한 트럭에 넉넉히 탈 수 있었다. 운전사는 우리가 78대대가 위치한 영산을 향해 출발할 것이라고 알려줬다. 난 장비들을 트럭 뒤편에 던지고 올라탔다.

한 수다스런 상병 옆에 앉았는데, 그 상병은 이제 갓 도착한 소위를 전쟁 이야기로 감명시키려고 혈안이 된 것처럼 보였다. 전쟁 이야기에 피비린내가 가득하면 할수록 더 좋았다. 그는 북한군 포병들이 얼마나 놀라울 정도로 정확하게 목표물을 적중시키는지 모른다고 몸짓까지 하며 말했다. 그들은 박격포를 야드 단위가 아니라 피트 단위로 조정한다는 것이었다. 또 그들이 전차에 쏘아대는 소총의 포탄은 M-24 전차의 얇은 표면을 쉽게 뚫어버릴 것이라고 했다. 또 우리의 얄팍한 M-24 전차로 러시아산 육중한 T-34 전차에 대항해 싸우는 것이 얼마나 부질없는지도 말했다. 그는 또 대전에서 단 하루 만에 78대대에 있던 열일곱 대의 전차 중 열한 대가 손실됐다고 말했다.

내 상병 친구는 쉴 새 없이 수다를 떨면서 완전 전투 베테랑 행세를 하고 있었다. 난 그가 어디를 부상당했는지 물었다. 알고 보니 그는 전투에서 부상당한 것이 아니라 배탈이 난 것이었다. 그의 나머지 이야기는 안 들어도 뻔했다. 또 '우리는 다 친구' 라는 그의 태도에도 슬슬 거부감이 생겼다. 대화에 이따금씩이라도 "소위님"이라고 언급하는 것조차 일부러 빠뜨리는 것은 특히 더 마음에 안 들었다. 어쨌든 난 이제 내 첫 전투부대에 가는 길이었고, 지나칠 정도로 '난 모든 것을 다 알아' 식으로 들리는 누군가의 말에 의존하기보다는 내 스스로 실전에서 어떤 일이 벌어지고 있는지 직접 알아보고 싶었다.

상병은 다음으로 일단 전투에 들어가면 모든 계급은 잊힌다고 말했다. 예를 들면, 장교든 사병이든 서로 이름을 부른다는 것이었다.

"이름이 어떻게 되죠?"

그가 물었다.

"마이하퍼네."

"아니요. 성 말고 이름 말입니다."

"그저 마이하퍼 소위, 아니면 간단하게 소위라고 부르지 그러나."

내가 대답했다.

그는 좀 잠잠해지는 듯 싶었다. 그러나 잠시뿐이었다. 그는 곧 또 다른 보충장교에게 관심을 두기 시작했다.

마침내 초저녁 무렵 우리는 영산에 도착했다. 영산은 먼지가 뒤덮인 '중심가' 와 비어 있는 것이 확실한 몇몇 가게들로 이뤄진 아담한 마을이었다. 트럭은 마을의 끝자락에 있는 벽돌로 지어진 방 하나짜리 건물의 안뜰에 주차했다. 아마도 본래 마을의 면사무소 정도로 쓰였던 건물인 것 같았다. 일등 상사가 우리 명령서의 복사본을 거두고 우리를 안으로 들여보냈다.

내가 전에 만났던 톰 파 대위가 우리 무리를 대변했다.

파 대위가 물었다.

"누가 이곳 책임자입니까?"

사십대의 다소 초라해 보이는 대위가 대답했다.

"나인 것 같소."

그리고 우리에 대한 환영과 오리엔테이션의 전부인 것처럼 보이는 대화를 이어나갔다.

"이보시오. 나도 이곳에 고작 몇 주 있었을 뿐이라 별로 해줄 말이 없소. 78대대는 사실 대대가 아니며 심지어 소대라고 볼 수도 없소. 부대가 처음 한국에 도착했을 때는 경전차가 열일곱 대 있었지만, 지금은 고작 두 대만 남았소. 솔직히 말하면, 도대체 본부에서 왜 당신들을 이곳에 보냈는지도 잘 모르겠소. 아마도 우리에게 전차를 좀 더 주려는 계획이 있다는 뜻인지도 모르겠소. 여기에 대해서 들은 바 있소?"

파 대위가 주도권을 쥐고 몇 가지 명료한 질문을 했다.

"우리의 임무는 무엇입니까?"

"특별히 없소. 우린 다만 전차 두 대로 마을 밖 봉쇄된 도로를 지키고 있을 뿐이요. 순번을 정해 이 일을 수행하고 있소."

"최전선은 어디입니까?

"이 전쟁에서 최전선 같은 것은 없다는 것을 아직 모르시오? 이 북한 놈들은 마음만 먹으면 약한 보병 얼간이들 따위는 무시하오. 아마 바로 지금 당신들이 보고 있는 '민간인들' 사이에도 북한 놈이 몇 명 끼어 있을 거요. (마침 한 무리의 피난민이 건물 바깥을 터벅터벅 걸어가고 있었다) 내가 알고 있는 것은, 보병들이 마을 밖 저 산들 위 어딘가에서 최전선을 지키고 있어야 한다는 거요."

"서로 연락은 어떻게 합니까?"

"저쪽 야전전화 보이오? 저것을 통해 연대에 정기적으로 연락하고 있소.

또 그들이 줄행랑치기로 작정하면, 우리도 같이 궁둥짝을 뗄 수 있게 연락을 해주기로 되어 있소! 물론 이때 그쪽에서 누군가 한 명은 이것을 잊어버리지 않기를 하나님께 바랄 뿐이요."

"우리가 여기서 무엇을 하길 바라십니까?"

"글쎄, 나도 모르겠소. 지금은 일단 자러 가면 될 것 같소. 어디든 좋은 곳에 드러누우면 되오."

꽤 슬픈 일이었다. 가장 암울했던 것은 명목상 우리의 지도자인 대위가 보인 패배주의적인 태도였다. 지휘관으로서의 책임을 전혀 감당하고 싶어하지 않는 것이 아주 분명했다. 실제로 그는 톰 파 대위에게 언제 대위로 진급했는지 묻고, 파 대위가 자기보다 하급인 것을 깨닫고는 실망하는 것처럼 보였다. 자기가 계속 우리 무리의 책임자로 있어야 하기 때문이었다. 간단히 말해 그의 태도는, "모든 것이 다 엉망이야. 무슨 일을 한들 소용이 있어?" 하고 말하는 듯 보였다.

다음 날 아침 우리는 야전식당에서 알찬 아침을 먹었다. 식당은 우리 건물 길 건너편에 있었고, 근처에는 부대의 남은 트럭과 지프를 수용하고 있는 작은 수송부대가 있었다. 한동안 우리는 서로 둘러앉아 이야기를 나누고 편지를 썼다. 누군가가 방 하나짜리 본부가 너무 비좁은 것 같다고 말했고, 이에 우리 몇 명은 안뜰로 나갔다. 우리는 혹시 무슨 소식이라도 들을 수 있을까 싶어 단파 라디오에 귀를 기울였다. 그러나 뉴스 전파는 잡을 수 없었다. 대신 뉴욕 양키스 대 클리블랜드 인디언즈 사이의 야구시합을 중계하는 일본 AFN* 방송국의 전파를 잡았다.

* AFN : Armed Forces Network, 미군 산하 관할 텔레비전 및 라디오 방송국

날이 저물기 시작할 무렵, 우리는 전차의 엔진소리와 덜커덩거리며 이동하는 소리를 들었다. M-24 전차 두 대가 우리 건물을 질주해 지나쳐 갔는데, 그 뒤를 기관총을 탑재한 두 대의 지프가 뒤따르고 있었다. 범퍼를 보니 그 전차들은 24사단 정찰중대 소속이었다. 이들은 우리 건물을 지나 산길을 따라 북쪽으로 반 마일쯤 가다가 좁은 시내가 나오는 곳에 멈춰 섰다. 그리고 전차 대포와 기관총을 반대편 시냇가 비탈을 향해 발사하기 시작했다.

대체 무슨 일일까? 적군이 돌파했나? 정말 이렇게 가까이에 적군이 있었단 말인가? 그렇다면, 지금 우리가 마땅히 해야 될 일은 무엇인가? 한 가지 분명한 것은, 그저 지켜보는 것이었다. 적어도 그것이 우리가 한 일의 전부였다. 우리는 그들이 무엇을 겨냥해 발사하고 있는지 전혀 알 수 없었고, 일어나고 있는 모든 상황은 마치 우리와 멀리 떨어진 비실제적인 일처럼 느껴졌다. 얼마 후 발포는 멈췄다. 전차와 지프는 후진하고 방향을 바꾸더니 원래 왔던 방향으로 신속히 돌아갔다. 우리는 무슨 일이 벌어지고 있는지 감조차 잡기 어려웠다. 연대와 연결된 전화는 거의 아무런 도움도 되지 않았다. 들은 말이라곤 산 위의 보병대가 공격받고 있으며, 만약 연락이 오면 우리도 재빨리 퇴각할 수 있도록 준비태세를 갖추고 있어야 한다는 것이었다.

어떤 한 사람과 밤에 교대로 보초를 서기로 했다. 솔직히 말해 만약 보병대가 아직도 산에 있다면, 왜 정찰병들이 이쪽에 있는 무언가를 향해 발포를 하였겠는가 말이다.

그때는 미처 몰랐지만, 14공병대대 본부가 당시 부근에 있었다. 빌 무어가 며칠 전 이곳에 도착했으며, 랄프 버핑톤은 이미 그곳에서 보조 통신장교로 일하고 있었다. 이때쯤 낙동강 방어선은 매우 얇아져서 모든 차출 가능한 8군 병사는 방어선을 지키는 일에 투입돼 있었다. 결과적으로 빌이 대대본부에 도착했을 때, 거기에 중대들은 없고 오직 본부 하나만 있을 뿐이었다. 부대의 모든 전투중대는 보병대와 함께 방어선을 지키는 일에 투입된 상태였던 것이다.

그때까지 북한군은 전투를 매우 성공적으로 수행했을 뿐 아니라 놀랄 정도로 일관된 전법을 구사하고 있었다. 이들은 미군이나 남한군 등 적군을 만날 때마다 부대를 보내 포위망을 형성하고 이들의 후방을 쳤다. 가면 갈수록 방어선에 있던 미군과 남한군들은 자신들이 포위당한 것을 깨닫고 혼란 속에 허둥지둥 퇴각하지 않을 수 없었다.

8월 11일 밤, 적의 정찰대가 또다시 후방에 왔다는 보고가 들어오자, 14공병대대는 전초부대를 네 군데의 중요한 길 교차점에 보내라는 명령을 받았다. 황급히 행정병, 취사병, 운전병, 기술병 등 가릴 것 없이 본부 인근에 있던 투입 가능한 모든 병력이 총동원돼 각 열두 명으로 구성된 네 개 분대가 만들어졌다. 빌은 이 '이단적인' 분대 중 세 번째 분대를 이끌게 되었다. 자정쯤, 그와 그의 사병들은 칠흑 같은 암흑 속에서 외진 길 교차로에 떨어졌다. 이들은 길 옆 참호에 기어들어 가서 기다리기 시작했다.

빌이 무전으로 대대에 연락하려 했으나 무전기가 작동하지 않았다. 점점 날이 밝아오자, 빌은 사병들에게 참호에서 나와 인근 야산으로 옮겨 새로운 참호를 파도록 명령했다. 전초기지를 살피도록 파견된 정찰대가 곧 무어의 분대가 있는 곳에 도착했다. 이들이 무어의 분대에 이르기 전 들렀던 두 지점에서는 두 개 분대의 분대원 모두가 숨진 채 발견됐다. 소위들과 사병들은 손이 등 뒤로 묶인 채 머리 뒤에 총알구멍이 있는 상태로 발견됐다.

얼마 후 통신장교로서의 임무를 띤 랄프 버핑톤이 빌의 소대에 도착해 빌의 무전기를 고치기 시작했다. 빌은 몸을 구부려 참호를 파고 있었고, 랄프는 곧게 서 있었다. 이때 적의 기관총이 발사되기 시작했다. 랄프가 총에 세 번 맞았고, 근처에 있던 다른 두 명도 총알을 맞았다. 분대가 꼼짝없이 적들에게 잡혔다고 생각한 바로 그때 기갑 정찰소대가 도착해 적군을 향해 발사하기 시작했다. 이 소대는 아마도 내가 영산에서 몇 시간 전에 봤던 그 소대일지 모른다.

발사되는 총알이 형성한 방어막을 틈타, 빌과 다른 사병 한 명이 랄프를 고지 아래로 옮겨 지프에 태웠다. 지프는 즉각 응급치료소로 이동했다. 그러나 랄프 버핑톤, 그 영리하고 이타적인 젊은 학자는 이미 숨진 후였다.

그날 밤 나에게는 별다른 사건사고가 터지지 않았다. 좋은 아침식사로 인해 그날 아침은 평상시와 거의 다를 바 없이 느껴졌다. 난 식기를 세척하면서 건물 뒤편의 안뜰에 서 있었다. 그때 갑자기 우리 뒤편 언덕 쪽에서 폭발음이 났다.

이 소리는 무엇이지? 일련의 불규칙적인 미군 곡사포인가? 처음 폭발이 있었던 곳 가까이에서 또다시 폭발음이 났다. 그다음 세 번째 폭발은 우리 반대편에서였다. 무슨 일이 벌어지고 있는지 가장 먼저 깨달은 이는 톰 파대위였다.

"포탄이 이쪽을 향해 오고 있다."

그가 외쳤다.

"누군가 우리를 사격하고 있어!"

이 폭발이 적군의 포탄인 것을 우리는 왜 몰랐을까? 내 경우에는 이것이 처음 있는 일이어서 그런 것 같았다. 또 누군가 실제로 나를 쏘고 있을 수 있다는 것을 차마 머리로 받아들일 수 없었기 때문이었던 것도 같다.

또다시 폭발음이 들렸다. 곧이어 또 한 차례의 발포가 이어졌는데, 이번

포탄은 우리 본부 건물에 맞았다. 난 땅에 엎드렸다. 더 이상 그 횟수를 세지 못할 정도로 발포는 계속됐다. 이제 사람들의 움직임보다 포탄 소리가 더 빨라졌다. 포탄이 더 낮은 탄도와 더 빠른 속도로 다가오고 있다는 것을 의미하는 것이라는 생각이 들었다. 아마도 전차포 같았다. 북한군이 마을 안에 있다는 것을 의미하는 것일까?

발포가 멈췄다. 그리고 발포 소리가 우리에게서 좀 멀리 떨어진 곳에서 나기 시작했다. 난 비명 소리를 듣고 주위를 둘러보았다. 서너 명이 부상을 입은 것 같았다. 근처에서 누군가가 소리를 지르고 있었다.

"어머니, 어머니. 누가 저 좀 도와주세요. 아파요. 아, 아머니."

둘러보니 바지가 피에 젖은 한 사병이 건물 한 모퉁이에 쓰러져 있었다. 나와 다른 한 명이 그를 부축해 앉혔다. 그는 계속 비명을 지르고 있었다.

랄프 모리스 버핑톤
(Ralph Maurice Buffington)

우리가 그를 안정시키려고 애쓰면서 보니, 그는 내가 트럭에서 만났던 바로 그 수다쟁이 상병이었다. 우리는 그의 벨트를 풀고 바지를 내려서, 무릎 바로 위 유산탄 파편이 박힌 곳을 찾아냈다. 난 그의 카트리지 벨트에서 응급처치품을 꺼낸 후, 압박붕대를 꺼내 상처에 묶었다(내 것이 아니라 부상자의 응급처치품을 써야 한다는 명령을 기억하면서 말이다).

이때쯤 그의 비명은 흐느낌으로 변해 있었다. 그가 쇼크상태에 빠지지 않기를 바랐지만 그럴 가능성도 충분히 있는 것 같았다. 우리 둘은 그가 일어서도록 도운 후, 절반쯤 안고 절반쯤은 부축하면서 길거리로 나가서 그를 지프에 실었다. 위생병들이 그를 들것에 눕힌 후 운전해갔다.

형체 없는 흰 꾸러미 같은 것이 길에 누워 있었다. 분명히 피난민 중 한 명이었을 나이 든 한국 남자였다. 처음으로 난 내 바로 눈앞에서 격렬한 죽음의 현장을 목격했다. 근처에서 또 한 번의 발포가 있었고, 우린 모두 다시 한 번 땅에 엎드려야 했다.

"이 지옥을 빠져나가자!"

누군가가 소리 질렀다.

난 다른 몇 명과 함께 적들로부터 멀어지는 방향이길 바라면서 달려가기 시작했다. 몇 명은 트럭과 지프에 올라탔지만 나머지 무리들은 뛰어가고 있었다. 내 앞에 베테랑처럼 보이는 키가 크고 마른 부사관이 보였다. 그는 비틀거리면서 걷고 있었는데, 오른팔에 부상을 입은 듯 보였다.

나는 앞으로 달려 나가 그에게 팔을 둘렀다. 우리 둘은 느리고 불안정하게 같이 걸었다. 다른 이들은 모두 앞서 나가고, 이제 미군은 우리 둘만 남은 것 같았다.

안개 같은 흰 수염을 기른 어느 한국인 남자가 자기 가게에서 길가로 나와 천 조각을 내밀었다. 그는 그 조각을 붕대처럼 쓰라는 제스처를 취했다.

난 감사함을 표시하기 위해 고개를 끄덕이면서도 그에게 괜찮으니 들어가라고 손짓했다.

부사관과 나는 절뚝거리면서 계속 걸었다. 우리 둘만 뒤에 남겨질 것인가?

그는 나를 바라보면서 말했다.

"소위님께 죄송합니다만, 소위님께서 절 두고 먼저 가시는 것이 좋을 것 같습니다."

장교를 3인칭으로 부르는 그의 옛 군대식 말투는 이 상황에서 정말 어울리지 않았다. 아마도 그는 현재 상황에서도 자신이 군인으로서 기능할 수 있다는 것을 증명해 보일 필요를 느꼈는지도 모른다. 어떤 경우든 그는 정말 존경할 만한 인물이었다.

"우리는 괜찮을 걸세. 그저 계속 걷기나 하세."

우리는 계속 비틀거리면서 걸었다. 기적적으로 응급조치 요원과 들것을 실은 지프가 옆길에 나타났다. 난 운전사에게 서라고 손짓했다. 우리는 들것에 부사관을 태우고, 담요로 그를 덮었다. 그리고 지프는 떠났다.

앞에서 미군 몇 명이 달리고 있는 것을 보고 달려가서 그들에게 물었다.

"어디로 가는 거요?"

"포탄이 멈출 때까지 피신해 있을 만한 곳으로 가오."

난 그들을 따라 샛길을 달렸다. 그리고 어떤 문간 밑을 기어서 들어갔다. 들어가보니, 그곳은 천정이 낮은 방 하나짜리 건물이었다. 높이는 5피트(약 1.5미터) 정도였는데, 아마도 원래 곡식창고가 아니었는가 싶었다. 난 외따로 앉아서 지금까지 향방 없이 뛰어다녔다는 것을 깨닫고 부끄러워하고 있었다. 그 방에는 나 외에 내가 잘 모르는 한두 명의 장교를 포함해서 총 여덟 명에서 열 명 정도의 사람이 있었다. 열린 문간을 통해 들어오는 희미한 빛이 우리가 가진 유일한 빛이었기 때문에 방은 어두침침했다. 멀리서 발사되고 있는 것 같은 포탄 소리가 좀 더 크게 들렸다. 소총과 기관총 소리도 들려왔다. 이것은 적군 보병이 마을에 있다는 뜻인지도 몰랐다. 우리가 갑자기 공산당 보병에게 발각되면 어떻게 할 것인가? 총을 쏠 것인가? 항복할 것인가? 달아날 것인가?

난 일종의 설명할 수 없는 죄책감을 느꼈다. 도망쳤다는 것에 대해서, 두려워하고 있다는 것에 대해서, 또 무엇을 해야 할지 모른다는 것에 대해서 말이다. 내가 무언가 잘못한 것 같았지만 그것이 정확히 무엇인지는 알 수 없었다.

잠시 후, 왼쪽 손목 근처에서 피가 흐르고 있는 것을 발견했다. 폭발하는 포탄의 파편에 다쳤던 걸까? 그랬으면 싶었다. 그렇다면 뭔가를 증명해주지 않겠는가? 그러나 아무래도 내가 급하게 땅에 몸을 엎드릴 때 무기와 부딪혀서 생긴 상처 같았다. 손수건으로 손목을 묶자 피가 멈췄다.

우리는 그 건물 안에 대략 한 시간가량 있었다. 그러나 밖에서 무슨 일이 벌어질까 매 순간 공포에 질려 있었으므로 시간은 훨씬 더 길게 느껴졌다. 한참 후, 한동안 총성이 없었다는 것을 깨달았다. 내가 조심스럽게 문간을 통해 밖을 내다보니 한 한국 여성이 아무 일도 없었다는 듯이 어린아이와 함께 거닐고 있었다.

우리 78대대 소속 군인들은 대대로 복귀하기로 결정했다. 무슨 일이 벌어질지 모르는 상황이라, 주위를 경계하면서 일렬종대를 지어 중심가를 걸어갔다. 곧 우리는 넓은 교차로에 이르렀다. 아마 마을 광장이나 장터로 쓰였던 곳 같았다. 난 혹시라도 아직 적군이 부근에 있을지 모르기 때문에 몸을 숨긴 지점에서 또 다른 지점까지 단숨에 내달렸다. 난 계속 이런 방식으로 길을 달려갔다. 이것이 별반 도움이 안 될지 모른다는 생각도 들었지만, 그래도 안전하다고 느낄 수 있는 것이 그렇지 않은 것보다는 나았다. 다른 군인들이 내 흉내를 내자 은근히 기분이 좋기까지 했다. 그 전까지 그들은 거의 평상시와 동일하게 어슬렁거리면서 걷고 있었다. 아마 전술적으로 진군하기를 원하기는 했지만, 멜로드라마의 인물처럼 보이고 싶지는 않았던 모양이다.

한 블록 더 가니, 전차중대 대위를 만날 수 있었다. 그는 으스대는 태도로 이제는 안전하다고 우리를 안심시켰다. 그러나 그 대위는 일단 본부로 돌아가자 평정을 잃고, "망할 놈의 상황, 망할 놈의 한국인들, 망할 놈의 모든 것"이라며 신경질적인 독백을 시작했다. 그는 길거리에 죽어 있던 한국인 노인과 이 모든 것의 무의미함에 대해 눈에 띌 정도로 동요했다. 또 그날 아침 차들을 빼기 전에 수송부의 한 사병이 수류탄으로 차 두 대를 망가뜨린 것에 대해서도 불평했다. 개인적으로 난 그가 선제권을 잘 잡았다고 생각했다. 특히 그의 '상급장교들' 이 그에게 어떤 지시사항도 주지 않고 떠났기 때문이다.

새로 온 보충장교들이 다른 부대들로 전임될 것이라는 전갈이 왔다. 난 사단본부의 결정권자들이 최소한 이때만큼은 흩어진 78대대를 재건해야겠다는 생각을 버린 것이 아닐까 하는 생각이 들었다. 다른 두 명의 장교와 함께 난 21보병연대로 발령받았다.

78대대의 어느 누구도 우리 셋이 어떻게 새 부대로 이동해야 할지에 대해 특별히 신경 쓰는 것 같지 않았다. 그럼에도 우리 셋은 지프와 운전병을 구하고 21보병연대를 찾아 나섰다.

그날 일어난 나머지 일들은 기억이 희미하다. 어쨌든 우리는 영산을 떠났다. 우리는 21보병연대의 위치를 모를 뿐 아니라, 혹시 가는 길이 침투한 적군에 의해 끊어졌을 수도 있지 않을까 의아해하고 있었다. 얼마 후에 우리는 한 포병중대와 나란히 위치하게 되었다. 그 중대가 멀리 떨어져 있는 고지를 향해 쏜 곡사포 여섯 개가 우리 차 바로 위를 지나갔다. 갑자기 사격병이 동작을 멈추고, 총구를 180도 돌려서 그들 후방에서 겨우 75야드(68.5미터) 떨어진 곳에 있는 산허리를 수평 사격하기 시작했다. 우리 차는 내달렸다. 우리는 전투가 곧 끝나기를, 또 우리가 복병이 있는 쪽으로 향하고 있는 것이 아니기를 바랐다. 차가 덜커덕거리며 운전해가는 내내 우리는 길 양편의 벼 속을 주의 깊게 살폈다. 우리는 줄곧 위협감을 느꼈고 언제 사람들이 나타나 총격을 시작할 것인가 두려워했다.

얼마 후 우리가 교차로에 이르렀을 때, 헌병이 우리를 세웠다.

"어디로 가십니까?"

그가 물었다.

"21보병연대로 가려고 합니다. 이 길로 가면 됩니까?"

"맞는 방향입니다만, 이 길로는 갈 수 없습니다. 길이 끊어졌습니다. 다른쪽 갈림길로 가십시오. 그러면 34보병연대의 지휘소가 나올 것입니다. 아마 거기에 좀 더 정보가 있어서 21보병연대로 가는 다른 길을 알려줄 만한 사람이 있을 것입니다."

우리는 새로운 길로 들어서서 34보병연대 지휘소를 찾아 나섰다. 처음에 우리는 그 연대의 야전응급치료소를 발견할 수 있었다. 그곳의 누군가가 그날 그곳에서 서른다섯 명의 사상자가 발생했다고 말했고 시달려서 피곤하게 보이는 군의관이 34보병연대 지휘소로 가는 방향을 모호하게 알려주었다. 그의 열의 없는 목소리는 부정적이고 패배주의적으로 들렸다. 그때 난 누군가 속삭여주었던 소문을 믿게 됐다. 부상자 중 많은 이들이 자가 부상자라는 소문이었다. 귀신 들린 듯한 많은 얼굴들을 보니, 이것이 가능성 있는 이야기 같았다.

34보병연대 지휘소가 있는 학교 건물을 발견한 것은 초저녁 무렵이었다. 이때쯤 난 24사단은 19, 21, 그리고 34의 세 개 연대로 구성돼 있다는 것을 알게 됐다. 연대 각각은 1대대, 3대대인 두 개의 대대로 구성돼 있었고 2대대는 평화시대에 만들어진 경제 법안에 따라 없어진 후였다.

지휘소에서 우리는 S-2 정보장교 또는 S-3 작전장교 둘 중 한 명이 21연대로 가는 길을 알고 있다고 파악했다. 우리 중 둘은 'S-2' 라고 이름 붙은 방으로 갔다. 우리는 21연대로 가는 길을 표시한 지도를 받아보고 연대로 가는 길이 아직 열려 있다고 들었다. 그러나 S-3에 갔던 우리 동료는 그 길이 끊겨졌다고 듣고 왔다. 인접한 사무실에 있는 참모들조차 가지고 있는 정보가 서로 달랐던 것이다. 신중을 기하기 위해, 우리는 하루 일과를 이쯤에서 마무리하고 일이 분명해질 때까지 이곳에 머무르기로 했다.

우리는 S-3구역 옆방에서 밤을 보내게 되었다. 길고 미친 듯했던 하루 일과가 끝난 후 고단해진 우리는 맨바닥에 슬리핑백을 펴고 누울 수 있어서 감사했다. 그러나 잠자리에 들기 전에, S-2와 S-3구역 양쪽에다가 만약 그들이 황급히 떠나게 될 경우에 우리도 깨워달라고 부탁하는 것을 잊지 않았다.

"이봐, 일어나!"

새벽 4시였다. 사람들이 급히 돌아다니거나, 무기를 들거나, 지도를 접거나 철모를 쓰고 있었다. 다른 두 명의 이동 중인 장교와 나도 밖으로 나왔다. 어둠 속에서 한 지프 운전사가 우리에게 자기 차에 올라타라고 말했다. 자동차들이 떠나고 있었다. 우리가 탄 차도 이 자동차 행렬에 가담해, 등화관제 등의 불빛에만 의지한 채 살금살금 기어서 천천히 따라갔다.

2~3마일(4~5킬로미터) 나갔을 때 아침의 첫 햇살이 비춰오면서 밤의 어둠을 몰아내기 시작했다. 희미한 빛 가운데서 비로소 난 우리 운전사가 독

수리 휘장이 달린 군복을 입은 대령이며, 34보병연대 연대장인 것을 알게 됐다. 어떤 학교 건물 앞에서 차가 섰다. 라디오에서 소식이 흘러나오는데 신경질적인 급박함이 느껴졌다. 동 트기 전에 우리를 이동하게 했던 그 알람은 그것이 무엇이었든지 간에 확실히 잘못된 것이었다. 그로부터 한 시간 뒤, 우리는 아침식사를 마치고 다시 차를 타고 연대로 복귀했다. 우리는 34보병연대에 속한 이들에게 감사를 표현하고 새로운 약도를 받아서 다시 21보병연대를 향해 출발했다.

그달이 다 가기 전, 34보병연대는 더 많은 인력을 상실하고 결국 해산됐다. 일반적으로 부대를 해산하는 것은 부대에 대한 충성심에 심각한 문제를 야기할 수 있는 것이기는 하지만, 어쨌든 이 경우에는 혼란에 빠질 군인이 그다지 많이 남아 있지 않았다. 일본에서 온 이천 명 중 겨우 184명만이 생존했던 것이다. 나머지는 죽거나 부상당하거나 실종됐다.

FROM THE HUDSON TO THE YALU

부산 경계선

8월 13일 ~ 23일

3

한국의 부산과 대구 거리에서는 이상한 방식의 징병이 이뤄지고 있었다. 군대 갈 나이의 청년들이 길거리에서 낚아채졌다. 그들은 이제 자신들이 대한민국 국군이 되었으며, 카투사로 복무하게 될 것이라고 들을 뿐이었다.

8월, 전투가 계속되는 가운데 북한군은 부산까지 뚫고 내려오기 위해 압박적인 공격을 계속 가하고 있었다. 가장 치열한 전투 중 몇은 대구 북쪽의 상주의 다부동 길에서 치러졌다. 27보병연대가 방어한 이곳은 '볼링 앨리'*라고도 불리던 지역이다. 동쪽의 포항에서 남쪽의 마산에 이르기까지 여러 곳에 펼쳐진 다른 진지들도 역시 마찬가지로 위협받고 있었다.

전장에 있던 동기생 소위들은 전쟁의 큰 그림을 볼 수 없었고, 자신들이 위치한 특정 지역에서의 전투에 대해서만 알 수 있을 따름이었다. 전쟁의 모든 것은 매우 혼란스러웠고 피비린내가 가득했다.

우리는 별 사고 없이 21보병연대의 지휘소에 도착했다. '다이아몬드 지휘소' 라는 팻말이 붙은 학교건물이었다. 말할 것도 없이 21보병연대가 '다이아몬드' 라 불리는 모양이었고, 24사단과 관련된 모든 이름들은 철자 'D' 로 시작했다. 사단이 'Danger(위험)' 그 자체였고, 사단의 선발대를 만나기 위해서는 다소 적절하게 이름 붙여진 'Danger Forward(전방에 위험)' 이라는 표시를 따라가면 되었다.

전투사병부의 참모진은 지쳐 보였지만 민첩하게 사무를 처리했다. 그들은 연대장이 우리와 개별 면담을 가질 것이라고 알려줬다. 연대장은 그날

* 볼링 앨리(Bowling Alley) : 당시 미 종군기자들이 대구동 길목인 천평동에서 진목동 사이 도로를 가리켜 이렇게 불렀다. 적이 전차를 앞세우고 포플러가 늘어선 도로를 따라 내려오면서 미군 진지를 향해 철갑탄을 쏘는 것이 마치 볼링 볼이 레인을 달려가 핀을 때리는 것처럼 보이고, 양측 전차포의 음향이 핀이 쓰러질 때처럼 '따다닥' 소리가 난다고 그렇게 불렀던 것이다.

밤을 거의 꼬박 새웠으면서도 몇 분 후 우리를 만날 것이라고 했다. 한편, 부관은 나에게 연대 전차중대에 배속될 것이라고 말했다.

"하지만 현재 전차중대는 서류상에만 존재하는 부대라네. 여기에는 일등 상사와 자네, 임명된 두 사람이 전부라네. 중대를 활성화시키기에 충분한 사병과 전차를 구하기까지 자네에게 일종의 임시 업무를 줘야 할 것 같네."

빛이 바랜 낡은 목욕가운을 입은 연대장이 등장했다. 참모들에게 '빅 식스' 로 불리는 웨스트포인트 1924년도 졸업생 리처드 W. 스티븐스 대령이었다. 대령은 키가 작았지만 단단한 구릿빛의 사내로, 그에게서는 강인한 군인정신이 배어나오고 있었다. 그가 입고 있는 목욕가운이 이에 대한 확신을 더해주고 있었다. 그가 목욕가운을 입고 있다는 것 또는 단순히 그것을 하나 가지고 있다는 것은 작은 쾌적함의 도구일 뿐이지만, 보는 이로 하여금 그가 자신감으로 가득 찬 사람이며, 당분간 전장에 머물 것을 미리 계획한 사람으로 느끼도록 했다. 그는 나에게 강인한 인상을 넘어 다소 위협적인 인상으로 다가오기까지 했다.

스티븐스 대령은 우리가 지금까지 무엇을 했는지 물었고, 우리는 우리의 짧은 모험담을 보고했다. 우리가 총격을 경험했고 풋내기는 아니라는 인상을 주려고 노력했다. 보고 중에 난 "78대대 전체가 공격을 받았을 때"라고 말하면서, 영산에서 경험했던 총격에 대해 설명했다. 그러자 그는 즉각 나에게 도전하듯 물었다.

"무슨 뜻이지? 사상자가 몇 명이야?"

"전 모릅니다. 그렇게 많지는 않은 것으로 생각합니다."

"숨을 참호는 있었나?"

"아닙니다."

"그래, 그렇다면 한 가지 귀중한 교훈을 얻었군. 참호를 파면, 포탄을 무사히 지나갈 수 있지. 노출돼 있다면, 사상자가 생길 수밖에 없어. 지옥에라도 들어간 듯 두려울 것이고 뭘 해야 할지 모르게 되지. 다음에 기회가 되면 꼭 참호를 파게."

당연히 그는 옳았다. 그는 강조해서 말했지만, 우리를 당황스럽게 만들지는 않았다. 이야기가 끝나자 대령은 우리에게 상황도를 보여주고 연대 배치에 대해서 알려줬다. 또 지난 며칠간의 활동사항에 대해서도 설명했다. 전력이 약화되어 두 개의 대대가 이전에 한 사단이 맡던 범위만큼의 낙동강 방어선을 지키고 있었고, 지지부대 병사의 대부분도 보병으로 투입되어 있을 수밖에 없는 상황이었다. 심지어 중박격포중대와 3공병대대에서 온 중대까지 방어선을 지키고 있었다. 그가 유일하게 남겨놓을 수 있었던 부대는 소총소대 하나였다.

난 스티븐스 대령이 시간을 내 이 모든 상황을 하급의 소위들에게까지 설명하는 것에 크게 감동받았다. 자기가 무슨 일을 하고 있는지 알고 있는 누군가와 함께하고 있다는 것에 안도감을 느꼈고, 그의 부대에 속해 있다는 것이 행운처럼 느껴졌다.

좀 더 남쪽, 마산 근처에서는 보병학교인 '베닝소년학교'를 다닌 트레버 스웨트(테드)가 25사단의 24보병연대에 도착했다. 이 부대는 장교의 60퍼센트를 제외하고는 전부 흑인으로 구성돼 있었다. 그가 속한 대대의 대대장은 2차대전에서 가장 많은 훈장을 수여받은 장교 중 한 명인 존 콜리 중령이었다(수훈십자훈장 1개, 은성훈장 5개, 청동성장 4개, 명예전상장 1개). 그는 웨스트포인트 출신 전술장교 중 높이 평가받는 인물이었다.

테드는 지난 며칠간 격전이 벌어졌던 전투산 기슭에서 콜리 중령을 만났다. 그는 두 개의 무기 박스 위에 널빤지를 올려 만든 임시 벤치에 앉아 있었다. 콜리 중령은 시냇물에 넣어 차갑게 보관하고 있던 맥주 두 병을 꺼내 한 병을 테드에게 건네고 벤치에 자리를 권했다. 콜리 중령은 뒤틀린 미소를 띠고 "3대대에 온 것을 환영한다"고 말하며, 맥주를 들고 건배를 권했다. 그리고 테드에게 스탠 크로스비를 기억하는지 물었다.

테드는 웨스트포인트 1947년도 졸업생인 크로스비를 꽤 잘 기억한다고 말했다. 하지만 콜리 중령의 이어지는 말은 테드에게 충격적이었다.

"자네에게 지금 하려는 말을 크로스비에게도 했었다네. 겨우 일주일 전이야. 그는 듣지 않더군. 이제 그는 죽었어. 자네는 꼭 듣게!"

테드는 귀를 기울였다. 콜리 중령은 이 전쟁에서 소대장, 중대장, 대대장들은 앞에 서서 부대를 이끌 필요가 없다고 했다. 이럴 경우 죽게 될 것이 거의 확실한데, 부대를 위해서는 지도자가 살아 있어야 한다는 것이다. 좋은 조언처럼 들렸다. 후에 콜리 중령 자신은 좀처럼 이 조언대로 행동하지 않는다는 것을 깨닫게 되었지만 말이다.

일본에서는 공수훈련을 마친 보병 학우들이 드레이크 캠프로 모여들고 있었다. 그들 중 많은 이들이 1기병사단의 5, 7, 8기병연대 중 하나로 배치됐다. 8기병연대로 발령받은 이들 중에는 케니 밀러, 로저 파이프, 잭 호데스, 먼로 마그루더와 빌 윌버가 있었다. 잭, 먼로, 빌의 아버지는 모두 장군이었다. 먼로는 중국에서 태어나 스위스와 미국의 워싱턴에서 성장했으며, 잠시 해군으로 복무하다 웨스트포인트에 입학한 친구다. 빌 또한 군대에서 어린 시절을 보냈으며 이동이 잦은 삶을 살아왔다. 웨스트포인트 1917년도 졸업생인 그의 아버지는 2차대전 동안 북아프리카에서 명예훈장을 수여받았다고 했다.

그들이 떠나는 날, 빌은 동기생인 조 킹스톤에게 이상한 말을 했다.

"자, 조, 우리 중 누가 제일 먼저 명예 훈장을 받을까?"

그들이 서로 알고 지낸 동안 조는 빌이 이런 식으로 말하는 것을 한 번도 들어보지 못했다. 빌이 자신의 영웅인 아버지만큼 해내야 한다는 일종의 강박관념을 느끼기라도 했던 것일까?

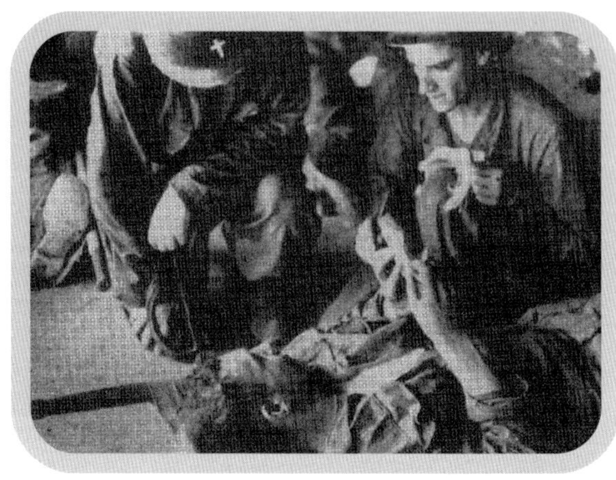

대대 응급치료소의 케니 밀러

"그런 바보 같은 소리 하지 마! 그런 생각 때문에 사람이 다치는 거야. 빌, 그저 네 주어진 일이나 하고 영웅이 되려는 생각일랑 버려!"

빌과 케니는 둘 다 새롭게 조직된 8기병연대의 3대대로 배치됐다. 이 대대의 핵은 매사추세츠 주 포트 데벤즈에서 급하게 형성된 그룹이었다. 대대장은 해롤드 K. 존슨 중령이었다.

1기병사단에서는 꽤 많은 사상자가 나왔다. 동기생인 빌 마슬렌더가 7기병연대에 도착했을 때, 그는 부대의 사기가 아주 저조해져 있다고 느꼈다. 그는 7기병연대가 조지 암스트롱 커스터가 리틀빅혼 전투에서 이끌었던 부대라는 사실이 예언적이지 않기를 바랐다.

한편, 일본에서는 조 킹스톤과 잭 매디슨이 7사단의 32보병연대에 배치됐다. 빌 켐픈과 허브 마쉬번도 함께였다. 자마 캠프에 있는 사단본부는 이들을 32보병연대가 주둔한 후지산 기슭의 맥네이어 캠프로 보냈다. 조와 잭은 연대에 도착해 연대장 돈 페이스 중령을 만났다. 페이스 중령은 그들에게 죽을 준비가 되어 있는지 물었다.

"꼭 필요하다면 말입니다, 중령님."

조와 잭은 서로를 한번 쳐다본 후, 서로 비슷한 말을 웅얼거렸다.

다소 이상한 부대원 영접이었다. 그리고 그 둘은 앞으로 복무하게 될 3대대를 찾아 나섰다. 그러다가 빈 분대 텐트행렬 사이에서, 장교 한 명이 '3대대' 라는 표지가 붙은 야전 책상에 앉아 있는 것을 발견했다.

"어디에서 도착 서명을 하면 됩니까?"

두 사람이 물었다.

"바로 여기라네."

대답이 돌아왔다.

"자네들이 이 부대에 임명받은 두 번째, 세 번째 장교이고, 이것이 끝이야. 아직 이런 부대는 없네. 이 부대는 새로운 사람이 좀 더 들어오면 활성화되기 시작할 것 같네."

한편, 한국의 부산과 대구 거리에서는 이상한 방식의 징병이 이뤄지고 있었다. 군대 갈 나이의 청년들이 길거리에서 낚아채졌다. 그들은 이제 자신들이 대한민국 국군이 되었으며, 카투사로 복무하게 될 것이라고 들을 뿐이었다. 더 이상의 소란 없이 이들은 곧바로 압축된 형태의 기본 전투훈련을 받기 위해 일본으로 수송됐다.

이제 32보병연대의 I중대에 배속된 조와 잭은 이와 같은 방식으로 비자발적으로 동원된 백여 명의 카투사들을 12일 동안 훈련시키는 임무를 맡게 되었다. 조와 잭을 보조할 미군 부사관들이 배치되었는데, 이들은 다행히도 숙련되고 유능한 이들이었다. 모든 미군들은 당연히 한국말을 전혀 몰랐고 한국군 중에서는 미군 세탁소에서 일했던 단 한 명의 한국인, 김유진만이 어설픈 영어를 몇 마디 할 줄 알았다. 카투사 군인들은 그들이 지급받은 값비싼 의복과 장비들을 자랑스러워해서 어쭙잖은 열정으로 그것들을 훈련장에 가져오곤 했다. 그러나 그들을 전투대비 태세 비슷하게라도 준비시키는 것은 명백한 '미션 임파서블' 이었다.

이 사이 미군 보충병력이 도착해 중대에 배치되고 있었다. 효과적인 관리를 위해 미군과 한국군이 일종의 친구 시스템을 통해서 둘씩 짝 지워졌다. 카투사들은 "그가 가면 너도 간다. 그가 하면 너도 한다"라는 지시를 받았다.

주기적으로 트럭들이 와서 마치 보호소나 대합실 같은 분위기를 풍기며 장비들을 쏟아부어 놓고 가곤 했다. 그러면 병참 부사관들은 쏟아부어진 것들을 살펴서 무엇을 어디에 두어야 할지 그들의 역량껏 결정하곤 했다.

난 다이아몬드 지휘소를 떠나, 임시적으로 발령받은 '다이아몬드 블루'라 불리는 21보병연대의 3대대를 향해 길을 나섰다(1, 2, 3대대는 아마도 애국적인 정신에 따라 이렇게 불리게 되었는지, 각각 레드, 화이트, 블루로 불렸다).

도착해보니, 대대 지휘소는 마른 골짜기에 몇 개 텐트와 차들이 모여 있는 것이 전부였다. 대대장인 존 맥코넬 소령은 작전 텐트 밖에서 웃옷을 입지 않은 채 사물트렁크에 걸터앉아 햇빛을 즐기고 있었다. '맥 소령님' 이라 불리는 이 사람은 바싹 짧게 자른 은빛 머리를 가진 얼굴에 붉은 빛이 도는 잘생긴 이였는데 유쾌한 환영의 미소를 띠고 나를 맞아주었다.

기갑병이었던 난 사실 소총중대에 들어가고 싶은 마음이 전혀 없었다. 소총부대는 위험스럽고 내가 미처 알지 못하는 공포의 대상처럼 느껴졌다. 그러나 차마 그렇게 말할 수는 없어서, 맥 소령에게 나의 배속이 임시적인 것임을 상기시켰다. 맥 소령은 "그렇군. 지금으로서는 자네가 우리 대대 S-2를 맡게"라고 말했다. 난 내가 얼마나 오랫동안 대대 정보장교, 즉 S-2를 맡게 될 줄은 몰랐지만, 대대 참모 자리는 소위가 맡기에는 상당히 유망한 자리로 생각됐다.

오후시간에 난 이 작은 본부의 다른 참모진을 만났다. 그중에는 S-3인 존 웨킨스 중위가 있었다. 그는 키가 크고 말쑥한 용모의 장교로서, 웨스트포인트 출신의 장교 아버지를 둔 관계로 군대에서 성장했다.

이 새로운 환경에서 일말의 불안감을 느끼고 있던 나에게 존 중위는 꽤나 반가운 존재였다. 학연을 따지거나 그와 어떤 연결고리를 만들어보려는 것은 아니었다. 다만 내가 가지고 있던 많은 질문을 다른 사람들보다는 같은 배경을 가진 그에게 물어보는 것이 훨씬 더 쉽게 느껴졌다.

존 중위는 자신이 일본에서부터 이 부대에 배속돼 있었으며 처음 한국에 왔을 때 소총소대를 이끌었다고 말했다. 그는 또 나에게 몇 가지 기본 지식을 가르쳐주면서, S-2인 내가 '다이아몬드 블루 2' 라 불릴 것이라고도 알려줬다. 또 제2명령권자, 즉 선임참모는 '5', 대대장은 '6' 이라고 불린다고 했다(비로소 스티븐스 대위가 왜 '빅 식스' 라고 불리는지에 대한 답을 얻었다). 우리 3대대는 아이템(Item; I), 킹(King; K), 러브(Love; L) 소총중대와, 마이크(Mike; M) 화기중대 등 총 네 개 중대로 구성돼 있다고 했다.

허브 E. 마쉬번
(Herbert Edgar Marshburn)

존 중위는 나에게 다른 여러 가지 것들에 대해서도 말해줬다. 전쟁 발발 후의 첫 나날들, 황급히 정해진 진지들, 적군의 후방 침투, 아군의 사기를 저하시킨 퇴각들, 조치원에서의 그 끔찍했던 7월 11일. 그날 21보병연대는 적군에게 완전히 제압당했고, 모두가 자기 자신의 생존을 위해 치열하게 싸웠다. 많은 사상자가 발생했고, 연대원의 일부만 겨우 도망쳤다고 했다. 대대장인 칼 젠슨 중령도 그날의 사망자 명단에 있었다. 내가 대체하게 된 S-2 레온 자크 중위도 마찬가지였다.

어둠이 짙어지자 우리는 작은 작전텐트 안으로 모여들었다. 중대들은 매 시간, 또 중요한 일이 있을 때마다 보고하도록 되어 있었다. 맥 소령은 나에게 대대의 기록을 관리하도록 했다. 비록 일상적인 업무였지만 난 드디어 내가 부대에 일종의 공헌을 하게 돼 감사한 마음이었다. S-2로서 난 시간별 모든 보고를 포함해 모든 전갈의 요약을 적고, 연대의 '다이아몬드 2'에 중계했다.

아침이 되자, 러브 중대의 칼 버나드 중위가 자기 부대로 돌아갈 채비를 마쳤다. 난 그에게 동행하고 싶다고 말했다. 그때 아마도 난 낙동강도 보지 못한 상태로 지휘소에서 비교적 안전한 자리에 있다는 것에 대해 죄책감을 느꼈는지도 모른다. 그뿐 아니라 방어선을 따라 나 있는 여러 진지에서 낙동강 골짜기를 어느 정도 관측할 수 있는지를 나의 S-2 상황도에 표시하고 싶었다. 칼 중위는 사병들의 사기에 좋을 것이라며, 나와 함께 가는 것을 자랑스럽게 생각한다고 말했다. 대대 참모진 중 하나가 이 지점을 방문하기는 처음이라고 다소 예리하게 덧붙이기도 했다.

우리는 지프로 출발했는데, 얼마간 달린 후 난 우리가 꽤 먼 거리를 가는 것 같다고 했고, 칼 중위는 그 말에 동의하면서 대대 지휘소가 너무 후방에 있는 것 같다고 말했다. 마침내 우린 걸어서 산기슭의 막사촌에 도착했다.

칼 중위는 이곳을 '러브 중대의 후방' 이라고 불렀다. 그곳에서는 예닐곱 명의 미군들이 한국인 짐꾼들의 등에 전투식량 상자를 싣고 있었다. 지게꾼이라 불리는 이들이 지고 있는 에이(A) 자형의 지게는 짐의 무게가 어깨 위로 잘 나누어 실리도록 했고, 이로 인해 이 단신의 강인한 남자들은 놀랄 만한 무게를 질 수 있었다.

산길은 길고 가팔랐다. 산 정상에 가까이 이르렀을 때 난 거의 탈진하기 직전이었다. 반면 칼 중위는 비록 피곤해 보이긴 했지만 숨소리조차 거칠어지지 않았다. 산을 타면서 칼 중위는 아군이 줄행랑쳤던 길을 가리켜 보였다. 이곳은 비상퇴각을 위해 미리 정해놓은 길이었다. 한국에서 조어된 '줄행랑' 이란 단어는 모든 미군들의 마음에 깊이 새겨져 있는 듯했다.

마침내 산 정상에 이르렀다. 아래를 내려다보니 몇백 피트 아래, 100야드(90미터) 전방에 낙동강이 유유히 흐르고 있었다. 칼 중위는 "새로운 대대 이인자가 방문왔다"고 나를 주위에 소개했다. 군인들은 야위고 꾀죄죄했다. 지난 한 달 너무 여러 번 전투에 임하고 또 그 전투들에서 패하면서 지친 것이 분명했다.

오후 늦게까지 주위를 둘러보면서 상황도를 좀 끼적거렸다. 대대로 돌아가기에는 다소 늦은 감이 있어 그날 밤은 러브 중대에서 잠을 청하기로 마음먹었다. 강 건너편에는 모래사장이 있었는데, 논과 이차로 된 흙길이 그 경계를 이루고 있었다. 길 너머에는 우리나라의 산과 비슷하게 보이는 산 하나가 험준하게 솟아 있었다. 난 혹시 그 위에 적군들이 있어서 우리를 관찰하고 있는 것은 아닐지 의심스러웠다.

러브 중대는 이틀 전 적군 트럭들이 강 건너편 길에 나타났었다고 말하면서 그날 밤 포병들이 포탄을 발사해야 할지도 모르는 특별 지점들을 기록하고 포병탄을 요청하기 시작했다. 적군 트럭의 호위대가 길을 잃은 것이 분명했다. 왜냐하면 트럭들이 모든 헤드라이트를 켜고 훤히 보이는 가운데 등장했기 때문이다. 러브 중대는 호위대에 포병탄과 박격포탄을 발사했고, 길을 막기에 충분할 만큼 많은 트럭을 파괴시켰다. 그 후에는 마치 사격장에서 오리를 한 마리씩 겨냥해 쏘는 것과 별반 차이가 없었다. 난 쌍안경으로 그날 밤 잔재의 일부를 볼 수 있었다. 차체들에서는 아직도 연기가 솟아오르고 있었다. 날이 어두워지고 곧 비가 내리기 시작했다. 얼마 후 대대에서 좀 의아한 전갈이 왔다. 자정에 중대가 산에서 철수한다는 것이었다.

자정이 되자 어둠 속에서 나는 한 분대와 같이 움직였다. 우리는 일렬종대로 가파르고 좁은 길을 내려가기 시작했다. 비로 인해 산길은 무척이나 가팔랐고 미끄러웠다고 생각한 순간, 갑자기 난 머리부터 땅에 처박혔다. 철모, 무기, 상황도는 공중으로 날아가버렸고, 다른 이들도 넘어지고 있었다. 조용히 철수해야 했기 때문에 욕도 작은 소리로 하면서 말이다. 난 다시 한 번 넘어졌다. 손과 발이 진흙으로 범벅이 되었다. 꼴사나울 것이 분명했다. 그나마 어둠이 나를 가려줘서 다행이라고 생각했다.

우리가 산기슭에 모여 기다릴 때쯤에는 비가 옅은 안개로 변해 있었다. 다음 날 새벽, 러브 중대는 후방에 있는 중대 집결지로 행군하라는 명령을 받았다. 두세 시간 행군하자, 중대는 공터에 도착했다. 그곳에는 꽤 많은 수의 보충장교와 사병을 포함해 3대대 소속 군인의 대부분이 모여 있었다. 우리는 이날이 '조직의 날' 이 될 것이라고 들었다. 우리 모두는 사람을 분류하고 적절한 중대, 소대, 분대 배치를 할 수 있는 장소로 집결됐던 것이다.

맥 소령은 내가 담당하던 S-2 직위가 다른 이로 대체되었다고 말했다. 정보장교 경험이 있는 장교가 도착해 S-2 자리를 맡게 된 것이다. 대신 난 플로이드 깁슨(깁) 중위가 지휘하는 아이템 중대에 속하게 되었다. 2차대전 노병인 깁은 준비된 미소와 힘찬 악수로 나를 맞아주었고, 다른 참모들에게도 소개해주었다. 중대 집행장교는 러프 린치 중위였다. 1소대를 이끄는 것은 내 동기인 톰 하더웨이였다(아는 얼굴을 만나는 것이 얼마나 기뻤는지……). 2소대장은 깁처럼 시타델 사관학교를 졸업한 짐 엑슬리 소위였고 3소대장은 나였다. 깁은 내가 함께 일할 부사관이 좋은 사람이라며 나에게 운이 좋다고 말했다. 그 부사관의 이름은 몬트 로비네트였다.

상황은 빠르게 진행되고 있었다. 기갑병이라는 내 배경과 상관없이, 난 어느새 보병소대장이 되어버렸다. 난 항상 보병소대장이야말로 장교가 가질 수 있는 가장 더럽고 위험한 직책이라고 생각해왔기 때문에 자연히 보병소대장이 되고 싶은 마음을 가진 적이 전혀 없었다. 그럼에도 현재의 이 자리는 내 자신의 능력을 증명해 보일 좋은 기회였고, 이에 난 이전에는 미처 경험해보지 못했던 새로운 흥분감을 느꼈다.

모든 보충병을 포함해서 내 소대는 전력이 거의 총력에 가깝게 구성돼 있었다. 거의 사십 명에 이르는 소대원 대부분이 갓 전투에 투입된 이들이어서 아직 논리가 복잡해지지 않았기 때문에 이들에게 명령을 내리는 것은 쉬웠다.

"이봐요, 소위님!"

다른 중대에 있는 어떤 부사관이 나를 반갑게 불렀다. 알래스카에서 출발한 비행기에 나와 함께 타고 있었다는 것이다(나중에 알고 보니, 그는 자기 친구들에게 나를 꽤나 잘 말해주었다. 아마도 점심도시락 에피소드 때문이 아닌가 싶다).

지혜로우나 거친 전쟁에 시달린 듯 보이는 로비네트 부사관이 우리 소대가 집결된 곳으로 나를 안내했다. 대부분이 긴장한 신참 보충병들로 구성된 우리 소대는 내가 리더십을 발휘해주기를 기다리고 있었다. 로비네트 부사관이 나를 소개할 때 난 내 자신의 역량에 대해 그다지 확신할 수 없었다.

"사병들, 이쪽은 여러분의 새로운 소대장인 마이하퍼 소위님이다."

한편 포트 베닝에서는 마이크 왜즈워스의 아내 베트가 6월에 딸을 출산했다. 8월쯤 되자 마이크는 교관으로서 눈코 뜰 새 없이 바빠졌다. 한국 배속에 대한 그의 요청이 받아들여져, 곧 마이크 부부는 베닝을 떠나 새로운 배속지로 이동되기 전 주어지는 45일간의 휴가를 즐기게 되었다.

세실의 아내 웨즈 뉴먼은 남편이 보낸 섄과 하와이의 여행기록이 담긴 필름을 받았다. 어니와 글로리아 던햄 부부는 웨즈와 함께 그 홈 무비를 같이 봤다. 어니와 세실 둘 다 본래 하와이로 배속명령을 받았었기에, 홈 무비를 같이 본 이들은 만약 가능하다면, 언제쯤 그들 네 명이 하와이에서 재회할 수 있을까 하고 궁금해했다.

이때쯤 세실은 5기갑연대의 F중대에 배치된 상태였다. 그는 21보병연대에서 북쪽으로 15~20마일 떨어진 지점의 진지에서 근무하고 있었다. 조지 타우, 조지의 죽마고우인 비처 브라이언, 우리 학급에서 제일 키가 컸던 6피트 6인치(197센티미터)의 조 투미도 세실과 같은 연대에서 근무하고 있었다.

8월 14일 비처는 집에 편지를 보냈다.

"B중대는 대대를 지원하고 있습니다. 저희는 총 5마일(약 8킬로미터) 정도 되는 길이로 세 개의 언덕에 가늘게 퍼져 있습니다. 일반적으로 예비중대가 어떠하리라고 생각되는 것에 비해 우리는 더 바쁘게 지내왔습니다. 지난 3일간 저는 후방에 있는 북한군들을 소탕하기 위한 정찰대에 가담했습니다. 조금 특별한 상황입니다만, 강으로 경계를 이룬 전방은 꽤 조용하지만, 후방은 북한군들로 우글거립니다. 그저께 밤 우린 우리의 첫 포로를 생포했습니다. 그는 다소 멍한 상태로 우리 쪽으로 걸어오고 있었습니다. 우리도 그가 우리 측면에 있는 참호 약 5피트(1.5미터) 가까이에 이르러서야 그를 발견했습니다. 보초병이 '꼼짝 마!' 라고 소리 지르자, 그는 도망으로 뛰어들어 우리 시야에서 사라졌습니다. 그러나 내가 조명수류탄을 그 뒤에 던지자 그는 순순히 항복했습니다.”

깁은 우리가 낙동강변에 위치한 진지들로 돌아갈 것이며, 지금 바로 출발할 것이라고 말했다. 그가 인도하는 가운데 거의 이백 명에 가까운 무리들이 일렬종대로 따라나섰다.

우리는 언덕을 오르고 골짜기로 내려갔으며, 여러 논을 헤쳐 지나갔다. 37도를 충분히 웃돌 만큼 날씨가 무더웠고 습하기까지 했다. 우리가 또 다른 언덕을 오르기 시작할 때쯤 대부분의 군인들은 땀을 비 오듯 흘리고 있었다. 나는 깁이 잠깐 쉬었다 갔으면 하고 바랐지만, 그는 줄기차게 나아갔다. 우리는 두 번째 계곡에 이르렀고 곧바로 또 하나의 언덕을 오르기 시작했다. 사병들은 질질거리며 걷기 시작했는데, 특히 신참들이 더했다. 거의 세 시간 동안 쉼 없이 걷고 언덕을 오른 후에도, 우리는 이제 겨우 마지막 산을 오르기 시작하는 시작점에 있었다. 산이 마치 괴물처럼 보였다. 난 다 같이 몇 분이라도 쉬어갈 수 있으면 좋겠다고 생각했다. 우리와 비슷한 생각을 가지고 있을 북한군보다 그 산을 더 빨리 올라야 한다는 것을 알면서도 말이다.

발걸음 하나하나가 고통 그 자체였다. 그러나 우리는 계속 산을 탔다. 이제 군인들은 뒤로 처지기 시작했다. 이들은 숨을 몰아쉬면서 등을 땅바닥에 대고 드러누웠다. 무거운 박격포탄을 지고 가던 키가 큰 금발의 신참은 대 자로 드러누워 헛구역질을 하면서 신음하고 있었다.

나도 기진맥진하여 주저앉을 지경이었지만, 만약 그럴 경우 그것이 내가 새로 맡은 소대에게 줄 인상이 두려웠다. 우리가 산 정상에 이르자 깁은 1, 2, 3소대가 그 순서대로 왼쪽에서 오른쪽으로 가라고 명령했다.

우리는 산길을 따라 걸어 3소대 구역에 이르렀다. 로비네트 부사관이 각 분대들을 적소에 배치했다. 난 그가 이 역할을 담당하는 것을 언짢아하지 않았다. 확실히 나보다는 그가 이런 일을 더 잘할 수 있었기 때문이다. 난 소대 지휘소를 '세우면서' 산길에서 발을 헛디뎌 넘어졌다. 한쪽 무릎이 꿇리고, 얼굴은 붉어졌으며 숨을 헐떡이지 않을 수 없었다. 과거를 철해놓고 기억하는 사병들에게 분명 가장 흉한 소대장 인상을 주었을 것이 뻔했다. 내 상상이었을 수도 있지만, 모든 소대원들이 지나쳐가면서 날 비판적인 눈길로 응시하는 듯했다. 글쎄, 어쨌든 이제 아이템 중대는 진지에 위치하게 되었다.

아이템 중대의 바로 오른편에는 공병부대가 있었다. 24사단의 3전투 공병대대의 파견부대인 이들은 우리 부대로부터 북쪽으로 2마일(3.2킬로미터) 떨어진 언덕 위 토치카에 배치돼 있었다. 책임자는 몽크 커르츠였는데, 그는 우리 웨스트포인트 동기 중에서 거의 톱으로 졸업했던 친구였다. 몽크의 그룹에 가담한 포병 전방관측자 팀을 이끄는 이는 몽크의 룸메이트였던 얼 록히드였으니 놀라운 우연이었다.

얼과 나는 사세보에서 부산까지 같은 배로 항해했고, 또 같은 기차로 밀양의 보충중대로 수송됐었다. 보충중대에서 얼은 52야전부대의 A대대로 배치받았다. 부대에 도착한 얼은 대대장에게서 감명을 받았다. 그러나 대부분의 군인들은 신경이 곤두서 있고 사기가 크게 저하돼 있었다는 것을 발견했다. 아마도 그들은 그럴 권리가 있는지도 몰랐다. 스미스 특수임무부대의 일원인 그들은 가장 처음 한국에 온 미군 포병들이었고, 이미 그중 많은 이들이 목숨을 잃었던 것이다.

얼이 A중대에 도착한 다음 날 아침 면도를 시작하자, 장교를 비롯한 모든 이들이 경이로운 눈길로 얼을 응시했다. 얼은 자신이 빌 몰딘*의 카툰에

* 빌 몰딘 : 2차대전 중 미 육군 주간신문 〈성조지〉 소속의 만화가로 참전하여 이탈리아 전선의 미군 보병의 생활상과 전쟁을 풍자한 '윌리와 조'라는 한 컷짜리 만화들로 유명함. 전후에 퓰리처상을 두 번이나 타기도 했음.

등장하는, 순진하고 얼굴이 반질반질한 풋내기 소위처럼 느껴졌다. 곧 그는 낙동강을 내려다보는 고지로 갔고, 거기에서 반갑고도 놀랍게도 몽크커르츠를 만났던 것이었다.

저 멀리 북쪽, 24사단의 오른쪽 측면에는 전력이 약화된 1기갑사단이 낙동강 방어선을 지키고 있었다. 핵심지형 중 하나는 303고지였다. 이 고지는 왜관에서 북동쪽으로 5마일 떨어진 곳에 위치하고 있었으며, 낙동강을 내려다볼 수 있는 곳이었다. 이곳이 사단과 8군 일부의 오른쪽 측면이었다. 그들 오른편에는 한국군 1사단이 있었는데, 이곳은 8월 15일 이른 시간 적군의 공격을 받았다. 이날 새벽녘이 채 되기 전, 303고지에 있던 1기갑군들은 대략 오십 개의 적군 부대가 두 대의 전차를 몰고 고지 기슭의 강가 길을 따라 대담하게 전진하고 있는 것을 발견했다. 또 다른 종대 하나가 미군을 포위하려고 고지의 후방에서 움직이고 있었다. 곧 적군이 세실 뉴먼이 속한 F중대에 발포하기 시작했다.

F, G중대를 포함한 아군과 적군의 치열한 접전 끝에 적군이 303고지를 점령했다. 고지를 탈환하고자 아군이 일련의 역공을 시도했으나 모두 실패로 끝났다. 그러나 이틀 후, 공중폭격과 강력한 포병탄 공격을 가하자, 북한군은 대략 오백 명의 사상자를 내고 허둥지둥 퇴각했다.

그 8월 15일의 전투 도중 정확히 언제 세실이 죽었는지 아는 사람은 없었다. 2차대전의 보병전투에서 살아남았던 그는 아이러니하게도, 6·25 전쟁에 참전한 지 한 주가 좀 지난 시점에서 목숨을 잃었다.

낙동강변에 자리 잡은 내 소대는 이제 꽤 괜찮게 일상의 업무를 진행하고 있었다. 난 사병들에게 우리 고지의 전방 비탈에 2인용 참호를 파도록 했는데, 낮 시간 동안 한 분대당 하나의 참호를 지키도록 했으며, 나머지 사병들은 뒷면 비탈로 가서 쉴 수 있도록 했다. 하지만 밤이 되면 이야기가 달라졌다. 깁과 로비네트 부사관의 조언에 따라 난 분대장들에게 "어두워지면, 모든 사병이 전방 비탈의 참호 속에 들어가 있도록 한다. 한 참호당 두 명씩 들어간다. 둘 중 한 명은 항상 깨어 있어야 한다. 어두워지고 난 바로 다음과 새벽녘이 되기 바로 전 특별히 경계하고, 이때는 모든 이가 깨어 있도록 한다. 이때가 가장 공격받기 쉬운 때이다"라고 명령했다.

내 자리는 맞은편 비탈에 내가 직접 갈아놓은 낮은 고랑이었다. 이곳은 소대 진지의 중간쯤에 위치하고 있었고, 산 정상에서 아래로 10야드(약 9.1미터) 정도 떨어진 곳이었다. 매일 밤 어두워지면 난 로비네트 부사관과 함께 돌아다니면서 분대장들을 확인하고 모든 사병이 각자 자기 자리를 지키도록 만전을 기했다. 우리는 소대 지휘소로 돌아와서도, 등을 대고 드러누워 별을 바라보면서 밤 시간의 대부분을 이야기를 하면서 보내곤 했다.

다음 날도, 그 다음 날도 또 그 다음 날도 무더위, 지루함, 긴장으로 이뤄진 일상은 반복됐다. 매일 밤 난 두 시간, 세 시간 또는 심지어 네 시간씩 잠을 잤다. 매일 아침이 되기 전, 로비(난 로비네트 부사관을 로비라고 부르기 시작했다)가 날 깨워주었다. 그러면 우리는 일상적이지 않은 일이 일어나지 않기를 바라면서 경계태세를 갖췄다. 부드러운 첫 태양빛이 긴장을 다소 누그러뜨리긴 했지만, 아침 태양이 환히 떠올라 날을 밝힐 때까지 우리는 긴장을 늦출 수 없었다.

간헐적으로 한국군 수송부대가 씨-레이션 전투식량, 병기, 물캔들을 운반해왔다. 우리는 전투식량과 병기를 배급했다. 그러나 습도가 높은 데다가 온도가 종종 40도까지 올라갔기 때문에 물이야말로 우리에게 가장 소중한 배급품이었다. 물이 항상 정기적으로 떨어지곤 했다. 그러면 우리는 자원하는 이들을 모집해 물캔들을 모아 우리 뒤편에 있는 계곡의 우물에 다녀오도록 했다. 우물에 가면 씻고 면도할 시간도 가질 수 있도록 했음에도 지원자들은 거의 없었다. 우물로 내려가는 것은 한 시간가량 걸렸는데 이 정도면 그다지 나쁘지 않았지만 다시 고지로 올라오는 것은 훨씬 오래 걸렸고, 결과적으로 우물에 한번 다녀오면 출발하기 전보다 기력이 소진돼 피곤한 상태가 되었기 때문이다.

여러 날이 지나갔고 나는 어느덧 날짜 세는 것을 잊어버렸다. 어느 날 새벽이 되기 전 우리 소대 가이드가 나를 흔들면서 말했다.

"소위님, 일어나십시오. 날이 거의 새려고 합니다."

난 비몽사몽간에 자동무기가 가까운 사정거리에서 굉음을 내며 발사되는 소리를 들었다. 앞산 정상 건너편이었다. 이제 정신이 번쩍 든 나는 두려움 가운데 무기를 잡고 다음 총성을 기다렸다. 그러나 더 이상의 총성은 없었다. 잠깐 동안의 정적이 흐른 후 사람들의 떠드는 소리가 들렸다.

한 사람이 산꼭대기에서 달려오면서 "군의관을 불러. 디히레라 부사관이 총상을 입었어!"라고 소리 질렀다.

난 큰 소리로 소대 군의관을 불러 그와 함께 능선을 기어올라 디히레라의 분대로 갔다. 소대의 3분대장인 디히레라 부사관은 땅에 누워 신음하고 있었다. 피가 가슴과 어깨로부터 흘러나오고 있었다. 우리는 반대편 비탈에 있는 소대 지휘소로 그를 옮겼다. 군의관이 상처에 압박붕대를 매는 동안, 우리는 그를 조심스럽게 눕혔다. 디히레라의 얼굴은 잿빛이었고 곧 쇼크상태에 빠질 것 같았다. 우리는 그를 따뜻하게 해주려고 우리의 웃옷을 벗어서 덮어주고, 또 괜찮아질 것이라고 말하면서 안심시켜주고자 했다. 그는 종잡을 수 없는 몇 마디 말을 하고는, 누군가 집에 편지를 써줄 것을 부탁했다. 그를 들것에 실었을 때에는 이미 실신한 듯이 보였다. 몇몇이 자원해서 그를 들고 고지 아래로 내려가는 긴 여행을 시작했다. 우리는 그가 살 수 있을지 확신할 수 없었다.

로비가 "무슨 일이 일어났던 것인지 알아냈습니다"라고 말했다.

"무슨 일이었나? 그의 분대원 중 하나가 실수로 그를 쏘기라도 했는가?"

"그렇습니다. 디히레라는 분대원들이 모두 깨어 있도록 하기 위해 그들을 밤새도록 점검하는 버릇이 있었습니다. 때로는 분대원들에게 교훈을 주고자 위로 살금살금 기어와서 분대원들의 무기를 낚아채곤 했습니다. 오늘은 디히레라가 고지 꽤 아래쪽의 참호 하나에서 나와 기어가고 있었습니다. 브라우닝자동소총을 가진 사병 하나가 분명 졸고 있다가 어떤 물체가 가까이 다가오는 것을 본 모양입니다. 생각할 겨를도 없이 바로 발사했습니다."

"정말 이해가 되네."

내가 말했다.

"그렇게 움직였다니 디히레라가 실수한 것이지. 그렇지만 그 대가가 너무 큰 걸."

이때 문제의 브라우닝자동소총 사병이 지휘소로 돌아왔다. 그는 계속해서 미안하다고 중얼거렸다. 그도 쇼크상태에 빠지기 직전처럼 보였다. 난 잠깐 동안 그와 대화하면서, 이것이 그의 잘못이 아니며 디히레라도 그를 원망하지 않을 것이라고 확신시켜주고자 노력했다. 또 거짓말이긴 하지만, 부상이 그다지 심각해 보이지 않았다고 말하면서 그를 위로했다.

계속해서 하루하루가 흘러갔고 그 사이 로비와 난 많은 이야기를 나눴다. 한동안 그는 풋내기 육군소위에 대해 경험 많은 군인이 갖게 마련인 과묵함으로 나를 대했다. 그는 21보병연대 '김렛' 이 구마모토에 주둔했을 때 일본에서 가졌던 좋은 시간에 대해서 말했다. 분위기는 꽤나 평화로웠고, 많은 군인들이 '무수마' 라고 불리는 일본인 여자친구들을 사귀었다. 이들은 별로 좋지 않은 군인 은어로 '무스(매춘부, moose)' 라고 불렸다. 로비는 좀 더 시간이 지난 후에야 한국에서의 처음 나날들에 대해서 이야기하기 시작했다. 그들은 계속 후퇴해야만 했다. 아군이 골짜기에 진지를 두면, 북한군이 능선을 타고 내려와 후방을 치곤 했다. 그리고 그 비극적인 날, 조치원에서 완전히 제압당했다. 손가락에 꼽을 만큼 적은 수의 군인들만 겨우 도망쳤다. 로비는 홀로 산 위에 남아 남쪽 방향을 향해 갔다. 적군을 피하기 위해 대부분의 시간은 숨어 있었다. 그는 덥수룩하고 기진맥진하고 허기진 상태로 마침내 아군 부대에 복귀했다. 그러나 로비 말에 따르면 이 켄터키 사내는 이제 전쟁을 계속해나가기에는 너무 망가졌다.

소대장인 톰, 짐과 나는 전쟁의 전체상황에 대해 깁을 통해서는 그다지 많은 정보를 얻을 수 없었다. 게다가 그가 우리에게 말해줄 수 있었던 몇 가지도 그다지 희망적인 것이 아니었다. 적군이 낙동강을 넘어 아군 양편에 교두보를 형성했다는 것이었다. 전투는 우리와 멀리 떨어진 후방의 양 측면에서 이뤄지고 있었다.

테드 스웨트는 24보병연대 러브 중대의 3소대를 이끌고 있었다. 테드의 소대는 이미 여덟 명의 소대장들이 거쳐 갔었고 테드가 아홉 번째로 소대장이 된 것이었다. 8월 20일, 그는 트럭으로 전투산 끝자락인 하남 부근에 도착했다. 테드 부대의 임무는 전투산에서 밀리고 있는 연대 C중대를 조력하는 것이었다. 테드는 트럭에서 내리면서, 공중 지원폭격으로 인한 연기가 산꼭대기에서 솟아오르고 있는 것을 보았다. 산 정상은 꽤 멀리 떨어져 있었다.

보병학교에서 배운 지 얼마 안 된 수업내용을 기억하면서, 테드는 중대장을 찾아가서 물었다.

"공격명령을 언제 내리실 것입니까?"

중대장은 멍한 얼굴로 테드를 쳐다보더니, 그저 산 정상을 가리키면서 말했다.

"가게, 소위. 이것이 공격명령이야."

콜리 중령이 말한 모든 것을 기억하려고 애쓰면서 테드는 소대를 짜서 좁은 길을 따라 고지를 오르기 시작했다. 곧 그들은 고지를 내려오는 C중대원들을 만나게 되었다. 두세 명씩 그룹을 지어 드문드문 내려오는 이들은 먼지에 더럽혀지고, 땀에 절었으며, 그중 몇 명은 피를 흘리고 있었다. 모두 꽤나 낙담한 듯 보였다.

패배한 부대의 드문드문한 행렬은 계속 이어졌다. 자기 앞에 누군가가 있는 것을 본 테드는 C중대의 남은 이들이 고지로 다시 보내진 줄로 생각했다. 그는 무슨 일인지 알아보기로 마음먹고 그 그룹을 따라잡았다. 따라잡고 보니 콜리 중령과 그의 통신장교였다. 그는 정말 앞에 나서지 않고 인도하고 있었다.

고지는 점점 가팔라지고 날은 점점 무더워졌으며, 사병들은 서서히 낙오되기 시작했다. 고지를 타던 중 무거운 무전기 SCR-300을 등에 메고 용을 쓰던 테드 소대의 무전병이 무릎이 안 좋다고 불평했다. 테드는 지혜롭지 못하게도 자기가 무전기를 지고 올라가겠다고 제안했다. 올라가는 동안 북한군을 만나지 않은 것이 천만다행이었다. 그러나 그들이 전투산 정상에서 150미터 아래의 산등성이에 도착했을 때 테드는 완전히 기진맥진했다.

이 산등성이에 지휘소를 세운 콜리 중령은 테드의 소대가 보안을 담당하도록 결정했다. 밤 동안 적의 접근은 없었고, 이상할 정도로 모든 것이 고요하기만 했다. 적어도 몇 시간 동안 그들은 휴식을 취할 수 있었다.

다음 날 러브 중대는 적군에 대한 공격을 재개하라는 명령을 받았다. 대대 지휘소와 산 정상 사이의 지형이 좁기 때문에, 한 소대가 선봉에 서야 했다. 테드의 소대가 그 일을 맡게 되었다.

땅은 바위가 많고 그들을 숨겨줄 수 있는 나무와 관목은 고작 몇 그루밖에 없었다. 산 정상을 향해 나아가면서 그들이 나무들을 다 지나쳤을 때 소총의 공격이 시작했다. 테드는 포트 베닝에서 배운 대로 산 정상을 공격하기 시작했고, 공격이 들어 먹혔다. 브라우닝자동소총 사병들이 총을 쏘는 가운데, 두 분대가 길을 이끌었다, 그의 세 번째 분대와 골짜기에 설치된 60밀리미터 박격포는 방어막을 형성했다. 한 시간 후, 고작 두 명의 부상자만 낳은 채 테드의 소대는 산 정상을 확보했고 적군은 퇴각했다.

이 시점에서 테드는 모든 것이 꽤 만족스럽게 보였다. 그는 주위를 거닐면서 산 정상에서 바라다 보이는 광경에 말문을 잃었다. 이날은 아름다운 한여름 낮이었고, 최소한 몇 분간 그곳에는 전쟁이 없었으며, 오직 평온함만이 가득했다.

그러나 곧 역공의 시작을 알리는 박격포탄의 폭발음과 함께 테드의 소대는 현실로 깨어났다. 테드는 소대의 지휘소로 썼던 얕은 참호의 귀퉁이에 몸을 웅크렸다. 분대장들이 그와 의논하기 위해 다가오고 있었다. 그때 박격포탄이 그의 왼쪽 엉덩이 근처에서 터졌다. 이 폭발로 무전병과 분대장 두 명이 목숨을 잃었다.

테드는 다리를 움직여보려 했으나 움직일 수 없었다. 박격포 공격은 계속됐고, 그는 자기가 혼자 있는 것을 깨달았다. 가까이 있던 사병들은 거의 죽거나 어디론가 사라졌다. 누워 있던 테드는 바위 턱을 붙잡으려고 하다가 더러운 손톱을 가진 노란 손들이 약 20야드(18미터) 떨어진 곳에서 뻗어 오는 것을 봤다. 이곳은 아주 잠깐 동안 테드 소대의 진지였지만, 이제는 확실히 어떤 저지도 없는 가운데 적군이 점령하기 직전이었다. 테드는 자기가 아무런 무기도 가지고 있지 않은 것을 깨달았다. 총격 와중에 그의 카빈총이 사라진 모양이었다. 그는 참호 밖으로 나와서 다소 가파른 비탈로 굴러 내려갔다. 여전히 씨름하고 있는 손톱들로부터 벗어나서 말이다. 테드는 마침내 관목 덤불 속에 도착했다.

도착해보니 소대 군의관도 같은 관목 뒤에 쭈그리고 앉아 있었다. 테드는 그에게 엉덩이 부상을 위한 치료를 부탁했다. 그러나 군의관이 테드의 응급처치품을 꺼내서 여는 순간, 적군이 이들의 움직임을 눈치 채고 총격을 가하기 시작했다. 이때쯤 적군은 이미 그곳으로부터 약 50야드 떨어진 고지 정상을 점령한 상태였다. 총격이 시작되자 군의관은 테드의 응급처치품을 든 채 후방으로 부리나케 내달렸다. 그때 또다시 총알 하나가 날아와 테드의 무릎 위에 박혔다.

'꽤나 지독한 방식으로 죽어가는 걸' 이라고 테드는 생각했다. 이때쯤 그는 북한군이 고지 정상 주위를 어슬렁거리고 있는 것을 볼 수 있었다. 적군 병사 중 한 명은 소대 지휘소가 있던 곳에 누워 있는 시체들을 발로 걷어차고 있었다. 적군들이 자신을 죽은 것으로 생각하고 더 이상 주목하지 않기를 바라면서 조용히 누워 있던 테드는 이때쯤 의식을 잃었다. 그가 의식을 되찾았을 때쯤에는 적군과 아군의 공격이 한창이었고, 적군의 관심은 그쪽으로 쏠려 있었다. 테드는 자신의 다리가 마비된 것이 아닌 것을 알 만큼 큰 통증을 느꼈다. 그의 오른쪽 다리는 움직일 수 있었기 때문에 이 다리를 이용해 대대 지휘소로 돌아가기로 마음먹었다.

테드는 참을 수 없을 만큼 심하게 목이 마른 것을 느꼈다. 그러나 물캔이 있던 자리에 손을 뻗어보니 이미 박격포탄에 산산조각이 난 후였다. 느리게나마 그는 기어가기 시작했다. 그가 나무 가까이 이르렀을 때 고지에 있던 사병들이 그에게 총격을 가하기 시작했다. 총알이 그의 머리를 스쳐 지나갔고, 그는 철모를 다시 쓰려고 손을 위로 올렸다. 이때서야 비로소 그는 철모가 없어진 것을 깨달았다.

잠시 쉬려고 멈췄을 때 그는 몇 피트 떨어진 곳에 철모가 하나 놓여 있는 것을 발견했다. 그다지 머리에 잘 맞지는 않았지만 그는 그것을 주워서 썼다.

테드는 의식이 오락가락하는 가운데, 기었다가 쉬었다가를 반복하면서 지휘소 가까이에 이르렀다. 그는 M-1 소총의 안전핀이 떨어지는 소리와 뒤이어 나는 "여기 한 놈 더 있다"는 소리에 갑자기 정신이 확 들었다.

그는 미친듯이 최대한 벌떡 일어나서 외쳤다.

"쏘지 마시오. 스웨트 소위요."

다시 한 번 쓰러지면서 그는 다른 소대 사병들의 경계하는 듯한 얼굴들을 봤다. 그들은 다소 기묘하다는 듯이 그의 머리를 내려다보고 있었다. 테드의 머리에는 잘 맞지 않는 북한군 철모가 씌워져 있었다.

테드의 다음 기억은 그로부터 한 시간이나 그 이상의 시간이 흐른 다음의 일이다. 그는 소총의 공격을 받고 있는 콜리 중령의 지휘소에 누워 있었다. 콜리 중령이 다가와서 테드의 손을 잡고 더 많이 가르쳐주지 못해서 미안하다고 말했다. 그런 후 콜리 중령은 전투를 이끌기 위해 나갔다(용맹스런 콜리 중령은 거의 혼자서 부대를 불러 모으고 그날 오후 늦게 전투산을 탈환했다).

난 이미 오래 전에 시민들이 아이템 중대의 반대편 낙동강 해안에서 떠난 것으로 알고 있었다. 전쟁이 발발하자 한국 경찰은 시민들이 이곳을 떠나도록 했다. 그들의 안전을 위한 것이기도 했고, 적군이 침투나 관측을 목적으로 시민들로 위장해 잠입하는 것을 막기 위한 것이기도 했다. 우리는 북한군이 위장을 위해 민간인 복장도 장비에 포함해 가지고 다닌다고 들었다.

이때쯤 우리 중대의 무기 상황은 심각했다. 무기의 수 자체도 얼마 안 됐고 그나마도 되는 대로의 무기들이었다. 우리는 30구경 중기관총 한 자루, 경기관총 두 자루, 포탄 아홉 개를 가진 60밀리미터 박격포 한 대, 세 개 탄환을 가진 3.5인치 로켓탄 발사기 한 대, 판과 탄약이 없는 81밀리미터 박격포 관 한 개가 있었고, 그나마 수류탄은 하나도 없었다. 깁은 경기관총을 하루 동안 여러 차례 이동시키면서 발사하도록 했다. 만약 적군 관측자들이 우리를 지켜보고 있다면 우리에게 최소한 예닐곱 개의 경기관총이 있다고 생각하도록 만들기 위한 것이었다.

대부분의 날들에 강 건너편에는 인적이 없었다. 그렇지만 난 가끔 쌍안경으로 흰 옷을 입은 한두 명의 사람들이 마을이나 논 주위를 돌아다니는 것을 볼 수 있었다. 난 이들이 자기 마을로 돌아온 시민들일까 아니면 우리 진지를 관측하려는 적군일까 의아해하지 않을 수 없었다.

어느 날 아침, 나는 건너편 강변의 논에 두 사람이 서 있는 것을 봤다. 둘은 우리 박격포의 등록소로 쓰이던 밀짚으로 지어진 집 근처에 있었다. 내 소대에 배속된 박격포단은 사격태세를 갖추었고 내 지시에 따라 빠르게 연속 세 발을 쐈다. 첫발이 발사되자, 문제의 사람들이 달리기 시작했다. 두 번째 총알은 두 사람의 머리 거의 바로 위에 떨어졌다. 그리고 그 둘은 더 이상 우리 시야에서 보이지 않게 됐다.

그 후로 우리 맞은편에서는 어떤 움직임도 없었다. 그러나 난 그 둘이 정말 적군들이었을까 생각해보지 않을 수 없었다.

'적군들이 아니었다면 시민들이었을까?'

'아마 남편과 아내였는지도 몰라.'

물론 그렇다 할지라도 그들은 그곳에 있을 이유가 없었다. 그러나 여전히 난 마음이 편치 않았다.

'내가 두 명의 무고한 생명을 빼앗은 것일까? 아니면 내가 공격을 계획하고 있는 적군을 저지하는 행동을 취한 것일까?'

나로선 알 길이 없었지만 한 가지는 분명했다. 우리 소대가 그 고지에 있는 동안 적군의 공격은 없었다.

야전전화가 왔다.

"해리, 깁일세. 사병들을 철수시킬 준비를 하게."

"그래, 그런데 대체 무슨 일이야?"

"좋은 소식이야. 우리가 교체됐어. 지휘소로 오게. 자네 소대 부사관과 가이드를 데리고 말이야. 내가 설명해주겠네."

난 로비와 디싱거 부사관을 데리고 지휘소로 걸어갔다. 면도하지 못한 피곤한 기색의 로비와 디싱거 부사관은 몰딘의 카툰에 등장하는 윌리와 조처럼 보였다.

깁은 워싱톤 주 포트 루이스의 2보병사단이 한국에 도착했는데, 그중 23연대 소속의 한 중대가 우리와 교체한다고 설명했다. 톰 하더웨이가 그 중대의 정찰부대를 인도해오기 위해 떠난 상태였다. 마침내 고지 위에 도착한 이들은 중대장, 소대장들, 하사관들이었다. 앞장선 이는 톰이었다. 그는 키가 크고, 강인하며, 운동으로 다져진 몸을 가졌다. 톰은 피곤한 기색도 없이 큰 보폭으로 앞장서 왔다. 그는 기운차 보이고 긴장하는 기색도 없었다. 땀을 비 오듯 쏟으며 거친 숨을 몰아쉬는 신참들과는 대조적이었다.

깁은 자신을 소개하고 새롭게 중대장으로 온 대위를 반갑게 맞았다.

"만나 뵙게 되어서 반갑습니다, 대위님."

깁의 말은 진심이었다.

"마침내 도착하게 돼서 기쁘군."

대위가 대답했다.

"이렇게 산을 타야 될 줄은 전혀 몰랐지만 말이야. 다음번엔 염소 다리는 우리에게 보내지 말게. 그는 우리가 따라가기엔 너무 지나쳐!"

톰이 씩 웃었다. 사관생도 캡틴이었으며, 대학시절 뛰어난 1루수였던 그의 굉장한 자신감이 느껴졌다. 그는 정말 완벽한 장교였다. 2사단의 장교와 사병들은 믿기 어려울 만큼 좋아 보였다. 깨끗하고 장비를 잘 갖추고 있었으며 전문적이기까지 했다. 디싱거 부사관이 말했다.

"보세요, 소위님. 나침반까지 가지고 있는데요!"

난 우리 소대를 대신할 3소대원들을 우리 진지로 안내했다. 난 내 자리를 대신할 유능해 보이는 라틴계 소위를 데리고 전방의 지형을 보여주기 위해 몸을 웅크린 채 전방 비탈로 몸을 옮겼다. 그가 내가 몸을 편 채 걸은 지점에서는 몸을 편 채로 걷고, 내가 웅크린 지점에서는 몸을 웅크리면서 내 행동을 그대로 따라하자 꽤 기분이 괜찮았다.

'어이쿠, 마치 나를 노장으로 아는 모양이군!'

우리를 대신할 23보병 보충군들에게 온갖 행운을 빌어주면서 우리는 그 고지를 떠났다. 떠날 때 보니, 기운차고 긴장돼 있으며 열성적으로 보이는 그들과 더럽게 보이는 I중대는 당황스럽게 느껴질 만큼 대조적이었다. 우린 그 진지가 그로부터 3일 후 적의 공격을 받고, 그들 중 많은 이들이 죽게 될 것이라는 것을 그 당시로썬 알지 못했다.

그날 밤 우리는 새로운 '중대 후방'에서 잠깐 휴식을 취할 수 있었다. 그곳에서 우리는 불을 붙이고 따뜻한 음식을 먹는 호화를 누렸다. 중대 선임참모 러프 린치 중위가 배급음식을 사용하여 우리를 대접하고 병사들이 장소를 준비토록 하여서 우리의 노고를 충분히 위로해주었다. 우리가 잠자리에 들 준비가 되었을 때, 러프 중위는 톰과 나에게 담요와 슬리핑백이 이미 다 갖춰진 그의 소형텐트에서 잘 것을 제안했다. 우리는 기쁜 마음으로 그 제안을 받아들였다. 톰과 나는 따뜻하게 잘 갖춰진 편안한 장소에 드러누운 채, 미래가 어찌될 것인가에 대해 이야기를 나누며 추측해보았다. 깁이 중간에 한번 우리가 어떻게 지내는지 보려고 들렀다.

이때 난 익살맞게, "괜찮습니다, 상관님" 하고 대답했다. 톰과 내가 사관생도였던 시절 우리가 취침점호 때마다 했던 대답이다. 마치 그 시절이 까마득한 먼 옛날처럼 아득했다.

From the Hudson to the Yalu

4 총격

8월 24일 ~ 9월 5일

아이템 중대는 킹 중대와 러브 중대 사이에 자리를 잡았다. 한동안 아무 일도 일어나지 않았기에 우리 3소대는 다소 휴식을 취하고 씻었다. 갑자기 포병탄이 우리 머리 위를 가로질러 날아갔다. 우리 뒤쪽에서 산 너머의 목표물을 향해 포탄을 발사하기 시작한 것이었다.

8월이 지나 9월로 접어들자, 방어선에서의 전투는 한층 더 격렬해졌다. 8군 사령관 월튼 워커 장군은 매일 밤 지휘소로 돌아와선 그가 낮 동안 '발견한' 아직 투입되지 않은 군인들을 즉각 투입할 것을 그의 참모장에게 요청했다. 그러면, 그들이 누구든 이들은 가장 최근의 문제 지점으로 직행하게 되었다.

아이템 중대가 다음으로 도착한 곳은 혼잡하고 좁은 계곡이었다. 원래 푸르게 우거졌던 이 지역은 빗물, 교통, 포상 파기 등으로 인해 질퍽한 진흙 수렁으로 변해 있었다. 곧 호위트럭이 도착해서 수십 명의 한국인들을 쏟아놓았다. 이들은 새 미군 작업복, 철모, 소총, 야전장비로 무장한 상태였다. 바로 우리 팀에 합류할 카투사들이었다.

이전에 우리 대대의 몇 명이 대구에 가서 카투사들에게 일종의 기본 훈련을 시킨 적이 있었다. 솔직히 말해, 총알을 넣어 총을 발사하는 것 정도밖에 가르칠 수 없었지만 말이다. 이제 이 남한군들은 우리 팀이 되었다. 진정한 의미의 군인은 아니었지만, 구멍 많은 방어선의 빈 곳을 틀어막는 데 도움을 줄 따뜻한 신체를 가진 이들이었다.

아이템 중대에 속하게 된 카투사는 혼란 가운데 있었지만 그래도 우리에 대해 신뢰를 가지고 있었다. 이들은 곧 나눠져서 톰, 짐, 그리고 나의 팀에 붙게 됐다. 그들 중에는 대학생이 둘 있었는데, 이들이 리더로 임명됐다. 사실 이 둘이 그나마 유일하게 영어를 몇 마디 할 줄 아는 이들이었다. 둘 중 키가 큰 사람의 이름은 정이었다(깁이 정이 존처럼 들린다고 해 그의 이름은 존이 되어버렸다). 키가 작은이의 이름은 김이었다. 미국식으로 따지면 스미스나 존스처럼 매우 흔한 이름인 듯했다.

난 곧 존이나 김의 영어실력이 극히 제한적이라는 것을 깨달았다. 우리가 무슨 말을 하든지 두 사람 모두 설혹 한 단어도 못 알아들었을지라도 알아들은 체하면서 확신을 주는 미소를 짓고 동의한다는 듯이 고개까지 끄덕였다. 그 때문에 의사소통이 어려웠을 뿐 아니라 위험하기까지 했다.

"깁, 이제 뭘 해야 하지?"

그날 늦게 내가 물었다.

"특별히 해야 될 일이 있는가?"

"사병들이 씻고 준비하도록 하게."

그가 대답했다.

"이곳은 집결지야."

"그렇지만 우리 임무는 무엇인가?"

난 끈질기게 물었다.

"우리가 뭘 하도록 되어 있지?"

"대관절 집결지에서 보통 무슨 일을 하나?"

그는 자리를 뜨면서 딱딱거리며 말했다.

그제야 비로소 난 그가 '야영지'가 아닌 '집결지'라고 말한 것의 차이를 깨닫게 됐다. 물론 학교에서 그 둘의 차이를 배웠지만, 그것이 그전에는 그다지 중요하게 다가오지 않았었다. 집결지는 부대가 공격개시 전 모이는 장소라고 배웠다.

이때쯤 우리의 공군 동기들은 비행훈련의 마지막 단계에 들어서고 있었다. 비행훈련 가운데 이미 사상자가 여럿 나왔다. 색소폰 연주자이자 모형비행기광인 호남형 존 젠킨스는 7월 7일 네바다 주의 넬리스 공군기지에서

항공사고로 죽었다. 8일 전인 6월 29일에는, 제트전투기 훈련을 위해 뽑힌 몇 안 되는 이들 중 한 명이었던 웨인 무어가 애리조나 주의 윌리엄스 공군기지 부근에서 전투기 추락사고로 목숨을 잃었다. 한 달 후에는 역시 윌리엄스 공군기지에서 일어난 또 다른 전투기 추락사고로 돈 가벨이 죽었다. 가벨은 웨스트포인트에 입학하기 전 이미 비행훈련을 마치고 장교로 임관받아 공군 조종사 휘장을 달았던 친구다.

드레이크 캠프에서, 루 지켈은 군인들의 한국으로의 이동을 돕는 업무를 맡게 되었다. 이 일을 맡은 지 며칠 후 그는 자기 자신은 후방에 남아 있으면서 친구들을 전장에 보내는 것에 대해 죄책감을 느끼게 되었다. 그래서 전투에 가담하게 해달라고 요청했다. 얼마 후 그는 낡은 화물선 간다마루 호를 타고 부산으로 향하게 됐다.

그날 밤, 쓰시마해협을 절반쯤 가로질러 가고 있을 때 배 위의 군인들은 서울 시티 수*가 진행하는 라디오 방송을 듣게 됐다. 그녀는 간다마루 호에 대해 특별히 언급하면서 배에 타고 있는 이들이 재앙을 향해가고 있다고 경고했다.

루는 5기병연대의 C중대로 배속받았다. 이 중대는 톰 호프만이 지휘하고 있었는데, 헉 롱과 사무엘 코르센(샘)이 이미 이곳에서 소대장으로 복무하고 있었다. 61야전 포병부대의 일원인 제리 페이든도 이곳 중대의 전방 관측자로 있었다. 부대는 낙동강을 내려다보이는 고지 위에 위치하고 있었다. 부대에 처음 들어갈 때 루에게 든 생각은 강이 너무나 고요하게 보인다는 것이었다.

부대에 들어간 지 이틀 후, 루는 적의 동태를 살피기 위해 정찰대를 이끌

* 서울 시티 수 : 본명 안나 월리스 서. 한국전쟁 때 미국에 북한을 선전하는 라디오 아나운서로 활동했다.

고 강을 건너게 되었다. 그는 더 이상 강의 고요함에 대해 확신할 수 없었다. 상당히 불안해하면서 루와 그의 사병들은 어둠 속에서 강을 건너고 순찰목표인 인근 고지에 도착했다. 다행히 정찰대는 임무수행 중에 적군을 만나지 않았고 안전하게 부대로 복귀할 수 있었다.

비슷한 시기에 케니 밀러는 동기인 구스 메이어슨, 맥 오델, 빌 윌버와 함께 8기병연대로 발령받았다. 그들은 연대본부에서 그날 밤을 보내고 중대에 가담하기 위해 길을 나섰다.

케니는 8월 28일 그의 스물세 번째 생일날에 그의 첫 지휘권을 부여받았다. 킹 중대의 한 소대를 맡게 된 것이다. 그는 앞으로 다가올 일들을 잘 감당할 수 있을지 두려움이 앞섰지만 이런 감정은 그저 자기 안에만 묻어두었다. 그는 부사관인 레이 캐플렛을 만나서 "부사관, 난 5년 동안 학교에서 교육받았지만, 실전에 있어서는 새파란 애송이일 뿐이요. 당신이 줄 수 있는 모든 도움을 환영하오"라고 말했다. 2차대전에서 은성훈장을 받은 노련한 베테랑 캐플렛은 씩 웃으면서 답했다.

"소위님, 그저 저에게 맡겨주십시오."

곧, 케니와 그의 소대는 낙동강변에 진지를 구축하기 위해 어둠 가운데 길을 나섰다. 아직 점령되지 않은 것으로 알려진 고지를 오르기 시작했다. 그러나 고지를 거의 다 올라갔을 무렵 누군가 고지 위에서 한국말로 질문을 던졌다. 그때 케니는 입이 바짝 말라서 씹고 있던 껌이 이빨에 붙어버렸다. 다행히 이들은 남한군이었다. 그들은 자기들이 아군이라면서 케니를 안심시켰다. 머리끝까지 신경이 곤두선 케니는 그 이후 상황을 통해서도 전혀 위로를 받지 못했다. 그는 자기 자리 부근을 걷다가 스펀지같이 푹신한 무엇인가를 밟게 되었다. 알고 보니 부풀어오른 북한군 시신이었다. 이 시신은 땅에서 고작 몇 인치 아래에 묻혀 있었던 것이다.

아이템 중대는 집결지를 떠났다. 완전히 패배하고 있는 것처럼 보이는 사단의 후방에 공격을 봉쇄할 수 있는 진지를 구축하라는 명령을 받은 것이다. 우리는 거의 하루 종일 걸었다. 목적지로의 긴 행군은 가벼운 비와 쌀쌀한 바람으로 인해 두 배나 힘들어졌다.

오후 늦게 우리는 작은 언덕 몇 개를 오르기 시작했다. 언덕 다음에는 가파른 오솔길이었다. 길은 점점 더 좁아지고 가팔라졌다. 빗방울은 점점 더 굵어졌고, 곧 짙은 안개로 인해 전방 몇 피트 앞을 볼 수 없게 됐다. 계속 올라가는 동안 군화는 질퍽거리는 진흙으로 덧입혀지고, 산길은 위험스러울 정도로 미끄러워졌다. 때때로 우리는 잡초나 수풀을 붙잡고서 산길을 올라갔다. 최악의 몇 군데 지점에서는 군인들이 나무 같은 데에 자신을 기대고 다른 군인들을 한 명씩 끌어올려야 했다.

우리가 산 정상에 도착했을 무렵에는 안개와 비가 너무 심해져서 북한군이 우리 바로 밑을 지나간다고 해도 모를 정도였다. 드디어 비가 그치고 밤이 지나갔다. 그리고 우린 다시 산을 내려가라는 명령을 받았다.

이곳에서의 위협은 줄어들었지만 다른 곳에서의 위협이 커지고 있었던 것이다. 몇 시간을 더 걷고 몇 시간 동안 트럭으로 이동한 후 우리는 대구 외곽의 쾌적한 사과나무 과수원에 위치한 집결지에 도착했다. 이곳은 강과 가깝고 중요한 비행장인 K-2와도 가까운 곳이었다. K-2의 안전보장부대에는 동기생인 잭 헤인이 이끄는 곡사포소대도 속해 있었다.

주요 도시인 대구에는 우리의 가장 중요한 비행장뿐 아니라 8군 사령부도 위치하고 있었다. 분명, 이 도시는 북한군에게 중요한 점령대상일 것이다. 그들은 이곳을 점령하기 위해서 갖은 애를 쓰고 있었다.

한 주 이상, '울프하운드' 라고도 알려진 27보병연대는 밤마다 전차, 자주포, 대포로 무장한 북한군의 공격을 잘 막아냈다.

“이제 우리가 울프하운드 중대와 교체하려고 하네.”

깁이 말했다.

“소대장들은 지프에 올라타게. 지역을 점검해보려고 하네.”

깁은 나를 운전기사로 앉힌 뒤 내 옆 좌석에 앉았다. 톰과 짐은 뒷좌석에 탔다. 우리는 지도를 보면서 대구 중앙으로 갔고, 로터리를 거쳐서 ‘볼링 앨리’를 향해 북쪽으로 나아갔다.

좁은 흙길은 혼잡했다. 덜커덩거리는 남한군 트럭이 우리 앞에서 가고 있었다. 트럭은 아직 소년처럼 보이는 보병들을 가득 태우고 있었다. 그들의 철모에는 띠가 둘러져 있었고, 그들은 거기에다가 나뭇잎이나 가지들을 꽂아두었다. 장식을 하려고 했던 것이거나 열정적으로 위장을 시도한 것 같았다.

남한군 트럭이 갑자기 멈춰 섰다. 난 트럭을 지나치려고 방향을 돌렸는데, 차간 거리를 잘못 계산한 탓에 트럭 뒷문을 우리 차의 오른쪽 범퍼로 박고 말았다. 흠집은 나지 않았지만 차가 부딪히자 트럭 안의 군인들이 왁자지껄 떠들기 시작했다. 지프의 오른쪽 좌석에 탄 깁은 약간의 스릴감을 맛보았다. 함께 차를 탄 이들이 내 운전솜씨에 대해 불평했지만, 난 사실 내가 보병으로 잘못 배치받았다고 설명했다. 기갑장교에게 주어지는 전차를 내가 탔더라면, 이런 작은 충돌쯤이야 대수롭지 않았을 것이다.

우리가 정찰을 마치고 돌아오는 길에는, 톰이 지프 운전사가 되었다. 감사할 줄 모르는 승객들이 날 운전사의 자리에서 쫓아냈던 것이다. 대구로 돌아오는 길에 우리는 하급보병 군인들이 군대 사령부에서 점심을 먹을 수 있는지 시험해보기로 했다.

헌병이 8군 장교급식소 건물을 가르쳐주었다. 우리는 아무런 문제없이 그 안에 들어갈 수 있었다. 우리는 나무 탁자에 앉아서, 한복을 입은 한국 여성이 서빙해주는 가운데 식판이 아닌 얇은 그릇에 담긴 음식을 먹었다.

산에서의 삶과 비교해볼 때, 꽤 우아한 삶 같았다. 점심을 먹은 후 우리는 과수원으로 향했다. 이동하는 내내 우리는 웃고 농담하며 8군의 밀실을 뚫고 들어간 사실에 기뻐했다.

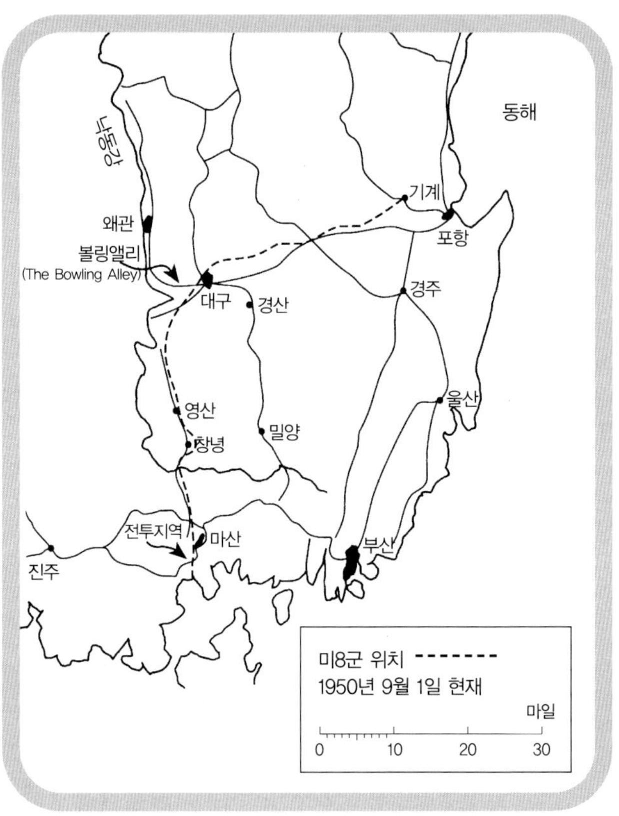

1950년 9월 1일, 부산 주변

우리의 휴가 분위기는 돌연 전환됐다. 중대로 돌아오니 사병들이 급박한 분위기 속에서 뛰어다니고 있었다. 깁이 없는 동안 중대 책임자로 있었던 러프 린치 중위가 새로운 명령이 떨어졌다고 알려줬다.

"우리의 역할은 여전히 총격이야. 그렇지만 이제는 무대가 동쪽의 한국 국군 영역이라네."

우리는 이미 그간의 기간을 통해 친숙해진 2.5톤 미군 트럭 '두나반' 에 올라탔다. 이번에는 8군 수송중대 소속 두나반들이었다. 난 가장 앞에 선 트럭의 운전병 옆에 탔다. 트럭은 울퉁불퉁한 2급 도로 위를 거의 세 시간 동안 덜컹거리면서 달려갔다. 운전병은 지금까지 계속 방어선의 구멍을 메우기 위해 부대들을 이동시켜왔다고 나에게 털어놨다.

"언제까지 이렇게 갈 수 있는 것인지 모르겠습니다"라고 그가 말했다. 나도 역시 몰랐다.

전선의 끝에 위치한 집결지에 도착했다. 김해라고 불리는 곳 인근이었다. 난 운전병에게 작별인사를 했다. 트럭들이 되돌아가는 곳을 보는 것이 그리 쉽지 않았다. 그들은 안전한 후방지역과의 연결을 상징했기 때문이다. 만약 그런 피난처가 있다고 할 수 있다면 말이다.

아이템 중대가 김해로 이동하고 있을 때, 1기갑사단의 병력 거의 전체는 심각한 전투를 치르고 있었고, 단 이틀 동안 소대장 셋이 목숨을 잃었다. 아직 소년다운 외모를 가지고 있던 7기갑연대의 금발머리 프레드 이튼, 8기갑연대의 맥 오델과 모 마그루더가 그 안타까운 이들이다.

펜톤 맥글라츨린 오델(맥)은 부대에 들어온 지 고작 3일 만에, 대구 북쪽에 있는 중요한 고지를 점령하라는 명령을 받았다. 맥은 사병들에게 독립전쟁 때 미군들이 어떻게 '걸어 다니는 총격작전' 으로 영국군에 대항해 싸웠는지를 설명했다.

"적군이 자네 바로 앞의 동료를 쓰러뜨릴지라도, 계속 걸어가면서 총격을 가하게. 우리는 그 고지를 점령해야만 하네."

맥이 가장 앞에서 총을 발사하면서 걸었다. 적군이 수류탄으로 그를 쓰러뜨렸지만, 그의 사병들은 언덕을 점령하기 위해 계속 진군했다.

난 먼로 매그루더(모)와 관련된 많은 에피소드들을 기억한다. 예를 들면, 국가들의 권리문제에 대해서 다함께 토론하던 역사시간에 있었던 일 같은 것 말이다. 그때 모는 "글쎄, 난 중국에서 태어나고 소년 시절의 대부분을 스위스에서 보내서, 어느 나라 편을 들어야 할지 잘 모르겠는걸!"이라 말해서 교실이 한번 뒤집어지게 했다.

모는 그의 소대가 대구 북쪽의 고지를 방어하던 중 적군의 자동무기 총격에 숨졌다. 한때 맥과 모는 친구들 사이에서 확실한 독신주의자로 여겨지기도 했지만, 둘 다 포트 베닝에서 만난 아가씨와 사랑에 빠져 6월에 결혼했었다. 한국에 오기 불과 얼마 전의 일이었다.

우리 대대 전체는 김해로 수송됐고, 넓은 골짜기 가장자리에 위치한 산의 기슭을 따라 배치됐다. 우리 뒤편에는 남한 포병대대가 자리 잡고 있었는데, 구식의 75밀리미터 팩 곡사포로 무장하고 있었다.

아이템 중대는 킹 중대와 러브 중대 사이에 자리를 잡았다. 한동안 아무 일도 일어나지 않았기에 우리 3소대는 다소 휴식을 취하고 씻었다. 갑자기 포병탄이 우리 머리 위를 가로질러 날아갔다. 우리 뒤쪽에서 산 너머의 목표물을 향해 포탄을 발사하기 시작한 것이었다. 몇 분 후, 몇 야드 떨어진 곳에서 다시 한 번 굉음이 들렸다. 그런 후 또다시 폭발이 이어졌다. 그리고 또 한 번 더, 적군들은 남한군의 75밀리미터 팩 곡사포를 제압하고자 대대를 향해 공격했다. 우리는 그 두 세력 사이에 끼어 있었고 우리의 남한 동료들은 근방으로 달려가고 있었다.

몇몇 적군 포탄들은 미군 보병들 사이에 떨어졌다. 피리 소리 비슷한 탄환 소리 후에는 부상당한 군인들의 비명과 군의관을 부르는 소리가 이어졌다.

우리 소대는 자리를 옮겼다. 높은 탄도의 포탄들이 도달할 수 없는 지점을 찾기 위해 산을 좀 더 올랐다. 포병 전투는 밤새도록 이어졌다. 더 끔찍한 것은 때때로 우리의 아군인 남한군이 쏜 포병탄도 계산착오로 산이 아니라 우리 바로 위 비탈에 떨어지곤 했다는 것이다. 우리는 발사되는 포탄과 발사되어 오는 포탄 소리를 모두 들을 수 있었다.

"호각만 있으면, 내가 일어나서 교통정리를 좀 할 텐데 말이야."

현재 상황을 좀 누그러뜨리려는 래리 설리번 부사관의 유머였다. 조금은 도움이 됐지만, 그것도 잠시뿐이었다.

아침이 되자 포탄 소리는 멈췄다. 다시 한 번 정찰을 떠날 때가 되었다.

깁이 말했다.

"하루나 이틀 후 공격을 시작할 예정이네. 이를 위해 한국군 관측소에 가서 전방의 지형을 보도록 할 것이네."

관측소에서 남한군 수도사단의 대위와 통역병이 우리의 공격대상이 될 산을 가르쳐주었다. 우리는 쌍안경으로 그것을 살펴봤지만, 어떤 움직임도 감지할 수 없었다.

머리 위에서 총소리가 들렸다. 우리는 서로를 쳐다보면서 어리둥절해했다. 왜냐하면 총이 바로 우리가 위치한 그 고지에서 발사된 것처럼 들렸기 때문이다. 난 고개를 들고 우리의 목표고지를 다시 한 번 관찰했다.

'씽' 하고 또 총성이 났다. 톰 하더웨이가 바로 옆에 서 있었는데, 이번에는 그 총알이 마치 우리 둘 사이를 지나간 것처럼 느껴졌다. 우리는 몸을 홱 굽혔다. 한국인 대위는 통역병에게 빠르게 말하기 시작했다.

통역병은 상체를 우리 쪽으로 굽혀서 말했다.

"대위님께서 계속 고개를 숙이고 있으라고 하십니다. 여러분 자신을 노출시키지 말라고 하십니다. 누구든 너무 고개를 들면, 사병들이 그를 쏘도록 명령받았습니다. 그러나 대위님께서는 그들이 여러분을 쏘기를 원치 않습니다!"

위장에 관한 규율을 세우는 매우 엄격한 방법 같았다. 그러나 마음에 확실히 꽂혔다. 우리는 고지를 내려와 지프로 돌아왔다. 몸 성히 출발하게 된 것에 감사했다. 내 대신 운전대를 잡게 된 톰의 운전으로 우리는 길을 나섰다. 훤히 트인 골짜기에 이르렀을 때, 우리 오른편으로 25야드(22.8미터) 떨어진 들판에 포탄이 떨어졌다. 몇 초 후 우리 몇 야드 앞에 두 번째 포탄이 떨어졌다. 우리가 적군관측자의 반경 안에 들어 있는 것이 분명했다. 그가 우리를 목표물로 해서 조준하고 있었다. 또다시 포탄이 떨어졌는데, 이번에는 우리 바로 뒤였다.

"이놈을 멈추고 도랑 속에 뛰어들까요?"

톰이 외쳤다.

"아니야. 계속 가게!"

톰이 있는 힘껏 액셀러레이터를 밟자, 차체가 흔들거리며 빠른 속도로 질주했다. 커브를 돈 후, 우리는 우리를 적군의 시야에서 숨겨줄 만한 고지 뒤로 운전해갔다.

이틀 후, 우리의 공격은 취소됐다. 우리는 트럭을 타고 또 다른 위험지대로 수송됐다. 이번에는 한국 동해에 있는 포항이었다. 지난 2주간 포항과 포항 북쪽의 고지들은 여러 번 점령군이 바뀌었다. 최근에는 북한군이 전력을 증강한 후 돌파해 탈환해냈다. 남한군이 이곳을 재탈환하려고 시도하는 과정에서 많은 사상자가 나왔다. 이번에는 우리가 시도할 차례가 된 것이었다.

9월 초까지 북한군은 많은 병사를 7기갑연대 후방에 잠입시켰다. 마침내 7기갑연대 부대 전체를 후방의 새로운 진지로 철수시켜야 한다는 결정이 났다. 그러나 이것은 말처럼 쉬운 것이 아니었다. 왜냐하면 적군이 이미 7기갑연대 후방의 핵심고지 몇을 차지하고 있었기 때문이다. 7기갑연대가 철수하기 위해서는 우선 철수할 길을 막고 있는 북한군들을 몰아내야 했다. 특히 핵심지형인 464고지로부터 말이다.

7기갑연대의 조지중대가 464고지 탈환의 임무를 부여받았다. 1소대는 딕 토빈, 2소대는 컬리 린더만, 3소대는 래리 오그덴, 4소대는 할 앤더리그였다. 어둠 속, 계곡을 진흙바다로 만드는 폭우 속에서 이들은 공격개시 명령을 기다리고 있었다. 마침내 새벽 3시, 이들은 공격개시 명령을 받았다.

팔십 명으로 인원이 줄어든 중대는, 적군 병사들이 사방에 널려 있다는 것을 충분히 자각한 가운데 조심스럽게 움직이기 시작했다. 오전 늦게, 딕 토빈의 소대가 산 정상 가까운 지점까지 이르렀다. 중대장인 웨스트 대위는 중대가 잠시 정지하도록 하고 지형을 살피기 위해 딕과 함께 앞으로 걸어 나갔다. 잠시 후 이들은 아침식사를 준비하는 세 명의 적군 병사와 맞닥뜨렸다. 뒤이은 난투극에서 이 세 명의 북한군은 목숨을 잃었다.

웨스트 대위는 딕에게 총격을 위한 기지를 만들도록 지시했다. 래리 오그덴의 소대는 왼편에서 고지를 포위해 공격하고 있었다. 래리와 그의 소대원들이 산 정상 50야드(460미터) 근방까지 가까이 나아갔을 때, 그들은 북한군의 맹렬한 총격에 걸음을 멈추지 않을 수 없었다. 정상에 이르는 모든 길이 막혀 있었다. 종일 래리와 컬리 등 대원들이 치열하게 교전하는 가운데, 중대는 한 걸음도 후퇴하지는 않았지만 더 이상 전진할 수는 없었다. 마침내 해질녘이 될 때까지 기다려, 그때가 되면 고지에서 내려와 동쪽으로 우회한 후 다른 방향에서 464고지 점령을 재시도하기로 했다. 일곱 명의 사망자는 고지에 두고 내려올 수밖에 없었다. 다섯 명의 부상자와 함께 길을 떠났기에 고지를 내려가는 길은 느릴 수밖에 없었다.

할 앤드리그와 그의 사병들은 중대의 중간쯤에 끼어 철수하고 있었다. 딕의 소대가 그 뒤를 따랐다. 할의 소대는 고지의 밑바닥에서 산길 교차로를 만났다. 할의 소대와 이들 뒤를 따르던 딕의 소대는 왼쪽으로 돌아야 될 것을 오른쪽으로 돌게 되어 길을 잃었다. 오래지 않아 할은 자기들이 다른 중대와 연락이 두절된 것을 깨달았다. 그러나 산길이 산 정상을 향해 난 것처럼 보였기 때문에 계속 길을 따라 진군해보기로 했다. 이들은 때때로 잠시 멈춰 쉬었다. 이들은 처음 철수를 시작할 때 이미 기진맥진한 상태였지만 세 명의 부상자 및 기관총과 박격포까지 나르면서 이동하다 보니 이제는 한 발을 다른 발 앞에 내딛는 것조차 힘들어졌다.

진군하던 중 할은 다섯 명의 사병이 보이지 않는 것을 깨달았다. 한 명이 그들을 찾으러 왔던 길을 되돌아가니, 이들은 휴식시간에 잠이 들어 쉬던 자리에 그대로 남아 있었다. 날이 새기 한 시간 전쯤 이들은 좁고 평평한 지역에 이르렀다. 그리고 그곳에 멈춰서 휴식을 취했다. 날이 점점 밝아오자 이들은 계속 고지를 타고 올라갔다. 동쪽에 464고지가 보였다. 그들은 마침내 타고 있던 고지의 정상에 올랐을 때, 그들은 일련의 북한군 참호들이 비어 있는 것을 발견했다. 2인용 참호가 네 개 있었다. 루 테보도 상병(나중에 웨스트포인트에서 공부하고 1955년에 졸업했다)과 경기관총을 가지고 있던 하퍼 일등병은 5야드(4.6미터) 떨어진 곳에 참호가 또 하나 더 있는 것을 발견했다. 솔나무 가지로 덮여 있었는데, 그들이 들여다보니 안에서 뭔가 꿈틀거리고 있었다.

테보도 상병이 링크 부사관에게 소리 질렀다.

“이 안에 누가 들어가 있는 것 같습니다.”

링크 부사관이 안에 들리도록 소리쳤다.

"이봐, 미군들인가?"

대답으로 돌아온 것은 기침뿐이었다. 링크 부사관은 테보도 상병이 참호를 막도록 하고 부사관 리드가 맡고 있는 참호로 이동했다.

"이 안에 북한군이 숨어 있는 것 같습니다."

참호에 도착한 할이 말했다.

"그래, 처리하게!"

테보도 상병은 소총, 하퍼 일병은 경기관총을 들고 참호를 지키며 서 있었다. 리드가 걸어와서 덤불을 치우니 소총을 다리 사이에 낀 북한군 네 명이 앉아 있었다. 리드가 나오라는 제스처를 취했으나 아무도 움직이지 않았다.

리드가 장교 계급장을 단 이를 붙잡아 참호 밖으로 끄집어냈다. 그는 비틀거리면서 몸을 풀더니 내달리기 시작했다. 하퍼 일병이 그에게 기관총을 쏘았다. 소대의 다른 사병들이 참호 속에 있는 다른 세 명을 쏘았다. 또 아직 덤불로 덮여 있는 다른 참호도 쏘았다. 덤불을 치우니 북한군 두 명의 시신이 있었다.

곧 그들은 약 25~75야드 떨어진 곳에 있는 다른 북한군들을 발견했다. 이후에도 총격은 계속됐고, 그 결과 일곱 명을 더 사살하고 세 명을 포로로 생포했다. 할 일행은 시체들에서 발견한 서류들을 통해서, 이곳이 연대 지휘소였던 것을 알게 됐다. 몸을 비틀어 푼 후 달리다가 죽은 이가 연대사령관이었다.

오전 늦게 할 앤드리그와 딕 토빈은 나머지 G중대와 다시 만났다. 오전 8시 G중대는 대대로 복귀했다. 20시간 이상 연락이 두절된 채 북한군에게 포위된 후였다. 우리는 포항 북쪽의 말발굽 모양으로 된 아늑한 골짜기에 도착했다. 골짜기의 중간에는 논이 있었다. 우리 아이템 중대의 소대들은 산허리에서 방향을 틀어 몸을 숨겨줄 만한 우거진 나무숲 아래에 이르렀다. 그곳에서 휴식을 취하고, 무기를 청소하고, 집에 편지를 쓰면서 이제 무슨 일이 벌어질지 궁금해하고 있었다.

다음 날, 깁이 중대 사령관 회의를 다녀온 후 우리 대대가 새벽녘에 공격을 개시할 것이라고 알려줬다.

깁은 "이번 공격은 큰 것일세. 자네들이 믿을 수 있는 것 이상으로 많은 병력의 지원이 있을 것일세. 포병, 박격포, 공중, 해안 공격이 모두 동원되네. 심지어 전투선 미주리 호도 얻었네!"

"모두 우리에게 너무 잘해주는 것 같아서 좀 걱정이 돼."

짐이 한마디 했다. 그러자 깁이 동의했다.

"그래, 종종 도와주는 이들이 있지. 그렇지만 더러운 작업을 최종적으로 감당해야 하는 것은 불쌍하고 비참한 보병들이야."

"운 좋게도 난 연대 전차중대로 임명받았네. 그래서 이런 걱정은 덜었지."

나는 말했다. 이것은 계속되는 농담 주제였다. 아주 재미있지는 않았지만, 우리 사이에서 편하게 할 수 있는 농담이었다.

"마이하퍼, 전차는 잊어버려. 10년 뒤쯤 우리는 보병으로서 몽고대륙을 강행군하고 있을 걸세. 그때까지도 자네는 임명상 실수가 있었다고. 자네는 실제로는 기갑병이라고 할 걸세."

"그렇지만, 상관님……."

"날 상관이라고 부르지 말게!"

이것은 깁이 고수하는 또 하나의 원칙이었다. 그 뒤에 꼭 따라 나오는 말이 있었다.

"소위, 중위 사이에는 서로 '상관님' 이라고 부르지 않는다. 소위, 중위 간의 계급 차란 매춘부 사이의 정절의 차이 같은 거야!"

새벽이 동터 오기 한 시간 전, 우리는 행군하고 있었다. 어둠 속에서 우리는 간단한 아침을 먹고, 2열종대로 우리의 공격 지점을 향해 길을 따라 걷기 시작했다. 새벽녘의 첫 빛이 비춰올 무렵 우리는 왼쪽으로 돌아서 고지를 오르기 시작했다. 정상에서 조금 떨어진 곳에서 멈췄다.

산등성이에는 공격개시선이 있었다. 신호가 주어지면 이것을 가로질러 나갈 예정이었다. 뒤에서 포병탄 소리가 나기 시작했다. 포탄이 머리 위로 휙 지나갔다. 앞에 무엇이 놓여 있든지 우리는 이 포탄들이 그 저항력을 약화시켰길 바랐다. 공군도 임무에 착수했다. 전투기들이 우리 머리 위를 지나, 로켓탄과 기관총을 발사하면서 적군 진지로 추정되는 곳을 향해 날아갔다.

아이템 중대는 대대의 왼편에 있었다. 같은 고지의 우리 오른편에는 러브 중대가 있었다. 킹 중대는 길 건너 또 다른 고지에 집결돼 있었다. 아이템 중대가 공격을 개시해나갈 때 우리 3소대는 중대의 왼쪽에 있을 것이고, 우리 오른편으로 짐과 톰의 소대가 있을 것이었다. 즉, 우리 소대는 대대의 측면에 있고, 우리 왼편에는 아군이 전혀 없는 것이다.

이론상 집결지에서 공격지점으로 간 후, 배치를 하고 신속히 공격개시선을 가로질러 이동하게 되어 있다. 그런데 우리는 공격개시선 앞에서 지체하고 있었다. 노출된 지점에 그렇게 오래 머물러 있었던 것이 실수였다. 곧 그 대가를 치루기 시작했다. 적군의 포병탄과 박격포탄이 날아오기 시작했고 러브와 킹 중대가 그 값을 톡톡히 치렀다. 우리가 공포스럽게 지켜보는 가운데, 연속 세 발이 정면으로 킹 중대의 한 무리의 사병들에게 떨어졌다.

몇 분이 지나갔다. 마침내 무전병이 공격을 개시하라는 명령이 떨어졌다고 알려줬다.

"이제 간다!"

내가 소리 질렀다. 우리가 산꼭대기에 도착하자, 놀랍고 초현실주의적인 파노라마가 우리 눈앞에 펼쳐져 있었다. 고지, 계곡, 마을 모두가 아침 태양을 받아 눈부셨다. 연기 기둥과 불타는 집들은 공중폭격이 어디에 행해졌는지를 말해주었다. 전투기 P-51기 한 대가 조종사의 얼굴이 보일 정도로 저공 상승해 우리 전방을 가로질러 갔다. 전투기가 멈춰서더니 이미 불타고 있는 마을에 일련의 로켓탄을 발사했다.

우리는 일렬종대로 전방 비탈을 내려갔다. 두 명의 정찰병이 앞장섰는데, 난 그들 바로 뒤를 따르고 있었다. 우리는 고지를 내려와서 마른 논을 가로지르기 시작했다. 우리가 훤히 트인 지점에 이르자 지옥이 시작됐다. 일련의 포탄이 날아와서 모두 우리 주위에서 터졌다. 난 한 무릎으로 쓰러졌다. 땅에 엎드리고 싶었다. 그러나 노출된 장소에서 적의 공격반경에 든 경우, 아무리 주저앉고 싶더라도 뛰어서 달아나는 것이 최상이었다. 그러나 만약 내가 뛰기 시작하는데 아무도 따르지 않으면 어떻게 할 것인가? 난 두려웠고 내 마음은 질주하고 있었다. 말도 시작하기 전에 이런 생각들이 더 빨리 내 의식을 스쳐 지나갔다.

난 일어나서 가능한 차분하게 말하려고 애쓰면서 3소대에 말했다.

"이제 가자."

내가 앞으로 걷기 시작할 때 한 명 두 명 나를 따르기 시작했다. 그들이 움직이기 시작하자 나는 천천히 달리기 시작했다. 소대는 나에게 붙어 있었다. 더 많은 포탄이 터졌다. 그러나 이번에는 많은 포탄이 우리 뒤에서 터지고 있었다.

우리는 꽤 달렸다. 그 다음에 흩어져서 우리의 첫 번째 목표지점을 오르기 시작했다. 몸을 다소 숨겨줄 수 있을 만한 작은 고지였다. 로비는 사상자 수를 세면서 분대장들 사이에서 움직였다.

"세 명의 부상자가 발생했습니다, 소위님. 둘은 걸을 수 있습니다. 그들을 후방으로 보냈습니다. 또 한 사람은 아치인데, 래리 설리번의 분대에서 자동소총을 잡고 있던 사병입니다. 부상이 꽤 심합니다. 군의관이 도착할 때까지 사병 하나가 남아서 그를 돌보기로 했습니다."

우리는 참호를 파고 들어가서 그제야 거친 숨을 조금 가다듬을 수 있었다. 우리 앞에는 골짜기가 있는데, 우리가 방금 가로질러온 것보다도 더 넓어보였다. 두 번째 목표지점은 그 골짜기 바로 너머였다. 우리가 다시 이동할 때 또다시 적에게 노출될 판이었다.

설리번의 보조인 브라우닝자동소총 사병이 달려왔는데, 얼굴이 하얗게 질려서 떨고 있었다. 그는 설리번과 이야기를 나누고 후방으로 되돌아갔다. 설리번이 와서 보고했다.

"소위님, 아치가 죽었습니다. 방금 왔던 사병이 아치가 죽기 전까지 함께 있었습니다. 군의관은 나타나지 않았습니다."

"그 사병은 어디로 가는 것인가?"

"아치의 브라우닝자동소총을 찾으러 보냈습니다. 제가 말하지 않더라도 그 사병은 그것을 가져와야 한다는 것쯤은 당연히 알았어야 하지 않겠습니까!"

"그러니까, 다시 골짜기를 가로질러 가라고 돌려보냈단 말인가?"

"물론입니다! 우리 분대는 그 자동소총이 필요합니다. 그것을 두고 갈 수는 없습니다!"

난 놀라움에 고개를 저었다. 아치의 죽음에 대해 들은 충격에도 불구하고, 설리번은 매우 빠르고 정확하게 반응했다. 사병을 보내서 그 귀중한 자동소총을 가져오도록 한 것이다. 개인적으로, 난 그것에 대해서 생각도 해보지 못했다. 이 하사관들은 좋은 지도자들이었다.

우리가 있는 곳에서는 총격이 단발적으로 계속되고 있었다. 그러나 오른편에서는 집중적인 총격이 진행되고 있었다. 난 미군 소총과 기관총의 발사 소리를 들을 수 있었다. 섞여서 나는 소리는 적군의 자동무기인 소비에트산 자동권총이 내는 저음의 윙윙거리는 소리였다.

더 동쪽의 해안 가까이에서는 연대의 1대대 역시 전투를 치르고 있었다. 전방관측자 얼 록히드는 잭 두디가 중대장으로 있는 찰스 중대에 속해 있었다. 이들이 공격개시선에 이르렀을 때, 거의 육안으로 볼 수 있을 만큼 크고 화물차처럼 큰 소리를 내는 해군 16인치 총의 총알이 머리 바로 위를 스쳐 지나갔다. 총탄이 몇 차례 더 중대 행군로 가까이에서 조급히 터졌다. 얼은 웃기려고 6인치짜리 총탄 조각을 집어 들고 보병들에게 보여주면서, 걱정하지 말라고, 이것들은 '친절한 총탄'*이라고 말했다.

중대는 북쪽에서 남쪽 방향으로 난 손가락 모양의 지형 세 개 위에 자리를 잡았다. 한 소대에 4.2인치 박격포 관측병이 한 명 있었고, 또 다른 박격포 관측병 한 명은 얼이 이끄는 전방관측부대에 있었다. 방어선이 끊어져 있는 곳이 있었다. 소대와 소대 사이 약 50~100야드(약 45~92미터)쯤의 가까운 거리였다. 오후에 얼은 첫 적군을 보았다. 맥심기관총과 정사각형의 철 방패를 든 이가 약 75야드(약 68미터) 떨어진 거리에서 총격을 가하고 있었다. 총이 산등성이 정상에 위치해 있어서 포병이 공격하기 쉽지 않았다. 대대의 사격지휘소도 얼에게 이 목표물 때문에 탄약을 너무 많이 소비하고 싶지는 않다고 말했다. 나중에 얼은 집 뜰에 두고 덩굴로 위장한 전차처럼 보이는 것을 폭발하도록 지시했다. 그러나 아군이 실제로 그 전차를 파괴시키는 데 성공했는지는 알 수 없었다.

아이템 중대는, 세 개의 소대가 나란히 서서 다시 논을 가로질러 나아가기 시작했다. 다시 한 번 적군의 박격포탄이 날아오기 시작했다. 아군의 포

---

* friendly(아군)가 친절함을 뜻하기도 하는 데서 나온 유머

병탄이 우리의 다음 목표지점을 공격하기 시작했다. 우리가 그 목표지점에 이르기 전에 그곳을 차지하고 있던 북한군은 그곳을 떠나기로 결정했다. 우리가 두 번째 목표지점인 다음 산등성이를 오르기 시작했을 때, 여전히 내 소대는 왼편, 짐의 소대는 가운데, 톰의 소대는 오른편에 위치해 있었다. 저 멀리에 세 번째 목표지점인 또 다른 산등성이가 보였다. 우리는 북으로 향하고 있는 한 무리의 적군을 발견했다. 아군 포병 전방관측자는 재빨리 발사 임무를 내렸다.

우리 중대 오른편, 99고지에서는 킹 중대가 포병탄, 박격포, 자동권총 등 적군의 거센 저항을 만나고 있었다. 포탄의 폭발 소리가 자동권총의 잔물결 소리 같은 윙윙거리는 소리와 함께 계속됐다.

아이템 중대는 킹 중대가 도착해 우리와 나란히 설 수 있을 때까지 한동안 이 자리를 지키고 있어야 할 것 같았다. 그래서 우리는 참호를 파기 시작했다. 태양이 계속 뜨겁게 내리쬐고 있었다. 내 물캔은 거의 바닥났고 난 마치 솜을 물고 있는 것처럼 입안이 바싹 탔다.

약 100야드 전방 좌측에서 다른 고지가 우리를 내려다보고 있었다. 난 적군이 그 위에 없기를 바랐다. 만약 있다면 우리의 목구멍을 내려다보고 있을 것이다.

깁으로부터 고개를 숙이고 있으라는 무전전갈이 왔다. 99고지 위 참호 네트워크에 공중폭격을 가할 것이라고 했다. 킹 중대는 많은 사상자를 내고 있었다. 정상에 이르려고 시도할 때마다, 잘 파인 참호로부터 수류탄 공격세례가 이어졌다. 킹 중대의 지원 전차 중 두 대도 손실됐다. 한 대는 지뢰밭에서였고, 또 한 대는 이동 중 받은 공격으로 그렇게 됐다.

난 방어막 아래에 몸을 숨기려고 노력하면서 조심스럽게 깁을 향해 이동해갔다. 우리 왼쪽 전방에 솟아 있는 산을 점령해야 한다고 말하기 위해서였다. 우리 사이에는 확 트인 공간이 있었는데, 난 그곳을 가로질러 뛰어갔다. 그 후 내가 깁이 있는 고지를 오르기 시작했을 때, P-51기들이 공중폭격을 하기 위해 나타났다. 이들은 우리 행군로와 거의 직각으로 움직이고 있었다. 첫 전투기가 머리 거의 바로 위를 지나가면서, 적군의 산등성이에 로켓탄을 발사했다. 고지 위에는 러프 린치 중위가 있었다. 그는 날 보더니 씩 웃으면서 손을 흔들었다. 두 번째 비행기가 급강하할 때 조종사가 우리 고지를 적군의 고지로 착각한 것이 틀림없었다. 그의 첫 번째 로켓탄이 화물기차 같은 돌진 소리를 냈다. 우리 바로 앞에서 폭발이 있었다. 그 다음에는 또 다른 굉음이 내 바로 위에서 났다. 그 순간은 바로 공포 그 자체였다. 들리기보다는 느껴진 로켓탄 진동의 충격은 마치 거인의 주먹처럼 날 쓰러뜨렸다. 흙과 돌들이 내 철모에 부딪혀 덜컥거렸다. 난 몸을 떨면서 가만히 누워 있었다. 무엇을 볼까 두려워 고개를 들고 싶지가 않았다. 러프 중위가 로켓탄에 맞았을까?

"해리, 괜찮나?"

러프 중위였다. 로켓탄이 우리 둘 사이에 떨어졌던 것이 분명했다.

일어나자, 귀가 윙윙거렸고 무언가에 한 대 얻어맞은 듯했다. 중대 지휘소에서는 우리의 포병 전방관측자가 무전기에 대고 고함을 지르고 있었다.

"공중폭격 당장 멈춰!"

깁은 우리 대대가 저지되고 있다고 말했다. 이때쯤 킹 중대는 서른다섯 명으로 줄어들었다. 우리는 우리 왼쪽 전방의 고지에 대해서 의논했다. 깁도 이것을 점령해야 한다는 데 동의했다.

"해리, 자네 소대가 점령하기를 원하나?"

"딱히 그런 것은 아니지만, 제 사병들은 그것을 거부하지 않을 만큼 이성적이라고 생각합니다."

"그래, 그러나 조심하게."

소대로 돌아와서, 우리는 공격을 쉽게 만들기 위해 다른 고지에 박격포를 발사했다. 그런 다음 우리는 조심스럽게 넓게 퍼져서 중간의 몇백 야드의 공간을 덮었다. 그리고 고지를 오르기 시작했다. 언제든 숨겨진 지점에서 적군의 공격이 시작될까 두려워하면서 말이다.

우리는 고지 정상에 도달했다. 그리고 얼마 전에 버려진 듯한 몇 개의 참호와 긴 참호 네트워크를 발견했다. 이것이 전부였다. 우린 분대들의 위치를 정하고 자리를 잡았다. 여전히 근심을 떨칠 수는 없었지만 말이다.

태양이 뜨겁게 내리쬐고 있었고 난 목이 더 탔다. 전방관측자가 우리 소대로 왔다. 우리가 핵심지형을 차지하고 있고, 대대의 왼쪽 측면을 지키고 있는 유일한 부대였기 때문이다. 그와 나는 밤새 적군의 역공을 막기 위해 단발적인 발사명령을 내렸다. 긴 밤이었다.

이보다 일찍, C중대 영역에서 얼 록히드는 그의 사격지휘소와의 연락이 두절됐다. 탄환 때문인지 통신선이 절단됐던 것이다. 또 무전기 배터리도 수명이 다됐다. 다른 배터리 두 개를 꽂아봤지만, 둘 다 고장 난 것이었다. 얼은 2차대전 후 태평양의 섬들에서 가져온 장비들을 쓰는 관행을 저주했다.

그가 유일하게 시도할 수 있는 것이라곤 통신선을 고치는 것이었다. 자기가 하고 싶지 않은 일을 사병들에게 시키고 싶지 않아서 그는 선이 잘라진 곳을 찾아 서로 잇기 위해 고지 아래로 내려가기 시작했다. 그때 적군 저격병의 사격이 시작됐다. 그는 얼을 볼 수 있었지만, 불행히도 얼은 그를 볼 수 없었다. 그래서 얼은 어쩔 수 없이 다시 고지로 돌아와 다른 배터리를 또다시 시도해보는 수밖에 없었다.

어두워지고 곧 중대에서 누가 수류탄을 원하는지 물어보았다. 얼은 손을 들었다. 그는 몇 개만을 원했지만 한 상자의 수류탄이 주어졌다. 보병 중

수류탄을 원하는 이는 아무도 없었다. 그러나 중대가 공격받기 시작하자 갑자기 모든 이들이 수류탄을 원하기 시작했다. 얼은 기쁘게 수류탄을 나눠주었다.

그러던 중 얼은 북한군 한 명이 자기들의 진지에 잠입했다는 의심을 품게 되었다. 그래서 부사관에게 가서 "적이 우리 진지에 잠입한 것 같네"라고 말했다.

부사관은 "소위님께서 직접 가서 잡으시면 어떻겠습니까?"라고 말했다. 얼은 자신의 45소총을 가지고 적군이라 생각했던 것에 접근했다. 알고 보니 그것은 바람에 흔들리는 관목이었다.

적군이 고지의 측면을 공격하기 시작했고, 얼은 지원 105밀리미터 포들의 발포를 지시했다. 적군은 계속 다가오고 있었다. 얼은 발사지점을 점점 더 가까이로 옮겼다.

한번은 자기 자신을 조준점으로 사용하기도 했다. 탄환 조각이 그에게 떨어졌다. 그러나 적군의 공격은 끝장났다. 다음 날 아침 그들은 방어선 밖에서 많은 적군의 시신을 발견했다.

새벽의 첫 빛줄기들이 동해 쪽에서 솟아오르는 것을 바라보면서 우리는 안도감을 느꼈다. 이 첫 빛줄기들이 나왔을 때, 우리는 이제 이곳을 철수할 것이라는 전갈을 받았다. 서쪽에서 적군이 남한 수도사단을 돌파했다는 것이었다. 이로 인해 우리는 경주 부근으로 가야 했다.

소대들이 하나씩 철수했다. 3소대와 우리와 함께한 카투사들은 전체 중대가 철수하는 동안 방어막을 형성하고 가장 마지막에 철수했다. 들판을 가로질러 가는데 이제 그곳은 고요했다. 나와 함께 후퇴하고 있던 로비가 우리 소대를 위해 새로운 군의관을 구했다고 나에게 말했다.

"소위님, 원래 있던 군의관은 우리가 집중공격을 받자, 우리에게서 떠나갔습니다. 만약 그렇지 않았더라면, 아치가 죽지 않았을지도 모릅니다."

"그래, 알겠네. 그러나 사실 증명하기 어려운 문제 아닌가. 그나저나 로비, 다른 사람을 찾았다니 기쁘군. 어떻게 했나?"

"먼저 있던 군의관에게 우리 소대 근처에 다시 한 번 얼쩡거리면 죽을 줄 알라고 했습니다."

9월 4일, 5기갑연대의 2대대가 왜관의 북동쪽에 있는 303고지를 공격하여 점령했다. 이곳은 세실 뉴먼이 3주 전에 죽었던 바로 그곳이다. 4일 밤 북한군은 역공을 시작했고, 한밤중이 되자 5기갑연대의 조지 중대는 포위당했다.

조지 중대의 소대장 중에는 동기생인 짐 숄츠도 있었다. 그는 몸집이 거대하고 힘이 센 운동선수로서, 사관생도 시절 해머 던지기에서 세계기록을 세우기도 했다. 짐은 낙동강에 위치한 본 중대에 2주 전 배치된 상태였다. 그를 만나서 가장 기뻐한 이는 아마도 그의 동기이자 같은 육상스타였던 A. G. 브라운이었을 것이다. A. G.는 그 당시 거의 매일 밤 정찰대를 이끌고 낙동강을 건너 순찰했다. 짐은 중대에 도착한 바로 다음 날 다음 번 순찰을 자신이 돌겠다고 자원했다. A. G.에게 숨 돌릴 틈을 좀 주기 위해서였다.

북한군이 303고지 주변의 올가미를 강화함에 따라 조지 중대의 상황은 더 악화되었고 결국 철수명령이 떨어졌다. 그러나 먼저 중대는 자신들이 적군의 손에 떨어지지 않도록 방어하고자 가지고 있던 무기들을 최대한 다 사용해보기로 했다. 짐은 로켓탄 발사기를 가지고 약 200야드 떨어진 곳에 있는 작은 언덕 뒤의 적군을 쏴보기로 했다. 언덕을 쏘기 위해선 어느 정도의 높이가 필요했기에 짐은 똑바로 서서 로켓탄 발사기 측면의 조준기에 눈을 들이댔다. 바로 이때 총알이 날아와 그의 왼쪽 어깨를 거쳐 몸을 관통해 오른쪽 어깨로 나갔다.

중대는 어둠 가운데 계속 적과 접전하면서 303고지에서 철수했다. 이때 짐도 다른 사병들의 도움을 받아 고지를 무사히 내려올 수 있었다. 그는 또 다른 부상병 한 명과 함께 들것을 싣는 지프에 탔다. 지프가 도망치는 와중에도 총격은 계속됐고 짐 옆에 누워 있던 부상병은 두 번째 총상을 입었다.

짐이 대대 응급치료소에 이르렀을 때 또 다른 부상자인 포병 프랭크 사르즈필드가 짐을 봤다. 짐은 그때쯤 의식불명이었고, 프랑크는 과연 짐이 살 수 있을지 알 수 없었다.

보다 남쪽인 25사단이 있는 곳에서는 사병들이 거의 다섯 시간에 걸쳐서 테드를 전투산 아래로 후송했다. 네 명의 한국인 사병들이 최선을 다해 들것을 날랐지만 들것이 한번 요동칠 때마다 테드의 고통은 가중됐다. 이동 중 한번은 아군 포병탄이 근처에 떨어졌다. 사병들은 재빨리 들것을 논에 던지고 몸을 보호하기 위해 땅에 엎드렸다.

산기슭에서 테드를 실은 들것은 지프의 보닛에 묶였다. 지프는 부상자를 마산 근처 이동외과 야전병원으로 후송하는 호위대와 함께 출발했다. 병원에 도착했을 때는 소프트볼 게임이 한창이었다. 테드에게는 볼이 공중에 거의 멈춰 있는 것처럼 보였다. 군의관과 간호사들이 배트와 글러브를 던지고 부상자들을 돕고자 질주해왔다. 테드에게는 간호사들이야말로 신이 창조한 가장 아름다운 피조물들인 것처럼 생각됐다. 곧 치료우선 순위를 선별하기 위해 젊은 의사가 다가왔다.

그는 "소위님, 수술이 끝나면 부상당한 다리가 없어져 있을지도 모릅니다"라고 말했다.

"괜찮습니다, 의사 선생님. 살았으니 됐습니다."

다행히도 의사들은 그의 다리를 살릴 수 있었다. 테드의 산산조각 났던 물캔이 그다음 이어진 총알의 상당 부분을 흡수했던 것이다. 평생토록 테드의 엉덩이가 박혀 있게 된 그 물캔이 테드의 다리와 심지어 목숨까지 살린 것인지 몰랐다.

그 후 테드는 도쿄 군종합병원으로 후송됐다. 테드의 병실 룸메이트는 윈스턴 처칠의 아들 랜돌프 처칠이었다. 그는 런던 〈데일리 텔레그래프〉지의 특파원으로서, 한국에서 취재 중에 부상을 당해 입원한 것이었다(〈타임〉지의 보도에 의하면, 랜돌프는 극동에 도착했을 때 한 차례 소란을 일으킨 바 있다. 도쿄 기자클럽에서 회원 가입비를 내지 않은 상태로 술값의 후불을 요구하다가 클럽 밖으로 내동댕이쳐진 것이다).

랜돌프 처칠을 병실 룸메이트로 둔 까닭에 테드는 조 알솝, 지미 캐논, 영국 대사 등 일군의 유명인사 방문객들을 함께 맞았다. 테드의 말에 의하면, 영국 대사는 병원 규정에 어긋나게 상당량의 고급 스카치 위스키를 선물로 주었다고 한다.

매일 오후 처칠은 "이봐, 소위, 아페리티프* 마실 시간이야. 한잔하자고!"라고 말하곤 했다.

그 후 랄프 버핑톤의 미망인인 바바라 버핑톤도 요코하마에서 와서 테드를 방문했다. 사관생도 시절, 랄프와 바바라는 종종 테드와 후에 테드의 아내가 된 케이와 함께 더블데이트를 즐기곤 했다. 바라라는 의사에게 휠체어를 요청해서 그동안 침대에만 묶여 있던 테드를 태우고 병원 강당으로 가서 알 졸슨의 잊지 못할 공연을 함께 관람했다.

짐 숄츠도 병원에 도착했는데, 기쁘게도 테드와 같은 병동에 들어오게 됐다. 짐은 곧 기력을 되찾고 거동할 수 있게 되었다. 한쪽 어깨로 들어와서 다른 쪽 어깨로 나간 총알 때문에 짐은 몸에 부목을 대었고, 이로 인해 셔츠를 전혀 입을 수가 없었다. 자그마한 일본 간호보조원들은 근육질의 금발 거인이 복도를 어슬렁거리면서 돌아다니면 놀라서 뚫어지게 쳐다보곤 했다.

* 아페리티프 : 양식으로 식사할 때, 식욕을 증진하기 위해 식사 전에 마시는 술이다. 셰리 따위의 포도주나 각종 칵테일을 마신다.

약 16년 후 테드가 베트남에서 후송되었을 때, 그는 드레이크 캠프의 병원 사령관인 마티 포텐하우어 대령과 대화를 나누게 되었다. 어느 날 저녁, 한국전을 회상하던 둘은 거의 같은 시기에 마산 근처에 있었다는 것을 깨닫게 됐다. 테드는 마티가 전투산을 기억하는지 물었다.

"물론입니다."

마티가 말했다. 그리고 소리 내서 박격탄을 엉덩이에 맞았던 젊은 웨스트포인트 소위가 어찌되었을지 궁금하다고 말했다. 다리를 잃어버릴지도 모른다고 말했다면서 말이다. 그때까지 두 다리가 모두 건재했던 테드는 기쁜 마음으로 자기가 누구인지를 밝혔다.

빌 마슬렌더는 7기갑연대의 에이블 중대에서 소대를 이끌고 있었다. 빌은 소대를 이끈 지 고작 3일이 지났을 때 왜관 북동쪽의 전선에 나가게 되었다. 그가 받은 첫 공격명령은 보병학교에서 배운 기준과는 정말 거리가 멀었다. 그의 중대장은 자기 지도에서 고지를 제대로 짚어내지도 못했다. 그러고 나서 빌에게 그곳을 점령하라고 말했다. 자기 지도도 가지지 못한 빌은 제대로 방향을 짚었기를 바라면서 소대를 이끌고 나섰다.

다음 날 아침, 지휘소를 한 번도 떠나보지 않은 중대장은 빌에게 518고지를 공격하라고 명령했다. 수암산이라고 알려진 어렴풋이 보이는 고지였다. 빌과 사병들은 길을 나서서 산등성이를 오르기 시작했는데, 길은 점점 험준하고 가팔라졌다. 그들은 아직도 자기들이 맞는 방향으로 가고 있는 것인지 확신하지 못하고 있었다. 이때 빌은 중대 안 다른 이들은 말할 것도 없이 자기 소대 안 사병들도 잘 모르고 있었다. 결과적으로, 그가 도중에 다른 부대를 만났을 때 그와 다른 소위는 서로 자기소개를 했다. 그리고 둘은 빌의 소대가 산등성이의 오른쪽을, 다른 소위가 왼쪽을 점령하기로 서로 합의했다.

그들은 계속 산등성이를 올랐다. 적군의 자동무기 총격과 천둥소리를 내는 박격포의 연발 발포가 시작되면서, 지금 제대로 가고 있는 것인가에 대한 걱정은 순식간에 사라졌다. 박격포탄 하나가 무기 분대 바로 위에 떨어졌다. 탄환은 계속 날아왔고 사상자 수는 계속 늘어갔다. 더 이상 진격할 수 없어서 그들은 몸을 조금 숨길 수 있는 절벽 쪽으로 모여들었다.

이때가 오후 5시쯤 되었는데, 원래 서른여덟 명이던 빌 소대의 사병 수는 이미 그 절반 이상으로 줄어들었다. 빌은 후방으로 약 100야드(약 91미터) 떨어진 곳에서 다소 안전한 장소를 발견했다. 빌은 그곳으로의 후퇴를 허가받기 위해 무전연락을 했다. 여전히 지휘소에 머물러 있던 중대장은 빌이 '완전 후퇴'를 이야기하는 줄 알고 대대에 물어보겠다고 말했다.

윌리엄 H. 마슬렌더
(William H. Marslender)

이때쯤, 가벼운 부상을 입은 다른 소대장이 빌에게 기어왔다. 동료 소위가 지도력을 발휘해주기를 바라면서 그는 정확히 "소위님, 이제 무엇을 할까요?"라고 물었다.

빌은 후퇴하기 원하던 곳을 가리키면서 먼저 그 소위의 소대가 한 분대씩 그쪽으로 이동하고, 빌의 소대는 그들을 방어해준 후 이동하겠다고 말했다. 그들은 부상자들은 데리고 가지만, 시체들은 부득이하게 버려두고 갈 수밖에 없었다. 그들이 후퇴를 거의 마쳐갈 무렵 무전병이 후퇴요청이 거절되었다는 전갈을 받았다.

빌이 말했다.

"응답하지 말게. 그리고 그 빌어먹을 무전기 좀 제발 끄게!"

그때 빌과 함께 남아 있는 사병은 고작 여섯 명이었다. 그중 둘은 심한 부상을 입은 상태였다. 판초 우의와 소총으로 들것을 만들어 부상자들을 옮기면서 그들은 새로운 위치로 이동했다. 남아 있는 이는 빌 소대의 부사관뿐이었고 나머지는 흩어졌다.

날이 어두워지면서 총격도 멈췄다. 빌은 네 명의 사병에게 참호를 파도록했다. 소대 부사관은 부상을 입었음에도 어둠 속을 다니면서 외치고 휘파람을 불어서 결국 열두 명의 사병을 더 찾아서 돌아왔다. 그렇다고 전력이 강해진 것은 아니지만 그래도 네 명보다는 열여섯 명이 나았다. 날이 새자 북한 정찰대가 그들을 찾으러 산 아래로 내려오기 시작했다. 이를 본 미군들은 총격을 가했고, 정찰대는 철수했다. 그러나 미군들의 위치가 적군에 드러난 후였다. 30분 후 박격포가 발포되기 시작했고, 더 많은 사상자가 나왔다.

마침내 좀 더 상위계급의 장교가 작전이 실패한 것을 깨닫고, 오전 10시경 철수명령을 내렸다. 본래 대대 차원의 공격이 되었어야 했던 것이, 좁은 산등성이를 따라 소대들의 종대가 나서서 싸우는 꼴이 되었고, 결국은 분대들의 종대가 싸우는 것이 되었던 것이다. 518고지에 대한 이후의 일련의 공격들도 실패했다. 포로로 잡혔던 사병은 그 고지에 천이백 명의 북한군이 있었다고 증언했다.

빌은 명령 없이 후퇴한 데 대해서 중대장이 자기를 군사법원에 회부하려고 한다고 간접적으로 들었다. 그러나 중대장은 곧 그 생각을 포기했다. 빌 소대의 부사관이 만약 중대장이 그러한다면, 그는 중대장이 단 한 번도 지휘소를 떠난 적이 없다는 것을 폭로하겠다고 직접적으로 말했던 것이다.

그때 몇 마일 떨어진 곳에서는 8기갑연대가 쉼 없는 전투를 치르고 있었다. 빌 윌버는 8기갑연대의 I중대에 소속된 지 불과 며칠 지나지 않았지만, 이미 몇몇 위험한 임무에 자원함으로써 두각을 드러내고 있었다. 아마도 그는 2차대전에서 명예훈장을 받은 그의 영웅인 아버지와 경쟁하려 했는지도 모른다.

빌은 여러 차례 적군지역의 깊숙한 곳까지 정찰대를 이끌고 들어가, 총의 위치, 부대 배치 등 중요한 정보를 획득했다. 그 후 9월 3일, 빌의 중대는 다부동 북쪽 길을 끊음으로써 적군의 진군을 막는 임무를 부여받았다. 이미 적군이 마을과 중대 후방 지형을 차지하고 있었지만 말이다. 빌이 수여받은 청동수훈십자장은 이렇게 기록하고 있다.

"마을에서 적군을 소탕해야 할 필요성을 깨달은 윌버 소위는 30명으로 이뤄진 정찰대를 이끌고 마을 안에 들어가기로 자원했습니다. 적군의 소총 공격이 계속되는 가운데서도 그는 마을의 한 구역에서 적군을 소탕하는 데 성공했습니다. 그런 다음 소총과 기관총의 공격이 맹렬히 계속되는 가운데 공격적으로 정찰대를 이끌고 마을의 끝자락까지 갔습니다. 그곳에서 그들은 심각한 부상병 한 명을 찾아 후송했습니다. 마을의 나머지 구역을 소탕하는 동안, 윌버 소위는 적군의 공격을 격퇴하도록 정찰대를 유능하게 이끌었습니다. 그 과정에서 적군 6명이 목숨을 잃었습니다. 대략 75명 되는 적군이 2차공격을 개시하여 아군을 거의 제압했을 때, 윌버 소위는 자기가 있는 위치에 발사를 명령했고, 그럼으로써 적의 공격을 무너뜨렸습니다. 그의 정찰대는 중대로 무사히 복귀할 수 있었습니다."

빌 윌버가 이런 일들을 겪고 있을 때, 99야전 포병대대 소속인 또 다른 전방관측자 잭 맥도널드는 그 부근에서 8기갑연대의 또 다른 전방 소총중대 중 하나와 함께 있었다. 상황은 심각해졌다. 그의 청동성장은 이렇게 말하고 있다(잭은 두 달 후에 같은 훈장을 하나 더 받았다).

"적군의 전진을 막기 위해서 포병탄이 필요한 것을 깨닫고, 지원사격을 효과적으로 관측하고 지시할 수 있도록 극도로 노출된 위치로 나아갔습니다. 자기가 위치한 자리에 적군이 자동무기와 소총을 맹렬히 발사함에도 불구하고, 맥도널드 소위는 용감하게 다음 날까지 자기 자리를 지켰습니다. 적군의 세력이 그 지역을 점령하는 것을 막는 데 주요한 역할을 감당했습니다."

아이템 중대는 다시 한 번 울퉁불퉁한 길 위로 수송돼갔다. 이번에는 이 나라의 옛 수도인 역사적인 도시 경주 근처의 야영지였다. 경주는 세계 최고의 천문대, 많은 절과 산이 위치한 곳으로서 모든 한국인들이 특별히 귀히 여기는 도시였다. 그러나 난 이 도시의 고요함이 전쟁으로 인해 파괴된 것이 이번이 처음은 아닌 것 같았다.

우리 대대는 매력적이고 공원 같은 느낌을 주는 작은 숲 안에서 흩어졌다. 평평하고 그늘지고 평화로운 곳이었다. 그곳에서 우리는 쉬고, 따뜻한 음식을 먹고 집에 편지를 썼다. 그러나 도착한 지 한 시간 후 우리 소대는 갓 도착한 전차부대를 방어하라는 임무를 부여받았다.

우리는 야영지를 터벅터벅 걸어나왔다. 걸어나올 때 본 야영지는 그전보다 훨씬 더 매력적으로 보였다. 마을 북쪽의 방책에 있는 전차 쪽으로 갔다. 기갑병들은 한국에 도착한 지 고작 며칠밖에 안 되었고, 더럽고 수염이 긴 우리 무리에 비하면 놀랄 정도로 깨끗하고 휴식을 잘 취한 듯이 보였다.

우리는 기관총과 로켓탄 발사기를 길에 두어서 방어선을 형성했다. 난 분대장들에게 최소한의 사병만 깨어 있고, 나머지는 그들이 그토록 절실히 필요로 하던 휴식을 취할 수 있게 하라고 말했다. 이곳을 포항과 비교해봤을 때, 우리는 너무 염려하기는 어려웠다. 그러나 '처녀' 기갑병들은 현재 상황을 우리와 전혀 다르게 해석했다.

수평선 멀리 남한의 국군이 점령한 산이 발포 당하자, 기갑병 중 하나가 로비와 나에게 숨을 몰아쉬면서 말하기 시작했다. 쌍안경으로 포병탄이 폭발하며 뿜어져 나오는 연기를 보았다는 것이었다.

"정말 가까운데요. 그렇죠?"

그가 말했다.

로비는 그를 그저 한번 쳐다보고 말았다. 그날 밤 늦게 폭우가 내리기 시작했다. 물바다와 거친 바람에 우리는 흠뻑 적었다. 기갑 소대장이 텐트의 천 자락을 지휘 전차의 측면에 묶어서 피할 만한 곳을 마련한 후 나를 초대했다. 그와 나는 자지 않고 깨어서 서로 이야기를 나누었다. 우리는 그간의 경험을 나누고 서로의 전력을 비교해보았다. 놀랍게도, 우리 둘 다 2차대전 때 부사관으로 복무했으며 항공포술학교를 다녔다. 내가 그처럼 기갑 소위로 임명받았었다는 것을 알고 그는 더 놀랐다.

"말이지, 우리가 부사관으로 복무한 적이 있었다는 것은 큰 이점이라고 생각해. 사병의 자리가 어떤 자리인지, 그들이 어떤 생각을 하는지, 그들 눈에는 어떤 사람이 좋은 장교인지 등을 잘 이해하니까 말이야. 이런 것을 전혀 이해 못 하는 놈들이 누구인지 알 걸세. 바로 빌어먹을 웨스트포인트 출신들이라고!"

난 그에게 내가 나온 학교 졸업반지를 보여줬고, 이것으로 인해 우리의 새롭게 싹튼 우정은 순식간에 식어버리는 듯했다. 그러나 다행히도 이것은 그 무엇에도 별다른 영향을 끼치지 못했다. 다음 날 아침 새로운 소대가 우리 소대와 교체되었기 때문이다.

5 반격

9월 15일 ~ 20일

그날 밤 북한군이 남산에 120밀리미터 박격포를 발포하기 시작했다. 그리고 총격으로 방어막을 형성하고 주력부대를 철수시키기 시작했다. 가장 높은 언덕에 있던 조지 중대의 사상자 수는 그리 많지 않았다.

| 더글라스 맥아더 장군은 이르면 7월 북한군 방어선 너머에 육해공군 합동의 상륙작전을 실시할 것을 결심했다. 2차대전 때의 그의 영리한 비석작전을 떠올리게 하는 이런 포위작전은 전쟁을 종결시키는 중요한 일격이 될지도 몰랐다. 그러나 전쟁발발 후 첫 두 달간 총사령부의 전략가들은 상륙작전을 위한 충분한 병력을 모을 수 없었다. 왜냐하면 북한군의 계속되는 승리로 인해 가능한 모든 병력이 워커 장군이 지휘하는 8군으로 투입될 수밖에 없었기 때문이다.

7월 23일 도쿄 사령부에서 열린 고위 회담에서 맥아더 장군은 상륙 위치로 인천을 주장했다. 이에 대해 회의적인 이들에게는 J. 로톤 콜린스 육군참모총장과 포레스트 P. 셔만 해군참모총장이 모두 포함되어 있었다. 그러나 인천의 종잡을 수 없는 조수 상황을 포함한 본 작전의 타고난 어려움에도 불구하고, 맥아더 장군의 제안이 받아들여져 상륙작전이 9월 중순에 실시되기로 결정됐다. 인천에 상륙할 병력은 1해병사단과 7보병사단의 병력으로 이뤄진, 네드 알몬드 장군이 지휘할 10군단이었다.

8월 23일 이후에는 일본에 도착한 거의 모든 병력이 7사단으로 투입됐다. 여기에는 내 동기생들도 꽤 많이 포함돼 있었다. 7사단은 그전에 백사십 명의 장교와 천오백 명의 사병이 추출당한 바 있었다. 결과적으로, 새롭게 모인 이 부대는 이곳저곳에서 잡다하게 온 집합이었다. 대부분의 장교와 사병들은 서로 초면이었다. 거기에다가 팔천 명 이상의 카투사를 끼워

넣어야 했으므로 혼란은 가중됐다.

포병 돈 고워는 7사단으로 발령받고 늦게 도착한 이들 중 한 명이었다. 8월의 자녀출산으로 인해 이동명령이 잠시 유예되었던 것이다. 돈은 일본에 도착하자마자 쇼핑에 나섰다. 그는 점원 아가씨에게 자기가 홋카이도에 있는 7사단에 들어갈 것이라고 말했다. 그러자 점원이 "홋카이도가 아닐텐데요. 인천에 상륙하게 될 거예요"라고 말했다. 돈은 점원이 뭘 모르고 말하는 것이라고 생각했다. 그러나 돈이 이튿날 요코하마 항구에 있는 7사단에 도착했을 때, 그는 그의 부대인 48야전 포병대대가 이미 한국으로 출발했다는 것을 알게 됐다. 돈은 한국의 해안에 도착할 때까지 부대에 들어갈 수 없게 된 것이다. 다시 말해 돈은 상륙작전의 팀원이기는 했지만, 홀로 떨어져서 무기 한번 잡아볼 기회도 갖지 못하게 된 것이다. 그는 벌거벗은 느낌이었다. 그는 인천으로 가는 길목에서야 한 군인에게 그의 탄약 탄창에서 자기 카빈총을 위한 탄창을 달라고 부탁할 수 있었다.

그때 32보병연대는 인천상륙작전을 위해 1해병사단을 지원하라는 명령을 받았다. 빌 켐픈과 허브 마쉬번은 32보병연대의 1대대, 루 바우먼과 커트 앤더스은 2대대, 조 킹스톤, 잭 매디슨, 샘 바버, 잭 토마스는 3대대에 속해 있었다.

조와 잭은 I중대와 함께 2차대전 일본인 2세 영웅의 이름을 딴 낡은 리버티 수송선 사달레 무노모리 사병 호를 타고 바다로 나갔다. 이 중대는 정말 임시변통으로 만들어진 집단 같았다. 미국을 갓 떠나온 신참 모집병들, 백 명의 카투사들(이들 중 적어도 두 명은 공산당원으로 알려진 이들이었다), 8군의 영창에서 풀려나 마지막 순간에 덧붙여진 사병들 등이 있었다. 그러나 기분 좋은 우연으로, 그들의 중대장은 동기생 척 스페텔의 형인 짐 스페텔 대위인 것으로 드러났다.

9월 11일 잭은 배 위에서 집에 편지를 썼다.

"우리가 더 훈련받을 수 있는 기회가 있었더라면 좋았을 것이라고 생각합니다. 그러나 그곳에 도착하면 분명 좀 더 그런 기회가 있을 것이라고 확신합니다. 지금 정도의 전투능력을 갖춘 우리가 이 상태 그대로 투입된다면 이것은 그야말로 어리석은 일일 것입니다."

승선한 이들 중에는 공군이었다가 조지 중대에 보결장교로 임명받은 루 바우만도 있었고, 조지 중대의 1소대는 커트 앤더스가 이끌고 있었다. 배 안은 비좁고 불편했다. 그러나 이들의 진짜 비극은 따로 있었다. 항해를 시작한 둘째 날 호위선이 태풍 케자를 만난 것이다. 폭풍이 일고 있는 난폭한 바다가 배를 이리저리 내던지기 시작했다. 그 때문에 안 그래도 긴장하고 있던 군인들은 속이 뒤집어졌다. 군인들은 바다보다 차라리 해안이 낫겠다고 말했다. 비록 적대적인 북한군들이 해안을 방어하고 있을지라도 말이다!

9월 15일 이른 시각 해병의 첫 공격이 성공했고, 그 결과 그들은 인천항 입구에 있는 월미도를 점령했다. 그날 늦게, 배들과 전차(LST, 상륙용 주정들)를 탄 1, 5해병사단들이 인천 해안에 도착했다. 9월 16일 오후 무렵까지는 견고한 교두보가 확보됐다.

그날 오후, 32보병연대에 소속된 우리 동기들은 해안으로 나가서 해병들의 오른쪽 측면에 있는 진지를 지키게 됐다. 이들의 임무는 남쪽에서 서울로 올라가는 길을 봉쇄하는 것이었다. 커트 앤더스는 군용수송선 에인즈워스에서 내려 인천을 향해 가면서, 전투가 이미 내륙으로 진행돼 들어간 것을 깨달았다. 그럼에도 불구하고 육해공군 합동 상륙작전은 근심하지 않을 수 없었다. 그러나 커트가 LST의 문을 열었을 때, 처음 만난 사람은 적군이 아니라, 군단 사령관인 네드 알몬드 장군과 뉴욕 해럴드 트리뷴의 매력적인 특파원 마거리트 히깅스였다.

(여전히 '추가' 장교의 신분이었던) 조지 중대는 서울을 향해 동진하였다. 루 바우만과 일등상사가 후방을 전진시키면서 말이다. 얼마 지나자 않아 사병들은 무기를 내려놓고 열에서 낙오하기 시작했다. 강인한 2차대전 노병인 일등상사는 몇몇 사병들이 종대 뒤의 들것을 싣는 지프에 무기들을 싣도록 허락했다. 그러나 아무도 지프에 탈 수는 없도록 했다. 만약 못 쫓아오면 뒤에 남겨질 것이라고 말하면서 말이다. 루는 부대원들의 망가진 신체적 상태에 충격을 받았다. 그날이 다 가기 전에 루는 자기 자신의 소총에 더해 두 개의 다른 무기와 60밀리미터 박격포 탄약이 든 에이프런을 지고 가게 되었다.

루 바우만
(Lew Baumann)

1해병사단은 인천과 서울을 잇는 간선도로의 북쪽에 위치하고 있었고, 그로부터 몇 마일 떨어진 곳에 있던 커트 앤더스의 소대는 이곳과 7사단 사이를 연결해주는 역할을 담당하게 되어 있었다. 어느 날 위를 올라다본 커트는 해병 함상공격기 F4U 콜세어*들이 기관총을 발사하면서 낮은 고도로 다가오고 있는 것을 보았다. 그는 벌떡 일어나 트인 공간으로 나간 후, 조종사에게 아군을 폭격하고 있다는 것을 알려주기 위해 데이글로* 패널을 흔들어대기 시작했다. 그때 기관총을 가지고 숨어 있던 북한군이 총격을 시작했고, 총알이 커트의 전투화 위를 후려친 후 다리 속으로 파고들어왔다.

그날 밤 루 바우만은 해병사단에 조지 중대의 위치를 알리기 위해 분대 규모의 연락정찰대를 이끌고 길을 나섰다. 정찰대가 해병사단의 전선 가까이에 이르렀을 때 그들은 총격 소리를 들을 수 있었다. 아마도 총을 맞지 않고 해병사단에 이르는 것은 쉽지 않아 보였다.

루는 "육군 정찰대다. 해병사단 전선에 진입할 수 있도록 허가해주기 바란다"고 외쳤다. 이에 해병사단의 한 부사관이 응답했고, 먼저 루가, 그 다음에 정찰대원 모두가 해병사단의 구역에 들어갈 수 있었다. 해병사단장은 꽤나 친절해서 정찰대원들이 그날 아무것도 먹지 못한 것을 듣고는 뜨거운 씨-레이션 전투식량과 커피를 대접하기까지 했다.

모든 일이 순조롭게 진행되고 있는 듯했다. 정찰대는 어떻게 그 구역에서 빠져나갈지를 친절한 해병사단 사람들과 의논한 후, 자정이 좀 지나 해병 전초를 빠져나왔다. 그러나 몇 분 후 해병 중 누군가는 그들에 대한 전갈을 전혀 받지 못한 것처럼 보이는 일이 발생했다. 해병들이 정찰대를 향

* F4U 콜세어 : 제2차 세계대전과 6 · 25 전쟁에서 큰 활약을 한 미국의 단발 프로펠러 함상 공격기.
* 데이글로 : 형광(螢光) 안료를 포함한 인쇄용 잉크의 일종, 상표명.

해 맹렬한 총격을 가하기 시작했던 것이다. 이에 루 일행이 해병들과 새롭게 형성한 우정은 크게 시험받지 않을 수 없었다. 루와 정찰대원들은 몸을 숨길 만한 참호를 발견해 숨었으며, 서둘러 그 지역을 빠져나왔다.

그러나 그날 밤의 모험은 그것이 다가 아니었다. 중대로 돌아오는 길에 그들은 한국인들의 목소리와 그들이 참호 파는 소리를 들었다. 루 일행은 북한 적군과 미군 해병 사이에 낀 것이다. 그들은 황급히 방향을 바꿔 간신히 양쪽 모두를 피할 수 있었다. 그들이 조지 중대에 도착했을 때 그들은 중대의 방어선을 아무런 저지 없이 넘어 들어갈 수 있었다. 거의 대부분 갓 전장에 투입된 허약한 모집병들이었던 사병들은 금새 잠들어버렸던 것이다. 별로 기분 좋은 발견은 아니었다.

I중대의 무기소대를 이끄는 잭은 해병들과 연합하기로 되어 있는 마을 근처에 소대를 이끌고 도착했다. 며칠 후 그는 첫 총격세례를 경험했다. 잭의 소대와 함께하고 있는 카투사들은 주로 무기를 들고 가는 역할을 맡고 있었다. 잭이 상부로부터 57밀리미터 무반동총을 비롯하여 무기의 재공급을 기대하지 말라는 이야기를 들었기에, 이 카투사들의 역할은 매우 중요했다. 그러나 종대의 위아래로 흰 인광성 박격포탄이 날아오기 시작하자, 카투사들은 신속히 무기가 든 가방을 논에 내던지고 달아났다. 아마도 잭은 날아오는 박격포탄에 대한 염려만큼이나 소중한 무기들을 회수하는 데 대해서도 염려했었던 것 같다.

그들은 계속 길을 내려갔다. 마을의 집결지에 이르렀을 때 그들은 그곳에는 북한군이 해병보다 많다는 것을 발견했다. 곧 종대의 앞부분은 거의 전멸됐다. 그때 그들은 다소 고도가 높은 땅으로 후퇴했고 아군 포병이 포격하는 가운데 그 밤을 보냈다. 다음 날 아침 상황은 정리되었고 카투사들도 돌아왔다. 아마도 아침식사를 찾아 돌아온 것 같았다.

다음 날 조와 그의 소대는 전차를 타고 수원이라는 핵심적인 마을을 향해서 남진했다. 마을 안에는 적군의 T-34 전차가 건물 뒤에 숨겨져 있었다. 곧 적군은 선봉에 선 미군 전차에 총격을 가해 파괴시켰다. 이로 인해 전차 중대장이 목숨을 잃었다. 그러나 결국은 상황이 정리됐다. 이에 17보병연대에 의해 교체된 32보병연대는 새로운 임무수행을 위해 다시 길을 나서게 되었다.

돈 고워는 9월 17일 드디어 한국 해안에 도착했다. 그는 친절한 군목의 차를 얻어 타고 마침내 48야전부대에 도착했다. 클레이 모란도 그 부대에 속해 있었다. 48야전부대의 사령관은 웨스트포인트에서 우리의 영어교관으로 있던 U. G. 깁본스 중령이었다. 돈은 C중대로 배치됐으나, 다음 날 32보병연대 G중대의 전방관측자로 임명받았다. 얼마 전에는 32보병연대의 커트 앤더스는 '인천에서 나온 첫 번째 1949년도 졸업생 부상자' 라는 평판을 얻은 후 인천의 해병병원으로 후송됐었다(다행히 그의 부상은 그리 심각하지 않았다. 며칠 후 커트는 병원에서 무단외출하여 중대에 복귀했다). 이에 루가 커트의 소대를 대신 맡게 되었다.

해병은 계속 같은 자리를 지키고 있었다. 32보병연대는 남산 반대편에 있는 한강을 가로질러 남쪽에서부터 서울을 치라는 명령을 받았다. 남산은 강에서부터 북동쪽으로 뻗어서 서울의 중심부까지 이르고 있었다. 강을 건너기 위해서 '물소' 라고 알려진 육해공군 합동 트랙터인 해병의 암트랙(수륙양용 견인차)를 사용하기로 했고 조지 중대가 앞장서게 됐다. 전방관측자인 돈 고워는 루와 그가 이끄는 1소대와 함께 동행할 예정이었다. 신참 고워는 그가 서울에 진입하는 첫 육군 포병장교가 될 것이라는 것을 듣고는 꽤 기분이 좋았다.

포병의 포격준비 후, 시야를 가려주는 새벽안개의 도움에 힘입어 암트랙은 물속으로 뛰어들어 기관총을 발사하기 시작했다. 선봉에 선 암트랙 중 하나에 타고 있던 루에게는 기관총 소리가 마치 누군가가 곤봉으로 암트랙 위를 후려치고 있는 소리처럼 들렸다.

루가 탄 암트랙이 강 가장자리 가까이에 이르렀을 때, 암트랙 사령관은 강기슭이 암트랙이 오르기에는 너무 가파른 것을 깨달았다.

"소위, 여기서 내리도록 하게!"

그가 외쳤다.

암트랙이 이동트랩을 내렸을 때, 루는 트랩에 붙어 있는 코즈몰린이 씌워진 케이블을 붙잡았다가 놓치곤 한강으로 슬라이딩했다. 사병들도 트랙에서 바깥으로 쏟아져나와 강기슭까지 이동했다. 그 와중에 대부분의 사병은 루를 짓밟고 지나갔다.

루는 민첩하게 강기슭에서 기어 나와 소대를 집결시키고 임무수행에 돌입했다. 그들의 임무는 담으로 둘러싸인 부대 막사촌을 확보하는 것이었다. 분대들이 쐐기 모양으로 대오를 지어 한동안 어떤 적군이나 공격도 만나지 않은 채 계속 진군해나갔다. 부대 막사촌 입구 몇 야드 앞에 이르렀을 때 루는 관목이 산만하게 움직이는 것을 눈치 챘다. 그는 소대원들에게 동작을 멈추라는 신호를 주고 관목을 노려봤다. 관목은 다시 한 번 움직였다.

루는 관목을 지목하면서 브라우닝자동소총을 가진 사병에게 처리하라고 명령했다. 사병이 긴 총성을 한 번 울리자, 관목이 흔들리더니 그 안에 숨어 있던 저격병이 땅으로 쿵 떨어졌다. 그와 동시에 지옥이 시작됐다. 부근의 다소 높은 지대에 숨어 있던 북한 부대가 자신들이 가지고 있던 무기를 총동원해 공격하기 시작했다. 소대는 부대 막사촌의 문으로 돌진해 가까스로 막사촌 안에 들어갔다. 그곳의 건물들과 둘러친 담이 꽤 괜찮은 방어막 역할을 해주었다.

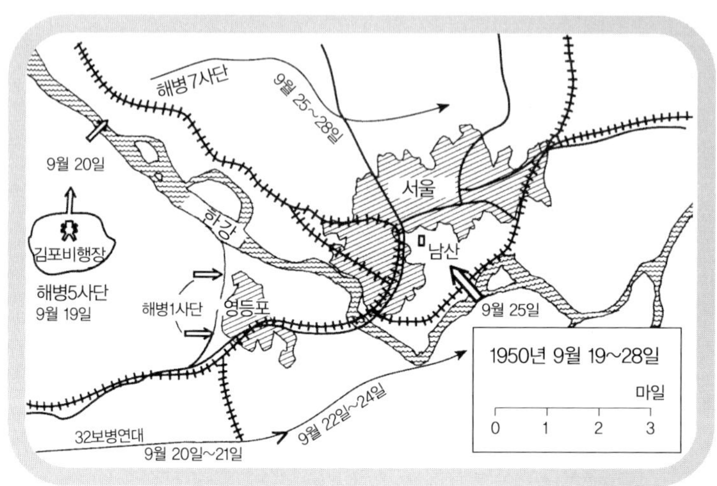

1950년 9월 19~28일, 서울의 모습

소대의 다음 할 일은 막사들 안을 소탕하는 것이었다. 이 막사들은 미군이 지었던 것으로 한때 미군 점령부대들이 차지하고 있었던 것들이다. 분대들이 흩어져서 수색해본 결과 막사에는 아무도 없었다. 그러나 소대가 재집결했을 때, 1분대가 보이지 않았다. 15분을 기다려도 나타날 기미가 없자, 루는 다른 분대 하나를 데리고 수색에 나섰다.

루가 1분대를 발견했을 때 그들은 막사촌 문에서 멀지 않은 한 막사에서 움직이지 못하고 있었다.

"무슨 일인가?"

그가 분대장에게 물었다.

"적군이 저 위 산등성이에서 우리를 내려다보고 있습니다, 소위님. 2층에 부상병이 몇 명 있습니다. 더 이상의 총격을 받지 않도록 모두 움직이지 못하도록 했습니다."

"그렇지만 부상병들을 거기 그렇게 두어서는 안 되네. 적어도 15분은 지났네. 그 시간이면 한 명이 피 흘리다 죽었을 수도 있었어!"

루는 건물에 들어갔다. 층계 꼭대기에는 부상당하지 않은 사병 하나가 서 있었다. 그는 루에게 더 이상 앞으로 나아가지 말라고 주의를 줬다.

"더 올라가면 적군이 소위님을 볼 수 있습니다. 그러면 분명 총격을 가할 것입니다. 위쪽에 몇 명이 누워 있습니다. 그들에게도 움직이지 말라고 했습니다. 움직이면 총격이 시작될 것입니다!"

루는 사병에게 창문 쪽으로 가서 몸을 숨기고 적군이 있는 산등성이에 총격을 가하라고 지시했다. 그러자 즉각 반격이 돌아왔다. 그러나 루가 창문 쪽을 피해서 부상병들에게 접근했으므로 적군의 총격은 피할 수 있었다.

첫 번째 부상병은 팔과 어깨에 부상을 당한 상태였다. 루가 부축해주자 그는 건물 아래로 내려올 수 있었다. 두 번째 부상병은 다리를 다친 상태라 루가 그를 안전한 곳까지 끌고 올 수밖에 없었고 다소 시간이 걸리긴 했지만 결국 루는 막사촌이 소탕되었다고 상부에 보고할 수 있었다(루는 총격 가운데 두 명의 부상병을 구한 것을 비롯한 그날의 행동으로 인해 그의 첫 은성훈장 두 개를 수여받았다).

루가 이끄는 1소대는 조지 중대로 무사히 복귀했다. 조지 중대는 남산의 비탈길을 기어오르고 있었다. 오후 중반쯤 조지 중대는 산 정상에 이르렀다. 그곳은 서울의 중심부와 가까웠다. 돈 고워가 산 정상에 이르렀을 때쯤에는 보병들이 적군을 전멸시킨 상태였다. 오래된 일본 방공진지 속에 들어가 있던 몇 명을 제외하고는 말이다. 중대장이 탄 지프가 좁은 산길을 타고 산 정상에 도착했을 때, 중대장과 돈은 차에서 1갤런만큼의 기름을 꺼내, 핵심 진지의 뒤편에 붓고 불을 붙였다. 그러자 진지 속에 숨어 있던 북한군들이 즉각 뛰쳐나와서 항복했다.

돈은 자기가 선 자리에서 서쪽의 해병 진지들을 내려다볼 수 있었다. 또 러시아식 철모를 쓴 북한군들이 바로 밑에서 바퀴 달린 기관총과 박격포를 끌면서 동군하고 있는 것도 목격했다. 흥분한 고워는 그의 첫 발사 임무를 요청했다. 그러나 이 요청은 승낙되지 않았다. 사격지휘소는 고워 전방의 영역이 해병에 속해 있는데, 해병이 어디에 위치해 있는지 확실히 알 수 없다는 것이었다. 고워는 중요한 공격대상이라고 설득시키려 했지만, 아무도 설득시킬 수 없었다.

그날 밤 북한군이 남산에 120밀리미터 박격포를 발포하기 시작했다. 그리고 총격으로 방어막을 형성하고 주력부대를 철수시키기 시작했다. 가장 높은 언덕에 있던 조지 중대의 사상자 수는 그리 많지 않았다. 그러나 그들 오른편의 폭스 중대는 적군의 공격에 완전히 제압당했다. 웨스트포인트 출신 전술장교 중 하나인 대대장 찰스 마운트 중령은 총력을 다한 역공의 개시를 명령했다. 새벽녘이 좀 지났을 무렵에야 진지가 회복됐다. 날이 밝아지자, 돈은 폭스 중대 진지의 안팎에서 북한군 시쳇더미를 발견할 수 있었다. 결과적으로 밤의 작전 결과 북한군은 거의 사백 명이 죽고 백칠십 명이 포로로 잡혔다.

그날 조 킹스톤은 서울의 나머지 지역을 소탕하는 부대에 가담해 있었다. 조의 소대는 가파른 언덕을 오르던 중 북한군 참호 네트워크를 발견했다. 조는 네트워크 양 옆으로 정찰병을 보냈고 그런 다음 참호 네트워크를 향해 정면으로 나갔다. 직각으로 꺾인 참호를 따라가다가 조는 무장한 북한군 두 명과 갑자기 맞닥뜨리게 되었다. 조는 카빈총의 방아쇠를 당겼다. 아무 일도 일어나지 않았다. 북한군들이 미처 반응하기도 전에 조는 거의 본능적으로 목청껏 고함을 질렀다.

"총을 내려놔! 내려놔. 지금 당장!"

우람한 어깨를 가진 6피트 2인치(190센티미터)의 조는 북한군들에게 정말 두렵게 느껴졌을 것이다. 북한군들은 급히 자동권총을 내려놓고 항복했다. 그런 다음 조는 사병 중 한 명과 팀을 이뤄 그간의 참호 구축작업으로 인해 벌집모양이 된 고지의 나머지 부분도 소탕했다. 그 과정에서 미처 총격을 가해보지도 못한 북한군 아홉 명을 재빨리 생포했다.

한편 대구의 과수원에서 우리는 기쁜 마음으로 몇 명의 보충병들을 맞이했다. 그들 중 많은 이들이 후방에 있을 만한 타입이었지만 말이다. 그들의 전력을 보면, 그다지 전투 체질은 아니었다. 예를 들면 용모가 단정한 보병 중위 에드 웰시의 군생활 전체는 피엑스나 장교클럽에서 일하는 것으로 채워져 왔다. 에드 중위가 나보다 상급장교임에도 깁은 그를 우리 소대 부소대장으로 임명했다. 그가 나의 '경험' 으로부터 배울 수 있도록 하기 위함이라면서 말이다. 깁이 그런 말을 할 때, 난 내가 이제 고작 한 달간 보병이었던 것을 말하며 웃었다(저 멀리 1기갑사단에서 비처 브라이언도 나와 비슷한 반응을 보이고 있었다. 사단에 있은 지 2주 후 비처는 능숙한 그에게 도움을 얻기 위한 것이라는 설명과 함께, 새로 편성된 중대로 전임됐다).

9월 16일 북쪽에서 내 동기들이 인천에 상륙하고 있을 때, 21보병대의 모든 장교와 핵심 부사관들은 회의에 소집됐다. 우리는 햇볕이 내리쬐는 밝은 아침, 공터에 집합했다. 백 명이 넘는 장교와 그보다 두 배 많은 수의 부사관들이 모여 대형을 이루니, 연대에 대한 새로운 눈이 뜨이는 듯했다. 비록 대부분의 이들은 서로 처음 만나는 것이었지만 이런 방식으로 전체가 처음 모인 것, 지난 몇 주간 같은 경험을 공유한 이들을 바라보는 것은 우리 모두에게 자신감, 동료의식, 그리고 심지어 힘까지 느끼게 해주었다. 평소의 기진맥진하고, 전력이 약화된 듯한 고립감과는 전혀 다른 것이었다. 아마도 이를 위해서 이런 회의를 소집했는지도 몰랐다.

회의가 시작하기를 기다리는 동안 그곳 분위기는 거의 축제에 가까웠다.

우린 다른 중대에 있는 친구들도 만날 수 있었다. 그중에는 서로 같은 부대에 속해 있는지 모르던 친구들도 있었다. C중대가 모여 있는 곳에서 난 친구 잭 두디와 그의 전방관측자인 얼 록히드를 만났다.

1년 반 전, 난 내 고향 시라큐스에서 잭과 그의 동기인 마티 넬슨, 찰리 맥지와 함께 결혼식 파티에 참석했었다. 마티가 신랑이었고, 잭은 신랑들러리, 찰리와 난 안내원이었다. 잭은 마티와 찰리 모두 8월 초에 죽었다는 소식을 전하며 축제 분위기에 찬물을 끼얹었다.

강인해 보이는 스티븐스 대령이 트럭 위에 서서 말하기 시작했다. 그는 대단한 뉴스를 전했다. 미군이 전쟁을 끝장낼 만한 마지막 결정타를 날렸다는 것이다. 미군이 한국 서해안에 있는 인천에서 상륙작전을 실행에 옮겼다는 것이었다. 스티븐스 대령은 그가 인천상륙작전에 대해서 알고 있는 바들을 설명해주고, 우리 부대 또한 곧 반격에 가담할 것이라고 말했다.

"우리는 이제 낙동강 방어선을 뚫고 나갈 것이다. 21보병연대가 앞장선다. 난 여러분이 공격적이고 대담하면서도 빠르게 진격하기를 바란다! 적군이 여러분을 지체시키면 우회해서 가라. 이제는 그들을 압도할 만큼 우리 수가 많다. 적군을 격퇴시키지 않고 지나가는 것에 대해 걱정하지 마라. 그들을 진멸(殄滅)할 만큼 많은 수의 아군이 여러분 뒤를 따르고 있을 것이다."

빅 식스는 역시 지도자다웠다. 난 한층 충전되고 고무됐다. 빅 식스의 연설은 하프타임 때 코치의 지도처럼 감정에 호소하는 연설이었다. 감정을 고조시키는, '치열하게 승부하라. 가서 싸워 이겨라' 식의 지시였다. 아마 전환점이 왔는지 몰랐던 것 같다. 어쩌면 강력한 역공 한 번으로 북한군들을 뒤흔들어놓고 우리 모두는 집으로 돌아갈 수 있을지도 몰랐다. 그러나 지금까지의 전쟁양태를 생각해볼 때, 그렇게 간단한 문제가 아닐지도 몰랐다.

돈 고워가 배속된 48야전부대의 C중대는 특수임무부대의 일원이었다.

당시 서울 인근에 있던 특수임무부대는 1개 전차소대와 트럭을 타고 온 17보병연대의 1개 중대도 포함하고 있었다. 17보병연대 소속 중대의 소총소대 중 하나는 밥 팔론을 소대장으로 두고 있었다. 기갑병들이 길을 선도하는 가운데 특수임무부대가 약 6마일가량(약 9.6킬로미터) 진군했을 때, 이들은 단단한 교량을 내려다보고 있는 길 양 측면의 고지들 위에서 북한군들과 맞닥뜨렸다. 문을 열어둔 채 전차를 타고 가던 전차 소대장은 즉각 죽었고, 이제 그가 이끌던 애송이 부대가 치열한 전투를 치르게 됐다. 두 번째와 세 번째 전차 사이에는 세 대의 지프가 움직이고 있었다. 지프에는 각각 특수임무부대 사령관, 48대 야전부대 소속 연락장교, 중대 전방관측자인 돈이 타고 있었다.

자신이 탄 지프에 몸을 숨긴 연락장교는 중대에 진지에 가도록 명령하고 총격을 지시했다. 특수임무부대 사령관은 교량을 가로질러 되돌아가다가 총을 맞고, 지프 아래로 굴러 떨어졌다. 연락장교가 모든 사용가능한 무기를 지시하고 있었으므로 돈이 스스로 할 수 있는 일은 별로 없었다. 그래서 그는 연락장교와 의논하고자 앞으로 나아갔다. 돈은 연락장교를 만나고 자기 지프로 돌아오던 중 여전히 계속되고 있던 총격 가운데 특수임무부대 사령관을 구했다. 그리고 지프들을 이동시켜서 전차들이 다시 출발할 수 있도록 했다. 돈은 이런 공적으로 은성훈장을 받았다(밥 팔론은 그날 그가 한 것이라곤 호되게 꾸짖는 것뿐이었다고 말했다. 그의 사병들이 트럭에서 길 양 옆으로 뛰어내리는 바람에 그들을 통제하느라 애를 먹었던 것이다).

남쪽에서는 8군이 이제 낙동강을 건너고 북진해 알몬드 장군이 이끄는 10군단과 연합할 준비태세가 갖춰져 있었다. 그러나 그 전에 낙동강 방어선 주변, 특별히 대구 내부의 여러 곳을 처리할 필요가 있었다. 적군이 여전히 그곳의 많은 지형을 차지하고 있었기 때문이다. 몇 군데 핵심고지들은 광대한 참호 네트워크가 짜인 요새로 만들어져서 82밀리미터 박격포, 120밀리미터 박격포로 방어되고 있었다. 이런 요새들을 줄여나가는 작업은 포병 무기의 부족 때문에 배나 힘들어졌다. 이는 인천상륙작전으로 인해 지난 몇 주간 무기류가 10군단에 우선적으로 공급되고 있었기 때문이다.

5, 7기갑연대는 대구와 왜관을 잇는 구역의 요새를 줄이는 임무를 부여받았다. 피비린내 나는 전투가 계속됐고, 동기생 소위들도 그 한복판에 있었다.

9월 17일, 5기갑연대의 1대대는 대구로 가는 핵심 접근로 중 하나에 있는 사령 고지를 공격했다. 조지 타우("해리, 네가 과연 내년에는 몇 살이 될 수 있을까"라는 농담으로 내 생일을 축하해주던 친구)는 공격부대의 일원으로서 에이블 중대의 한 소대를 이끌고 있었다. 부대가 공격을 시작하자마자, 에

조지 윌리엄 타우
(George William Tow)

이블 중대는 목표물로부터 심각한 소총공격을 받고 공격에 난항을 겪기 시작했다. 조지는 기관총과 소총을 가진 사병 몇 명을 좀 더 낮은 고지에 위치시키면 상황이 보다 나아질 것 같았다. 그래서 그는 소대 오른쪽 전방에서 300야드(274미터) 떨어진 곳에 있는 측면의 고지로 정찰을 나섰다. 그리고 사격단에게 그쪽으로 다가오라는 신호를 보냈다. 조지는 그들을 만나서 이끌어주고 각자의 위치를 잡아주기 위해 돌아오던 도중에 저격병의 총알을 맞고 즉사했다.

조지의 죽마고우인 비처 브라이언은 며칠 후 집에 편지를 부쳤다.

> "어머니, 아버지, 안 좋은 소식이 있습니다. 조지 타우가 지난 주 있었던 전투에서 목숨을 잃었습니다. 일련의 공격활동 중 일어난 일입니다. 그 와중에서 몇몇 고지들은 여러 번 점령자가 바뀌기도 했습니다. 그의 대대는 우리 중대가 있던 고지의 왼쪽 측면에서 600야드(550미터) 떨어진 고지를 공격하고 있었습니다. 우리는 마치 특별관람석에 앉아 있는 것처럼 조지 중대의 공격을 지켜보면서 측면의 북한군에게 총격을 가하고 있었습니다. 비교적 적은 사상자를 낸 공격이었습니다. 우리 모두는 예광탄으로 600야드 앞을 조준했습니다. 그들을 위해 괜찮은 일을 한 것입니다. 저는 한 번도, 단 한 번도, 제가 제 사랑하는 옛 친구 조지 타우가 죽는 것을 지켜보게 되리라고는 상상하지 못했었습니다. 이 일로 인해 전 정말 몸이 아플 지경까지 되었습니다. 이 난잡한 상황이 하루 속히 끝나기를 기도합니다. 어머니, 아버지께 근심을 끼쳐드릴 소식을 알려드려서 죄송합니다. 그래도 조지 타우에 대해서 말씀드려야 한다고 생각했습니다."

61야전 포병부대 소속 A중대도 같은 공격의 현장에 있었다. 전방관측자였던 제리 패든은 일련의 목표물에 총격을 지시하면서 보병대의 전진을 도왔다. 그리고 마지막 공격이 시작되었을 때 맹렬한 총격의 와중에서도, 최대한 총격 지원을 할 수 있도록 하기 위해 선봉에 선 소대 하나와 동행하기로 결정했다. 제리가 총격의 위치를 조정하는 동안, 일련의 박격포탄이 전방 관측부대 가까이로 날아왔다. 제리는 심각한 부상을 입어 응급치료를 받은 후 후송됐다.

그날 오후 늦게, 같은 대대 C중대에 있던 루 지켈은 300고지의 가파른 비탈길을 올라갔다. 중대는 날이 저물기 전 고지의 정상인 면도날처럼 날카로운 산등성이를 점령했다. 그날 밤 북한군이 일련의 맹렬한 역공을 시도했지만, 중대는 가지고 있던 무기를 총동원해 방어하면서 고지를 지켰다. 한 차례 공격이 끝난 후 루와 다른 사병 하나는 수류탄과 30구경 탄약대들을 더 공급받기 위해 대대로 돌아갔다. 어둠 속에서 무거운 짐을 지고 가파른 비탈을 올라와야만 했던 중대로의 복귀길은 고문 그 자체였다. 그러나 그들은 다행히 제시간 안에 돌아올 수 있었다. 그들이 돌아왔을 때는 또 다른 공격이 진행 중이었다.

한 북한군이 루가 그의 소대 부사관과 함께 숨어 있는 참호로 충격수류탄을 던졌다. 수류탄이 날아오는 것을 보고 루가 팔을 넓게 벌리자 수류탄 조각이 그의 팔 아래로 지나가서 부사관에게 가벼운 부상을 입혔다. 루는 엄청난 충격을 느꼈고 폭발로 인해 잠시 기절했다. 그러나 놀랍게도 아무런 부상이 없어 보였다. 그러나 다음 날 아침, 루는 가슴과 머리에 통증을 느꼈다. 그는 셔츠 주머니 속의 샤프가 수류탄 폭발로 인해 이중으로 구부러져 있는 것을 발견했다.

대구 야전병원에 있던 제리 패든은 8기갑연대 소속 소대장인 동기 잭 호데스의 병문안을 받았다. 담소를 나누고 잭이 떠난 후, 제리는 자기가 일본에 있는 병원으로 곧 추가 후송될 예정이라고 들었다.

사실 제리의 부상은 심각했다. 그가 일본에 도착하자마자 외과의사들은 최선을 다해 응급수술을 실시했지만 합병증이 발병해 그날 밤 목숨을 잃었다.

길은 버드 헤이(짐 하더웨이의 소대를 맡게 된 친구), 짐, 그리고 나를 소집했다. 중대장들과 소대장들이 낙동강을 건너기 위해 제안한 지점을 정찰하러 가게 된 것이다. 우리는 길의 지프에 올라타고 21보병연대의 호위대 일원으로서 길을 나서게 되었다. 도중에 우리는 공병들이 샌드백으로 물 밑에 만들어놓은 다리를 이용해 차를 타고 금호강을 건넜다. 마침내 우리는 낙동강변에 도착했고 북쪽 방향으로 달렸다. 우리 호위대에는 열두 대도 넘는 차가 있었다. 우리는 먼 해변의 관측자가 선명하게 볼 수 있는 훤히 드러난 길을 운전해갔다. 나는 우리가 위험스러울 정도로 노출돼 있다고 느꼈다.

호위대가 해산되고 우리는 집결지인 사과나무 과수원으로 이동했다. 부대도 오후 늦게 이곳으로의 집결명령을 받았다. 한편, 우리는 그들이 이동해오는 동안 낙동강을 건널 계획을 세워야 했다.

조지 타우가 사망한 다음 날, 같은 곳에서 7기갑연대의 2대대가 공격을 재개했다. 7기갑연대의 조지 중대가 공격을 주도하게 되었는데, 이 중대에는 래리 오그덴, 할 앤드리그, 딕 토빈이 소대장으로 있었다. 또 다른 동기인 컬리 린더만도 이 중대 소속이었지만, 며칠 전 심각한 부상을 입어 후송된 후였다. 중대장은 프레드 드 팰리나 대위였다. 최근에야 전장에 도착한 사람으로 중대원들은 아직 그를 그다지 잘 알지 못했다. 그러나 좋은 사람인 것만은 분명했다. 중대가 공격을 개시했을 때, 래리 오그덴의 소대는 해군 출신의 스와비가 이끄는 기관총분대의 사격지원을 받고 있었다. 중대는 253고지의 기슭에 도착했을 때 심각한 박격포 공격을 받기 시작했다.

이동하라는 명령이 떨어지자 래리는 할에게 외쳤다.

"스와비는 어디 있지?"

"죽었어."

할이 외쳐 대답했다.

스와비에 대한 생각을 떨치려고 애쓰면서 래리와 다른 이들은 고지를 오르기 시작했다. 포탄공격이 강화되었다. 탄환이 래리 바로 옆에 떨어졌고, 그 충격으로 래리가 넘어졌다. 그렇지만 이상하게도 그는 부상을 당하지 않았다. 대신 그의 양 옆에 있던 사병들이 목숨을 잃었다. 그들이 고지의 정상 가까이 이르렀을 때, 숨어 있던 북한 소총사병과 기관총사병들이 총격을 시작했다. 래리는 타격을 느꼈다. 내려다보니, 총알이 들어와 그의 몸을 건드리지 않고 바짓가랑이 사이로 통과해 나간 구멍을 볼 수 있었다. 조지 중대는 바닥에 넙죽 엎드렸다. 담대하게 고개를 드는 군인은 여지없이 즉각적인 총격을 받았다.

갑자기 무언인가가 툭 끊어진 것 같았다. 아마도 아무런 반격도 못하고 적군의 총격에 꼼짝 못하고 있으면서 사상자들만 늘어났기 때문인지 모른다. 아니면 아마도 지난 며칠간 쌓였던 좌절감이 머리끝까지 올라왔기 때문인지도 모른다. 어찌된 경우든, 조지 중대는 갑자기 미친 사람들처럼 소리 지르고, 총격을 가하고, 비명을 지르면서, 온 힘을 다해 돌진하기 시작했다.

그들은 산 정상을 휩쓸었고, 남은 북한군은 날뛰며 달아났다. 미군은 계속 날뛰었다. 여전히 미친 사람들처럼 소리 지르면서, 그들은 먼 비탈을 내려와 적군의 박격포가 위치해 있는 마을 안으로 들어갔다. 모든 것과 모든 이들을 소탕했다. 미군이 박격포가 설치된 곳을 점령할 때 목숨을 잃은 북한군 중에는 소령도 두 명 포함돼 있었다.

그들의 돌진은 계속됐다. 조지 중대는 훤히 드러난 골짜기에 있는 논에 도착했다. 오른편에는 두 고지 사이에서 나온 길이 있었다. 길은 고지의 윤곽선을 따라 나 있었는데, 논의 가장자리를 지나고 있었다.

갑자기 그들은 적군 중대가 고지에서 내려오고 있는 것을 목격했다. 적군의 부대는 미군들의 존재를 알아채지 못한 채 대형을 이뤄 길을 따라 행군하고 있었다. 앞에 선 이는 다소 드문 녹색 깃발을 들고 있었다.

드 팰리나 대위는 중대원들에게 말했다.

"모두 가만히 있는다. 조용히 있는다. 발사하지 않는다."

그러나 얼마 후 겁에 질린 누군가가 총격을 시작했다. 북한군은 신속히 길을 떠나 다시 고지로 올라갔다. 이제 그들은 훤히 드러난 공간에 있는 미군들을 위에서 내려다볼 수 있게 되었다. 미군들은 북한군들이 총격을 쏟아붓기에 아주 쉬운 대상이 된 것이다. 조지 중대가 자리한 곳은 도저히 계속 있을 수 없는 위치였다. 곧 한 명 한 명 총성을 맞으면서 비명이 이어졌다. 할 수만 있다면 이곳을 빠져나가야 하는 것이 분명해졌다.

부상당한 이들 중에는 드 팰리나 대위도 있었다. 그는 다른 이들이 도망치는 동안 방어막을 형성해주겠다고 말했다. 래리는 길을 따라 난 도랑에 이르러 손과 발로 기어서 움직이기 시작했다. 그 와중에 북한군 시체 위로 기어가게 됐다. 갑자기 래리는 자기 뒤에서 짧게 울리는 목소리를 들었다. 알고 보니 그 북한군은 시체가 아니었던 것이다. 그는 일어나서 래리를 겨냥하고 있었다. 그러나 뒤따르고 있던 미군이 먼저 그를 쏘았다.

조지 중대가 아군 전선에 이를 때쯤에는 더 많은 이들이 목숨을 잃었다. 그중에는 드 팰리나 대위가 있었는데, 전투에서 목숨을 잃기 전에 적군 여섯 명을 사살한 그는 후일 수훈십자훈장을 받았다. 전투 와중에, 2대대 세 소총중대의 전력은 거의 75퍼센트 가까이 줄어들었다. 그러나 그들은 그들의 임무를 완수했다. 이들과 또 이들과 같은 다른 많은 이들의 희생으로, 아군이 낙동강을 건너 방어선을 뚫을 준비가 이뤄졌다.

오후 시간 아이템 정찰부대의 우리 네 명은 한 공병의 안내를 받아 낙동강을 건너기 위해 제안된 장소로 갔다. 우리는 해변 앞의 나무 그늘 아래 숨어 엎드린 채 쌍안경으로 반대편 해안을 관찰했다. 특별히 '목표 고지' 에 주목하면서 말이다. 목표 고지는 가파르고 흉터 난 비탈을 가진 높게 솟은 원뿔형 지형이었다. 우리가 아는 것이라곤, 우리 대대가 먼저 그 고지를 점령하고, 그 다음에 강과 평행을 이루면서 북진해야 한다는 사실이었다.

곧 폭격기 B-29기들이 우리 머리 위를 지나 우리로부터 북쪽으로 5마일(8킬로미터) 떨어진 왜관에 폭탄을 투하했다. 5연대전투단의 공격을 지원 포격한 것이다. 심지어 우리 위치에서도, 폭탄의 폭발 소리와 진동은 거의 압도적으로 느껴졌다. 이런 맹포격 후에도 마을에 살아남아 있는 북한군이 있을 수 있을까? 만약 있다면, 그들에게 아직도 전투능력이 남아 있을까? 난 우리가 곧 알게 될 것이라고 생각했다.

계획은 계속 변경되고 있었다. 처음에 우리는 1대대와 3대대가 새벽녘에 강을 건널 것이라고 들었다. 그러나 이제 자정에 공격하라는 새로운 명령이 떨어졌다.

밤 10시가 될 때까지 부대는 아직 도착하지 않았다. 금호강 물 밑의 교량에 문제가 있었던 것이다. 보병들은 트럭에서 내려 목적지에 이르는 마지막 8~10마일(13~16킬로미터)을 걸어서 이동해야 했다. 난 그들이 도착하자마자, 이제 우리가 거의 즉각 공격에 뛰어들어야 한다고 말할 것을 생각하니 마음이 편치 않았다.

긴 행군과 그 뒤에 있을 임무를 생각하니, 난 내 소대 부사관인 로비에 대해서 걱정하지 않을 수 없었다. 그는 신체적, 정신적으로 이미 탈진된 상태였고, 오직 정신력 하나로 버티고 있었다. 물론 로비는 전혀 불평하지 않았고 난 그가 낙오하기 전까지 계속 전투에 임할 것을 알았다.

대대에서 또 다른 전갈이 왔다. 금호 교량에서의 교통이 여전히 정체되고 있다는 것이었다. 공격 보트는 제 시간에 이곳에 도착하지 못하게 됐다. 결국 우리는 날이 밝고서야 낙동강을 건너게 됐다.

부대들이 도착하기 시작했다. 난 3소대 분대 영역을 지정해주었다. 그 대원들은 꽤 많이 혼란스러워하고 부딪치며 욕지거리를 한 끝에 가까스로 자리를 잡았다. 소대에 마흔 명의 미군 외 스물다섯 명의 카투사를 더한 것은 소동을 꽤나 가중시켰다.

소대원들은 피곤에 찌들었지만 그럼에도 우선 참호를 파야 했다. 다행히도 과수원 흙은 부드러웠다. 다음으로 난 부사관들을 만나서 계획을 설명했다. 우리는 각각 열 명씩으로 구성된 '보트 팀'을 조직할 예정이었다. 열두 명이 한 보트를 타고 강을 건너려는 것이다. 즉 소대원 열 명과 방향을 조정하고, 후에 보트를 노 저어 다시 돌아올 공병대원 두 명이 한 보트를 타는 것이었다. 소대원 중 여섯 명은 노를 잡고, 네 명은 중간에 무릎을 꿇고 앉아 있기로 했다. 우리는 한국인들이 그저 배를 얻어 타도록 하자고 결정했다. 무슨 일이 진행되고 있는지 그들에게 우리가 얼마나 설명할 수 있을지 의심스러웠기 때문이다.

잠시 후, 그 누구에게도 놀랍지 않게 전체 계획은 다시 변경됐다. 1대대가 먼저 강을 건넌 후 3대대의 두 중대가 나란히 강을 건너게 됐다는 것이다. 우리 아이템 중대가 왼편, 킹 중대가 오른편에서 건너고, 러브 중대는 예비군으로 남게 됐다.

우리는 계속 참호를 팠다. 오래 생각한 끝에 난 고통스런 결정을 내렸다. 평상시처럼 로비는 내 근처에 잠자리를 마련했다. 덥수룩한 머리, 숱 많은 팔자수염, 군데군데 난 턱수염을 가진데다가 모든 것을 다 덮어버리는 판초 우의를 입은 그는 그 어느 때보다도 몰딘의 카툰에 나오는 윌리와 조의 동료가 되기에 더 적절해 보였다.

"기분이 어떤가?"

내가 물었다.

"발이 좀 아픕니다."

"글쎄, 내일 자네를 여기 남겨두려고 하네. 자네는 이제까지 지옥처럼 긴 시간 동안 휴식을 필요로 해왔어. 급식트럭이랑 같이 후방에 있다가 그들이 움직일 때 같이 올라오게."

"소위님, 계속 갈 수 있습니다."

그가 나에게 말했다. 평소의 단조로운 목소리 그대로였다.

"전 바로 따라가겠습니다."

그를 설득시킬 단 한 가지 방법은 이것이 소대를 위한 것이며 그를 위해 이러는 것은 아니라고 확신시키는 것뿐이었다.

"그래, 아네. 그러나 지난번 행군에서 자네는 따라오는 데 힘들어했어. 내일은 산을 많이 탈 것일세. 난 아마 좀 빨리 가도록 사병들을 재촉해야 할 것 같네."

그는 "알겠습니다, 소위님"이라고 답하곤 발을 질질 끌며 사라졌다. 난 내가 과연 그 없이 소대를 잘 이끌 수 있을지 알 수 없었다.

근처의 1대대 구역에서는 얼 록히드가 자신과 자신의 전방 관측부대가 첫 그룹 바로 뒤에서 낙동강을 건너게 될 것이라고 들었다. 그의 운전병과 강력한 무전기가 달린 지프는 일단 뒤에 남겨지게 됐다. 그래서 얼의 무전병은 무거운 무전기를 등에 메게 되었으며, 다른 한 사병은 강을 건넌 후 통신선을 놓을 준비를 했다. 얼과 전방부대는 보병 무기소대를 돕는 차원에서 60밀리미터 박격포탄 몇 개를 지고 가기로 했다.

동이 트자 곧 포병과 공군이 강 건너편 산에서 작업을 하기 시작했다. 먼저 105, 155포들이 고성능 폭약과 흰 인광성 물질을 발포했다. 그런 후 전투기 P-51기들이 로켓탄을 발포하고 총격을 가하면서 비행했다. 그런 후

더 많은 포병탄의 집중적인 공격이 이어졌고, 또다시 전투기들의 공격이 진행됐다.

반대편 해안에 적군의 인기척은 없었다. 얼과 다른 이들은 과연 그들이 적군의 저지 없이 강을 건널 수 있을까 의아해했다. 그들의 궁금증은 곧 해소됐다. 첫 무리가 이동을 시작하자마자 적군의 포병탄, 박격포, 기관총이 일제히 발사되기 시작한 것이다. 보트 한 대는 말 그대로 총격으로 인해 물 밖으로 튕겨져 나왔다. 총알세례가 물결 무늬를 만들어냈고, 다른 총알들은 얄팍한 보트를 뚫고 들어왔다(얼은 사병들이 노 젓기를 멈추고 방어하기 위해 몸을 웅크린 보트 몇 개가 원을 그리며 도는 것을 목격했다. 그들은 슬프게도 베니어판이 총알을 막을 수 없다는 것을 그제야 깨달았다).

해안은 폭이 2피트(60센티미터)도 채 안 되었다. 그곳엔 1야드(91센티미터) 높이의 둑이 있었다. 얼은 배 앞쪽으로 뛰어내렸고, 무전병은 무전기를 멘 채 배 뒤쪽으로 뛰어내렸다. 무전병이 무전기와 함께 물에 잠기는 바람에 무전기는 종일 작동이 안 됐다.

얼과 그의 부대는 벼랑길 뒤에 몸을 웅크렸다. 잠깐 총격이 소강된 사이 그들은 60밀리미터 박격포가 근처에 누워 있는 것을 발견했다. 박격포 사격단은 거의 사상당한 것으로 보였다. 그래서 그들은 박격포로 달려가서 그것을 세우고 그들이 나르고 있던 포탄을 집어넣어 발사하기 시작했다.

바로 그때 해병 함상공격기 F4U 콜세어 네 대가 등장했다. 그 기체들은 강 상공에 떠서 네이팜탄을 쏘아대고 있었다. 얼은 전차들이 머리 위에서 느리게 떠다니다가 그의 위치 약 75야드(약 70센티미터) 앞에 떨어지는 것을 보았다. 이로 인해 얼과 그의 부대를 꼼짝 못하게 했던 발포는 제압됐다. 얼과 그의 부대는 다시 이동하기 시작했다. 그들은 마른 시내 바닥을 걸어 진군했다.

우리는 종종 한국군들이 씨-레이션 전투식량을 먹는 모습을 보면서 낄낄대곤 했다. 그들은 마치 다른 누군가가 씨-레이션에 손을 대기 전에 모든 캔을 끝장내려고 하는 것처럼 먹어댔다. 이제 얼이 시내 바닥에서 모퉁이를 돌았을 때, 그는 한국군 한 명이 땅에 앉아 후르츠 칵테일 통조림을 먹고 있는 것을 발견했다. 너무 겁에 질려서 먹는 것은 생각조차 할 수 없었던 얼과 다른 포병들은 그저 경이로울 따름이었다.

강 건너편을 돌아다본 얼과 그의 사병들은 강을 건너려고 기다리고 있는 부대 위에 포병탄이 떨어지고 있는 것을 보았다. 그러나 대부분의 탄환은 아이템 중대와 3대대의 다른 중대들이 집결해 있는 과수원을 겨냥하고 있었다. 탄환들이 계속 우리의 집결지로 돌진해왔다.

우리는 계획이 또다시 바뀐 것을 들었다. 가장 최근 버전에 따르면, 우리 대대의 경우 아이템 중대부터 강을 건너는 것으로 되었다. 아이템 중대의 2소대가 나란히 함께 말이다.

탄환이 잠시 멈춘 사이, 난 내 참호가 충분히 깊게 파지지 않았다는 결론을 내렸다. 난 미친 듯이 참호를 급히 팠다. 차츰 속도가 느려지는 중에 깁이 왔다. 우리는 이야기를 시작했고, 난 깁에게 내 자리에 와 있는 동안 내 참호를 몇 삽 파달라고 설득했다. 그는 웃더니 털썩 주저앉아서 내 참호를 조금쯤 넓혔다.

그때 갑자기 '씽-쾅', '씽-쾅', '씽-쾅' 하는 소리가 났다.

"자네의 빌어먹을 참호는 자기가 직접 파게!"

깁이 몸을 숨기기 위해 달려가면서 소리쳤다.

5초에서 10초 간격으로 대여섯 개의 탄환이 더 터졌다. 속도가 빠른 무기에서 탄환이 발사되고 있는 것처럼 들렸다. 곧 사람들이 소리 지르기 시작했다.

"군의관, 여기!"

"위생병, 이봐, 위생병!"

"들것, 들것 드는 녀석들 어디 있나? 들것을 이쪽으로!"

들것에 실린 이들이 지나갔다. 그 뒤에는 허벅지 부근에서 바지가 잘리고 붕대를 덧댄 사병이 뒤따르고 있었다. 그는 다른 사병 하나가 부축하는 가운데 절뚝거리면서 걸어가고 있었다. 또 다른 사병이 지나가는데 그는 계속 흐느끼고 있었다.

"난 죽고 싶지 않아. 난 죽고 싶지 않아."

분대장이 한 손을 그의 허리에 두르고 응급치료소로 걸어가면서 그를 진정시키려 애쓰고 있었다.

몇 분 더 고요한 정적이 흘렀다. 난 앉아서 참호를 더 파기 시작했다. 난 이제 참호가 충분히 깊지 않다는 것을 더욱 확신하게 됐다. 그러나 그때 갑자기 아무런 경고도 없이 총격이 다시 시작됐다. 넌더리나는 흐느낌과 날카로운 총성이 이어졌다. 난 급히 참호 속에 들어가 몸을 최대한 작게 웅크렸다. 무릎을 턱 밑에 두고, 손으로 허벅지를 감싸 몸 전체를 철모 밑에 숨기려고 애썼다.

근처에 있던 내 소대 사병이 폭발하는 박격포탄 조각에 머리를 다쳤다. 그는 2인용 참호 속에 들어가 있었는데, 부상이 그리 심하지 않았음에도 참호 속에 같이 있던 또 다른 이에게도 그의 피가 튀었다. 부상당한 이는 침착하게 "응급치료소에 가봐야 할 것 같군" 하고 말했다.

그러나 한국에 처음 파견됐던 24사단 출신인 그의 파트너는 히스테리컬해졌다. 그는 완전히 실신 직전 상태가 되었기에 후송될 수밖에 없었다. 사상자 수는 점점 늘어났다. 사망자 중에는 얼의 지프 운전병도 있었다.

아이템 중대 소대장들이 소집됐다. 우리는 깁 주위에 모였다. 깁은 계획이 또다시 변경됐다고 말했다. 어떤 이유에서였는지, 아마도 보트가 부족했기 때문이었는지, 우리 대대에서는 한 소대부터 강을 건너기 시작하게 되었다는 것이다.

"그래, 거기 도착하면 말이야, 해리……."

"오, 제발."

난 재미있게 들리도록 애쓰면서 신음소리를 냈다. 모두 씩 웃었다. 어떤 이가 '운 좋은 어릿광대'에 대해서 무언가 말했다.

그때 적군의 발포가 다시 시작됐다. 우리는 황급히 각자의 참호로 돌아왔다. 깁의 브리핑은 계속됐다. 다만 일대일로 말이다. 소대장들이 교대로 깁의 참호 속에 끼어들어가 전체 그림에 대해서 듣고 자신의 지도를 연구했다. 우리 소대는 강을 건넌 후 북쪽으로 진군해 목표 고지에 도달해야 했다. 그리고 가능하면 그곳을 확보해야 했다. 다른 부대들이 우리 뒤를 따를 것이었다. 그렇게 해서 대대 전체가 강을 건너고 단단한 방어 교두보를 형성할 것이었다. 우리는 새벽 한 시경 공격을 개시할 예정이었다. 지금부터 대략 한 시간 후였다.

우리는 1대대가 꽤 어렵게 고지로 나아갔다고 들었다. 적군이 강 건너편 174고지에서 참호를 파고 기다리고 있었던 것이다. 대대는 강을 건너는 동안 또 강을 건넌 후 174고지를 공격하는 동안 많은 사병을 잃었다. 그러나 정오쯤 내가 깁의 브리핑을 듣고 있는 동안 총격이 좀 수그러지는 듯했다. 아마도 그때쯤 교두보가 확보되었기 때문인지 몰랐다.

난 깁의 브리핑을 듣고 우리 소대로 돌아왔다. 우리 소대는 꽤 운이 좋았다. 겨우 세 명만 후방으로 후송된 것이다. 한국군 부상자 한 명, 미군 부상자 한 명에 더해 아까의 그 신경쇠약에 빠진 미군 사병이 다였다.

난 분대장들에게 최선을 다해 브리핑하고, 그들이 대원들에게 내용을 전달하도록 했다. 난 로비를 대신해 래리 설리번 부사관을 소대의 선임부사관으로 임명했다. 래리 부사관은 키가 크고 잘생긴 아일랜드 인으로서, 상식이 매우 풍부했다. 그는 몸 상태가 좋은데다가 사병들에게 존경을 받고 있었다. 만약 나에게 무슨 일이 생기면 그가 나대신 소대를 이끌 수 있을 것이라고 생각했다.

난 작전에 뛰어들 준비를 시작했다. 우선 피스톨 벨트를 찼다. 그리고 물 캔, 접은 판초 우의, 응급처치품을 야전 재킷에 넣었다. 그런 다음 무기 탄약대 하나를 추가로 한쪽 어깨에 메고 다른 쪽 어깨에는 쌍안경을 멨다. 지도도 적절히 접어서 철모 안쪽에 넣었고 카빈총을 들었다. 준비가 완료됐다. 일말의 불안감을 무시하며 난 외쳤다.

"자, 3소대. 나가자!"

사병들이 천천히 참호에서 나와서 열을 지어 과수원 밖으로 나가기 시작했다. 우리는 해안에 이르렀다. 모래밭의 폭이 갑자기 10마일(16킬로미터)은 되는 것처럼 느껴졌다. 내가 열두 걸음도 채 디디지 못했을 때 포탄이 갑자기 떨어졌다. 적군 관측자가 우리를 발견한 것이 분명했다. 난 그가 지금 이렇게 말하고 있는 것은 아닐까 의심스러웠다.

"오른쪽 50. 같은 사정거리 반복 발사. 녀석들을 잡았다!"

숨죽인 우리는 훨씬 더 빠른 속도로 계속 나아갔다. 강 끝자락에서 우리는 공병들의 도움을 받아 공격 보트 두 대를 밀어 강 위에 띄웠다. 그리고 어설픈 포즈로 배 위에 오른 후, 노를 잡고 저어나가기 시작했다. 이것은 포킵시* 보트레이스가 아니었다. 우리는 배가 꼴사납게 비틀거릴 때마다 같이 비틀거렸다. 그러나 우리는 마침내 반대편 강기슭의 진흙에 도착할 수 있었다. 우리는 보트에서 내려 내륙으로 200야드(183미터) 정도 들어간 옥수수밭으로 향했다. 흩어져 옥수수 대를 이용해 몸을 숨기고, 전체 소대가 재집결할 때까지 기다렸다.

* 포킵시(Poughkeepsie) : 미국 뉴욕 주 남부에 있는 도시

우리 소대의 마지막 사병들이 보트에서 내릴 때, 난 1소대가 반대편에서 해안을 가로질러 이동하는 것을 봤다. 그때 박격포탄이 그들 가까이에서 터졌다. 아까 우리가 출발할 때 공격받았던 곳과 같은 위치였다.

난 무전기 SCR-300을 메고 오던 전령병에게 다가오라고 손짓했다. 이번에 우리 소대에 주어진 특별한 역할로 인해 우리는 평소의 단거리용 워키토키 대신 보다 장거리 무전이 가능한 이 무전기를 받아 가지고 있는 터였다. 그가 나에게 오자 난 깁에게 무전연락을 취해 우리 소대가 재집결했고 진군해나갈 것이라고 보고했다. 깁은 1소대와 함께 이동하는 중이었다.

우리는 목표지점의 기슭에 이르기 위해 약 2마일(3.2킬로미터) 정도 더 진군해야 했다. 그 사이에는 낮지만 가파른 고지 두 개가 놓여 있었다. 난 다소 구불구불하지만 전방의 적군으로부터 우리를 꽤 잘 숨겨줄 만한 길을 택했다.

우리는 진군해나가면서 공군과 포병이 우리의 진군을 미리 준비해놓은 기쁜 증거들을 볼 수 있었다. 탄환으로 인한 탄공, 네이팜탄으로 초토화된 땅, 폭파된 박격포탄의 테일 핀 등이 그것이었다. 우리는 또 꽤 많은 지그재그형 참호와 1인용 참호들을 지나쳤는데, 그 모든 것은 사용도 못해보고 버려진 것들임이 분명했다.

우리는 첫 번째 고지의 정상에 도착했다. 그리고 우리 모습이 드러나지 않도록 정상에서부터 몇 야드 아래쪽으로 내려와 진군하기 시작했다. 두 번째 고지로 가는 최고의 방법은 논 사이의 구불구불한 산길을 타는 것처럼 보였다. 우리의 일반적인 진군로와 직각을 이뤄서 움직이게 되겠지만 말이다.

낙동강 건너편에서 쌍안경으로 우리를 지켜보던 대대 참모진은 우리가 길을 잃었다고 생각했던 것이 분명했다. 이에 깁에게 연락이 갔고, 깁은 나에게 연락했다.

"해리, 깁일세. 해리, 깁일세. 오버."

"깁, 해리네. 오버."

"깁일세. 맥 소령은 자네가 길을 잘못 들어섰다고 생각하는 듯하네. 목표지점 제대로 볼 수 있나? 오버."

"해리네. 그 빌어먹을 곳을 볼 수 있네. 최선의 행군로를 택했다고 생각하네. 오버."

"알겠네. 자네는 자기가 뭘 하고 있는 줄 알고 있군. 계속 진군하게. 이상."

우리가 두 번째 고지 정상에 이를 때쯤, 포병들이 우리의 진격을 돕기 위한 준비작업의 일환으로 목표지점 고지의 표면을 공격하고 있었다. 우리 소대는 포복하여 가고 있었는데, 내가 멈추도록 신호하자 모두 자기가 기던 자리에서 털썩 쓰러져서 짧지만 행복한 휴식을 누렸다.

사병들이 쉬는 동안 난 잠시 목표지점을 다시 연구했다. 고지의 넓은 '흉터' 들은 사실 깊은 골짜기들이었다. 우리는 이것들을 피해 진군해야 했다. 천천히 우리는 굽이굽이 돌면서 계곡 바닥까지 내려갔다. 우리는 한 작은 마을의 언저리를 지나서, 마른 시내 바닥에서 다시 모였다. 우리는 이제 약 150야드(137미터) 더 가면 목표지점 기슭에 다다를 수 있었다. 우리는 논을 하나 더 가로지른 후 고지를 타기 시작했다. 고지는 거의 수직으로 선 듯이 가팔랐고 우리의 이동은 느렸다. 난 한 걸음 내디딜 때마다 큰 소리로 숨 쉬면서 한 발을 다른 발 앞에 두었다. 고지를 절반쯤 올랐을 때, 우리는 첫 번째 골짜기에 도달했다. 계획했던 대로, 앞장선 분대가 골짜기 왼편으로 가서 줄을 지어 섰다. 그리고 다음 분대가 골짜기 반대편에 나란히 설 때까지 기다렸다. 얼마 후 우리는 적군이 고지에서 우리를 기다리고 있는 것은 아닐까 의심하면서 다시 산을 타기 시작했다.

우리는 계속 고지를 탔고 그때까지 아무런 총성도 터지지 않았다. 고지를 좀 더 탄 끝에 우리는 정상에 도착했다. 정상에서의 경관은 꽤나 장관이었다. 우리는 강 상류 쪽으로 왜관 너머까지 한눈에 볼 수 있었다. 소대가 대강의 방어선을 급히 형성했다. 내가 주위를 둘러봤을 때 사병들은 땅에 푹 쓰러졌고, 무기들은 밖으로 삐쭉 쏟아져 나와 있었다. 어떤 가능한 역공에도 발사할 태세가 갖춰진 것이다. 적군이 이곳에 있었다는 흔적이라고는 작은 참호 두 개밖에 없었다. 이 참호들은 아마도 관측소로 쓰였을 듯 싶었다. 난 깁에게 고지를 점령했다고 무전으로 연락했다. 이때 깁은 1소대와 함께 고지 기슭에 도착한 상태였다.

그곳 산등성이 지형은 대강 H자형을 이루고 있었다. 두 산등성이는 강과 평행을 이루고 있었고, 산등성이와 빗장모양 교차점에 두 산봉우리가 솟아 있었다. 우리는 오른쪽 산봉우리에 있었다. 1소대가 우리 소대를 통과해 중간 산등성이를 따라 이동한 후 다른 쪽 높은 지점을 점령하는 것이 우리 계획이었다.

명령이 바뀌었다고 무전연락이 왔다. 우리 소대가 계속 진군하게 되었다는 것이다. 난 분대장들에게 알리고 다른쪽 산봉우리를 가리켰다. 우리는 모두 한 목소리로 신음했다. 천천히 3소대원들이 일어섰다. 우리는 연결된 능선을 따라 조금씩 전진해나가기 시작했다.

이때쯤 햇볕이 따갑게 내리쬐고 있었다. 우리는 최종 목표지점으로 향하는 가파른 비탈을 오르기 시작했다. 발이 질질 끌리기 시작했다. 그 누구도 그다지 적군을 경계하면서 이동하는 듯 보이지 않았다.

난 큰 소리로 말했다.

"자, 사병들! 저 위에서 한 무리의 북한군이 우리 목구멍을 내려다보고 있을지도 모른다는 것을 잊지 말게."

내 말이 좀 효과가 있는 듯했다. 우리는 보다 경계하면서 고지를 타기 시작했다. 우리는 방심하지 않고 혹시 어딘가에 적군의 무기가 숨어 있을까 두리번거렸다.

맨 앞에 선 소대가 정상에 도착했다. 난 숨을 헐떡이면서 달팽이가 움직이는 속도로 계속 고지를 타서 마침내 그들이 있는 곳에 이르렀다. 일단 그곳에 도착한 분대들은 새로운 방어선을 형성해 넓게 퍼졌다.

이때쯤 아이템 중대의 다른 소대들도 목표 고지를 오르고 있었다. 우리가 있는 지점에서는 낙동강에서 다른 중대들이 작은 공격 보트로 강을 건너고 있는 것을 볼 수 있었다.

이제 우리의 바람은 무슨 일이 생기기 전에 킹 중대와 러브 중대가 목표 지점에 재빨리 도착해 우리 측면을 지키는 것이었다. 아이템 중대가 'H' 자의 빗장 부분을 방어하는 동안, 러브 중대는 빗장 위 오른쪽 산등성이를 점령해야 했다. 그 산등성이는 강을 향해 뒤쪽으로 굽어 있었다. 우리 왼편의 킹 중대는 빗장 아래 왼쪽 부분에 해당하는 낮은 산등성이를 점령해야 했다. 이곳은 1대대와 연결되는 곳이었다.

이 과정은 꽤 시간이 걸렸고 우리 쪽에서 많이 외치고 지도해줘야 했다. 난 분대들의 위치를 점검하러 다녔다. 이때 몇몇 사병들이 식사에 대해 물었다. 내가 생각할 때 아침이 되기 전까지 누군가 우리에게 배급을 가져다 줄 가능성은 거의 없었다. 57무반동총 사격단이 도착했고, 우리는 그들에게 사격 위치를 지정해줬다. 조금 있으니 마이크 중대 소속의 75무반동총 사격단도 도착했다. 난 그들도 우리 구역에 위치시켰다. 이렇게 하고 보니, 내가 이끄는 '군대'는 백 명 이상의 인원과 많은 무기를 보유하게 됐다. 기분이 꽤 괜찮았다.

우리는 모두 전방을 주시하면서, 계곡, 마을, 산 위를 눈으로 탐색했다. 한참 멀리에 움직이는 사람들이 있었지만, 아마도 피난민들인 것 같다고 결론 내렸다.

킹 중대의 맨 앞에 선 사병이 우리 소대 왼편에 있는 자기들의 진지에 이르렀을 때쯤에는 이미 해가 졌을 때였다. 결국 세 개의 소총중대는 모두 자리를 잡았다. 이제는 날이 캄캄해졌고 날씨가 다시 추워졌다.

깁이 아직 참모진과 함께 반대편 해안에 있던 대대장에게서 무전연락을 받았다.

"자, 깁, 우리의 교두보가 확보됐네. 오늘밤 아무런 공격이 없이 우리가 그곳을 계속 지키면, 다 된 것이라네. 만약 오늘밤 공격이 있다 할지라도 우리가 그곳을 계속 지니면 다 된 것이라네."

그날 밤에는 아무런 공격이 없었다.

FROM THE HUDSON TO THE YALU

북진

9월 20일 ~ 10월 4일

6

우리는 골짜기로 내려갔다. 그리고 2열 종대를 이뤄 흙으로 된 2차 간선도로를 타고 북진하기 시작했다. 낙동강과 평행을 이룬 길가에는 키가 크고 가는 포플러 나무와 야생 코스모스가 자라고 있었다. 햇빛이 환하게 비추고 있었고 세상은 밝기만 했다.

맥아더 장군의 '망치와 모루'

전술이 전개되기 시작했다. 서울에 도착한 10군단이 모루 역할을 하고, 8군이 망치 역할을 담당해 북진하면서 도중에 만나는 적군을 진멸시키거나 생포하기로 됐다. 아군은 인천상륙작전의 소식에 남쪽에 있는 북한군의 간담이 서늘해지고 와르르 무너지기를 바랐다. 그러나 불행히도 일은 그리 간단치 않았다. 많은 북한군들이 그 인천 소식을 듣지도 못했으며, 끈덕진 공격을 그치지 않았던 것이다. 그러나 동기생 소위들이 포함된 월튼 워커 장군이 이끄는 8군은 전세가 바뀌었음을 느꼈다.

9월 20일 오전과 그 후 한동안은 평온이 유지됐다. 우리 뒤편 아래쪽을 내려다보니 낙동강이 구비구비 고요하게 흐르고 있었다. 우리 사단의 19보병연대를 비롯한 더 많은 부대들이 계속해서 강을 건너는 동안, 아침 해가 강에 비치고 있었다. 왜관의 북쪽에서는 공병들이 주 간선도로 교량을 수리하고 있었다. 전차와 트럭들이 문제없이 교량을 타고 건너가 교두보를 강화할 수 있도록 하기 위한 것이었다. 우리 왼쪽 전방에는 우아한 테라스로 만들어진 평화로운 녹색의 골짜기가 마치 우리를 초대하듯이 펼쳐져 있었다. 부조화를 만들어내는 것이 딱 하나 있다면 어둡고 커다란 고지가 불쑥 솟아 있는 오른쪽 전방뿐이었다. 정보부대의 보고에 따르면 북한군이 그 산을 발판 삼아 역공을 펼칠 것이다.

오전 늦게 난 무전기를 통해 그 산에 대한 우리 측의 대화를 듣게 됐다.

공중폭격 명령이 떨어졌지만 조종사들이 그 산을 찾아내지 못하고 있다는 것이었다. 누군가 공격대상을 알려주지 않으면 조종사들은 방향을 돌이켜 출발지로 되돌아갈 수밖에 없었다. 난 그 대화에 끼어들었다. 내가 그 고지를 명확히 볼 수 있었기 때문에 우리 부대가 흰색의 인광성 박격포탄을 발포해서라도 그 위치를 표시해줄 수 있다고 말해 내 제안이 받아들여졌고, 우리는 박격포탄으로 산의 위치를 알렸다. 이에 3소대는 에어쇼를 관람하게 됐다. 조종사들이 감사의 표시로 비행기의 꼬리를 흔들어주곤 우리 머리 바로 위로 급하강해 총과 로켓탄을 목표고지에 발사하면서 지나갔다.

오후 중반쯤 우리는 또 다른 전갈을 듣게 됐다. 이 전갈은 우리 측면의 중대로부터 온 것이었다. 그들은 일군의 적군들에게 총격을 가했는데, 그들이 고지 꼭대기 주변에서 다른 골짜기로 퇴각했다는 것이었다. 내 바로 앞 골짜기였다. 어느 한국군이 적군들이 동굴에 숨어 있다고 보고했다.

그 동굴은 내 전방 저 멀리 가파른 비탈의 기슭에 위치한 어두운 직사각형 모양의 동굴이었다. 난 75밀리미터 무반동총 저격대를 이끄는 사병에게 그곳을 가리켰다. 그는 총을 위치시키고 조심스럽게 조준한 후 발사했다. 귀가 찢어질 듯한 굉음과 함께 총알이 발사됐다. 동굴에서 약 50야드 떨어진 곳에서 연기가 솟았다. 저격대가 재조준 후 다시 발사했다. 이번에는 탄환이 동굴 입구에서 왼쪽으로 몇 야드 떨어진 산허리를 때렸다. 난 재조준을 명령했고 곧이어 세 번째 총알이 발사됐다. 이번에는 총알이 목표물에 아주 근접해서 떨어졌다. 동굴 입구에서 몇 야드 떨어진 곳이었다.

난 쌍안경으로 동굴 쪽을 관찰하면서, 재조준할 수 있도록 연기가 걷히기를 기다렸다. 그때 갑자기 놀라운 광경이 벌어졌다. 사람들이 흰 끈을 들고 손을 흔들면서 동굴 속에서 뛰쳐나온 것이었다. 곧 백 명 이상 되는 한 무리가 만들어졌다. 겉으로 보기에는 모두 시민들 같았다. 그들은 우리 방

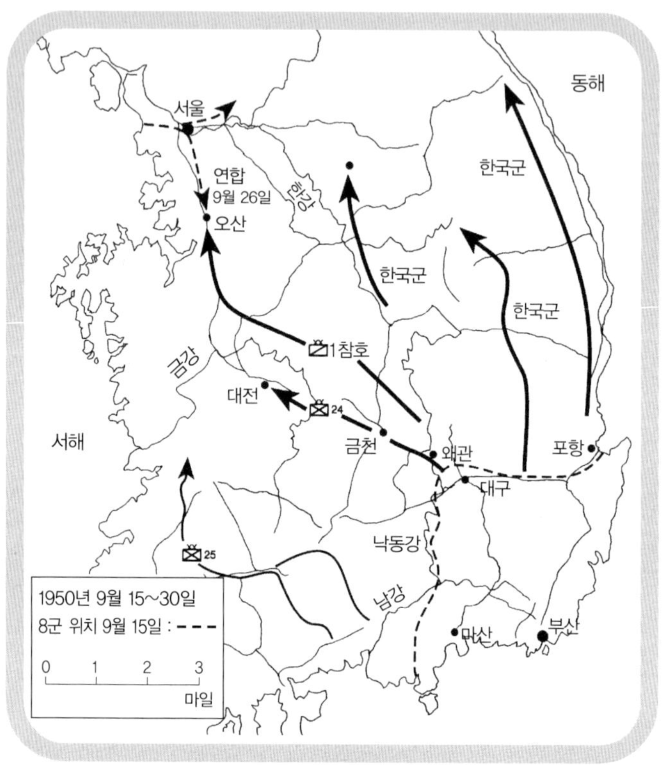

1950년 9월 15~30일 발발, 추격, 연합

향으로 조금 걸어나오더니 걸음을 멈췄다. 그러더니 그중 세 명이 전체 무리에서 떨어져나와 우리 쪽을 향해 계속 걸어오기 시작했다.

그 셋이 우리에게 이르는 데는 꽤 오랜 시간이 걸렸다. 마침내 도착한 그들을 보니, 흰 수염을 기른 나이 지긋한 어르신들이었다. 그들은 흰 천조각을 대나무 장대 끝에 매단 백기를 들고 왔다. 그들은 힘들게 우리 고지로 올라와선 통역병에게 그들의 이야기를 들려주었다.

전쟁이 이 지역에 미쳤을 때 마을 주민들은 이 지역 사람이라면 누구나 다 알고 있는 큰 동굴로 피신했다. 그런데 당일 이른 시간 적군들도 이 동굴을 찾아와서 같이 몸을 숨기자고 했다. 그러나 마을 사람들, 특별히 여성들은 공산당이 떠나야 하며, 그들은 문제만 야기시킬 뿐이라면서 비명을 질렀다. 몇몇 마을 주민은 미군들에게 가서 무슨 일이 벌어지고 있는지 알리고자 했다. 그러나 공산당원들은 그들을 죽이겠다고 위협하면서 이를 막았다. 마침내 적군들은 미군들에게는 알리지 못하도록 경고한 후 동굴을 떠났다. 미군들은 동굴에서 나오는 이는 누구든 죽일 것이라는 경고였다.

마을 이장은 주민들이 안전하게 지나갈 수 있도록 요청하기 위해 우리를 찾아왔다. 그와 또 함께 온 용감한 두 명의 동료는 공산당원들의 경고가 옳을 경우를 대비해 자신들만이 먼저 우리를 찾아온 것이었다. 난 주민들이 어떤 해도 받지 않고 안전하게 이동할 수 있도록 하겠다고 이장을 안심시켰다. 그러자 세 명의 마을 지도자들은 왔던 길로 되돌아가 주민들을 이끌고 길을 나서기 시작했다. 늙은이, 여성, 어린이들로 이뤄진 남루한 행렬이 우리가 위치한 산을 느릿느릿 타기 시작했다. 우리가 쏜 총알 중 하나가 저 동굴 속에 떨어졌더라면 어찌되었을까 생각하니 아찔했다.

행복하거나 아니면 최소한 안전한 임시 거처를 향해 길을 나선 이 주민 일행이 우리 시야에서 완전히 사라진 것은 황혼 무렵이나 되어서였다. 주민들은 북한군이 모두 이 지역을 떠나 북진했다고 말했다. 그들의 말이 옳은 듯했다. 최소한, 그날 밤에는 어떤 적군의 움직임도 없었으니 말이다.

19, 21보병연대 모두 24사단 소속이었지만, 두 연대가 서로 만날 기회는 거의 없었다. 언제인지 난 존 라구치(리거)와 웨스트포인트 입학 전 라파엣 대에서부터 알고 지내던 친구 레슬리 컥패트릭이 19보병연대에 있다고 들었다. 그러나 9월 20일 낙동강을 건너는 19보병연대를 지켜보고 있을 때, 난 내 동기 로저 켈리가 그중 한 소대를 이끌고 있는 줄은 전혀 몰랐다.

준비된 미소를 가진 쾌활한 아일랜드 인 '행복과 행운의 사나이' 로저는 우리 학급에서 가장 인기 있는 친구 중 한 명이었다. 그는 사관생도 글리 클럽*과 가톨릭 채플성가대 회원이었으며, 전통적으로 불경건하다고 알려져 있는 백 번째 나이트 쇼의 단장이었다. 그는 정말 함께 있으면 유쾌한 친구였다. 그러나 지난 몇 주간 그 또한 전투 보병으로서 치열하게 전투를 치르고 있었다.

그러나 가장 최근의 작전을 수행하는 동안 로저는 심한 두통과 고열에 시달렸다. 그의 소대가 낙동강을 건넌 직후 그의 상태는 더 악화됐다. 중대장은 응급치료소에 갈 것을 권고했지만 로저는 자기 사병들을 떠나고 싶지 않다면서 거절했다. 그는 하루 더 고생했고 그날이 끝날 무렵에는 거의 쓰러지기 일보 직전의 상태에까지 이르렀다. 마침내 응급치료소에 가보라는 권고는 명령으로 바뀌었다.

로저는 마지못해 동의했다. 응급치료소에서 로저는 대대장을 만났다. 로저는 후송되기 전, "대령님, 전 제가 빈둥거리고 있다고 생각하지 않습니다"라고 말했다. 대령은 그렇다며 그를 안심시켰다. 부산에 도착한 그는 급성뇌염에 걸렸다는 진단을 받았다.

9월 21일 아침은 여전히 평화로웠다. 고지에서 내려올 때 우리는 사기가 고조돼 있었다. 왜냐하면 이번에는 우리가 퇴각하는 것이 아니며, 방어선의 공백을 메우기 위해 좌우로 이동하는 것도 아니었기 때문이다. 우리는 전진하고 있었다. 이로 인해 우리의 매 발걸음은 새로운 탄력을 받았다. 전환점이 실제 왔었는가? 우리가 정말 전쟁 종결을 향해 나아가고 있는 것이었나? 우리가 이 모든 것을 마무리하려는 소망을 가지고 있었던가?

* 글리 클럽 : 주로 미국 등지의 대학 또는 고등학교에서 클래식한 합창곡이나 학생가를 부르는 남성 합창단. 18세기 후반에 영국에서 일어난, 주로 글리를 부르는 남성 합창단에서 유래하였다.

우리는 골짜기로 내려갔다. 그리고 2열 종대를 이뤄 흙으로 된 2차 간선도로를 타고 북진하기 시작했다. 낙동강과 평행을 이룬 길가에는 키가 크고 가는 포플러 나무와 야생 코스모스가 자라고 있었다. 햇빛이 환하게 비추고 있었고 세상은 밝기만 했다.

우리는 왜관 맞은편에서 잠시 멈추고 휴식을 취했다. 강 건너편에서 공병들이 모든 중요한 교량의 손상된 경간*들을 수리하고 있는 모습을 볼 수 있었다. 교량의 수리가 마쳐지면 미 전차들이 강을 건너 종대에 합류할 예정이었다.

우리는 길가에 서 있는 대대장을 만나게 됐다. 그는 입을 크게 벌리고 싱긋 웃고 있을 뿐 아니라, 새로운 은빛 잎사귀 계급장을 달고 있었다. 맥 소령은 이제 맥 중령이 된 것이었다. 깁과 난 정말 진심으로 그의 승진을 축하해주었다. 맥 중령은 좋은 사람이었다. 그는 유능하고, 동정심도 많았으며, 천성이 좋을 뿐 아니라 팀을 잘 세워줄 줄 알았다.

우린 다시 진군하기 시작했다. 종대 앞 열에서 속도가 늦춰지면서 종종 멈추게 되었지만 말이다. 우리가 멈출 때 난 각 분대에서 두 명씩 들판으로 나가서 혹시 있을지 모를 측면으로부터의 갑작스런 공격을 경계하도록 했다. 시간이 지나면서 불평하는 소리가 터져 나왔다. 잠깐씩 길을 멈추는 것은 쉬는 시간을 가지고 휴식을 취하기 위한 것이었지만 우리의 측면 보초들은 우리가 걸음을 멈출 때마다 들판으로 터벅터벅 걸어나가야 했으므로 지치기 시작했던 것이다. 난 분대장들에게 사병들이 교대로 보초를 서도록 하라고 권고했지만, 보초 서는 것을 그만두지는 않을 것이라고 말했다.

"그렇지만 우리 외에 다른 소대들은 보초를 서고 있지 않습니다, 소위님."

"그것은 그들의 문제야. 난 이 소대의 안전을 책임지고 있어. 그것 때문

---

* 경간 : 다리, 건물, 전주 따위의 기둥과 기둥 사이. 또는 그 사이의 거리

에 내가 야비한 개새끼가 돼야 한다면, 안 된 일이지만 어쩔 수 없지."

갑자기 예기치 않은 방향에서 적군이 떼 지어 몰려온다면 내가 어떻게 할지 상상해봤다. 누군가 내가 이러고 있는 걸 알았더라면 난 좀 민망했을 테지만, 난 나폴레옹의 금언을 내 자신에게 되뇌고 있었다. 그 금언은 "네가 만약 군부대를 행군시키고 있다면 적군이 예상치 않게 전방, 후방 또는 측면에 갑자기 나타나면 어떻게 해야 할지를 항상 염두에 두어야 한다"는 내용이었다. 만약 이런 것을 모른다면, 부대를 지휘할 자격이 없는 것이다.

진군하다 보니 잡다한 적군 장비들이 길가에 널브러져 있는 것을 보게 됐다. 망가진 것들도 있었고, 그저 버려진 것들도 있었다. 우리의 진군에 적군이 허둥지둥 퇴각한 것처럼 보였다.

오후 중반 우리는 가던 길에서 벗어나 무덤들이 곳곳에 위치해 있는 산허리를 야영지로 정했다. 무덤들은 3~4피트 높이로 솟은 흙무더기들이었다. 존경하는 고인들을 하늘과 가까운 고요한 환경 속의 산허리에 묻다니, 정말 존경할 만한 풍습 같았다.

대구 지역에서는 적군들이 여전히 맹렬하게 저항하고 있었다. 7, 8기갑연대가 합동으로 포위망을 좁혀갔지만, 핵심 고지의 참호 속에 몸을 잘 숨긴 적군은 꿈쩍도 하지 않았다.

다부동 북쪽에서 624고지를 공격하고 있던 8기갑연대의 에이블 중대에는 우리 동기생 세 명이 포함돼 있었다. 소대장인 루 메싱거, 로저 파이프와 중대 전방관측자인 포병 스미스(스너피)가 그들이다.

불행히도, 비처 브라이언과 난 둘 다 한국에 오기 전 이후로 E-1 사관생도 중대 동료인 로저 파이프를 만나지 못했었다. 만약 그를 만났더라면 우리는 그와 우정을 나누고 오클라호마 및 그의 멋진 애마들에 대해서 좀 더 들을 기회가 있었을 것이다. 우리 졸업앨범에 담긴 그에 대한 설명은 그를 멋지게 잘 설명했다.

"로저, 너에게 많은 말과 친구가 주어지길 바란다. 넌 둘 다와 잘 어울리니까."

9월 22일, 지난 한 주간 연락이 두절되었었고, 3일간 먹지 못했던 에이블 중대가 고단한 상태로 624고지를 향해 두 번째 점령 시도를 하고 있었다. 공격 중 로저 파이프는 624고지의 정상에 가까이 다가갔다. 앞장서서 소대를 이끌고 있던 그는 사병들에게 명령을 내리기 위해 몸을 돌렸는데, 바로 그 순간 그는 적군의 소총을 맞고 즉사했다.

루 메싱거가 로저의 부모에게 쓴 편지의 일부다.

> "이곳 한국에서 로저와 전 매우 가까워졌습니다. 그의 죽음은 우리 모두에게 엄청난 충격입니다. 그가 이끈 사병들은 그에게 탄복했고, 그를 존경하고 사랑했습니다. 우리는 더없이 좋은 친구이자 위대하고 두려움을 모르던 한 지도자를 잃었습니다."

로저가 죽은 날, 아이템 중대는 왜관과 금촌을 잇는 간선도로를 따라 북진하고 있었다. 파괴된 소비에트산 T-34 전차 차체를 지나치면서 말이다. 전차들을 지나칠 때마다 우리는 아군의 전투기와 그들의 치명적인 로켓탄에 감사를 보냈다.

우리 전방의 길은 총격을 당한 상태였다. 킹 중대의 존 우피너는 행군 중 그의 왼편 골짜기에 적군들이 있는 것을 발견했다. 그중 몇은 군복을 벗고 민간인 복장으로 갈아입고 있는 것처럼 보였다. 우피너의 보고가 대대로 들어갔다. 맥 중령은 깁에게 골짜기로 1개 소대를 보내 이들을 소탕하라고 명령했다.

깁이 나에게 무전 연락을 취했다.

고지로 이동하는 1기병사단의 8기병연대 3대대와 탱크부대

"해리, 골짜기의 적군들이 우리 종대에 사격을 가하고 있다네. 자네 소대가 그쪽으로 가서 그들을 소탕하기 바란다."

"적군이 몇 명인가?"

"모른다네. 아마 오십 명 정도. 그러나 그중 몇 명은 민간인 복장으로 갈아입고 있어. 아마 그들은 그저 도망가려는 것인지도 몰라."

"알겠어. 그런데 그들과 정면으로 충돌해서는 안 된다고 생각하네. 소대를 고지 위로 이끌고 가서 후방에서부터 그들을 포위해보고 싶네."

"좋은 생각일세. 만약 문제 생기면 무전 연락하게. 뒤따르고 있는 많은 이들이 자네들에 뒤이어 작전에 투입될 수 있으니까."

"알겠다. 지금 출발하겠다."

우리 소대는 종대를 떠났다. 난 분대장들에게 우리가 고지로 진격할 것이라고 말했다. 우리가 도로를 벗어나 산등성이를 타고 올라가서 그 골짜기에 있는 적군의 후방을 칠 것이라고 알려줬다. 이때 행군하고 있던 1소대가 눈에 들어왔다. 집시 마틴이 나를 보고 손을 흔들면서 외쳤다.

"가서 무찌르십시오, 소위님!"

우리는 꼬불꼬불한 산길을 타다가 피곤해져서 좀 쉬었다. 그리고 고지를 좀 더 올랐다. 거의 한 시간가량 고지를 탄 후, 난 이제 내려가야 할 때라고 생각했다. 우리는 어둡고 음침한 깊은 협곡을 따라서 내려가다가 오두막집들이 모여 있는 곳을 지나가게 되었는데, 나이 든 여인 하나가 그곳에서 빨래를 하고 있었다.

난 깁을 보내서 그녀가 적군을 본 적이 있는지 묻도록 했다. 깁은 나에게 "할머니는 모든 공산당원들이 오래 전에 떠났다고 합니다"라고 보고했다.

아마 그녀가 옳은지도 몰랐다. 아니면 그녀는 관여하기 싫어서 거짓말을 하고 있는지도 몰랐다. 우리가 골짜기 바닥 가까이에 이르렀을 때, 난 피엑스 장교였다가 우리 소대의 부소대장으로 일하게 된 에드 웰시에게 1개 분대를 데리고 골짜기의 입구로 가서 그들을 거기 위치시키고 사살부대 역할을 하도록 하라고 했다. 우리가 적군을 몰아내면 에드의 분대가 그곳에서 대기하고 있다가 그들을 생포하거나 그들에게 총격을 가하면 되는 것이었다. 에드는 '사살부대'라는 말에 움찔하는 듯했다. 그러나 그는 곧 분대를 이끌고 떠났다. 임무를 맡게 된 것에 대해 확실히 기뻐하는 듯이 보였다.

진군하다 보니 나무가 우거진 산허리 바깥으로 나오게 됐다. 안타깝게도 우리는 포위망을 그다지 탄탄하게 형성하지 못한 것 같았다. 우린 여전히 적군의 정면을 향해 가고 있는지도 몰랐다. 우리 소대가 좁은 산길을 타고 갈 때, 난 두 명의 정찰병 뒤를 따르고 있었다. 갑자기 짤깍 하는 소리가 나고 고성의 '씽' 소리가 들렸다. 내 뒤의 누군가가 비명을 질렀다.

"이봐, 그들이 우리를 쏘고 있나?"

내가 외쳤다. 바로 그때 난 날카로운 통증을 느꼈다. 바늘 같은 고통이 재빠르게 내 왼쪽 허벅지를 강타했다. 상황을 접수하는 데 잠깐 시간이 걸렸다. 이런, 내가 총상을 당한 것이다! 난 주저앉았다. 행군하던 길을 떠나 낮은 논 벼랑길 뒤에 몸을 숨겼다.

래리 설리번이 몸을 낮게 웅크린 자세로 달려와 내 옆으로 미끄러져 들어왔다.

"소위님, 다치셨습니까?"

"응, 그런 것 같네."

내 다리에 피가 용솟아 생긴 붉은 원이 만들어졌다. 난 카트리지 벨트를 풀고 바지 벨트도 푼 다음 바지를 몇 인치 아래로 내렸다. 내 왼쪽 허벅지 안쪽에 1달러 절반 크기의 째진 구멍이 생겼고 거기서 피가 용솟음치고 있었다.

난 생각했다.

'이런, 꽤 큰 총알이 들어갔나 보군. 그런데 구멍이 하나밖에 없어. 그렇다면 총알이 아직 내 몸 속에 있는 것이 분명해.'

그때 난 그 구멍으로부터 왼쪽으로 몇 인치 떨어진 곳에서도 피가 흘러나오고 있는 것을 발견했다. 급히 피를 닦아내자 또 하나의 구멍이 나타났다. 작고 말쑥한 구멍이었다. 난 그 작은 구멍이 총알이 들어간 자리인 것을 깨달았다. 총알이 내 몸 속에 들어가서 요동친 후에 내가 처음에 봤던 그 큰 구멍을 만들면서 몸 밖으로 빠져나갔던 것이다.

내가 무슨 일이 일어났는지를 파악하는 동안 래리가 내 응급처치품을 열었다. 그는 상처 위에 압박붕대를 댄 후 이것을 적당한 위치에 묶고 나서 군의관을 외쳐 불렀다.

래리와 난 이제 어떻게 해야 할지에 대해 이야기를 나눴다. 물론 소대가 몸을 숨기려고 애를 썼지만, 우리는 여전히 적에게 노출된 장소에 있었고 총알이 계속 우리를 겨냥하고 있었기에 꼼짝할 수 없는 상황이었다. 약 100야드(91미터) 떨어진 낮은 고지로부터 총알이 날아오고 있었다. 래리와 3분대장인 디싱거가 정찰하기 위해 앞으로 기어나가는 동안 난 이제 어떻게 해야 할지 생각해보려고 애썼다.

긴 몇 분이 흘렀다. 소대 군의관이 와서 모르핀 주사를 놓으려고 했을 때, 난 맑은 정신으로 생각하기 위해 고개를 저어 거절했다.

래리 설리번이 돌아와서 저 앞에 작은 마을이 있다고 말했다. 누군가 그쪽으로 가서 그 안전한 장소에서 총격으로 방어막을 형성하면, 그 사이 한두 분대가 고지에 올라가서 적을 소탕할 수 있을 것 같았다.

내가 이 일을 어떻게 진행해야 할지 의논하는 사이, 디싱거가 직접 행동에 돌입했다. 그는 브라우닝자동소총을 들더니 총격을 가하며 들판을 가로질러 달려 마을 끝자락에 안전하게 도착했다. 거기서 그는 적군이 꼼짝 못하도록 계속 총격을 가했고, 그 사이 그의 분대가 움직여 디싱거가 있는 위치로 이동해갔다. 디싱거 분대원들이 나를 지나치면서 내 부상을 봤을 때, 어떤 이들은 위로의 말을 전해주고 어떤 이들은 안타깝다는 듯이 혀를 찼다. 영어로 대화할 수 없었던 한국인들이 그들의 유감의 뜻을 전하기 위해 취한 이상한 제스처들은 거의 코미디에 가까웠다.

누군가 골짜기 저 멀리에서부터 적 후방 쪽으로 움직여주면 좋을 것이라고 생각하면서, 난 무전기를 꺼내 교신을 시도했다. 정말 운이 없었다. 내 무전기와 교전이 가능한 무전기들을 가진 아이템 중대는 이미 길을 지나쳐 간 것 같았다. 난 다시 교신을 시도했다.

"아무 기지나, 아무 기지나 응답하라. 오버."

아무런 응답이 없었다. 우리를 제외한 아이템 중대는 떠난 지 오래인 것이 분명했다. 그들이 진군하지 않을 도리가 없었다는 것은 분명했다. 그럼에도 난 다소 버려진 느낌이 들었다.

소대 전령병이 기어서 다가왔다.

“다쳐서 유감입니다, 소위님.”

“매우 고맙네. 난 괜찮을 걸세. 그런데, 난 자네가 간선도로 쪽으로 되돌아가줬으면 하네. 웰시 중위를 찾으면, 와서 소대를 맡으라고 말해주게.”

내 뒤 약 20야드(18미터) 떨어진 곳에서 군의관이 강을 살피고 있었다. 무기를 드는 역할을 하던 한국인 사병인데, 발에 총상을 당했다. 그의 신음 소리로 판단해 보건대 고통이 꽤 큰 듯했다.

난 담배에 불을 붙였다. 정말 이상하게도 내가 소년시절 읽었던 어떤 이야기가 생각났다. 독립전쟁 때 내 고향인 뉴욕 북쪽에서 그리 멀리 않은 곳에서 벌어졌던 오리스커니 전투에서 미 장군 허키머는 다리에 부상을 당한 후에도 몸을 버팀목으로 바치고 계속 전투를 지휘했다. 시종일관 긴 사기 파이프를 빼끔거리면서 말이다. 난 파이프가 없었지만 대신 담배를 빼끔거렸다. 전령병이 와서 래리 설리번이 노트를 찢어 휘갈겨 쓴 쪽지를 전해주었다.

“2소대를 전방으로 보내주십시오. A-6는 그쪽에서 가지고 계십시오. 그쪽에서 우리를 위한 방어막을 형성해주시면 여기서 고지에 오를 수 있습니다. 수류탄을 던져서 적들의 공격을 멈추도록 하겠습니다. 어떻습니까?”

난 A-6 경기관총은 남기고, 2소대를 전방으로 보냈다. 그런 다음 배를 땅에 대고 엎드려서 설리번과 공격 분대들이 골짜기를 건너서 적군의 측면으로 가는 것을 지켜보았다.

난 사병들에게 말을 전했다. 그리고 우리는 적군들이 꼼짝 못하도록 사격을 시작했다. 그리 오랜 시간이 걸리지 않았다. 몇 분 후에 난 수류탄이 터지는 것을 보았고, 사병들에게 이제 방어막을 위한 사격을 중지하라고 명령했다.

우리가 해낸 것이다! 군인들이 고지 정상을 차지했다. 우리 쪽은 아무런 저항도 받고 있지 않았다. 그곳에 있던 이들은 제압당하거나 도망갔다.

골짜기는 소탕됐다. 얼마 후 에드 웰시가 도착해서 우리의 포위가 효과가 있었다고 알려줬다. 군인과 민간인이 뒤섞인 몇몇 북한 사람들이 우리가 그들의 후방에 미친 것을 보고 항복했던 것이다. 골짜기 입구 근처에 적군 본부가 있었는데, 주부대가 떠날 때 그곳을 떠나면서 이들을 남겨놓았던 것이다.

본부를 수색하던 중 어떤 이가 거적때기에 두 개의 장대를 매단 원시적인 형태의 들것을 발견했다. 난 에드에게 이제 소대를 이끌라고 말하고, 행운을 빌어줬다. 또 그에게 내 쌍안경, 나침반, 지도를 건네주었다. 그제야 군의관이 나에게 모르핀을 주사했고 난 조심스럽게 들것에 실려졌다. 네 명의 자원자들이 나를 들고 길을 나섰다. 사병들이 나를 내려다보면서 동정과 격려의 말들을 중얼거렸다.

들것에 실린 나와 함께 걸어가던 래리 설리번이 말했다.

"소위님, 제가 소위님 역할을 감당해드린다고 하지 않았습니까? 지금 100만 달러짜리 부상을 당하신 것입니다. 제가 지난 전쟁 때 만났던 세 명의 소위분들처럼 말입니다. 이제 곧 야단법석을 떨어줄 예쁜 간호사들에게 둘러싸이게 될 것입니다!"

우리가 간선도로로 나오니 들것을 실은 지프가 기다리고 있었다. 난 지프의 들것에 실렸다. 사병들과 굳게 악수하고 손을 흔들어 작별인사를 한 후 우리는 각자의 길을 나서기 시작했다. 난 혼자가 되었다. 부대의 일원이 아니라 개인이었다. 갑작스럽고 공포스런 상실감이 느껴졌다.

포위돌파 전까지 소총중대에서 3주간 지낸 '베테랑' 동기생인 잭 벤더는 1기갑사단의 정찰중대로 발령받았다. 중대의 몇몇 장교가 최근 전투에서 사상당한 후였다. 1947년도 졸업생인 중대장은 잭을 생각해내어 전임을 추진했다.

'베테랑' 이라는 단어가 좀 익살맞게 들리지만, 그 3주는 정말 굉장한 기간이었다. 잭은 낙동강에 있는 7기갑연대의 폭스중대에 들어갔다. 다른 일곱 명의 미군과 여덟 명의 카투사들과 함께 거의 1마일에 이르는 강 전방 영역을 방어해야 했다. 잭은 중대에 도착한 다음 날, 강으로 정찰을 나갔다가 적군의 기관총을 만났다. 잭 일행은 기관총과 교전하여 승리했지만, 그 사이 북한군은 그들을 부대로부터 끊어내고자 포위해 들어왔다. 우여곡절 끝에 다행스럽게도 그들은 부대로 무사히 복귀할 수 있었다. 그러나 이것은 전투에 대한 갑작스런 입문이었다.

며칠 후 잭과 그의 사병들은 북한군의 돌파로 인해 부대로부터 단절됐다. 3일 동안 그들이 먹을 수 있었던 식량이라곤 그들이 발견한 한 통의 케첩과 야생 양파 얼마였다. 그들은 최선을 다해 양파껍질을 벗겨내고 그것을 케첩에 찍어 먹었다. 배가 고프니 케첩과 양파의 조화가 정말 환상적으로 느껴졌다.

1기갑사단의 정찰중대로 발령받은 잭은 이제 새로운 정찰부대와 함께 처음으로 독립적인 정찰 임무를 맡게 됐다. 이 부대는 두 대의 경전차, 기관총이 탑재된 네 대의 정찰 지프, 인력 운반차를 타고 온 1개의 보병분대로 구성돼 있었다. 그들은 좁은 골짜기를 건너게 됐는데, 그 골짜기는 길쪽으로 이어지는 손가락처럼 생긴 산등성이들과 연결돼 있었다. 골짜기를 건너던 중 그들은 기관총과 박격포의 공격을 받게 됐다. 잭은 선임부사관에게 소대를 맡기고 차를 떠나 총격으로 방어막을 형성했다. 드디어 그와 그의 보병소대는 고지에 이르렀다. 그들은 자동무기와 박격포를 무력화시키고 적군을 패주시켰는데, 이런 업적으로 인해 잭은 은성훈장을 받았다. 적군을 패주시킴으로써 그들은 임무를 계속 수행할 수 있었다.

지프의 뒤칸에는 들것이 두 개 실려 있었다. 난 왼쪽 공간을 차지한 채 차 뒷면을 마주보고 누워 있었다. 내 옆에는 환자 대신 한 북한 여인이 타고 있었다. 그녀는 우리가 점령한 적군의 본부에서 잡혔는데, 심문을 받기 위해 후방으로 후송되는 중이었다.

지프가 덜컹거리면서 카투사들이 포함된 종대의 행군을 지나치게 되었다. 그러자 투철한 공산당원, 아니면 최소한 목소리 큰 공산당원인 이 여자가 종대에 야유를 보내기 시작했다. 운전병 옆에 타고 있던 한국인은 이 여자가 미군과 한패가 되서 싸운다는 이유로 남한군에게 욕설을 퍼붓고 있다고 알려줬다.

"조용히 하시오!"

내가 호통쳤다. 그녀는 못 알아듣는 척 나를 무시하고 계속 욕지거리를 쏟아냈다. 난 몸을 일으키고 마치 손등으로 그녀를 치기라도 할 듯이 팔을 치켜들었다. 그녀는 날 노려봤다. 그러나 최소한 그 이후 그녀는 잠잠해졌다.

우리는 길가에 위치한 대대 응급치료소에 도착했다. 그곳에서 의사가 내 상처에 붕대를 감아주고 구급차를 타고 후송되도록 지시했다. 구급차에 실리기 전까지 바닥에 누워 기다리는 동안, 몇 명의 군인이 다가와서 '전선'에서 일이 어떻게 진행되고 있는지 물었다.

구급차는 오른편, 왼편 각각 위아래로 두 대씩 총 네 개의 들것을 싣고 있었다. 들것 사이의 중간에는 벤치가 놓여 있었다. 벤치에 앉아 있는 이는 아이템 중대 소속의 젊은 사병이었다. 그는 눈병이 나서 치료를 위해 후송되어 가는 길이었다. 그는 전쟁 부상자가 아니면서 같이 후송되고 있다는 것에 대해 조금 민망해하는 듯이 보였다. 그는 나에게 담요로 덮어주려고 하거나 아니면 다른 방식으로 어떻게든 도움을 주거나 동정심을 표현하려고 애썼다.

난 아래 칸의 들것에 실려 있었는데, 내 위에는 심각한 부상을 당한 북한군이 누워 있었다. 그는 피가 아래로 뚝뚝 떨어질 정도로 피를 많이 흘리고 있었다. 내 맞은편에 있는 경미한 부상을 당한 미군은 가벼운 대화를 좀 나눠보려고 애썼다. 그 위에 있는 미군은 불길할 정도로 조용했다.

난 우리가 가고 있는 길이 좀 달라진 것 같다고 느꼈다. 그리고 우리가 왜관에서 낙동강을 건너고 있다고 들었다. 다른 이들에게는 몰라도 최소한 우리에게는, 교량이 시간 안에 수리되고 다시 개통된 것이었다. 구급차가 멈추고 문이 열렸다. 우리는 21보병수집소로 사용되고 있는 학교건물에서 내려졌다.

들것을 나르는 이들이 바닥에서 빈 공간을 발견하고 그곳에 나를 내려놓았다. 난 눈을 감고 쉬려고 노력했다. 잠깐 동안은 모든 것이 괜찮았다. 그러나 갑자기 몸이 떨리기 시작했다. 처음에는 경미한 떨림이었는데, 이것은 곧 심각하고 확연한 떨림과 경련으로 바뀌었다. 격렬한 발작으로 내 다리는 경련을 일으키고 공중을 차기 시작했다. 이로 인해 담요가 벗겨졌다. 난 들것의 양쪽을 붙잡고 매달렸다. 부끄러웠고 날 보지 않았기를 바랐다.

위생병이 다가와서 내 어깨에 손을 얹었다.

"소위님, 괜찮으십니까?"

"음, 그런 것 같네, 미안하네……."

그가 나에게 모르핀 주사를 한 대 더 놓아주자 경련이 좀 가라앉았다. 저녁 때, 반쯤 졸음에 잠긴 상태에서 고개를 드니 던(Dunne) 신부가 보였다.

"안녕하세요, 신부님. 여기 얼마나 오래 계셨습니까?"

"괜찮네, 해리. 말하지 않아도 되네. 내가 몇 마디 기도할 동안 그저 누워서 휴식을 좀 취하게."

그는 목에 보라색 영대를 두르고 라틴어로 중얼거리기 시작했다. 그리고 작은 유리병의 기름을 몇 방울 그의 엄지 손가락에 떨어뜨린 후 그 손가락으로 내 이마에 십자가 성호를 그어주었다. 그제야 난 내가 병자성사를 받고 있는 것을 깨달았다. 초등학교 때, 간호사들이 병자성사란 '병자를 위안하고 죽어가는 자에게 은혜를 끼치는' 성사라고 가르쳐주었다. 난 내가 첫 번째 카테고리에 든 것일 것이라고 믿었다.

다음 날 아침, 난 세 명의 다른 환자들과 함께 구급차에 실렸다. 차는 몇 시간 동안 덜컹거리면서 산, 골짜기를 지나고 강을 건너 언덕으로 가더니 드디어 오후 늦게 대구 중앙에 위치한 기차역에 도착했다. 역은 혼잡하고 음울하며 이국적인 소리와 냄새로 가득했다. 우리가 실린 들것은 기차선로 옆의 그을은 승강장에 소탈하게 내려졌다. 열차를 기다리던 한국 시민들이 호기심 어린 눈길로 우리를 내려다보았다.

난 우리 소대원 카투사 강이 몇 야드 떨어진 곳에 누워 있는 것을 발견하고는 근처에 서 있던 군인들에게 내 들것을 강 옆으로 옮겨달라고 부탁했고 그래서 그 옆에 옮겨졌다. 강은 다른 대부분의 한국인들처럼 평소 감정을 거의 드러내지 않았던 것이다. 그러나 난 지금 강이 고통으로 인해 신음하는 소리를 들을 수 있었다.

군인들이 내 들것을 강 옆에 두자, 강이 나를 바라보더니 미소지으려고 애쓰면서 "해리 소위님, 오케이?"라고 물었다. 난 "오케이"라고 대답했다.

강은 반대편의 자기 옆에 누워 있는 한국인에게 고개를 돌렸다. 분명히 나에 대해서 설명하고 있는 듯했다. 그는 다시 한 번 움찔했다. 분명 고통이 큰 것 같았다. 천천히 그가 나에게 한 손을 뻗었다. 나도 내 담요 아래에서부터 그에게로 한 손을 뻗어 그의 손을 잡고, 안심시켜주려는 듯이 지긋이 쥐어주었다.

"오케이, 강. 오케이."

드디어 기차가 철커덕하고 역에 도착해서 우리에게서 몇 피트 떨어진 곳까지 증기를 내뿜었다. 사람들이 내 들것을 들고 움직이기 시작했다.

"잠깐, 저 한국인이 나와 같이 가면 좋겠는데."

내가 말했다.

"그렇게는 할 수 없습니다, 소위님. 한국인들은 다른 기차를 타고 한국인들의 병원에 가게 되어 있습니다. 이 기차는 미국인들만을 위한 것입니다."

혼란스러워 보이는 강이 나를 애처로운 눈길로 쳐다보았다.

"굿 바이, 강."

난 말했다.

"오케이, 오케이."

그는 아직 앳되고 겁에 질린 듯 보였다. 이것이 그와의 마지막 만남이었다. 우리는 자정쯤 부산에 도착해 기차 밖으로 옮겨져서 헤드라이트 불빛을 받으며 기다리던 구급차에 실렸다. 구급차는 구불구불한 길을 달렸는데, 어둠 속에서 그 길은 신비스런 분위기를 풍겼다.

구급차가 멈추고 문이 열렸다. 손전등이 내부를 비췄다. 그 뒤의 얼굴들은 흐릿하게 보였다. 곧 나는 들어 올려져 볼품없는 초라한 건물 안으로 이동됐다. 분명히 또 하나의 학교 건물 같았다. 들것을 든 이들이 벽 옆의 좁은 복도에 나를 내려놓았다.

곧 으스스한 치료 우선순위 선별이 시작됐다. 응급환자들에게는 즉각 수술이 행해졌다. 군의관이 다가와서는 마치 소포 라벨을 보듯이 내 꼬리표, 즉 내 셔츠에 끈으로 매인 카드를 쳐다보았다. 그는 툴툴거리더니 지나갔다.

사람들이 들것들 옆의 복도에 서 있었다. 내가 고개를 돌리니 내 얼굴에서 바로 몇 인치 떨어진 곳에 사람들의 장화가 보였다. 한 시간쯤, 아니 그보다 더 오랜 시간이 지난 후, 어머니 같은 느낌을 주는 적십자 직원이 와서 내 가장 가까운 가족의 정보를 기록하고 이곳이 8054 이동외과야전병원이라고 알려줬다. 난 그녀에게 아내 진의 뉴저지 주소를 알려주면서 내 기록상에는 여전히 내 어머니가 응급연락처로 명기되어 있을지 모른다고 말했다.

난 "전보가 제 아내에게만 가도록 해주십시오. 제 어머니는 건강이 안 좋으시기에 충격을 받으시면 안 됩니다"라고 말했다(몇 달 후 난 내가 방지하려고 했던 방식 그대로 본국에 통지가 간 것을 알게 됐다. 전보는 내 어머니에게만 갔고, 진은 아무 소식도 듣지 못했다).

거의 자정이 될 무렵 의사가 와서 내 다리를 살폈다. 그는 나에게 상태가 어떤지 물어보고 간호병들에게 나를 침대에 눕히라고 말했다. 간호병들은 나를 학교의 강당이었던 큰 홀로 운반해갔다. 홀에는 침대들이 열을 지어 놓여 있었다. 그들은 내 장화, 작업복, 속옷을 벗겼다. 그리고 파란색 병원복을 입혔다. 진흙과 마른 피가 뒤엉킨 작업복을 벗으니 상쾌했다. 난 곧 잠이 들었다.

9월의 마지막 주, 8군 병력의 대부분은 계속 북진해나갔다. 그러나 7기갑연대의 2대대는 예외였다. 2대대는 전투력의 3분의 2를 상실한 상태였다. 그 부대에 속해 있던 래리 오그덴, 딕 토빈, 빌 호프만과 또 다른 동기생들은 8군의 예비역이라는 인상적인 임명을 받고 효과적인 병력으로 재편성될 때까지 대기했다.

7기갑연대의 나머지 부대들은 북진하던 중 서울에서부터 남진하던 7사단 31보병연대의 부대들과 만나게 되었다. 9월 26일 오산에서였다. 월튼 워커 장군이 이끄는 8군과 네드 알몬드 장군이 이끄는 10군단 간이 드디어 연결된 것이다. 9월 29일까지 서울의 확보는 견고해져서 이승만 남한 대통령이 더글라스 맥아더 장군과 함께 김포공항으로 날아가 초토화된 국회의 사당에서 서울은 다시금 남한 정부의 소재지라고 선언했다.

로저 켈리와 난 아마도 같은 부산병원에 있었을 것이다. 그러나 우리 둘 다 그 당시 상대방이 그곳에 있다는 것을 알지 못했다. 이것은 불행한 일이었다. 만약 알았더라면 로저는 가까이에 친구가 있다는 것을 알게 돼 위로를 받을 수 있었을 것이다. 로저의 뇌염은 심한 악성이었다. 그는 고열이 점점 심해지더니 혼수상태에 빠졌다. 9월 28일, 성격 좋고 음악을 사랑하던 로저는 마침내 마지막 숨을 거두었다.

이때쯤 부상자 중에는 미국 본토의 병원으로 후송된 이들도 있었다. 테드 스웨트는 도쿄종합병원에서 워싱턴의 월터 리드로 후송됐다. 부상이 빨리 회복되지 않는 관계로 그는 그곳에 장기간 머물게 되었다.

테드의 아내 클레이는 인근에 작은 아파트를 얻었다. 테드가 병원에서 나올 수 있는 저녁 때면 테드와 클레이는 종종 테드의 사관생도 시절 룸메이트이던 더그 부시와 그 아내 캐롤린을 만났다. 전투기 F-80 슈팅스타를 몰던 더그는 윌리엄스 공군기지의 그의 학급에서 일등으로 졸업했다. 더그의 아들, 윌리엄스 D. 부시 3세가 태어난 것도 윌리엄스에서였다. 이제 더그는 앤드류스 공군기지에 주둔하면서, 더 빠르고 더 발전된 전투기인 F-86 사브르제트를 몰고 다녔다. 그 넷은 함께 좋은 시간을 많이 보냈다. 그러나 더그는 자기가 새롭게 획득한 전투기 조종기술을 한국에서 시험해보고 싶어 안달이 났다. 그 열망은 점점 커져만 갔다.

또 다른 동기생 데이브 볼테도 월터 리드에 있었다. 그의 아버지는 소장으로서 작전부 육군참모총장 직무대행이었다. 데이브는 8기갑연대 소속으로 한국에 온지 열흘 만에 쌍안경으로 적군의 전선을 지켜보다가 어깨에 총상을 당했다. 그의 전쟁 기억 중 많은 것들은 좌절스런 것들이었다. 장비는 제대로 갖춰져 있지 않았고 사병들은 훈련받지 못한 상태였다. 파열된 기관총의 총열을 제거할 적당한 도구가 없었고, 애송이 군사는 수류탄을 자기 참호에 떨어뜨려 그 폭발로 산산조각 나 목숨을 잃었다. 데이브는 또 저격대 중 한 명이 부상을 당하고 저격대의 다른 사병들은 이 부상자를 후송해야 한다는 익숙한 핑계를 대는 바람에 버려진 기관총을 총격 가운데 떠맡아야 했다.

테드는 데이브를 종종 방문한 이들 중 한 명이었다. 그중 하루의 방문은 〈워싱턴 스타〉지의 1면에 사진이 실림으로써 '기념할 만한' 방문이 되었다. '재회한 웨스트포인트 동기들'란 설명과 함께 테드와 데이브의 어머니가 데이브 침상에 있는 사진이 신문에 실렸다.

한편 케니 밀러는 배를 타고 일본을 떠나 샌프란시스코에 도착했다. 그 다음 날 레터만 군 병원에서 마치 공군기지로 후송됐다. 인상적이게도 흰 캐딜락 구급차를 타고 말이다. 그 후 앨라배마 주의 맥스웰 공군기지로 후송됐고, 거기서 하룻밤을 보냈다. 그런 후 포트 브래그로 수송되고 마침내

윌리암 더글러스 부시 주니어
(William Douglas Bush, Jr.)

노스캐롤라이나 주의 자기 집에 도착했다. 브래그에서 오른쪽 엉덩이의 아물지 않은 상처를 꿰매기 위한 수술이 한 차례 더 진행됐다. 케니는 155파운드에서 110파운드(70에서 50킬로그램으로)로 몸무게가 줄어 마치 허수아비처럼 보였다.

부산의 이동외과야전병원에 있은 지 한 주가 지나자, 간호사는 이제 내가 일어나서 주위를 걸어 다니고 샤워도 할 수 있을 것이라고 알려줬다. 간호병이 내게 옷을 가져다주겠다고 했을 때 치수를 알려주는 데 어려움을 겪었다. 두 달이 채 못 된 사이 난 거의 30파운드가 빠졌다(그래도 난 최소한 케니 밀러보다는 몸무게가 많이 나갔다).

난 이젠 거동할 수 있게 되었으므로 병원 급식소에 가서 식사를 하고, 의사가 나를 방문하기보다 매일 한 차례씩 진료 소집에 참가하게 되었다. 처음 진료 소집을 하러 갔을 때, 난 줄을 서서 기다려야 한다는 것을 깨달았다. 그다지 기분 좋은 깨달음은 아니었지만 이미 충분히 예상했던 일이었다. 그런데 거기 있는 두 줄 중 한 줄이 다른 줄에 비해 상당히 짧았다. 난 기특한 약삭빠름으로 짧은 줄로 갔다. 그 줄은 복도 왼편의 진료실로 들어가는 줄이었다. 난 그 진료실 문 위에 써진 'NP' 라는 글자가 무슨 뜻일까 조금 의아했다.

마침내 내 차례가 되어 난 진료실에 들어갔다. 카두세스* 휘장을 단 친절해 보이는 중위가 나에게 의자를 권했다.

"오늘 어떠십니까?"

"꽤 좋습니다, 의사 선생님."

"이야기하고 싶으신 것이 있습니까?"

---

* 카두세스 : 신들의 사자(使者)인 Mercury[Hermes]의 지팡이. 두 마리의 뱀이 감긴 꼭대기에 두 날개가 있는 지팡이 ; 평화 · 의술의 상징 ; 미육군 의무대의 휘장

"아니요. 특별히 없습니다."

"그렇군요. 그렇다면 우리에게 어떤 특별한 문제가 있습니까?"

'우리'란 말이 좀 인위적으로 들렸다. 그러나 그는 좋은 사람 같아 보였으므로 난 별로 신경 쓰지 않기로 했다.

"글쎄요. 사실은, 전 붕대를 한번 교환했으면 싶은데요."

"오, 붕대가 있나요?"

무엇 때문인지 그는 좀 의심스러워하는 것처럼 보였다. 그래서 난 상처를 보여주기 위해 벨트를 풀기 시작했다. 갑자기 그는 내가 '일반' 환자인 것을 깨달았다. 나 또한 'NP'가 신경정신병을 의미한다는 것이 떠올랐다. 우린 둘 다 웃기 시작했다. 난 줄을 잘못 선 것에 대해 사과했다. 그는 그런 생각 말라며 총상을 입은 '건강한' 부상자를 만나다니, 좋은 변화였다고 말했다.

며칠 후, 난 〈성조지〉에서 24타로 리프 사단이 거둔 승리들을 비롯한 일련의 유엔군 승리 소식을 읽었다. 더 기분 좋았던 것은 워커 장군이 실제적인 의미에서는 북한군이 이제 더 이상 존재하지 않는다고 말했던 것이다.

난 아이템 중대가 나를 빼고 일본에 돌아간 후 내가 부대에 복귀하는 것이 좋겠다고 결정하는 장면을 상상해봤다. 병원의 비인간적인 분위기는 나로 하여금 아이템 중대의 군인들이 진정 내 가족이 되었다는 것을 깨닫게 했다. 솔직히 말해서 난 그들이 그리웠다.

"한 주 후쯤 퇴원하실 수 있습니다. 그러나 서둘러 보병대로 돌아가고자 하시는 분을 보니 정말 이상합니다"라고 의사가 말했다.

"의사 선생님, 걱정마세요. 전쟁이 거의 종결되었다고 생각하지 않았더라면 아마 이렇게 행동하지 않았을 것입니다."

비처 브라이언이 이 당시 집에 보낸 편지들도 지난 몇 주간의 피로와 고뇌뿐 아니라 그 당시 우리 대부분이 느끼고 있던 신중한 낙관론도 반영하고 있었다.

그는 여동생 립비에게 편지를 썼다.

"내 사랑하는 립비야, 네가 나에게 보낸 '좋은 항해' 편지 기억하니? 난 요전에 그것을 받았단다. 정말 그것이 다른 때가 아니라 그것이 꼭 필요한 때 도착해서 너무나 기뻤단다. 지난 며칠간 모든 상황이 너무 힘들었어. 네 편지는 가장 환영할 만한 것이었단다. 우리 집의 사랑하는 이들이 나를 위해 기도하고 있다는 것이 나에게 큰 위로가 된단다."

9월 21일 그는 집에도 편지를 보냈다.

"북한군이 마침내 도주하고 있습니다. 그러나 지난 한 주는 끔찍했습니다 … 저는 전쟁이 거의 종결된 것이기를 바랍니다. 후대를 위해 이 전쟁이 무언가 공헌한 것이 있기를 바랍니다 … 우리는 이제 트럭을 타고 북진하려고 합니다."

비처는 9월 29일 보낸 편지에서는 이렇게 말했다.

"현재 당면한 주요 문제는 북한군들이 모두 민간인 복장으로 갈아입고, 무기를 버리거나 숨긴 후 피난민 행렬에 가담하고 있다는 것입니다. 우리는 군인 머리를 하고 아주 깨끗한 민간인 복장을 입은 약 10명에서 12명의 젊은이들이 무리지어 있는 것을 발견함으로써 북한군을 색출합니다. 어제 우리는 200명의 포로를 생포했습니다. 우리는 모두 언제 전쟁이 끝날지 추측해보곤 합니다. 대부분의 주위 사람들이 생각하는 것처럼 전쟁이 빨리 끝나지 않으면 어떨까 염려스럽습니다. 특히 중국공산군들이 끼어든다면 말입니다. 그러면 정말 끝장일 것입니다."

9월 하순, 군대 수송선 A. E. 앤더슨 장군 호가 공수 187연대전투단 군인들을 싣고 일본에 도착했다. 187연대전투단에는 공수학교를 마친 다섯 명의 동기생인 포병 보이드 알렌, 데니 발머, 짐 코플란, 와드 고슬링과 데이브 프리먼도 포함돼 있었다. 이 야전포병들은 일본 아시야의 부대에 도착했을 때 사기가 충전돼 있었다. 그러나 이들이 동기생 잭 웨건을 만났을 때 그들의 기분은 급격히 전환됐다. 부대 수송 사령부에서 수송기 C-119기 조종사로 일하고 있던 잭이 그 포병 동기들에게 이미 많은 동기들이 부산 방어선에서 죽거나 부상당했다고 알려줬던 것이다.

나의 부대로의 귀환 여행은 먼저 기차로 시작됐다. 우리는 자정쯤 전선의 끝자락에 도착했다. 방 하나짜리 돌집에서 밤을 보낸 후 우리는 다음 날 트럭으로 갈아탔다. 트럭이 울퉁불퉁한 홈을 만날 때마다 뒤에 앉아 있던 우리는 공중으로 튀어 올랐다. 우리는 왜관에서부터 금촌을 향해 북쪽으로 달렸다. 내가 부상당했던 골짜기를 지나고 대전으로 향했다. 가는 도중 우리는 불탄 트럭과 전차, 버려진 무기상자, 씨-레이션 전투식량 캔, 빈 포탄 외피 등 전쟁의 잔해들을 보았다. 도로의 갓길에는 애처로운 피난민들이 끊이지 않는 물결을 이룬 채 터벅터벅 걸어가고 있었다. 무거운 지게를 져서 등이 굽은 채 걷고 있는 흰 옷을 입고 검은 갓을 쓴 흰 수염의 노인, 한 아이는 등에 업고 한 아이는 손을 잡은 채 머리에 보따리를 이고 가는 슬픈 얼굴의 여인이 보였다. 때때로, 고아가 된 것처럼 보이는 어린아이가 혼자 길을 걷고 있곤 했다. 계속 이동하면서 좀 더 최근의 전투현장에 가까워지자 우리는 적군의 시체들이 논밭에 음산하게 펼쳐져 있는 것을 보게 됐다.

우리는 대전에서 밤을 보냈다. 대전은 딘 소장이 전쟁 초기에 포로로 잡힌 곳이다. 길에는 파괴된 T-34 전차가 한 대 서 있었다. 미국인들의 관광객 정신에 따라 전차에는 딘 소장의 인도 하에 운행되다가 파괴당했다는 내용이 적혀 있었다.

이튿날 트럭은 우리를 서울에 내려주었다. 난 히치하이크로 24사단 운전병의 차를 얻어 탔다. 그는 북쪽으로 몇 마일 나간 곳에 위치한 골짜기에 나를 데려다주었다. 그곳에서는 아이템 중대를 포함한 21보병연대의 3대대가 거의 한 주가량 야영하고 있었다.

트럭이 멈췄다. 난 덤플백을 던지고 차에서 내렸다. 환호소리가 터져나왔다. 다시 볼 수 있으리라 생각지 못했던 친구들이 다가와서 인사하고 날 두들겨주었다.

깁은 내가 마지막으로 그를 본 이후로 새로운 것을 하나 얻었다. 철도선로 모양의 대위 계급장이었는데, 아주 멋졌다. 난 진심으로 그를 축하해주었다.

"그렇지만 자네도 진급했다네, 해리. 맥 중령을 만나고 이것을 공식화하세."

우리는 대대 지휘소로 걸어갔고 거기서도 기쁜 인사가 이어졌다. 그런 다음 맥 중령과 깁 대위가 공동으로 중위의 은색 막대 계급장을 나에게 달아주었고, 난 중위가 되었다. 행복한 순간이었다.

그날 난 나중에 군의관을 찾아갔다. 그가 내 다리에 깨끗한 붕대를 감아주었다. 상처가 잘 아물고 딱지가 생기기 시작하고 있었다. 그럼에도 깁은 붕대를 보았을 때, "정말 미치겠군. 그들이 자네를 이렇게 빨리 이곳에 돌려보낼 이유는 없었는데 말이야. 자네는 아직 병원에 있어야 해!"라고 말했다.

"하지만 난 부대가 일본으로 돌아갈 경우를 대비해서 돌아오고 싶었다네. 무슨 일이야? 그럴 것 같지 않나?"

"아무래도 아닌 것 같군. 내일 우리를 태우러 트럭이 와서 우리는 다시 전선에 나갈 거야. 전쟁이 아직 끝난 것 같지 않아."

FROM THE HUDSON TO THE YALU

북한으로 진격

10월 5일 ~ 11월 3일

7

비처가 강을 건너기 시작했을 때, 조수가 들어오기 시작했다. 처음에 고작 2피트 높이였던 강물은 금방 허리 높이가 되었고 계속 높아지고 있었다. 비처의 발이 모래에 붙잡혔다. 그는 자신이 잠기고 있는 것 같이 느껴졌다.

실질적으로 북한군은 남쪽에서 패했으며, 맥아더 장군은 그들에게 항복을 요구하고 있었다. 승리감에 가득 찬 미군들은 전쟁이 끝났다고 확신하고 있었다. 우리는 다만 상대가 이 사실을 인정하고 이에 맞게 행동해주기를 바랐다.

물론 적군이 항복하지 않는다면, 문제는 우리가 그들을 북한까지 추격해야 할지 아닐지였다. 불행하게도 완벽한 승리에 대한 갈망은 '38선을 넘어 간다면 소비에트나 중공군이 개입해올 수도 있지 않을까' 하는 매우 실제적인 고려사항에 의해서 누그러졌다.

레이크 석세스에서 열린 유엔총회에서는 긴 논의 끝에 상당한 불안감 가운데서도 유엔군이 38선을 넘도록 허락했다. 그러나 사실 이때쯤 질문은 이미 이론적인 것이 되어버렸다. 왜냐하면 동해에 있던 한국군 사단이 팡파르 없이 주도권을 쥐고 38선을 넘어 벌써 몇 마일 진격하고 있었기 때문이다.

한편, 맥아더 장군은 알몬드 장군이 이끄는 10군단의 1해병사단과 7사단을 서울 지역에서 철수시킨 후 그들이 동해의 원산에서 상륙작전을 실행할 수 있도록 준비시키고자 결정했다. 1기갑사단과 24사단이 선봉에 선 가운데 8군의 9군단이 서울을 거쳐 임진강을 건너고 38선까지 진격하기로 했다. 38선에 도착한 이들은 명령이 떨어지면 38선을 넘어 북한으로 들어갈 수 있도록 준비했다.

잭 매디슨은 부산에서 배 승선을 기다리고 있는 동안 집에 편지를 썼다.

"죽거나 부상당한 동기들 소식이 하나하나 들려옵니다. 그들이 어떻게 죽게 되었는지는 언급할 필요가 없으리라고 생각합니다. 전 제 가장 절친한 친구 중 몇을 잃었습니다. 그들이 정말 죽었다는 것은 아직도 믿기 어렵습니다.

제가 알고 있는 가장 멋진 사람 중 한 명이었던 1기갑의 로저 쿨만과 포트 릴리에서 룸메이트였던 훌륭한 친구 먼로 맥그루더, 그는 미국을 떠나기 열흘 전에 결혼했습니다. 아주 좋은 친구인 빌 윌버, 전 그를 시카고에서 만나서 같이 시애틀로 날아갔습니다. 그는 뭔가 불길한 예감을 느꼈던 것이 분명합니다. 그는 한국으로 떠나기 전 3만 불짜리 보험에 가입했었습니다. 펜톤 오델, 좋은 녀석이죠.

아버지, 그의 아버지는 아버지의 동기입니다. 그는 한국으로 떠나기 2주 전에 결혼했습니다. 코트네이 데이비스, 그는 제가 그다지 잘 아는 친구는 아니지만 조의 좋은 친구입니다. 톰 하더웨이는 미래가 크게 촉망되던 좋은 녀석입니다. 데이브 볼테, 테드 스웨드, 짐 숄츠, 조지 타우(사실 조지는 전사했다), 컬리 린더만은 부상자 명단에 있습니다. 빌 마슬렌더에 대한 소식은 아직 없습니다. 전 무소식이 희소식이길 바랍니다. 그는 로저의 죽음에 큰 충격을 받았을 것임에 틀림없습니다.

이 젊은이들의 생명이 이 보잘것없는 한국이란 나라를 위해 바칠 만한 것이었다고 믿는 것은 쉽지 않습니다!

이제 앞으로 어찌될 것인지에 대한 소문이 무성합니다. 보다 관습적으로 생각하는 이들은 우리가 일본 주둔군 복무로 돌아가게 될 것이라고 말합니다. 더 급진적인 이들은 '우리가 브레머하펜(독일 브레맨 주에 있는 도시)에 상륙할 것' 이라고 말합니다. 부모님들도 저처럼 좋은 쪽으로 생각하고 계실 것입니다. 전 이 전쟁을 끝마치는 데 있어서 7사단은 필요하지 않았으면 좋겠습니다. 그러나 필요할지도 모릅니다. 저희 부대가 다시 언급될 때까지는 염려하지 마십시오. 현재로써는 전장에 투입되는 것과는 거리가 멉니다."

마지막 문단에 기초해보면, 잭은 우리 대부분처럼 전쟁이 거의 끝났다고 생각했던 것 같다. 하루나 이틀 후 7사단은 공격 선박에 승선해 원산을 향해 출발했다. 이때쯤에는 아마 그들 중 어느 누구도 장진호 전투에 대해서 들어보지 못했을 것이다.

난 아이템 중대에서 3소대를 방문했다. 부사관들이 그동안 있었던 일들을 이야기해주었다. 내가 부상당한 날 응급치료소로 후송되는 동안, 소대는 계속 북진해서 대대에 때마침 합류했다. 그리고 땅거미가 진 금촌 주변을 대대와 함께 행군했다. 공포, 혼란, 마비될 것 같은 피곤함이 뒤범벅된 채 행군은 밤새도록 계속됐다.

부사관들에 따르면, 다음 날 로비는 중위가 부상을 당하게 '내버려두었다'고 설리번을 몹시 꾸짖었다고 한다. 설리번은 내가 깨끗한 병원 침대에서 2주간 휴가를 즐길 수 있도록 조치한 것에 대해 자랑스럽게 느낀다고 대꾸했다.

"자네가 아직 멀쩡해서 기쁘군."

그래서 내가 디싱거 부사관에게 말했다.

"그날 자네는 정말 바보같이 행동했어. 총알이 빗발치는데 논밭을 달려가다니 말이야."

"오, 중위님, 중위님이 다치셨다고 들었습니다. 제가 무언가 해야 한다고 생각했었습니다."

그가 수줍게 답했다.

내가 중대 부관으로 지명되었다는 소식이 전해졌다. 이제 3소대는 더 이상 내 소관이 아닌 것이었다. 난 내 새로운 자리가 진정한 의미의 승진이라기보다는 깁이 나를 위험으로부터 좀 더 보호해주려는 수단이 아닌가 하는 의심이 들었다.

8군이 서울에서부터 북진할 때, 소대장 조 투미와 비처 브라이언을 포함한 5기갑연대의 I중대는 전선의 선봉에 있었다. 종대가 문산리로 들어갈 때 비처는 종대의 가장 앞에 서서 진군했다. 시민들이 길가에 서서 미소 짓고 손을 번쩍 들면서, "만세"를 외치고 있었다. 열두 살짜리 소년이 앞으로 떠밀려 엉터리 영어로 인사를 건넸다. 비처는 그를 번쩍 들어서 지프의 후드 위에 앉혔다. 한국인들은 좀 더 환호했다. 아마도 소위가 친절하고 온화한 해방자라고 생각하는 듯했다. 한편 브라이언은 만약 앞길에 지뢰가 설치돼 있다면 시민들이 아이가 차에 같이 타도록 하지 않을 것이라는 좀 다른 생각을 하고 있었다!

마을을 1마일 정도 지나서 갈림길에서 동쪽 방향의 길을 택했다. 사단과 8군을 적군이 점령하고 있던 영토로 인도하는 첫 미군이 된다는 것은 중위로서 꽤 들뜨는 일이었다. 그러나 비처는 반 마일쯤 행군했을 때, 멈추라는 미친 듯이 필사적인 신호를 받았다. 그는 8군 전체를 잘못된 길로 인도하고 있었던 것이다! 만약 다른 누군가가 대신 길을 이끌도록 했으면 쉬웠을 뻔했다. 그러나 연대가 좁은 흙길에서 방향을 바꿔 되돌아가도록 결정됐다. 얼굴이 시뻘게진 비처는 방향을 바꿔서 종대가 두 줄이 되도록 한 채 다른 쪽 길을 향해 나아갔다. 그날 밤 8군의 암호는 '잘못된 길' 이었다.

이튿날, 종대가 임진강에 다다랐을 때쯤에는 조 투미가 종대의 선봉에 설 차례였다. 조가 강 가장자리에 이르러보니 가까운 강기슭은 강 쪽으로 부드럽게 비탈져 있었다. 그러나 반대편 강기슭은 위로 100피트(30미터) 정도 험준하게 솟아서 능선과 연결돼 있었고 그 능선은 북쪽 해안을 따라 펼쳐져 있었다. 명령에 따라, 조와 그의 소대는 물속에 들어가서 강을 건너기 시작했다. 강바닥이 미끄러운 진흙으로 덮여 있고 이따금씩 흐르는 모래도 있다는 것을 알지 못한 채 말이다. 조와 그의 사병 중 한 명은 강 건너편에 도착해 언덕을 오르기 시작했다. 한편 대부분의 사병은 아직 진흙과 흐르는 모래, 그리고 임진강의 빠른 급류 속에서 허우적거리고 있었다.

조는 뒤를 돌아다봤다. 그리고 사병들에게 서두르라고 소리 질렀다. 그리고 이마를 닦기 위해서 철모를 벗었다. 바로 그때 적군의 수류탄이 공중에서 활 모양을 그리며 날아와 조의 이마를 맞췄다. 수류탄이 튀어서 한 방향으로 날아가고 조는 그 반대 방향으로 날아갔다. 다행히 수류탄은 폭발하지 않았지만 조의 이마에는 크고 깊은 상처와 함께 피가 철철 흐르기 시작했다. 피가 눈에 들어가 앞이 보이지 않게 되자 조는 누군가가 자신과 교체해야 한다고 요청했다. 비처 브라이언은 강을 건너 조의 자리를 대신하라고 명령받았다.

비처가 강을 건너기 시작했을 때, 조수가 들어오기 시작했다. 처음에 고작 2피트(60센티미터) 높이였던 강물은 금방 허리 높이가 되었고 계속 높아지고 있었다. 비처의 발이 모래에 붙잡혔다. 그는 자신이 잠기고 있는 것 같이 느껴졌다. 이때 몇몇 북한군들이 자리를 잡고 총격을 가하기 시작했다. 총알이 물속으로까지 날아왔다. 비처는 왼손으로 카빈총을 머리 위로 든 채, 오른손을 물속에 넣어서 오른 발목을 모래에서 빼냈다. 그리고 오른쪽 무릎을 굽혔다. 그다음 그는 그 과정을 반대로 반복해서 이번에는 왼쪽 다리를 굽혔다. 그는 이제 바닥에 몸을 충분히 대고 있었기에 더 잠기지 않을 수 있었다. 그는 머리만 물 밖으로 나와 있었다. 근처에 키가 작은 일등병 빅터 폭스가 있었다. 그는 깊은 물속에 발을 디뎌 머리가 물속으로 들어가자, 그는 몸부림치기 시작했다. 그때 그 앞의 사병이 총을 맞았고 그의 몸이 둥둥 떠다니더니 시야에서 사라졌다. 폭스는 간신히 해안에 다다랐으며 비처도 마찬가지였다. 그는 무릎으로 강을 건너 해안까지 온 것이었다.

비처의 3소대는 강을 건너자마자 흩어져 접전선을 형성했다. 그리고 총격을 가하며 근처의 산등성이를 공격했다. 그날 밤, 그들은 참호를 파고 군인의 수를 세다가 그제서야 사병 세 명, 즉 미군 두 명과 카투사 한 명이 강을 건너는 와중에 빠져 죽은 것을 깨달았다.

1기갑사단이 북진할 때, 14전투공병대대가 이들을 지원하고 있었다. 14공병대대는 내 동기생 중 최초의 전사자가 된 랄프 버핑톤이 복무하던 곳이다. 빌 무어와 푸른 눈을 가진 조지아 주 출신 테리 파워즈는 14대대의 소대장으로 있었다.

임진강의 선택된 지점에서 테리는 '플라잉 페리'를 건설하라는 임무를 부여받았다. 플라잉 페리는 배 밖에 부착된 모터로 작동되고 강에 걸친 로프에 부착한 줄로 방향을 조준하는 일종의 공병 레프트 장비다. 테리는 강에 로프를 걸친 후, 고무보트와 갑판용으로 미리 조립된 알루미늄 다리 부품을 이용해 레프트를 만들었다. 이론상으로는 전차도 이 레프트를 통해 건널 수 있어야 했다. 그러나 임진강 급류가 급하였기에 테리는 사람과 짐을 싣고 운행하기 전에 먼저 레프트를 시험운행해보고 싶었다.

그런데 강을 건너기 위해 기다리고 있던 성급한 전차사령관이 낭비할 시간이 없다고 말했다. 그의 눈에는 모든 것이 괜찮아 보였다. 그는 이제 배를 타고 운행하겠다고 고집을 피웠다. 결국 그들은 배를 타고 떠났다. 강을 절반쯤 건넜을 때는 아마 강폭이 200야드(183미터) 정도 되었는데 배 밖 모터가 갑자기 멈췄다. 빠른 급류를 견디지 못한 가는 로프와 밧줄이 즉각 툭 끊어졌다. 테리와 기갑병들을 태우고 있던 레프트는 통제를 벗어나 강 아래쪽으로 떠내려가기 시작했다. 그들이 서해를 향해 나아가고 있을 때, 먼 해안의 적군이 그들을 향해 총격을 가하기 시작했다.

레프트는 계속 나아갔고 마침내 임진강 어귀에 다다랐을 때 속도가 늦춰졌다. 바로 그때 조류의 방향이 바뀌었다. 작은 배가 다시 강 위쪽으로 돌진해 되돌아가기 시작했다! 그들은 여러 마일을 갔고 다시 한 번 총격을 가하는 북한군을 지나쳤다. 그들은 처음 항해를 시작했던 지점으로 되돌아오고도 계속 나아갔다. 마침내 레프트는 해안으로 기울여졌다. 그들은 겨우 배를 해안에 정착시켰다. 배의 요동에 많이 시달렸지만 다행히 부상을 입지 않은 테리가 그곳에서 배를 처음부터 다시 만들기 시작했다(빌 무어는 이후 테리를 '파워스 기선' 이라고 부르기 시작했다).

10월 8일 저녁쯤, 1기갑사단은 38선에 다다라서 38선 경계 마을인 개성을 확보했다. 잭 벤더는 그의 정찰소대와 함께 준비태세를 갖추라는 명령을 받았다. 경계선을 건너라는 신호가 떨어지면, 그의 소대는 길의 선봉에서는 '영예' 를 얻게 되는 것이었다.

우리 중대가 이삼 일간 적군의 가벼운 반격 가운데 북진해가고 있었을 때, 맥 중령이 나에게 새로운 임무를 맡겼다.

"우리는 새벽녘에 트럭 호위대로 이동할 것이라네."

그가 나에게 이렇게 말했다.

"자네가 지프를 타고 종대 후방을 이끌게. 고장 난 차가 있는지 보고, 그들에게 무전연락을 해주게. 그들이 다시 이동하기 시작할 때까지 아니면 정비하는 사람들이 그들에게 도착할 때까지 그들과 같이 있게. 북한군이 호위대의 후방을 칠 경우를 대비해 잘 이끌게."

"미안하지만 자네에게 줄 지도가 없네. 지도를 공급해주는 사람이 부족한 것 같네. 그러나 걱정 말게. 우리는 계속 같은 길에 있을 걸세. 또 중요한 지점마다 길을 안내해주는 가이드들이 있을 거야."

마음 편한 일이었다. 운전병이 호위대를 따라가면서 차 간격을 맞추고 앞에서 달리는 자동차들로부터 일어나는 먼지 구름도 피했다. 이렇게 운전병이 모든 것을 다 해주는 동안 난 그저 승객으로 가만히 앉아 있으면 되었다. 난 심지어 누군가 나에게 건네준 〈뉴스위크〉지를 읽을 시간도 있었다. 〈뉴스위크〉지를 보니, 전쟁에 대한 기사에 지도가 하나 그려져 있었다. 38선에 있는 유엔부대들의 위치였다. 기사에 따르면, 유엔의 전략은 명백히 경계선인 38선에 가는 것이지 38선을 넘어가는 것은 아니라고 되어 있었다. 북한군이 평화를 요청할 수 있도록 하고 또 우리는 침략할 필요가 없도록 하기 위한 것이었다. 굉장히 좋은 생각 같았다.

이른 오후가 될 때쯤, 트럭 두 대에 문제가 생겼다. 하나는 우리 I중대의 트럭이었는데, 결국 사병들이 차를 고쳤다. 다음은 K중대의 트럭이었다. 난 I중대의 트럭에게 계속 가라고 말하고, 정비하는 사람들이 올 때까지 K중대의 트럭과 같이 있었다. 정비병들은 차의 문제가 심각한 것 같다고 말했다. 그래서 난 그들에게 트럭과 밤을 보내라고 하고, 우리가 그들에게 새로운 위치로 길을 인도할 누군가를 보내주겠다고 했다.

둘만 남게 된 내 운전병과 난, 이제 호위대를 따라잡기 위해 서둘러 달렸다. 우리는 건물로 둘러싸인 곳에 이르렀다. 미군들의 전형적인 유머 형식을 따라 '개성에 오신 것을 환영합니다. 1기갑사단' 이라고 적힌 팻말이 있었다.

마을의 중심부에는 광장이 있었다. 그곳에서 교통을 정리하는 헌병이 우리에게 계속 가라고 손짓했다. 두세 블록 더 가다가 나는 갑자기 불안한 생각이 들었다.

"차를 대게."

내가 운전병에게 말했다. 난 〈뉴스위크〉지를 꺼내서 전쟁지도를 찾았다. 그 지도에 따르면 개성은 정확히 38선 상에 놓여 있었다. 그렇다면 우리가 서쪽을 향해 가도록 왼쪽으로 돌았어야 했던 것 같다. 계속 직진하면 38선을 넘어서 북한에 들어가게 되어 있었다!

우리는 길을 돌아서 광장으로 다시 돌아왔다. 난 헌병과 마주했다.

"어떻게 지금 북으로 가도록 길을 인도할 수 있나?"

"중위님, 마침 그쪽 길로 가고 계셨습니다. 그래서 그저 계속 운행하시라고 손을 흔들어드린 것입니다."

"그러면, 21보병연대로부터 호위대에 대해서 들은 바 없는가?"

"없습니다."

"그래, 자네 부사관에게 이야기할 수 있도록 해주게."

부사관이 느릿느릿 걸어왔다. 그렇다. 그는 21보병연대가 서쪽으로 향하도록 길을 인도하라는 명령을 받았지만 다른 이들에게 명령을 전달하지 않았었다. 21보병연대의 호위대가 이미 모두 지나간 것으로 생각했기 때문이다.

난 처음 헌병에게 말했다.

"얼마 동안 교통을 지도하고 있었나?"

"약 20분입니다, 소위님."

"우리 차 말고 직진한 다른 차가 있었나?"

"좀 전에 급식트럭이 한 대 지나갔습니다."

충격을 받은 난 북한 침공이 이미 시작됐을 수 있다는 것을 깨달았다. 우리 중대 취사병들에 의해서 말이다! 난 다시 지프에 올라탔고 우리는 북진하기 시작했다. 마을의 끝에 미군 전초기지가 있었고, 그곳에서 누군가가 외쳤다.

"이보십시오, 중위님. 이 이상 가실 수 없습니다. 이곳이 최전선입니다."

"혹시 지나간 차가 있나?"

"트럭 한 대가 얼마 전에 지나갔습니다. 세우려고 했지만 우리 소리를 못 들었습니다."

"그것이 우리 급식트럭이야. 뒤쫓아 가서 데려오겠네. 우리가 다시 돌아올 때 누군가 총격을 가하지 않도록 해주게. 몇 분 후에 돌아오겠네. 그럴 수 있기를 바라네."

우리는 계속 운전해갔다. 갑자기 주위의 모든 것이 조용하고, 쓸쓸하며, 무섭게 느껴졌다. 생포되거나 아니면 더 끔찍한 일을 만날 수도 있는, 얼마나 바보 같은 방법인가.

우리는 좀 더 운전해 가다가 길을 꺾어 아이템 중대의 급식트럭을 만났다. 우리는 한국식 집의 그늘에 있는 길 오른편에 차를 댔다. 급식트럭 뒷문이 열려 있었다. 스토브는 내려져 있고 취사병들이 부산하게 움직이고 있었다. 급식 부사관이 나를 보고 걸어왔다.

"중위님, 안녕하십니까? 중대는 앞에 있는 것 같습니다. 얼마나 시간이 늦었는지 아십니까? 우리는 여기서 잠시 멈추고 저녁을 먹은 후 출발하려고 합니다."

"부사관, 자네는 지금 '적군의' 영토에 있소. 우리는 지금 '북한'에 있다는 말이오. 빨리 트럭에 다시 짐을 실으시오. 그래서 우리가 이 지옥 같은 곳을 벗어날 수 있도록 말이오!"

그들은 즉각 그렇게 했다. 우리는 개성을 향해 질주해서 천만다행하게도 곧 미군 전선의 안전한 영역에 도착할 수 있었다.

38선을 공식적으로 넘은 것은 10월 10일 1기갑사단에 의해서였다. 잭 벤더의 정찰소대가 선봉에 있었다. 그의 고향 신문은 1면에 사진과 함께 사진 설명을 실었다.

기사는 다음과 같다 :

브레머턴 사나이가 주말에 미군 부대의 선봉을 이끌고 38선을 넘어 북한으로 진격했다. 이 사나이는 존 A. 벤더(잭) 중위다.

2009 파크사이드 드라이브에 거주하고 있는 케이트 벤더 여사의 아들인 25살의 벤더가 미군 1개 소대와 몇몇 남한 자원자들을 이끌고 38선을 넘었다.

유나이티드 프레스 급보는 벤더가 41개 미군 부대 중 하나인 그의 소대와 여덟 명의 남한군을 이끌고 개성 북쪽 전선을 건넜다고 보도했다. 벤더는 지역의 초중고를 다녔고 1949년에 미 육군사관학교를 졸업했다. 그의 아내 로티는 버지니아 주의 윌리엄과 메리 대학에 재학중이다.

잭의 가족은 이것을 읽으면서 당연히 자랑스러워했다. 그러나 같은 신문의 속 페이지에서 그들은 〈뉴욕 해럴드 트리뷴〉 특파원인 마거리트 히깅스의 칼럼을 보게 되었다. 칼럼의 제목을 본 가족들은 숨을 헐떡거리지 않을 수 없었다. 칼럼의 제목은 '새로운 공격에 따라 38선을 건넌 첫 양키는 첫 전사자' 였다.

그녀의 칼럼은 이렇게 시작했다 :

5기갑연대와 함께 미군이 새로운 공격을 시도한 가운데 북한에서 죽게 된 첫 미군은 38선을 가장 먼저 건넌 군인이다. 그는 앞서 지난밤 정찰대를 이끌고 38선을 건너며 오늘 미군이 38선 건너는 것을 준비했던 젊은 중위다…….

그녀의 칼럼에는 이름이 등장하지 않았다. 그러나 가족들은 당연히 두 기사의 내용을 연결 지을 수 있었다. 그래서 가족들은 연대해서 잭의 어머니가 히깅스의 칼럼을 보지 못하도록 막고자 결심했다. 그러나 침묵하려던 그들의 계획은 그럴 기회조차 가질 수 없었다. 곧 이웃들이 잭의 사망에 대해 조의를 표하기 위해 케이트 벤더 여사를 찾아오기 시작했기 때문이다.

고통스런 긴장 가운데 가족은 그들이 원치 않는 전보를 기다렸다. 초인종이 울릴 때마다 새로운 공포의 순간이 다가왔다. 여러 날이 지나갔으나 여전히 워싱턴에서는 전보가 오지 않았다.

1기갑연대가 평양을 향해 북진할 때, 사단의 왼쪽 측면에 위치한 7기갑연대는 강을 건널 지점을 찾아서 예성강을 향해 서쪽으로 돌았다. 놀랍게도, 철도 고속도로 다리가 아직 그대로 서 있었다. 구조물이 크게 훼손되었고 사람들만 건널 수 있었지만 말이다.

상당한 규모의 적군 부대가, 이곳을 내려다볼 수 있는 건너편 해안고지 위 참호 속에서 대기하고 있었다. 사단장은 덫이 아닐까 의아해했다. 분명히 북한군이 박격포탄, 포병포탄, 자동무기들을 다리 위로 조준해놓고 있을지 몰랐다. 심지어 미군들이 다리 위로 올라서면 곧바로 구조물을 날려버릴 준비가 되어 있을지도 몰랐다.

그럼에도 그들은 다리를 건너야 했다. 연대장은 평양으로 가는 길을 열 수 있는 그 다리를 점령하는 것이 2차대전에서 레마겐의 라인 강 다리를 점령했던 것에 비할지 모른다고 믿었기 때문이었다.

동기생 빌 마슬렌더의 소대가 가장 먼저 강을 건너야 했다. 빌은 길을 이끌었다. 그는 조심스럽게 다리 위로 올라선 후 뒤를 돌아보지 않았다. 과연 뒤에서 누가 자기를 따르고 있을지 없을지도 몰랐다. 그저 재빨리 움직였다. 북한군이 총격을 가하기 시작했다. 총알이 강철 다리에 맞기 시작했다. 총에 맞은 사병도 몇 있었지만 빌과 그의 소대원 대부분은 무사히 다리를 건넜다.

계획에 따라 빌의 소대는 다리를 건넌 후 오른쪽으로 퍼졌다. 공병들이 뒤따라와서 다리를 강화하고, 그 후 빌의 중대와 대대의 나머지도 따를 예정이었다.

빌의 소대는 오른쪽으로 이동했다. 빌은 중대장과의 무전연락이 끊겼다. 이때쯤 빌과 그의 소대는 적군의 맹렬한 총격을 받고 있었다. 빌이 부사관 중 한 명과 이야기하고 있을 때 그 부사관은 적군 저격병의 총을 등에 맞았다. 그리고 또 다른 부사관도 총상을 입었다. 빌이 그의 중대에 무전연락을 할 수는 없었지만 대신 대대와 연락할 수 있었다. 빌은 그 자리에 그냥 있을 수 없다면서 공격하겠다고 말했다.

감정적인 순간이었다. 커스터 이후 7기갑의 전쟁 외침이 되온 "개리 오웬!"을 외치면서, 빌은 맹렬한 공격 가운데 사병들을 이끌고 진격했다. 이들은 그들의 전방에 있던 산등성이를 점령했다. 전투는 그날 온종일 계속됐다. 대대에서 일흔여덟 명의 사상자가 나왔다.

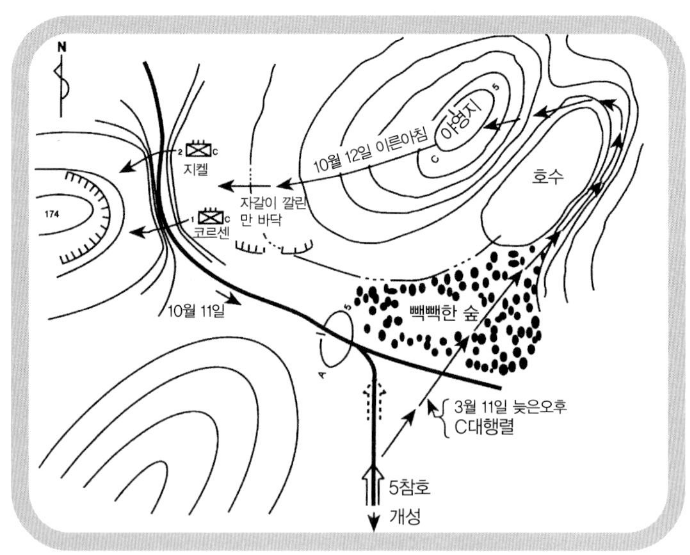

1950년 10월 11~12일, 174고지 공격

그날 밤 북한군이 맹렬한 역공을 개시했으나 아군이 이를 격퇴했다. 아군이 계속 교량을 지켰다. 이튿날도 대공세는 계속됐다.

10월 11일, 5기갑연대 1대대의 종대는 174고지가 개성의 북동쪽으로 14마일 떨어진 길을 내려다보고 있는 지점에서 적군의 소총와 대전차포의 공격으로 인해 진군을 멈췄다. 오후 늦게, C중대가 측면에서 적군을 치고자 오른쪽으로 돌았다. C중대에는 소대장 헉 롱, 루 지켈, 샘 코르센이 포함돼 있었다. 그들은 평화로운 계곡을 지나고 작고 예쁜 호수를 지나갔다. 루 지켈은 고요한 아름다움에 할 말을 잊었다. 찰리 중대는 중간 지점의 고지를 올랐다. 그러나 이 고지를 올라가는 길은 어렵고 이동하던 중 땅거미가 졌다. 부대는 기진맥진했다. 중대장은 내일 오전에나 공격하기로 했다.

그날 밤, 소대장들이 함께 모였을 때, 샘 코르센은 "나에게 무슨 일이 생기면, 부인에게 내가 좋은 군인이었다고 말해주게"라고 말했다. 루와 헉은 서로 한번 쳐다보고 샘이 한 말을 갖고 그를 놀려댔다.

루와 샘은 같은 뉴저지 출신이다. 둘은 1945년 웨스트포인트 입학시험을 치르러 가던 중 뉴욕 항구의 가버너즈 아일랜드 페리 위에서 만났다. 6피트 4인치(193센티미터)의 온순한 거인 샘은 막 뉴와크 아카데미를 졸업한 상태였다. 그는 그곳에서 학급 회장, 운동협회 회장, 미식축구 주장으로 이름을 날렸다.

웨스트포인트에서 샘은 운동실력뿐 아니라 편안한 성격, 친구를 잘 사귀는 능력, 괜찮은 유머감각으로 인정받았다. 그의 사관생도 시절의 하이라이트는 육군사관생도-해군사관생도 연합 훈련연습 기간이었다. 그때 그는 에반젤린 스파그(에비)를 만났다. 그녀는 대학을 막 졸업하고 그 여름 리조트 호텔에서 일하고 있었다. 샘과 에비는 샘의 졸업 후 곧 결혼했다. 샘이 한국으로 떠나기 전 9. 5파운드(4.3킬로그램)의 샘 주니어가 포트 베닝에서 태어났다.

10월 12일 오전, 찰리 중대는 땅안개가 자욱이 깔린 가운데 이동했다. 중간 고지의 기슭에서 그들은 그들 왼편에서 북한군들이 대화하면서 참호를 파는 소리를 들었다. 조용히 움직이면서, 찰리 중대는 북한군을 기어 지나쳐서 자갈로 된 만 바닥을 건넜다. 174고지의 기슭에서 중대장은 소대 구역을 배정하고 말했다.

"꼭대기에서 만나도록 하겠다."

"말씀하실 것이 이것이 다입니까?"

"내가 아는 전부라네!"

한편, 다른 미군들이 남쪽에서부터 174고지를 공격했다. 많은 적군 방어자들이 무너지고 도망갔다. 찰리 중대가 고지를 오르기 시작해 174고지의 정상에 도달하고 계속 진격해가는 동안 상황은 시시각각 변하고 있었다. 그들이 먼 비탈을 내려가기 시작하자, 그들은 그들 오른편의 숨겨진 지점에서부터 총알세례를 받기 시작했다. 샘은 사병들을 그 방향으로 이동시켰고 그들은 돌진했다. 그러다 적군이 있으리라 생각지 못했던 잘 위장된 포장을 지나가게 되었다.

소대원 중 하나가 숨기 위해서 벙커에 뛰어들었다. 그러나 그곳에는 적어도 한 분대의 북한군들이 있었다. 샘은 덫에 걸린 그 미군의 비명을 들었고 곧이어 총성과 격투 소리가 이어졌다. 샘은 주저 않고 그 사병을 구조하러 뛰어들었다. 아마도 열 명이나 그 이상 되는 북한군들이 소리를 지르고 총격을 계속하면서 샘을 쫓아왔다. 그들이 샘을 포위했을 때, 부상을 입은 샘은 더 이상 그의 급우들이 알던 온순한 거인이 아니었다. 그는 호랑이로 돌변해 야만적으로 싸웠다. 그는 소총의 총신을 붙잡고 그것을 곤봉처럼 흔들어댔다. 막혀진 지하 공간에서 그 소총은 무서운 무기가 되었다. 샘은

사무엘 스트레이트 코르센(샘)
(Samuel Streit Coursen)

자신이 부상을 당했음에도 강력하게 원을 그리면서 소총을 흔들어댔다. 이렇게 그가 막는 동안 그의 부상당한 동료는 안전한 곳으로 기어나갈 수 있었다. 북한군이 한 명 두 명 쓰러졌다. 마침내 수적 우세에 밀려 샘도 쓰러졌다.

싸움이 끝나고 발견된 샘의 시신은 일곱 구의 적군 시신에 둘러싸여 있었다. 샘의 소총 개머리판과 북한군 몇 명이 두개골이 부서져 죽어 있었던 걸로 보아, 그가 가한 일격의 파괴력을 알 수 있었다.

중대는 샘의 죽음에 초토화되었다. 그날 눈물을 흘린 많은 군인 중 한 명인 루 지켈은 이 세상에 자기 급우의 용기에 대해 알리리라 맹세했다. 샘을 기념하는 많은 기념물 및 행사가 만들어졌다. 포트 베닝의 코르센 중위 사격장, 매년 뉴저지 주의 발투스롤 골프 클럽에서 수여되는 코르센 컵, 뉴와크 아카데미의 코르센 운동장. 후에 가버너 아일랜드에서 복무하게 된 우리들에게 사무치게도, 뉴욕과 가버너 아일랜드를 잇는 페리는 그의 이름을 땄다. 그 페리의 승객 갑판에는 샘(사무엘 스트레이트 코르센)에게 사후 수여된 상의 표창장 사본이 액자에 걸려 있다. 그가 받은 상은 감사함을 가진 나라가 수여하는 최고의 찬사인 명예훈장이다. 리지웨이 장군은 훗날 "코르센 중위의 행동과 목적 있는 결단력으로 인해 그는 이 전쟁과 그 이전 전쟁들에 참전한 위대한 군인들의 대열에 합류하게 됐다"고 말했다.

몇 주 후, 에비 코르센은 같은 동기생 미망인인 테리 하더웨이에게 편지를 써서 이렇게 말했다.

"한국에 평화가 오기를 바랍니다. 한국에 평화가 온다면, 샘과 톰과 또 다른 이들이 바쳐야만 했던 희생이 전 세계를 위해서 가치 있는 것이 되겠죠. 그러나 만약 평화가 오지 않는다면, 전 절망에 사로잡힐 것입니다……."

우리 중대는 서해안 가까이의 비옥한 골짜기에 자리 잡았다. 초토화된 남한과 비교해볼 때 북한의 번영은 끔찍할 정도로 불공평한 것 같이 보였다. 물론 개개인 농부들이 여기에 대해 책임이 있는 것은 아니었지만 말이다.

북으로 진군하면서 우리는 추락한 미 군경 관측기를 지나가게 되었다. 깁은 내가 존 와킨스를 만난 적이 있는지 물었다.

"물론이지."

내가 답했다.

"내가 부대에 처음 들어왔을 때 그는 대대 참모진에 있었어. 그는 웨스트포인트 1948년도 졸업생인데, 괜찮은 사람이지. 내가 처음 며칠 새로운 환경에 낯설어하고 있을 때 정말 많은 도움을 줬었어."

깁이 말했다.

"이런 말 해서 미안하지만, 존은 우리가 방금 지나온 비행기를 타고 있었다네. 비행기가 추락할 때 존과 조종사 둘 모두 사망했어."

아무런 사건, 사고 없이 지내던 어느 날 아침, 통역병인 이 상병이 나를 만나고 싶다고 찾아왔다. 한국인 농부도 그와 함께 왔다.

리가(이 상병이) 말했다.

"중위님, 이 사람이 그러는데, 몇몇 미군들이 그가 살고 있는 마을에 와서 그의 두 딸을 데리고 갔다고 합니다."

"두 딸을 데려갔다고? 왜?"

"글쎄, 미군들이 그 아이들을 데려갔습니다. 있잖습니까. 언덕 어딘가로 말입니다. 그래서… 글쎄, 있잖습니까……."

"이런, 정말 끔찍하군! 언제 그런 일이 있었나?"

"제가 생각하기로는 몇 시간 전입니다. 이 농부는 장교 한 분이 자기와 같이 가주셔서 그 군인들이 아무에게도 해를 끼치고 않고 돌아가게 해주셨으면 합니다."

"그래, 알겠네. 우리가 그렇게 해야 한다고 생각하네. 그런데 그가 어떻게 아이템 중대를 찾아오게 되었나?"

"다른 중대에 먼저 갔었다고 합니다, 중위님. 그러나 아무도 그의 말에 귀를 기울이지 않았다고 합니다. 아마도 그들은 일종의 덫이 아닌가 생각했는지 모릅니다."

"덫? 그들이 왜 그렇게 생각했지? 오, 그가 살고 있는 마을이 우리 전방에 있단 말인가?"

"네, 중위님. 그렇습니다. 그러나 중위님, 전 이 농부가 참말을 하고 있다고 생각합니다."

리가 대답했다.

그다지 많은 선택의 길이 있는 것 같지 않았다. 여섯 명 정도의 사병이 무슨 일인가 싶어 우리 주위에 모여 있었다. 난 궁금증이 생긴 이 모든 이들에게 무기를 잡고 따라오라고 했다. 내가 원래 속해 있던 3소대를 지나갈 때 몇 명이 더 우리 무리에 붙었다. 그래서 우리 무리는 약 열다섯 명 정도가 되었다.

우리는 흙길을 따라서 반 마일 정도 갔고, 그 다음에 평화로운 녹색 골짜기를 향해 난 길로 돌았다. 난 좀 불안해지기 시작했다.

"이봐, 이 상병."

내가 말했다.

"만약 덫이라면 그가 어떻게 될지 그에게 말해주게."

"네, 중위님. 이미 그렇게 했습니다."

우리의 저 앞에는 흔히 보는 짚을 얹은 흙집이 열 채 정도 있었다. 농부는 이 상병에게 이곳이 그 장소라고 말했다. 우리는 마을에서 약 15야드(14미터) 떨어진 곳에서 멈췄다. 모든 것이 괜찮아 보였다. 그러나…….

난 무리를 세 그룹으로 나눈 뒤 한 그룹은 산길의 왼편에, 다른 한 그룹을 오른편에 있게 했다. 난 그들에게 우리를 방어하라고 말했다. 세 번째 그룹은 농부, 이 상병, 나를 따라 마을로 가서 중앙의 들판에 이르렀다. 마을 주민들이 다 모여 있는 것 같았다. 이 상병이 한 어르신, 아마도 마을 이장으로 보이는 이와 긴 대화를 시작했다. 대화는 길어졌고, 대화 중간중간 폭발하는 듯한 쉰 목소리의 툴툴거림으로 마침표가 찍어지곤 했다. 이는 한국인들의 대화에서 빠질 수 없는 요소인 것 같았다.

난 참을성을 잃고 물었다.

"이 상병, 뭐라시는 거지?"

"중위님, 이제 괜찮습니다. 저희가 없어도 됩니다. 미군들이 떠났고 소녀들은 안전하게 돌아왔습니다. 아무런 해도 입지 않았습니다."

결국 우리는 무슨 일이 일어났던 것인지 전체 이야기를 꿰어맞출 수 있었다. 군인들이 소녀들을 억지로 데리고 갈 때, 전 마을 주민이 그들을 따라 나섰다. 그리고 언덕 위에서 늙은이, 어린이 등 모든 이들이 다 지켜보는 가운데 미군들은 더이상 모든 열의를 잃었다. 마침내, 넌더리가 난 그들은 하려던 일이 별로 괜찮은 일이 아닌 것 같은 모양인지 그대로 포기하고 떠났다.

소녀 둘이 와서 내가 관심을 가져준 데 대해 감사하기 위해 절하고 미소도 지었다. 그리고 마을 이장과 소녀들의 아버지도 역시 절하고 미소 지었다. 그리고 친절한 중위님께 감사함을 전달해달라고 이 상병에게 부탁했다.

리는 우리는 친구로서 왔고 어떤 불량한 행위도 용납되지 않을 것이라고 말해줬다. 내 제안에 따라서 리는 마을 주민 중 누군가가 우리와 같이 돌아가서 그 군인들을 찾아내지 않겠느냐고 물었다. 또 한 번의 긴 대화 후에 리는 그들이 내 제안에 감사를 표했지만 사양했다고 알려주었다.

"그런데 왜인가? 그 군인들이 처벌받을 거라는 것을 믿지 못하는가?"

"글쎄, 중위님. 그들은 그 군인들이 누구였는지 알아보지 못할 것이라고 합니다."

"왜?"

리의 보름달처럼 생긴 동양적인 얼굴이 큰 웃음으로 일그러졌다.

"중위님, 그들이 말하기를 미군들은 다 똑같이 생겼다고 합니다!"

10월 15일, 트루먼 대통령과 맥아더 장군은 웨이크 아일랜드에서 만났다. 모임 동안 맥아더 장군은 10월 20일 원산에서 있을 상륙작전에 대해서 논의했다. 트럭으로 인천에 있던 해병들과 부산으로 수송됐던 7보병사단은 이미 이 작전을 위해서 다시 수송수단에 타고 있었다.

그러나 대한민국 국군의 빠른 진격으로 인해 10월 20일이 되었을 때는 원산이 이미 아군 지역이 되어버렸다. 그래서 공격 상륙은 있어도 그만 없어도 그만인 것이 되었다. 게다가 원산 항구는 지뢰가 많이 설치돼 있었고, 그 방향에서의 대규모 공격을 지원하기에는 아직 이른 시점이었다.

웨이크 아일랜드 모임 동안 트루먼 대통령은 맥아더 장군에게 중국이 개입할 가능성이 있는지 물었다. 맥아더 장군은 한국에서의 승리는 이미 확정된 것이며, "중국이 개입할 가능성은 거의 없다"고 말했다. 장군은 계속해서 '공식적인 북한군의 저항'은 추수감사절까지 끝날 것이라는 자신의 믿음을 표현하고, 그렇게 되면 8군이 크리스마스 전까지 일본으로 철수하게 할 것이라고 말했다.

그러나 10월 14~20일 맥아더 장군과 그의 G-2인 윌로비 장군도 모르는 사이, 심지어 웨이크 아일랜드에서 모임이 진행되는 동안, 중국의 네 개 군대는 만주에서 압록강을 건너 북한으로 들어오고 있었다.

마거리트 히깅스의 불길한 칼럼이 보도된 지 2주가 지났다. 워싱턴 주 브레머톤의 케이트 벤더 여사는 점점 더 환장할 지경이 되었다. 마침내 그녀는 국방부에 전보를 보내 기사를 언급하면서 아들 잭에 대한 소식을 알려달라고 요청했다. 며칠 후 군무국장에게서 답장이 왔다. 요청서가 만들어졌다는 것이다.

마이크 왜즈워스는 포트 베닝 무기위원회에서의 복무에 실망하고 또 아마도 그의 친구 세실 뉴먼의 죽음에 영향을 받아 전투투입을 자원했다. 마이크는 아내 베트, 딸아이와 함께 전장 투입 전 휴가를 즐긴 후 10월 25일 한국에 도착해 '아무에게도 뒤지지 않은' 사단인 2보병사단 9보병연대, E중대의 소대장으로 임명받았다.

어린 소년 시절부터 마이크는 이런 종류의 역할을 위해 준비돼왔다. 예를 들어, 알라바마 주 가즈덴에서 마이크는 스카우트 활동에서의 리더십을 인정받아 몹시 바라던 '올해의 스카우트' 상을 받았다.

나중에 웨스트포인트 하급생 때, 마이크가 축구경기에서 팔을 심하게 골절당함으로 그의 군 커리어는 거의 끝장날 뻔했다. 팔이 완전히 회복될 것이라는 격려는 거의 듣지 못했다. 웨스트포인트의 의료진은 그가 팔을 제대로 사용할 수 있게 되지 않으면 아마 장교임관을 받지 못할 수도 있다고 말했다. 3년 동안 마이크는 그가 그토록 바라던 장교임관을 받기 위해 팔의 근력을 되찾고자 남는 시간을 병원과 체육관에서 보냈다. 우리 동기가 입학한 해 4월 한 달은 그에게 행복한 날이었다. 이날 마이크는 자신이 우리 학급과 함께 장교임관을 받게 될 것이라고 들었다.

이제 그의 새로운 소대에 합류한 마이크는 그가 목격한 것들에 만족했고 특별히 그의 소대 부사관인 헨리 헤이스너에 감명받았다. 그는 집에 열정적인 편지를 보내서 그가 '사단 내 최고의 중대의 최고의 소대'를 맡게 되었다고 썼다. 또 그의 소대 부사관은 'A-1'이라고 했다.

10월 20일 난 순천 남쪽의 우리 진지에서 187연대전투단의 공중강하를 목격했다. 수십 개의 수송기들이 머리 위를 날아갔다. 저 멀리에서 우리는 사람과 장비가 달린 수백 개의 낙하산이 낙하하고 있는 것을 볼 수 있었다. 그날 첫 전투 점프를 하는 이들 중에는 내 동기 보이드 알렌과 데니 발머도 있었다.

그러나 어떤 면에서, 원산에서의 상륙처럼 그 공중강하는 용두사미와 같았다. 남한군은 이미 순천을 점령했고, 공중강하가 시도된 지역에서 적군의 저항은 무시해도 될 만한 것이었다. 대부분의 북한군은 계획된 덫을 피해 이미 북쪽으로 도망친 상태였다.

명백히 적군은 완전한 퇴각상태에 있었다. 적어도 I중대는 다시 북진하고 순천에 막사를 둘 때까지 아무런 적군의 반격도 만나지 못했다. 우리는 중대 지휘소로 쓰기 위해 지역 경찰소를 징발했다. 이곳은 북한군과 그들의 소비에트 조언자들의 주 본부로 쓰였던 것이 분명했다. 이곳은 한국어와 러시아어로 된 잡지와 책들, 깃발, 돈, 견장, 사병 휘장 등 잠재적인 기념품으로 가득했다. 웨스트포인트에서 2년간 공부했던 러시아어를 활용해 보려고 하면서 러시안 자료를 훑어보았다. 그리고 소비에트의 유엔 대사가 러시아 인들은 이 전쟁에 어떤 방식으로든 전혀 가담하지 않았다고 어떤 식으로 계속 주장해왔는지에 혀를 내둘렀다.

날이 어두워진 후, 우리는 장화를 벗고 슬리핑백을 폈다. 난 갑자기 옆방으로부터 고함 소리를 들었다. 슬리핑백을 피던 그곳의 사병이 전등을 비춘 곳에는 소름끼치는 광경이 기다리고 있었던 것이다. 그곳엔 우리가 도착하기 바로 얼마 전 처형된 것이 분명한 한 남자의 시신이 있었다. 그 남자의 손은 등 뒤로 묶여 있었고 무릎이 꿇려 있었다. 그 상태로 피스톨이 뒤통수에 발사된 것이었다.

다음 날 오전, 잔학한 행위에 대한 더 많은 보고들이 들어왔다. 마을 주민들은 군인들이 철수하기 전 반공주의자로 의심되는 많은 이들을 총살했다고 말했다. 마을 끝자락에는 남성, 여성, 어린이 등 아마도 50여 구의 시신이 큰 무덤을 이루며 쌓여 있었다.

한편, 1기갑사단 부사단장인 알렌 준장은 그의 부관인 잭 호데스와 함께 187연대전투단과 연합해 소문에 들었던 포로 기차를 요격하고자 했다. 알렌과 잭은 적군이 있는 지형을 지프로 지나온 후 터널에 있는 기차를 발견했다. 근처에서 그들은 공포스럽게도 많은 미군 시체들을 발견했다. 죽은 척해서 위기를 모면했던 울고 있는 한 생존자에 따르면, 포로들은 무리 별로 기차에서 내리게 됐다. 음식을 먹기 위한 것으로 되어 있었다. 그리고 그들은 계획적으로 살해당했다. 한곳에서는 열다섯 명의 미군이 반원을 이룬 채 죽어 있었다. 많은 이들이 아직도 손에 밥공기를 들고 있었다. 그들은 밥을 기다리다가 총격을 당한 것이었다. 전부 합해 예순여섯 구의 미군 시신이 있었다. 그 외에도 일곱 구의 수척한 시신이 있었다. 이들은 터널 안 철도 선로 옆에 놓인 짚 위에 눕혀진 채 발견됐다. 이들은 아사하거나 병으로 죽은 이들이었다. 많은 이들은 여전히 전쟁으로 인한 상처를 가지고 있었다.

우리가 마을을 떠날 준비를 할 때, 우리 의복을 세탁해주던 할머니가 통곡하기 시작했다. 그녀는 우리에게 떠나지 말라고 애원하며, 공산주의자들이 돌아오면 미군들을 도와준 대가로 자신을 죽일 것이라고 말했다. 우리는 다른 미군들이 와서 우리 자리를 대신할 것이며 공산주의자들이 다시 돌아올 가능성은 결코 없다며 그녀를 안심시켜주었다. 얼마나 우리가 잘 몰랐던 것인지.

다음 날, 난 연대 사령부에 가게 되었다. 그곳에서 난 우리 대대와 연대 사이의 연락장교로 복무하게 될 것이었다. 전쟁이 거의 종결되었다고 생각하면서 나는 큰 그림을 좀 더 볼 수 있는 이 기회를 환영했다.

북한의 수도 평양은 1기갑사단에 의해 무너졌다. 사단은 진지들을 굳건하게 하고, 몸을 씻고, 값지게 얻은 휴식을 취하기 시작했다. 몇 부대는 심지어 프로젝터를 설치하고 영화를 관람하기까지 했다.

10월 27일, 평양에서 몇 마일 떨어진 곳에서 비처 브라이언은 5기갑연대 소속 그의 소대와 함께 전쟁이 이제 '공식화' 되었다는 것을 알게 됐다. 밥 호프가 부대에서 쇼를 하기 위해 평양에 도착한 것이다! 비처와 그의 소대는 쇼를 즐기기 위해 시간에 맞춰 중대로 복귀하려고 지프에 올라탔다. 그러나 길을 절반쯤 갔을 때 비처는 한 무장한 시민이 건물로 달려들어 가는 것을 목격했다.

쇼에 가고 싶은 유혹을 참고, 비처는 소대를 멈추고 탐색을 시작했다. 근처 건물들에서 그들은 수십 개의 무기를 발견했고, 자신들이 우연히 게릴라 본부를 발견한 것을 깨달았다.

잠시 혼자가 된 비처는 작은 뒷마당에 들어갔다가 한 북한군이 담을 타고 사라지는 것을 보았다. 그는 곧 총을 쏘았지만 빗맞았다. 이때 그는 또 다른 북한군이 몸을 굽혀 복도를 지나가는 것을 발견했다. 비처는 이 사람을 따라붙어서 방까지 따라들어 갔다. 들어가니 이십여 명의 남자들이 양반다리를 하고 앉아 있었다. 비처가 일종의 참모 모임 가운데 들이닥친 것이 분명했다.

비처는 이에 다른 무엇을 해야 할지 모른 채 그의 큰 45구경 총을 한 발 쐈다. 아마도 피스톨이 카빈총보다 좀 더 위협적으로 보이리라고 생각하면서 말이다. 비록 혼자였지만, 그는 뒤에 따라오는 이들에게 말하는 듯한 시늉을 했다. 약 20초간 이런 상상의 대화를 하는 사이, 몇몇 사병이 무엇 때문에 총성이 있었는지 알아보려고 도착했다. 이들은 포로들을 붙잡고, 획득한 무기들을 지프에 실었다. 북한인들은 손을 머리에 올린 채 중대 영역으로 행군했다. 그곳에서 그들은 포로 집결지로 보내졌다. 하지만 비처와 그의 소대원들은 밥 호프의 이와 같은 쇼를 볼 수는 없었다.

우리가 평양과 그 너머를 향해 북진할 때, 랄프 푸켓이 이끄는 8군 특수작전중대는 북한 낙오병을 찾아 고지들을 샅샅이 수색했다. 때때로 작은 접전들이 있었지만, 이보다 더 자주 특전대원들은 북한군이 꽤 순순히 항복하는 것을 발견하곤 했다.

지난 8월 랄프가 한국에 도착하고 얼마 안 되었을 때 그는 특별작전중대를 구성할 이로 선임됐다. 8군의 대령은 이런 부대를 만들 공격적인 장교를 물색하면서 웨스트포인트를 갓 졸업한 소위가 총상을 당한 경험이 있는 그 누군가보다 더 대담하게 일할 것이라고 생각하면서 그 일을 위해 랄프를 인터뷰했다.

웨스트포인트 복싱팀 전 주장이면서 베팅의 공수학교를 갓 나온 랄프는 그 도전을 환영했고 대령에게 "전 항상 특전대원이 되고 싶었습니다. 제가 할 수만 있다면, 전 분대장이나 소총대원으로 시작해야 한다고 할지라도 좋습니다!"라고 말했다.

대령은 랄프의 자세가 맘에 들었고 그에게 이 일을 맡으라고 말했다. 그리고 중대를 위해 일흔네 명의 사병을 모으기 시작하라고 말했다. 다만 이미 훈련된 소총대원은 제외하라는 조건을 가지고 말이다. 방어선에서의 접전은 최고조에 달하고 있었고, 자질을 갖춘 보병 보충들이 부족한 상태였다.

랄프는 자신의 첫 임무는 '낙동강 벌지'를 침투하는 것이라고 들었다. 낙동강 벌지는 북한군이 방어선의 북동쪽에 포함시켜버린 돌출부였다. 일본에서 랄프는 후방의 공병, 행정병, 취사병들과 대화하면서 그들에게 '적군의 전선 뒤 군사작전과 관련된 비밀스럽고 위험한 임무'를 위한 지원병들이 필요하다고 말했다. 랄프는 사병을 찾는 것이 너무 쉬워서 놀랐다. 모험에 목마르고 전쟁에 대한 비현실적인 시각을 가진 열성적인 젊은 군인들은 재빨리 특전부대에 가담했다.

랄프는 인기 있던 급우 바니 커밍스가 소대장으로 자신의 중대에 가담했을 때 매우 기뻤다. 사관생도 시절 바니는 펜싱팀의 스타로서, 미국대학체육협회 펜싱대회에서 플뢰레로 챔피언십을 땄다. 그러나 바니에게 있어 학업은 언제나 씨름거리였다. 결국 그는 우리 학급의 꼴찌로 끝났다. 학업 성적에 관한 졸업 순서에서 가장 마지막이었다. 졸업식 날 학위장을 수여받기 위해 가장 마지막으로 앞에 나선 바니에게 꼴찌에게 가장 큰 축하를 하는 전통에 따라 가장 요란한 환호가 쏟아졌다.

그의 학업 문제에도 불구하고, 아무도 바니의 군인으로서의 자질을 의심하지는 않았다. 우리의 졸업앨범은 언젠가 우리가 "커닝스 장군이 우리 급우였다는 것을 자랑스럽게 말할 것"이라고 예견했다. 이것은 그다지 무리한 이야기가 아니었다. 많은 학급의 학업부진아가 별을 달게 되곤 했다. 예를 들어, 1861년도 학급의 꼴찌였다가 별을 달게 되었던 조지 암스트롱 커스터처럼 말이다.

부산 부근에서 랄프, 바니와 다른 대원들은 그들의 애송이 특전대원들을 훈련시키기 시작했다. 그러나 훈련이 끝날 때쯤에는 8군이 방어선을 깨고 나왔고 낙동강 벌지는 더 이상 존재하지 않았다. 군이 북진함에 따라 중대는 군의 통제에서 벗어났고 25사단에 배속됐다. 그리고 적군 낙오자들을 붙잡는 임무를 부여받았다.

연락장교로서의 내 생활여건은 소총중대에 있으면서 알아온 생활여건과 날카로운 대조를 이뤘다. 난 텐트에서 잤고 씨-레이션 캔보다는 양철접시에 담긴 음식을 먹었다. 내 임무라곤 하루에 한두 번 대대로 또는 대대로부터 전갈을 전달하는 것이었다.

진군이 계속되고 우리가 한국 북서쪽 끝자락에 위치한 신의주를 향해 감에 따라 삶은 거의 쾌적하게 보일 지경이었다. 신의주에서는 압록강이 한국과 만주의 경계선을 이루고 있었다. 우리 대부분에게 있어서, 압록강에 다다르는 것은 전쟁의 종결을 의미하는 것이 분명해 보였다.

지난 한 주, 중국공산군과의 접촉이 간간히 있었다. 몇몇 중공군 포로들의 생포를 포함해서 말이다. 그러나 전선에서는 아무도 많은 수의 중국인이 발각되지 않고 한국에 들어올 수 있었다는 것을 믿고 싶어 하지 않았다. 그리고 10월 말 8군의 오른쪽 측면에 위치한 한국군 사단은 거대한 중공군 대형에 맞닥뜨리게 되었다. 10월 31일 8기갑연대는 운산에서 포위된 한국군 1사단을 지원하기 위해 맹렬히 전진하게 되었다.

다음 날인 11월 1일, 8기갑연대 G중대 소속 알 켄드리는 전방 전초에 소대를 위치시켰다. 99야전포병대대 소속 동료 밥 스프링거는 알의 전방관측자로서 그와 함께 있었다.

그날 그들은 중국인들이 그들 전방 고지들을 점령하고 있는 것을 목격했다. 밥은 포병포탄 발포에 대한 허가를 요청했다. 그러나 허가는 떨어지지 않았다. 포병 연락장교가 와서 상황을 본 후에도 말이다. 협상이 진행 중이므로 중공군과의 접촉은 피해야 한다는 보고가 전해지고 있었다. 여기에 더해 이 중국인들은 단지 낚시할 권리를 수호하기 위해 압록강을 건너온 농민들이라는 소문이 있었다. 그날 종일 알과 밥은 불안한 마음을 금할 수 없었음에도 다만 앉아서 지켜보는 것 외에 다른 도리가 없었다.

그날 밤, 종공군은 조명탄을 발사하고, 나팔, 호각을 불면서 대규모 공격을 개시했다. 공격의 물결이 이어졌다. 이에 한국군 15연대는 후퇴하게 되고, 8기갑연대의 1, 2대대는 포위당했다. 알의 중대장은 알에게 무전을 보내서 전초에서 철수하라고 명령했다. 그러나 "지금 내가 있는 곳으로는 철수하지 말라"고 말했다. 왜냐하면 중대 지휘소는 이미 적에게 제압당했기 때문이었다.

어둠 속에 알, 밥, 그리고 그들의 사병들은 전초를 떠나 고지로 가서 남진하기 시작했다. 이튿날 그들이 아군 전선에 도달했을 때, 알은 그의 중대장이 죽었을 뿐 아니라 자신과 밥이 이 부대를 이끌고 후퇴할 수 있는 유일하게 남겨진 장교들인 것을 깨닫게 됐다.

불과 몇 시간 전만해도 전쟁이 거의 종결되었다고 생각하고 있던 8기갑부대 사병들은 이제 퇴각하지 않을 수 없었다. 종종 혼란 가운데 퇴각했으며 결과는 참혹했다.

8기갑의 3대대가 그 철수를 방어하게 됐다. 그러나 11월 2일 오전 3시경에는 상황이 혼란 그 자체였다. 조직된 저항은 불가능했다. 물론 몇몇 작은 무리들은 계속 용맹하게 전투에 임했지만 말이다. 결국 3대대는 패했다. 전투가 끝나기 전, 3대대의 대대장은 치명적인 부상을 입었고 부대의 팔백 명 중 육백 명이 죽거나 포로로 붙잡혔다.

이날은 해가 내리쬐는 환한 날이었다. 만주로부터 약 15~20마일 떨어진 한국의 저 먼 북서쪽 구석에 있던 우리는 여전히 우리 동쪽에서 벌어지고 있는 전투에 대해서 모르고 있었다. 우리는 거의 축제 분위기였다. 머리 위에서 탄착 관측기의 조종사가 즐겁게 우리에게 외쳐댔다.

"이봐, 압록강이 보인다!"

우리는 환호성을 질렀다.

몇 분 후 S-3가 작전 텐트에서 돌진해 나왔다.

"모두, 짐을 싼다."

그가 말했다.

"우리는 이동한다. 남쪽으로."

내게 든 첫 생각은 일종의 휴전협상이 선언되어서 우리가 철수하게 될 것이라는 사실이었다. 불행히도, 실제로는 우리도 공격을 받고 있었던 것이다. 중공군은 우리를 끊기 위해 우리 연대 후방을 치려 하고 있었다.

자기 생각이 분명한 내 운전병 브로드헤드 상병은 우리 지프를 종대 사이에 억지로 밀고 들어갔다. 우리는 복잡한 가운데 남쪽으로 향하게 되었다. 곧 범퍼와 범퍼가 서로 맞닿을 만큼 도로에 차가 가득 찼다. 우리는 수 마일을 여러 시간 동안 갔다. 그리고 마침내 청천강 남쪽 기슭에 위치한 안주에 도착했다.

이튿날 난 청천 바로 북쪽에 교두보를 형성하고 있는 부대들에 전갈을 전달하느라 바빴다. 공병들이 두 개의 부교를 설치했다. 약하지만 사활이 걸린 생명선이었고 각 부교는 일방통행이었다. 종일 브로드헤드와 난 바빴다. 우리는 부교 하나를 타고 강을 건너 북쪽 해안에 평행으로 난 길을 타

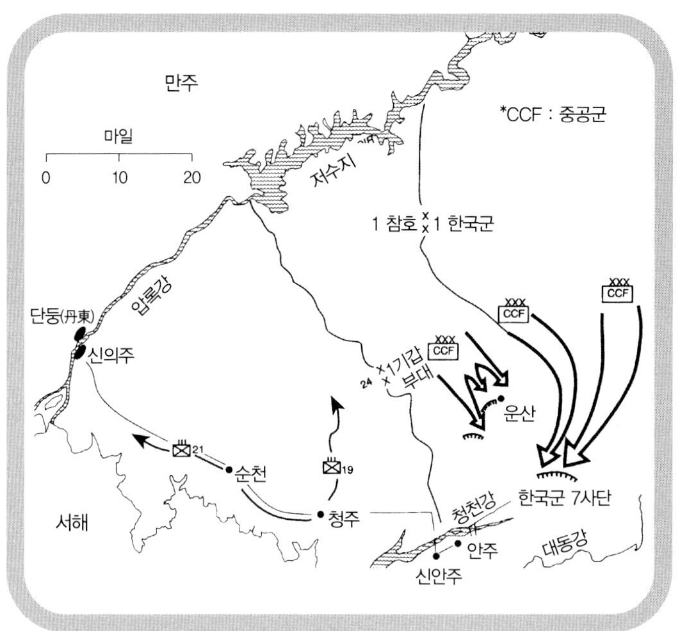

1950년 10월 25일~11월 1일, 중공군의 개입

고 달리면서 교두보에 위치한 부대들에 지도, 신호 설명서, 다양한 전갈들을 전달했다. 그리고 두 번째 부교를 타고 건너서 전달해야 할 다른 물품들을 받았다.

한번은 우리가 이열 종대로 길을 행군하고 있는 19보병연대의 분대들을 지나치게 되었다. 우리가 E중대 곁을 지나갈 때 난 소대 하나를 맡고 있는 내 친구 레슬리 컥패트릭을 만났다. 컥은 우리가 라파엣대에 함께 있던 웨스트포인트 시절 이후로 내 가장 가까운 친구 중 하나가 되었다. 라파엣대에서 그는 참모 부사관이자 학생 중대장이었다. 거기서 난 부사관이자 학생 소대장이었다. 알라바마 주 출신의 낙하산병이던 컥은 키가 크고, 자신감이 넘치고 풍채가 좋으며 2차대전 전투경험을 갖고 있었다. 그는 우리 학급에서 가장 상급 장군이 될 것처럼 보였고 모든 동기가 그렇게 생각하던 사람이다.

난 외쳤다.

"낙하산병이 걸어 다니다니 정말 우습군!"

컥이 깜짝 놀라 고개를 들었다. 그리고 나를 알아보고 씩 웃었다. 난 지프에서 뛰어내렸다. 우리는 서로 등을 두드려줬다. 난 그와 몇 분간 같이 걸었다. 우리는 서로 알고 있는 것들을 비교했다. 요즈음 주요뉴스는 가장 최근 사상자가 된 급우들에 대한 소식이었다. 난 얼마 전 빌 윌버가 죽었다는 것을 들었다고 말했다.

컥도 알고 있었다는 것이 슬프게 고개를 흔들었다. 그와 빌은 같은 사관생도 중대에 속해 있었다. 이제는 급우를 만나는 것이 두려울 지경이라는 것에 우리는 서로 동의했다. 왜냐하면 급우를 만날 때마다 나눠야 할 더 많은 나쁜 소식이 있는 것처럼 보였기 때문이다.

컥이 터벅터벅 걸어갔다. 지쳐보였고 면도도 좀 필요해보였다. 그는 내가 그를 알아왔던 그 어느 때보다 더 약해 보였다. 그의 종대는 옆길로 들어서서 고지를 향해 갔다. 난 그에게 행운을 빌어주고 지프에 다시 올라타서 손을 흔들며 작별인사를 했다.

그날 나중에 브로드헤드는 S-2 텐트에서 가장 최근 지도 부호들을 보았다.

"중위님."

그가 말을 시작했다.

"지도에서 ×가 네 개 위에 그려진 네모(□)는 무엇을 뜻합니까?"

내 군사지식을 뽐내게 되어 기뻐하면서 난 말했다.

"글쎄, × 하나는 여단, 두 개는 사단, 세 개는 군단이며, 네 개는 군이

지. 우리가 속해 있는 8군 같은 군 말이야. 8군은 지도 위에 × 네 개로 표시될 걸세."

"흠. 제가 방금 보니, 중공군들은 압록강 남쪽에 군 네 개가 있습니다. 이것이 가능합니까?"

"그럴 것 같지는 않네, 브로드헤드. 그러나 결국, 자네가 그 지도를 보지 않았나. 그러니 자네가 나보다 더 잘 알 걸세."

그는 나에게 다소 실망한 것처럼 보였다. 결국 소위나 중위는 사병들에게 확신을 주어야만 하는 부류였다. 아니면 적어도 상병보다는 더 많이 알아야했다.

중공군 개입

11월 4일 ~ 29일

8

그날 밤, 특수대원들은 오한에 떨면서 몸을 웅크려 잠복하고 있었다. 수백 명의 중공군이 그들에게 접근하고 있다는 것을 모른 채 말이다. 랄프, 바니, 무전병은 '사령' 참호로 사용되는 참호 속에 함께 들어가 있었다. 자정이 되기 얼마 전, 수류탄 무장장비의 불꽃 세례가 어둠 속에서 번쩍였다.

8군의 후퇴는 꽤 성공적이었다. 그러나 전장에서 혼잡한 도로와 난잡해진 부대들만 지켜본 우리들에게는 이 모든 것이 혼란처럼 보였다. 그럼에도 불구하고, 8기갑연대의 재앙과 같은 손실을 제외하곤, 월튼 워커 장군의 부대는 남쪽으로 잘 내려왔다. 그러나 이제 중공군이 주도권을 쥐고 있었다. 8군은 청천을 따라서 진지를 구축하고 중공군의 다음 번 공격에 대비하고 있었다.

동해안에서는 네드 알몬드 장군이 이끄는 10군단 소속의 1해병사단과 7보병사단이 모두 상륙했다. 그리고는 육로로 도착한 한국군 부대에 합류했다. 초기 계획은 10군단이 서쪽으로 뻗어가서 평양을 점령하는 것이었다. 그러나 모두가 해안에 도착할 때쯤에는 평양이 이미 함락된 상태였다. 그래서 맥아더 장군은 신호를 바꾸어서 알몬드 장군에게 압록강을 향해 북진하라고 명령했다.

11월 4일, 비처 브라이언은 집에 편지를 썼다.

"이 편지가 오늘 부모님께 도착할 수 있게 하는 방법이 있었으면 좋겠습니다……. 1기갑이 중공군과 끔찍한 전투를 벌였고, 그중 얼마는 포위되었다는 뉴스 보도를 들었습니다. 이것이 실제 일어난 일입니다. 그러나 이것은 5기갑이 아니라 8기갑연대의 1개 대대입니다. 전 이 대대에서 적군의 공격을 벗어난 병사가 없다고 알고 있습니다. 우리는 이제 강을 건너 남쪽으로 후퇴했습니다. 이제 정치적 힘이 작용해서 이곳에서 중공군이 나가게 되기를 정말 희망합니다."

청천 북쪽에서, 24사단의 4개 대대가 개리손 데이비슨 장군의 지휘 아래의 특수임무부대로 조직됐다. 데이비슨 장군은 24사단의 부사단장이자 명석한 공병으로서 2차대전 중 여러 해 동안 웨스트포인트에서 미식축구 수석코치로 일하기도 했다.

땅거미가 지고 한두 시간이 지난 후, 누군가 나를 찾아와서 말했다.

"중위님, 연락장교를 찾고 계십니다. 특수임무부대장께서 중위님께 맡길 임무가 있으시답니다."

나이에 비해 젊어 보이고 뛰어나게 잘생긴 데이비슨 장군은 은빛 머리를 가지고 있었다. 그는 작은 탁자 하나, 접는 의자가 두 개 있는 방에 혼자 있었는데, 방안의 불빛이라곤 깜박거리는 촛불뿐이었다. 그는 나에게 앉으라는 손짓을 하고 나서 말했다.

"강 북쪽에 네 개의 대대가 있네. 불행히도 그들은 서로 연결돼 있지 않아. 전방이 너무 길어. 그래서 우리에게는 네 개의 서로 분리된 교두보가 있는 것과 같네."

그가 지도를 가리켰다.

"보면 이 길은 강과 평행이야. 이쪽에 가본 적 있나?"

"네, 그렇습니다."

"잘됐군. 난 자네가 그쪽으로 지금 다시 갔으면 하네. 각 대대 전부사령부를 방문하게. 그들이 정확히 어디 있는지는 잘 모르네. 그러나 그들은 길에서 꽤 가까운 곳에 있을 것일세. 그들에게 우리가 중공군이 이쪽으로 향하고 있다는 보고를 들었다고 말하게. 중공군이 밤 동안 강에 도달하려고 할 가능성이 있어. 아마 심지어 강을 건너려 할지도 모르지. 난 각 대대가 서로 밀착하고 왼쪽에서부터 오른쪽으로 정찰대를 돌리기 원하네. 그들이 따라야 할 정찰대 일정이 여기 있네."

"알겠습니다, 장군님."

"그리고 조심하게, 중위. 그 대대 진지 사이에서 무엇을 만날지 모르니까 말일세. 지도는 있나?"

"없습니다, 장군님. 하나 구해보도록 하겠습니다."

"아니야, 시간이 너무 오래 걸릴 걸세. 여기 내 것을 가져가게. 각 대대의 사람들에게 말하고 그들 중대의 위치를 구상하게. 돌아오자마자 나를 만나러 오게."

난 지휘소에서 지프를 타고 출발했다. 난 브로드헤드에게 희미하고 잘 보이지 않는 등화관제용 등 불빛만 의지해 운전하라고 명령했다. 브로드헤드가 헤드라이트 없이는 운전할 수 없다고 불평하면서 길을 조금 갔다. 마침내 우리는 길에서 벗어나게 됐다. 두 앞바퀴가 얕은 도랑에 빠졌고 엔진이 멈췄다. 브로드헤드는 숨소리에 묻어 욕을 하고, 시동을 다시 걸고, 기어를 후진으로 밀고 다시 길 쪽으로 질주했다.

브로드웨이는 거의 만족스러운 듯이 "이 멍청한 중위가 이제는 불빛 없이 좁은 길을 운전할 수 없다는 것을 알게 됐을 거야" 하며 툴툴거렸다.

우리는 계속해서 갔다. 길이 굽어졌고 브로드헤드가 즉각 길을 보려고 헤드라이트를 켰다.

"그러지 말게."

내가 말했다.

"그렇지만 중위님, 이 빌어먹을 길을 볼 수가 없습니다."

"알고 있네. 그저 천천히 가게."

다시 우리는 길 끝에서 미끄러졌다. 난 브로드헤드가 내 비이성적인 태도에 골이 난 것을 느꼈다.

"상병, 자네에게 뭔가 알려줘야 할 것 같네. 우리 오른편 고지에서는 아마도 중공군들이 기어다니고 있을지 모르네. 아마도 이쪽 길로 오고 있는 중인지도 몰라. 우리가 목표물이 돼야 한다면, 최소한 조명을 비춘 목표물이 되지는 않도록 하세!"

우리는 계속 갔지만, 이제 더 이상 아무런 불평이 없었다. 브로드헤드가 우리가 가진 문제점을 이해한 것이다. 결국 운 좋게 우리는 각 부대를 찾았고 장군의 지도 위에서 그들의 위치를 정했다. 그리고 우리의 전갈을 중계했다. 우리는 양철 컵에 담은 블랙 커피 한 잔으로 힘을 얻어 되돌아왔다. 다행히 돌아오는 길에는 아무런 사고가 없었다.

그날 밤 늦게, 중공군이 잘 조정된 공격을 교두보 전선에 개시했다. 레슬리 컥패트릭의 E중대는 강에서 북쪽으로 4마일 떨어진 124고지 위에 있었는데, 오른쪽 후방으로부터 중공군의 공격을 받았다. 중공군은 야전 전화선을 따라온 듯했다. 위스콘신 주 출신의 미국 인디언 미첼 레드 클라우드 상병이 처음 경고를 보냈다. 그는 치명적인 부상을 입은 후에도 자기 자신을 지탱하기 위해서 한 팔을 작은 나무에 감고 브라우닝자동소총을 직접탄도거리로 계속 발사했다. 자기가 쓰러지기 전까지 진격하는 적군 중 삼십 명 이상을 죽였다.

컥은 자기 참호를 떠나서 부상당한 전우를 도우러 갔지만 그 또한 목숨을 잃었다(컥은 사후 은성훈장, 미첼 레드 클라우드는 명예훈장을 수여받았다).

컥과 같은 대대의 F중대를 지휘하던 1946년도 졸업생 그로버 아스무스는 컥과 절친한 친구 사이였다. 이 사건이 있기 얼마 전, 컥은 그로버에게, "만약 내가 죽는다면, 내 졸업반지를 내 아내 키티에게 보내주게"라고 말했었다. 그로버는 컥이 마치 어떤 영감을 받은 것 같이 들렸기에 그 요청에 놀랐다. 그들은 이미 여러 차례 총격전을 치러왔지만 컥 자신이 죽을 수도 있다는 가능성을 언급한 것은 이번이 처음이었다.

대대가 11월 7일 전진할 때, 그로버는 컥의 시신을 발견했다. 그는 머리를 철모에 기댄 채 누운 자세였다. 마치 자고 있는 것 같아 보였다. 15피트(4.6미터)도 채 떨어지지 않은 곳에 미첼 레드 클라우드의 시신이 놓여 있었다. 근처의 시신들은 옷이 벗겨져 있었다. 한국의 혹독한 추위 속에서 미군의 장화와 옷은 매우 값진 것이었다. 그러나 컥의 몸은 건드려지지 않았다. 다만 반지만 사라지고 없었다.

근처 고지에 또 다른 옷이 벗겨진 일련의 미군 시신들이 있었다. 이들도 컥 중대의 중대원들이었다. 그중 하나는 컥이 가깝게 지냈던 소위였다. 그로버는 결국 컥이 그 장교에게도 반지를 빼달라는 부탁을 했을 것이라고 결론 내렸다. 컥이 죽은 후 그 소위가 컥에게 가서 그의 머리를 철모 위에 올리고 반지를 빼냈을 것이다. 그러나 그 소위의 옷이 벗겨지면서 반지도 사라졌다. 그 장교가 컥에게 가는 것을 본 중공군이 아마도 그 시신에 부비트랩(위장 폭탄)이 설치된 것으로 의심했을지 모른다. 그래서 다른 이들의 옷은 벗겨 가져가면서 컥은 건드리지 않았을지 모른다.

난 이런 상황을 모른 채 특수임무부대 지휘소에 있었다. 한 영현등록 장교가 내 웨스트포인트 졸업반지를 보고 "컥패트릭이란 사람을 알았었는지" 물었다.

난 대답했다.

"물론이죠. 그는 내 동기입니다. 내 가장 친한 친구 중 한 명입니다. 그가 왜요?"

"글쎄, 그가 이틀 전 죽었어. 오늘 아침에야 그의 시신을 발견했네."

이 사건에 대해 더 무슨 말을 할 수 없을 만큼 아연케 된 나는 홀로 상처

레슬리 W. 컥패트릭
(Leslie W. Kirkpatrick)

받은 마음을 안고 주위를 배회했다.

몇 달 후 난 컥의 중대에 있었던 한 장교를 만났다. 그가 나에게 말했다.

"이봐, 컥패트릭은 내가 알아온 장교 중 가장 훌륭한 장교였다네. 좋은 장군감이었어."

아주 짧은 기간 컥과 함께 있었던 그 누군가도 그의 가치를 깨닫고 나와 함께 슬퍼하고 있다는 것을 알게 되어서 좀 위로가 되었다.

11월 7일, 워싱턴 주 브레머턴에 있는 벤더의 집에 군무국장의 전보가 도착했다. 잭이 38선을 건넌 첫 미군이라는 AP 기사와 같은 시점에 나온, "새로운 공격에 따라 38선을 건넌 첫 양키는 첫 전사자"라는 싸늘한 제목을 단 마거리트 히깅스의 칼럼을 잭의 가족들이 본 후로부터 거의 한 달이 지난 후였다.

케이트 벤더 여사는 떨리는 손으로 전보를 열었을 것임이 분명하다. 전갈은 간략하고 적절했다.

> "제가 보낸 10월 26일자 전보에 대해 조회가 이뤄졌습니다. 제 문의에 대한 답신이 도착했고 이에 따르면 귀하의 아들 존 A. 벤더 중위 CMA 059317 CMA는 사상자로 보고된 바가 없습니다. 11월 2일 현재 복무 중입니다. — 위첼 군무국장"

8군은 중공군의 기세에 청천 너머로까지 밀렸다. 동쪽에서는 10군단의 진군이 느려졌다. 그러다 갑자기 신기하게도 중공군은 미군과의 접촉을 끊고 산으로 철수했다. 그들은 사라진 듯이 보였다. 도쿄의 총사령부는 중공군의 힘과 결심을 계속 과소평가하면서 그 상황을 잘못 해석했다(놀랍게도, 중공군 삼십만 명이 발각되지 않은 채 압록강을 건너서 북한으로 들어왔다). 아군이 다시 북진하자는 결정이 내려졌다.

지난 몇 주간, 빌 마슬렌더와 7기갑연대 찰리 중대 소속 그의 소대는 위험스런 임무를 그들이 맡아야 할 몫 이상으로 맡아왔다. 예를 들어 그들은 중요한 예성강 교량을 처음으로 건너기도 했다.

하여튼 빌의 중대장이 11월 1일, 빌이 있던 소대에 정찰대를 자원하라고 했을 때, 빌은 정중하게 거절했다. 자원하는 것은 그만 관련된 것이 아니라 그가 이끄는 모든 사병에 관련된 것이었다. 빌에게는 이것이 옳게 느껴지지 않았다. 결과적으로 다른 소대가 정찰하도록 선택됐다. 1945년도 졸업생인 중대장은 좋은 사람이었고, 그와 빌 사이에는 강한 상호 존경심이 있었다. 그럼에도 빌은, 만약 가능만 하다면 직접 정찰대를 이끌고 떠났을 법한 그 중대장이 다소 자신에게 실망한 것을 느낄 수 있었다.

이튿날, 중대는 약 2마일(3.2킬로미터) 떨어진 목표지점에 대한 공격을 개시했다. 목표지점에 가는 중간지점에서 그들은 자기 앞에 가로질러 놓인 큰 도랑을 만났다. 빌과 소대가 도랑에서 나왔을 때, 그들은 맹렬한 총격을 만났다. 사병들이 쓰러지기 시작했다. 다른 소대들은 결코 도랑을 떠나지 않았다. 빌의 소대는 여전히 목표지점으로부터 반 마일(805미터) 정도 떨어져 있었기에 적군에 효과적으로 제압당하고 있었다. 앞으로도 뒤로도 움직일 수 없었다. 그들은 도랑으로 후퇴하라는 명령을 받았지만, 그렇게 하기 위해서 날이 어두워질 때까지 기다릴 수밖에 없었다. 심지어 그때도, 사망자의 시신이나 부상자들을 함께 데리고 가는 것은 불가능했다. 그래서 빌은 다른 이들을 뒤로 보내고 자신은 위생병과 함께 부상자들과 남아 있기로 자원했다.

다음 날, 공격이 재개되어서 빌과 다른 이들이 함께 구출됐다. 그날 공격하던 중 정찰을 나갔던 소대를 발견했는데, 그들은 모두 사망한 상태였다.

11월 둘째 주, 워싱턴 주 외곽의 앤드류스 공군기지에 위치한 335전투기 비행대는 일본을 거쳐 한국으로 가라는 명령을 받았다. 그의 멋진 F-86 사브르 조종에 더욱더 능숙해진 더그 부시는 이제 드디어 한국으로 오게 됐다.

이때쯤, 동기생 조종사들은 전 세계 각지에 흩어져 있었다. 빌 마슬렌더의 매제인 플레처 맥머리는 버지니아 주의 랭글리 공군기지에서 B-26 전투단 트레이닝을 받고 있었다. 진 메츨링(지난 12월 공군으로 전임했다)은 막 아리조나 주 윌리엄스 공군기지에서 조종사 휘장을 받았다. 돌프 오버톤은 영국에서 F-84를 몰고 있었다. 딕 쉐너먼과 밥 매키니는 캘리포니아 주 빅토빌 공군기지에서 F-86을 몰고 있었다. 플로이드 스티븐슨은 이미 27 전투요격기 비행대 소속으로 한국에 들어와 있었다.

며칠 전, 러시아산 미그-15 전투기가 북한 상공에 처음 등장했다. 미그기 떼가 신의주 근처에서 미국의 프로펠러가 부착된 전투기들을 공격했다. 미국이 논란의 여지가 없는 공중의 권세를 잡고 있는 것이 더 이상 아니라는 사실이 명백했다. 한국에 가도록 되어 있던지, 아니면 이미 한국에 들어와 있던지 모든 나의 동기생 조종사들은 게임의 전세가 바뀐 것을 알고 있었다.

자기의 새로운 부대에 대해서 '사단 내 최고 중대의 최고 소대' 라면서 그토록 자랑스러운 편지를 썼던 마이크 왜즈워스는 11월 13일, 9보병연대 이지 중대의 그 소대를 적군이 점령하고 있는 고지로 데리고 올라갔다. 그러나 고지 꼭대기에 다다랐을 때 마이크와 선봉분대는 맹렬한 적군의 박격포 탄막으로 인해 다른 소대원들로부터 끊어졌다. 마이크는 즉각 방어될 수 있는 곳으로 후퇴를 명령했다. 박격포탄 조각에 부상을 당했음에도 그는 모든 부상자들이 후송될 때까지 고지에 머물러 있었다. 그리고 그는 방어진지를 구축했으며, 다음 날 적군의 역공이 줄어들 때까지 치료를 위해 후송되는 것을 거부했다. 그의 이런 행동으로 인해 수여된 청동성장은 중대가 최소한의 사상자를 내면서 그 진지를 지킬 수 있도록 했다고 그는 말하고 있다.

도쿄종합병원에서 거대한 부목을 대서 작은 일본 간호조무사들을 놀라게 했던 짐 슐츠는 11월 15일경에는 복무로 돌아올 수 있을 만큼 충분히 회복되었다. 짐이 5기갑연대에 다시 돌아왔을 때, 그가 가장 먼저 만난 사람 중 하나는 조 투미였다. 조는 연대 I&R소대를 이끌고 있었다. 짐은 축하를 건넸다. I&R 임무를 담당하게 선임되었다는 것은 그가 충분히 받아야 할 만한 인정을 받고 있음을 뜻하기 때문이다. 동시에 짐과 조 둘은 소총 소대장으로서 치열한 전쟁을 경험해온 조가 매우 위험한 진지로 가게 될 것이라는 것 또한 파악했다.

나는 다시 아이템 중대로 돌아왔다. 연락장교 자리는 사라졌고 이것은 별 문제가 되지 않았다. 우리가 다시 북진하고 있기 때문에, 난 내가 중대 부관으로서 더 유용할 것이라고 추측했다.

우리는 왜 중공군이 사라졌는지, 또 우리가 다시 진군할 때 과연 무엇을 만날지 의아해했다. 그러나 당장 우리는 그런 것들에 대해 염려하지 않았다. 이날은 11월 23일 추수감사절이었다. 기적적인 병참 업무로 인해 추수감사절 저녁, 칠면조와 그 외 모든 딸려 나오는 음식이 포함된 완벽한 휴일 저녁 식사가 우리 중대 취사병들에 의해 준비되고 있었다. 심지어 이 날을 축하하기 위해 미군이 아닌 손님들까지 있었다. 이틀 전, 우리가 영 연방 여단의 야영지를 지나갈 때, 두 명의 젊은 영국육군병사들이 우리를 따라왔다. '피비린내나는 전쟁' 이 끝나기 전에 군사작전을 좀 보고 싶다면서 말이다.

두 명의 영국인을 포함한 우리 모두는 전통적인 추수감사절 만찬을 즐겼다. 우리가 식사를 마칠 무렵 영국군 헌병 둘이 도착해서 실종된 동료들을 찾았다. 그들은 실종된 동료들이 즉각 돌아오기만 한다면 어떤 심각한 처벌도 받지 않을 것이라고 우리를 안심시켰다.

한 헌병이 정확한 영국식 발음으로 말했다.

"사실, 장교님, 이것은 여러 혜택들과 관련된 문제입니다. 만약 둘 중 한 사람이 부대를 떠나서 여러분과 함께 있는 동안 무슨 일이 벌어진다면 그는 유족 급부금이나 그런 종류의 혜택을 받을 자격이 없게 될 것입니다."

무단이탈한 영군군들이 앞으로 나왔다. 사방에서 미소와 악수가 이어졌다. 곧 그들은 자기들의 부대로 출발했다. 이때쯤 대대 전령병이 와서 맥아더 장군이 우리 연대 지휘소에 있으며, 그는 우리 모두가 크리스마스 전까지 일본으로 돌아갈 수 있기를 소망한다고 말했다고 전했다. 그럴 가능성은 없어 보였다. 그러나 너무나 사랑스런 유머라서 아무도 여기에 의의를 제기하고 싶어 하지 않았다.

추수감사절 다음 날, 8군은 다시 북진하기 시작했다. 처음엔 모든 것이 다 괜찮았다. 많은 부대에 거의 낙천적인 분위기가 있었다. 진군하는 가운데 8213 특수작전중대를 이끄는 랄프 푸켓과 바니 커밍스는 돌빈 특수부대 소속으로 25사단 앞에 있었다.

랄프와 바니는 일본에서 모집한 취사병과 행정병들을 훈련시켜 사기 높은 좋은 부대를 만들어놓았다. 그러나 크기 면에서 볼 때 중대라기보다는 보강된 소대 같은 그들의 부대는 중대급 임무를 수행하기에는 수나 장비면에서 그렇게 잘 갖춰져 있지 않았다. 특수대원들은 처음에 칠십칠 명으로 시작해서 훈련을 마칠 때쯤에는 육십육 명으로 줄어들었다. 수의 감소는 계속 되어서 11월 25일 오후에는 오십이 명뿐이었다. 이날 부대는 1개 전차소대의 지원을 받으면서 청천강에서 북쪽으로 약 15마일(24킬로미터) 떨어진 곳에 위치한 205고지를 확보하고 지키도록 명령받았다.

특수대원들이 전차 뒤에 올라탄 가운데 기갑병들은 목표지점에 가기 위해 얼어붙은 논밭을 가로질러 이동하기 시작했다. 그들이 공터에 이르자, 그들은 오른쪽 전방으로부터 소총과 박격포탄의 공격을 받기 시작했다. 특수부 대원들이 땅으로 내려왔다. 기갑병들은 계속 전진했다. 기갑병들이 반격하지 않는 데 대해서 화가 난 랄프는 선봉전차에 올라타서 그의 소총 밑동으로 포탑을 두들겼다. 전차 사령관이 포탑을 반쯤 열었다. 랄프는 전차 발포를 시작하라고 소리쳤다. 그리고 다시 땅에 내려와서 외쳤다.

"가자!"

특수대원들이 반 마일 길이의 들판을 가로지르기 시작했다. 왼쪽 측면에 위치한 바니 커밍스는 그의 사병들에게 진군하라고 격려했다. 그리고 본을 보이기 위해 가장 앞에 섰다. 중대는 205고지에 이르렀을 때, 접전선을 형성했다. 이어 고지를 오르기 시작해 정상에 도달했다. 그동안 적군과의 교전은 없었다.

그들은 언 땅에 참호를 파기 위해 참호도구로 흙을 뒤집기 시작했다. 랄프와 바니는 옮겨 다니면서 기관총과 브라우닝자동소총의 총격 위치를 정해주었다. 랄프는 포병 장교와 함께 포병공격을 조정하기 위해 최대한 경계를 기울이면서 고지를 떠나 특수임무부대 지휘소로 돌아왔다. 그둘은 함께 '만약의 경우를 대비한' 포병지원 계획을 세웠다.

이상한 상황이었다. 특수대원들은 심각한 적의 반격을 기대하리라고 들지 못했다. 최소한 꽤 멀리 나간 후까지는 말이다. 그러나 동시에 중국인 '패거리' 가 남으로 내려오고 있다는 온갖 종류의 보고가 난무했다. 랄프가 참석했던 특수임무부대 브리핑에서는 한 정보장교가 최대한 많게는 이만오천 명의 중국인이 부근에 있을 수 있다고 말했다.

그날 밤, 특수대원들은 오한에 떨면서 몸을 웅크러 잠복하고 있었다. 수백 명의 중공군이 그들에게 접근하고 있다는 것을 모른 채 말이다. 랄프, 바니, 무전병은 '사령' 참호로 사용되는 참호 속에 함께 들어가 있었다. 자정이 되기 얼마 전, 수류탄 무장장비의 불꽃 세례가 어둠 속에서 번쩍였다. 몇 초 후, 수류탄이 그들 진지 전역에서 폭발하기 시작했다. 과거에 많은 한국 군이나 미군의 부대는 이런 경우의 공격이 있을 때 금방 패배했었다. 보통 애송이 부대는 종종 때가 너무 늦을 때까지 아무런 대응도 하지 않고 그들의 참호 속에 너무 오래 머물곤 했다. 그들은 적군이 몰려와 그들을 제압할 때까지 머물렀다.

이 경우 보통 잘 훈련받은 특수대원들은 모두 일어나서 총격을 가하기 시작했다. 랄프는 예광탄을 포함한 포병지원을 요청했다. 예광탄 불빛 아래, 선봉분대들 뒤로 더 많은 중공군이 비탈을 뛰어오르고 있는 것이 보였다. 105, 155 고화력의 포탄들이 중공군 대열에 계속적으로 떨어지면서 포병 지원계획은 그 몫을 단단히 해냈다. 이제 적군이 분명히 보이게 됐다. 특수대원들의 총격은 더 강화됐고 시신들이 쌓여가기 시작했다. 마침내 중공군은 후퇴했다.

랄프와 바니는 방어선 부근으로 이동해 사상자 수를 셌다. 현재까지는 고작 여섯 명의 부상병만 발생했을 뿐이었다. 그들은 모두 아직 전투에 임할 수 있다면서 후송되기를 거부했다. 방어선 오른쪽에 가까이 있던 랄프는 나팔과 호각소리를 들었다. 또 한 차례의 공격이 곧 시작할 것이라는 것을 말해주는 신호였다. 그는 바니와 함께 쓰는 참호로 전력질주하기 시작했다. 그렇게 할 때 그는 자기 쪽으로 던져진 수류탄에서 나오는 불꽃의 늘어진 자락을 봤다. 그는 포트 베닝에서 배운 것을 기억했다. 수류탄이 자기 방향으로 날아올 때 땅바닥에 납죽 엎드리면, 폭발물 조각이 자기에게 떨어지지 않을 것이라고 말이다. 그는 자신감을 가지고 안전하리라 느끼며 땅에 엎드렸다. 그때, 그는 타는 듯한 통증을 느꼈다.

랄프는 참호로 돌아왔다. 그리고 바니에게 자기가 부상을 당했다고 말했다.

"어디에?"

"엉덩이에!"

그리고 그는 웃기 시작했다.

"뭐가 그렇게 웃겨?"

바니가 물었다.

"난 방금 베닝에서 가르치는 사람들이 항상 자기가 무슨 말을 하고 있는지 아는 것은 아니라는 것을 배웠어!"

랄프의 부상에도 불구하고, 잠깐 두 급우는 긴장이 풀렸다. 그날 밤의 공격은 이제 겨우 시작에 불과하며, 약 육백 명의 중국 1개 대대 전체의 공격을 받고 있다는 것을 거의 알지 못한 채 말이다.

다시 박격포탄이 집중 포화되기 시작했다. 이어서 수류탄 폭발이 이어지고 중공군 무리가 돌진해왔다. 다시 한 번 특수대원들의 안정적인 총격과 포병부대의 지원발포로 그들을 물리칠 수 있었다. 다음 두 시간 동안에도 공격이 계속 가해졌다. 그런데 각 공격은 약화되기보다는 점점 더 강화되는 것처럼 보였다. 이때쯤, 더 많은 특수대원들이 쓰러졌고, 무기는 점점 바닥나고 있었다.

오전 2시 45분쯤, 다섯 번째 공격이 개시됐다. 이번 것은 지금까지 중 최고로 강력했다. 공격은 길고 집중적인 박격포탄 집중포화와 함께 시작됐다. 그 후에 선봉에 선 중공군 분대들의 수류탄 세례가 이어졌다. 랄프는 포병 지원을 요청했다. 그러나 사격지휘소 장교는 곡사포가 다른 임무에 사용되는 중이라고 답했다.

"할 수 있는 한 빨리 지원하도록 하겠네."

그가 말했다. 랄프는 무릎을 꿇고, 참호 벽에 등을 댄 채 몸을 굽히고 있었다. 그 상태로 랄프는 전쟁의 소음 가운데 자기 목소리가 들리도록 소리쳤다.

"우리는 이것이 지금 정말 필요합니다. 지금 있어야 됩니다."

바로 그때 두 개의 박격포탄이 거의 1초 간격으로 연이어 떨어져 동기생들이 있는 참호 거의 바로 위에서 폭파했다. 랄프의 두 발과 왼쪽 어깨, 왼쪽 팔이 심한 부상을 당했다. 그의 오른발은 매우 심한 부상을 입어서 나중에 군의관에게 절단하지 말아달라고 설득하는 데 애를 먹을 정도였다.

몇 피트 떨어진 곳에서는 박격포탄 조각이 랄프의 급우에게 떨어졌다. 학급 꼴찌학생이자 대학 펜싱선수, 특수작전대원 영웅이었던 바니 커밍스는 그 자리에서 즉사했다.

랄프는 그의 남은 병력을 소집했다. 그리고 그의 무전기 송수화기를 들고 다시 포병지원을 요청했다. 다시 한 번 그는 포병무기들이 다른 임무수행에 사용 중이라고 들었다. 지금까지 발생한 사상자로 인해 전선에 틈이 생겼고 중공군은 그 틈으로 물밀듯이 쏟아져 들어오기 시작했다.

"너무 늦었습니다."

랄프는 포병장교에게 말했다.

"돌빈 대령님께 우리가 패배하고 있다고 말해주십시오."

그때까지 살아 있던 특수대원들은 퇴각하지 않을 수 없었다. 그중 둘인 빌리 윌리스와 데이비드 폴락은 랄프가 부상당했다는 소식을 듣고 그를 찾아왔다.

그들은 랄프를 찾아서 그가 걸을 수 있는지 물었다.

"아니, 부상이 심하네. 자네들이 날 들어야 할 것 같네."

그들은 몇 야드를 가다가 한 중공군이 또 한 명의 특수대원을 끝장내기 위해 소형 경기관총을 참호 속으로 발사하고 있는 것을 목격했다. 혼란스런 상황 가운데, 윌리스는 랄프를 어깨 위에 걸머멨다. 그러나 20~25야드 걸어간 후에는 더 이상 걸어갈 수가 없었다.

"날 끌고 가야 할 것 같네."

랄프가 말했다. 윌리스와 폴락이 각각 랄프의 팔을 하나씩 붙잡고 그를 끌고 고지를 내려왔다. 통증과 싸우면서 푸켓은 계속 말했다.

"난 특수대원이다. 난 특수대원이다."

"중위님, 입 좀 다무십시오. 중위님 때문에 우리 모두 죽겠습니다!"

그들은 계속 갔다. 랄프가 아직 살아 있을지, 아직 의식이 있을지 의아해하면서 윌리스가 물었다.

"괜찮으십니까?"

"그래, 자네들을 결코 떠나지 않을 걸세."

랄프가 말했다.

"저희도 중위님을 결코 떠나지 않을 것입니다."

어찌 됐든 그들은 산기슭까지 내려왔다. 그곳에 전차소대가 있었다. 더 많은 총격이 그들 방향으로 가해지는 가운데, 기갑 부사관이 동기생 랄프를 들어서 전차에 실었고 결국 응급치료소까지 후송했다. 쉰두 명의 특수대원 가운데 고작 열아홉 명만이 그 아수라장을 빠져나갈 수 있었다. 랄프는 그의 군사행동으로 청동수훈십자장을 수여받았으며 그 후 1년을 군 병원에서 보냈다.

닐 쉬한은 퓰리처상을 받은 책《찬란히 빛나는 거짓말》에서 이 에피소드에 괴상한 각주를 달았다. 거기서는 또 다른 사람 존 폴 밴이 205고지의 이야기를 마치 푸켓이 아닌 자기가 그날 밤 특수대원 사령관이었던 것처럼 말했다.

11월 25~26일 밤, 마이크 왜즈워스의 2사단 소대는 점판암으로 덮인 고지의 측면에 참호를 파라고 명령받았다. 마이크가 박격포탄에 부상을 당한 지 채 두 주가 지나지 않았을 때였다. 그는 임시적으로 치료받고 부대로 복귀했다.

마이크의 사병들은 자신들이 할 수 있는 한 최선을 다해 바위로 된 얼은 땅 위에 얕은 참호를 긁어 만들었다. 그들은 그 밤에 보초를 나눠서 서도록 하고 대기했다. 이들은 오한에 떨면서 걱정과 함께 자신들이 과연 크리스마스 전까지 일본에 돌아가게 될 것이라는 소문이 정말 사실일 수 있을지 의아해하고 있었다.

마이크는 좀 휴식을 취하려고 했다. 근처에는 그의 'A-1' 소대 부사관인 헨리 헤이스너가 있었다. 오전 3시 30분쯤, 마이크는 불안함을 느끼면서 잠에서 깨어났다. 그의 전방에서 기계가 달그락거리는 소리가 많이 들렸다. 또 서늘한 밤공기를 타고 사람의 말소리가 들렸다. 마이크는 이것이 중국말이라는 것을 깨달았다. 경보가 울렸다. 마이크의 소대가 총격을 시작했다. 그러나 적군은 이미 너무 가까이에 있었다. 그들은 미군 진지들에 수류탄을 던지고 앞으로 돌진할 수 있었고 전투는 육박전이 되었다. 미군들이 용감히 싸웠으며 중공군은 뒤로 밀리기 시작했다. 그때쯤 마이크는 곧게 서서 사병들에게, 또 적군들에게 소리 지르고 있었다. 그때 그는 터지는 수류탄 조각에 가슴을 맞았다. 마이크는 후송되기를 거부하고 계속 작전을 지휘했다. 그리고 몇 분 후 그는 소형 경기관총에 가슴과 배를 맞고 쓰러졌다.

고지에 있던 군인의 거의 대부분이 죽거나 부상을 입은 것도 이때쯤이었다. 마이크 소대의 헌신적인 사병 중 하나인 브라운 상병이 용감하게 마이크를 고지 아래에까지 데리고 내려왔다. 그러고 나서 그를 지프에 태우고 많은 적군의 공격 가운데 직접 차를 몰고 응급치료소까지 갔다.

랄프 푸켓의 수상 모습

중공군은 계획을 잘 짰다. 11월 25~26일 밤, 랄프 푸켓과 마이크 워즈워스, 그리고 다른 이들이 중공군 떼에 공격받는 동안, 잘 리허설된 공격부대가 8군 전방의 사방을 공격했다. 이것이 중공군 2차공세로 알려지게 된 공격이다. 동쪽에서는 한국군 군단이 빨리 뚫리게 되면서 8군의 오른쪽 측면이 노출됐다. 중앙에서는 종종 혼돈 가운데 미 2사단과 25사단이 압도적인 패배를 경험했으며 뒤로 밀리기 시작했다. 단지 21보병의 우리 대대가 있던 서쪽 해안도로만 사실상 적군의 공격 없이 진군할 수 있었다. 이곳에는 중공군이 나타나지 않았다.

아이템 중대는 청주 한참 북쪽의 얼어붙은 능선에 자리를 잡았다. 11월 26일 우리는 대·소규모의 정찰대를 보냈다. 그러나 이 정찰대는 눈과 험한 산으로 인해 그다지 많이 진군할 수 없었다. 다음 날 움직일 정찰대는 더 멀리 나가게 될 것으로 우리는 들었다. 이 임무를 위해 선택된 정찰대장은 발이 아프고 설사가 있다고 불평하면서 '왜 나인가' 하는 태도를 취했다.

"대체 왜 그러는가?"

내가 말했다.

"내가 자네 대신 그 빌어먹을 정찰을 나가줬으면 하는가?"

"네, 아주 좋을 것 같습니다. 결국 중위님은 지난달 부관으로서 충분한 휴식을 취해오셨고 아마도 저보다는 몸 상태가 더 좋으실 테니 말입니다."

처음에 난 그가 진지하게 말하고 있다는 것을 믿을 수가 없었다. 그가 진지하게 말하고 있다는 것을 깨달았을 때, 이 생각이 말이 되기 시작했다. 난 그동안 다소 전장에서 떨어져 있는 듯 느끼고 있었다. 이번이 뭔가 가치 있는 일을 할 기회가 될지도 몰랐다. 또한 이 특정 소위에 대해서, 또 만약 그가 이끄는 정찰대가 위험에 처할 경우 그가 어떻게 할지 염려가 되었다.

대대 본부에서 S-3은 나에게 내 정찰 목표지점을 지도에서 보여주었다.

그곳은 넓은 골짜기였다. 만주 남쪽이었고, 우리 전방에서 거의 15마일(24킬로미터) 떨어진 곳이었다. 그리고 이상한 대화가 진행됐다. 그 대화를 통해, 정찰대를 명령하는 사람들이 이 정찰대란 중공군들이 자신들의 병력을 노출시키도록 자극하기 위한 일종의 자기희생적 임무로 느끼고 있음이 분명해졌다. 아마도 어떤 누군가의 양심의 고통을 덜어주기 위해서였는지 몰라도, 나는 무장한 채 적군의 이빨 앞까지 갔다가, 내가 출발했던 같은 날 해가 지기 전까지 돌아와야 한다고 명령받았다.

S-3대대 부관, S-2포병 연락장교는 목표지점에 가는 길, 또 지원 포병 포탄이 다다를 수 있는 최장거리, 기관총, 박격포탄, 로켓탄발사기 등을 가져가야 한다는 것, 그리고 그 무엇보다 해가 떠 있는 동안 떠나서 돌아와야 할 필요 등에 대해 돌아가면서 말했다. 그들은 내가 질문이 있는지 물었고 난 당연히 그러했다.

"정찰부대입니까, 아니면 전투부대입니까? 다시 말해, 만약 적군을 만나면 피해야 합니까, 아니면 싸워야 합니까?"

"정찰대라네, 해리. 그러나 만약 적군을 만나게 되면 물리쳐주었으면 좋겠네."

전혀 앞뒤가 맞지 않았다. 내 다음 질문에 대한 답도 역시 마찬가지였다. 난 그 구역의 험한 지형에 대해 언급하며 먼젓번 정찰대가 한 시간에 약 1,000미터 나갈 수 있었다고 말했다. 그리고 나서 물었다.

"무엇이 먼저입니까? 목표지점에 도달하는 것입니까? 아니면 어둡기 전에 돌아오는 것입니까? 왜냐하면 둘 다 이룰 수는 없기 때문입니다."

"우리는 자네가 목표지점까지 갔다가 어둡기 전에 돌아오기 바라네. 이 임무에 대해서는 이것이 다라네."

"그렇다면 제가 무거운 무기들과 추가 사병들은 잊어도 되겠습니까? 만약 제가 소총과 카빈총만 든 가벼운 분대들을 이끈다면, 가능할지 모르겠습니다."

"아니야. 우리는 자네가 무장한 채 가기를 원하네. 적어도 오십 명과 함께 말이네. 그리고 우리가 말했듯이 기관총과 박격포도 가지고 가게."

몇 번 더 동일한 내용의 대화를 반복했다. 그러나 여전히 난 속 시원한 답을 얻을 수 없었다. 다만 "행운이 있기를"이라는 소원과 "조심해"라는 권고뿐이었다. 좌절감을 느낀 나는 포병 연락장교인 존 번즈 대위와 함께 구석으로 물러났다. 그는 내가 다소 의심하고 있던 바를 확신시켜주었다. 사람들은 "무장한 채 가게, 무거운 무기들을 가지고 가게, 어둡기 전에 돌아오게"라고 말함으로써 자신들을 방어하고 있다는 것이었다. 그래서 만약 나에게 무슨 일이 생기면 책임을 면할 수 있기 위한 것이었다. 그들은 아마도 내가 서로 충돌을 일으키는, 또 심지어는 불가능한 지시를 받고 있다는 것을 알고 있을 것이다. 그러나 그것은 내 문제지 그들의 문제는 아닌 것이었다. 일단 그들은 상부로부터의 명령을 전달했고 그것으로 끝이었다.

번즈와 난 포병지원을 의논했다. 난 내가 나침반을 잃어버렸으므로 빌려야 한다고 말했다. 이전에 K중대를 지휘하던 대위가 근처에서 우리 대화를 듣고 있었다. 최근에 새로운 사람이 K중대를 맡게 되었고, 이 대위는 대대에서 일종의 임시 임무를 맡아보고 있었다. 그 이유는 알려져 있지 않았다. 최소한 나에게는 말이다. 전투로 인한 피로, 또는 아마도 술로 인한 문제 등이 그 원인이라는 소문은 있었지만 말이다. 난 알지 못했고 별로 관심도 없었다. 지금까지는 그랬다. 그러나 지금 무슨 이유에서든지 그는 나를 맹렬히 공격하기로 마음먹었다.

"왜 나침반이 필요한가? 포병 포탄을 조준해본 적이 없는가?"

"네, 대위님. 있습니다."

"어디에서?"

"낙동강입니다."

"만약 자네가 나침반이 필요하다고 생각한다면, 난 자네가 낙동강에 있었던 적이 있다고 믿을 수 없네."

난 번즈 대위를 쳐다봤다. 그는 그 남자의 격발에 당황한 듯 보였다. 번즈 대위는 미리 준비된 확인점에서 총격을 조준할 수 있지만, 관측자가 나침반을 쓰며 자기 자신의 위치에서 목표물에의 방위각을 얻는 것이 통상적이라고 부드럽게 설명했다. 다시 말해서 사실 내가 옳다는 것이었다.

이런 번즈 대위의 답변에 대위는 분노가 한층 더 폭발한 것 같았다.

"이 빌어먹을 웨스트포인트 출신들! 그들은 자기들이 굉장히 똑똑한 놈들인지 안다고. 자기들이 무엇에 대해서 뭘 알아? 그들은 뛰려고 하기 전에 걷는 것부터 가르쳐야 해!"

그의 말은 전혀 이치에 맞지 않았다. 그러나 그의 문제는 내게 있지 않다는 것은 명백해지고 있었다. 이보다 훨씬 더 깊은 문제가 있는 것이었다. 난 입을 다물고 그저 그 자리를 떠났다. 더 말한다고 해서 문제가 해결될 것 같지 않았다. 난 그렇지 않아도 이미 내가 해결해야 될 문제만으로도 골치가 아팠다.

아이템 중대가 있는 산등성이로 돌아와서, 김과 난 내 '특수임무부대' 구성원을 정했다. 난 3소대를 데리고 가고, 무기 소대의 일부, M중대 소속 기관총 구역, 그리고 포병 전방관측자 팀을 데리고 가기로 했다. 전부 합해 약 육십 명이었다. 우리는 또 우리가 가진 장비를 꺼내기로 했다. 내가 네 개의 무전기를 가져가 우리가 진군해가면서 중계소를 세우기 위해서였다. 3소대의 소대 부사관인 래리 설리번을 내 사령 2인자로 삼기로 했다. 난 지도를 연구하여 가능한 높은 지대로 갈 수 있는 경로를 정했다. 그리고 혼란스러운 명령들을 가지고 계속 씨름했다.

마침내 난 어떻게 할지 결심했다. 우리는 무기를 가져가야 한다는 명령을 따를 것이다. 다만 처음 길을 출발할 때 말이다. 우리가 그 무거운 추가 짐들을 다 가지고 다닐 길은 없었다. 그러므로 우리는 산봉우리에서 산봉우리로 전진하면서 우리의 중계소를 만들고 각 중계소에 과도할 만큼 너그럽게 안전을 위한 무기를 제공할 것이다. 그렇게 함으로써 우리는 우리의 무거운 짐들 거의 대부분을 내려놓고 가벼운 '나르는 정찰대'가 될 수 있을 것이다. 우리가 많은 수의 중공군을 맞닥뜨리면 위험하겠지만, 사실 우리는 정찰대인 것이다. 상황을 알기 위해서 가는 것이었다. 난 우리가 잘 이동할 수 있도록 하기 위해서 화력을 포기할 수 있다고 생각했다.

난 분대장들에게 작전을 설명했다. 그리고 해 뜨기 한 시간 전에 일어나서 아침 햇살이 돋기 시작할 때 떠날 것이라고 말했다. 그리고 난 그들에게 가서 자라고 말했다. 앞에는 힘겹고 추운 하루가 기다리고 있는 듯했다.

11월 27일, 중공군이 총공세를 펼치고 있는 가운데 1기갑사단은 예비역에서 풀려나 전장에 투입됐다. 잭 벤더와 그의 사단 정찰 소대는 2사단 뒤 고지 위에 자리를 잡았다. 빌 마슬렌더의 7기갑중대는 신창 가까이에 있었다. 한국군 후방이었다. 빌의 소대는 북쪽에서부터 내려오는 길 옆에 있었다. 짐 숄츠가 얼마 전 재합류한 5기갑연대는 진군할 태세를 갖췄다. 이동할 때가 되면 조 투미의 I&R 소대가 길을 안내할 것이었다.

"중위님, 일어나실 시간입니다."

설리번이었다. 난 시계를 보고, 주의깊게 바깥의 암흑을 내다봤다. 그리고 다시 눈을 감고 싶은 유혹과 싸웠다. 천천히 우리는 깨어났다. 사병들이 슬리핑백에서 기어 나와 마지못해 얼음 낀 어둠 속으로 과감히 나왔다. 우리가 오늘의 작전을 위해 채비를 차릴 때 난 우리가 걷기보다 어기적거리게 되었다는 것을 깨닫게 됐다. 예를 들어, 내 경우만 하더라도 상의에 여섯 겹의 옷을 껴입었다. 입은 옷은 티셔츠, 울 속옷, OD 셔츠, GI 스웨터, 털 안감, 야전 재킷이었다. 한쪽 어깨에 쌍안경, 다른 쪽 어깨에 무기를 채운 탄 띠를 걸치고, 내 털 '바니 캡'의 챙을 끌어내리고 내 무기를 드니, 난 내 자신이 비만에 걸린 짐 나르는 노새처럼 느껴졌다.

아침은 우리 급식구역에서 보내온 미지근한 커피 약간이 전부였다. 배급에 문제가 있었다. 우리는 아침을 못 먹었을 뿐 아니라 주머니에 찔러넣을 씨-레이션마저 없었다. 물론 이것은 우리가 정찰에서 돌아올 때까지 아무것도 먹지 못할 것이라는 것을 뜻했다. 아니, 정찰에서 돌아온 후에라도 먹을 수 있을지 의심스러웠다. 우리는 단지 배급하는 이들이 무언가를 보낼 수 있기를 바랄 뿐 별 도리가 없었다.

설리번과 다른 부사관들이 우리 정찰대원들을 모았다. 난 내가 할 수 있는 한 최선을 다해 그들에게 브리핑을 했다. 우리가 중간중간 떨어뜨릴 무전기와 보안팀에 대해서 말하고 우리가 가능한 신속히 움직일 것이며 그러므로 각자가 알아서 잘 쫓아와야 한다고 주의를 줬다.

우리는 2열 종대를 이뤄서 날이 밝아지기 시작할 때 길을 나섰다. 우리는 동쪽으로 돌아 북쪽으로 향하는 길에 도달했다. 우리는 길을 따라서 완만한 언덕을 오르고 다시 넓은 골짜기로 내려왔다. 골짜기 바닥에서 우리는 길을 떠나서 우리의 정찰길이 될 산등성이를 향해 북서쪽으로 나아갔다. 우리의 순찰길이 험악하게 보였다.

우리가 골짜기를 건너 산등성이를 오르고 첫 번째 정상에 도착하는 동안, 한 줄로 늘어선 나무들이 다소 보호막이 되어주었다. 그곳에서 우리는 무전병과 몇 개의 무거운 무기들을 떨구었다. 표면적으로는 무전기를 보호하기 위해서였고 실제로는 짐을 가볍게 하기 위해서였다. 우리는 몇 백 야드 더 나아가다가 남쪽으로 가는 피난민 행렬을 만났다.

"공산당이 우리를 마을에서 쫓아냈습니다."

그들이 우리 통역병에게 말했다. 난 그들에게 영어와 한글이 모두 기록된 내 지도를 보여주었다. 그들이 자기 마을을 가리켜 보였다.

"이 공산당원들은 누구입니까? 한국인입니까 아니면 중국인입니까?"

"중국인이요. 약 오십 명입니다."

우리는 계속 진군했다. 막연했던 계획이 구체화되기 시작했다. 아마도 우리는 산등성이를 따라 진군해 적에게 발각되지 않은 채 마을 위에 자리를 잡을 수 있을 것이다. 그리고 마을에 포병포탄과 박격포탄을 가해 중공군을 노출된 장소로 몰아낼 수 있을 것이며 위의 산등성이에서 우리는 우리가 가진 모든 것으로 총격을 가할 것이다. 우리로서는 그다지 위험을 감수할 필요가 없는 상태로 말이다.

갑자기 무전병이 나에게 달려왔다.

"중위님, 중계소에서 우리에게 온 전갈을 받았습니다."

무전상태가 좋았다. 비록 깁이 전갈을 중계하는 사병에게 이야기하고 있었지만 난 그의 목소리를 바로 들을 수 있었다. 놀랍게도, 그는 우리가 되돌아와야 한다고 말하고 있었다. 정찰대가 취소되었다는 것이다.

잠시 실망감이 들었다. 분명히 난 위험스런 상황에 가지 않게 된 것에 대해서 그만큼 행복했다. 그러면 왜 실망감이 든 것일까? 아마도 그 피난민들이 우리에게 이로운 정보를 주었기 때문인지 모른다. 우리는 오십 명의 중공군이 어디 있는지 알았다. 이론상 그들은 우리 존재에 대해서 알 수가 없는 상태였다. 그러나 이제 우리는 되돌아가야 한다. 그 정보는 그 가치를 잃었다. 또 모든 준비와 여기까지 왔던 행군도 낭비된 것이다. 난 정찰이 취소된 데에는 무슨 합당한 이유가 있을 것이라고 생각했다. 우리가 다시 돌아가기 시작했을 때, 누군가 물었다.

"우리가 왜 돌아갑니까, 중위님? 전쟁이 종결됐다고 생각하십니까?"

"금시초문인 걸."

그러나 그가 그런 말을 하고 나자, 이 생각이 다른 어떤 가능성보다 더 이치에 맞는 것 같았다. 여기에 대해서 더 생각하면 생각할수록 더 그런 것 같았다. 결국, 우리는 만주에 매우 가까웠다. 우리는 진군하는 동안 우리가 일단 국경선에 이만큼 가까이 이르면 북한군과 중공군은 아마 전쟁을 단념할지도 모른다고 말해왔다. 이외에 정찰을 취소할 또 다른 무슨 이유가 있겠는가?

우리는 길에 도착해서 되돌아가기 시작했다. I중대 영역을 향해 돌았다. 우리가 중대 영역에 도착해보니, 중대는 짐을 정리하고 느슨한 대형을 이루고 있었다. 언제든 이동할 준비가 되어 있었다. 깁이 나에게 외쳤다.

"이리 오게, 해리. 사병들로 종대를 이루게. 자네들을 기다리고 있었어."

"어디로 가는 거지?"

"대체 내가 그걸 무슨 수로 알겠나? 우리는 이곳을 떠날 거야. 이것이 내가 들은 전부야. 내 생각에는 중공군이 어딘가를 크게 공격하고 있는 것 같아. 자네들이 휴식을 못 취하게 돼서 미안하네. 그러나 어쩔 수가 없어. 우리는 지금 떠난다고!"

우리는 걸어서 주 고속도로에 이르렀다. 이 도로는 그저 얼어붙은 또 하나의 2차선 흙길에 불과했다. 우리는 나머지 대대에 합류했다. 정오가 되어서야 겨우 휴식시간이 주어졌다. 기온은 계속 떨어졌고, 눈도 내리고 있었다. 난 춥고 배고팠고 사병들은 이 모든 상황에 그저 얼이 빠진 것 같았다. 이것은 좋지 않은 신호였다. 이보다는 그들이 불평하는 것이 더 나을 뻔했다.

무슨 일이 일어날지 알지 못한 채 그러나 꽤 불안해하면서, 잭 벤더는 2사단 구역에서 남으로 난 길을 계속 지키고 있었다. 잭이 처음 진군했을 때는, 영국군 중대가 그의 소대에 배속되어 소대를 지원하고 있었다. 영국군이 떠난 후, 잭은 계속 정찰대를 보냈지만 적군을 만나지는 못했다.

그들의 임무는 주로 관측과 조기경고였다. 그러나 아마도 그들은 퇴각하는 2사단 사람들에게 다소의 보호를 제공할 수 있게 됐다. 통신선이 그의 위치까지 이르게 되자 잭은 EE-8 전화를 자기 참호 근처 나무에 묶고 자기가 진지에 있다고 말하기 위해 사단에 전화를 걸었다.

갑자기 북쪽에서 총격 소리가 났다. 소총과 그에 섞인 박격포탄 폭발 소리는 점점 가까워졌다. 그들이 듣고 있는 것은 S. L. A. 마셜이 그의 책 《강과 혹독한 시련(The River and the Gauntlet)》에서 묘사한 비극의 마지막 부분이었다. 인디언이 이끌고 있던 2사단의 생존자들은 골짜기 길을 따라서 남진하며 전투하고 있었다. 아래를 내려다보고 있는 고지 위 중공군은 계속 그들에게 총격을 쏟아붓고 있었다.

공병대위가 이끌고 있던 첫 미군부대가 잭의 진지로 다가왔다. 자동차 전면 유리가 깨지고 타이어가 나간 지프와 트럭들이 느릿느릿 이동해왔다. 때로는 한 차가 다른 차를 끌고 있었다. 부상자들이 트럭 뒤 칸과 지프 후드에 누워 있었다. 부상당하지 않은 미군들조차 얼떨떨하고 기진맥진해 보였다. 몇몇 사병은 몸을 지지하기 위해 차에 매달린 채 비틀거리며 걸었다. 처량하고 가슴이 찢어질 듯한 광경이었다. 정찰병들이 도와줄 수 있는 것은 거의 없었으므로 특히 더욱 그러했다.

잭은 EE-8을 울리고 상황을 보고하기 위해 사단에 전화를 걸었다. 사단 참모장이 전화를 받았다. 그들이 대화하는 동안 벤더는 다가오는 전투기 소리를 들었다. 적어도 그 미군 종대는 공중 지원은 받게 되는 듯했다.

위를 쳐다본 잭은 검은 색으로 칠한 해군 폭격기 두 대가 폭격을 시작하는 것을 보았다. 그리고는 공포 속에서 잭은 자기가 그 목표물인 것을 깨달았다!

잭은 참호로 뛰어들었다. EE-8 송수화기는 여전히 그의 손에 있었다. 그가 기어갈 때 통신선이 느슨해지면서 전화가 끊어졌다. 폭격기가 멈췄을 때 벤더는 참호에서 나와서 두 개의 통신선을 잇기 시작했다. 그리고는 겨우 중위와의 대화 가운데 전화가 끊어지는 것에 익숙지 않았던 참모장은 잭과 다시 통화하기 위해 자신의 전화기를 맹렬하게 누르고 있었다.

통신선을 든 잭은 감전되었다. 잭은 이를 갈면서 전화를 다시 연결하고 대화를 다시 시작했다. 그때 해군 폭격기가 다시 돌아왔다. 다시 잭은 참호로 뛰어들었고 또 전화가 끊어졌다. 그러자 그는 다시 한 번 전화 통신선을 잇고자 했다. 또다시 그는 감전당했다. 이런 일이 한두 번 더 있은 후 참모장은 마침내 보고를 전부 들을 수 있었다. 폭격기는 자기들이 아군을 공격하고 있었다는 것을 확실히 깨닫게 됐다.

2사단 종대는 계속 무질서한 상태로 남진해갔다. 정찰 소대원들은 그들이 줄 수 있는 도움을 주었다. 당장은 중공군이 더 이상 추격하지 않는 편을 택했다. 잭의 소대는 진지를 지켰다. 얼마 후 그들은 다른 임무를 위해 다른 곳으로 보내졌다.

11월 28일 오전 8시 40분, 조 투미와 그의 I&R소대는 5기갑연대 본부를 떠나서 남쪽의 순천으로 향하는 길을 확인하러 갔다. 약 한 시간 후, 짐 숄츠와 그가 이끄는 조지 중대의 소대를 포함한 연대 2대대는 트럭에 올라타서 조의 소대와 같은 길을 가기 시작했다.

조와 그의 사병들이 대동강의 강 건너는 지점에 있는 페리에 도착했을 때, 그들은 중공군 복병을 정면으로 만났다. 그들이 미처 깨닫기도 전에 그들은 완전히 포위됐다. 소대 부사관과 다른 두 명은 지프를 재빨리 돌려 틈을 만든 후 겨우 빠져나올 수 있었다. 다른 모든 이들은 죽거나 포로로 사로잡혔다.

I&R 소대의 탈출에 경각심을 갖게 된 2대대는 정오 전 매복장소에 도착했다. 그들은 트럭에서 내린 후 공격을 위해서 부대를 배치했다. 짐 숄츠는 병원에서 돌아온 지 고작 2주가 지난 상태였다. 이제 그는 다시 전쟁의 한 복판에 있었다.

트럭은 다시 방향을 바꾸었고, 다른 경로를 통해 순천에 가도록 명령받았다. 짐의 조지 중대와 함께 폭스 중대는 공격을 개시했지만 잘 준비된 중공군을 격퇴하는 데는 실패했다. 오후 늦게까지 부대는 칠십 명의 사상자를 냈음에도 거의 전진할 수 없었다. 그들은 더 많은 무기를 요청했다. 그리고 그들이 할 수 있는 한 많은 부상자들을 후송했다. 그리고 공격을 재개했다. 마침내 매복해 있던 중공군은 뒤로 물러섰다. 그러나 한층 더 강화된 진지에는 두 개의 중공군 연대가 중요한 고지 두 개를 점령하고 있었다.

연대 3대대의 중대 하나가 도우러 왔다. 그러나 소용이 없었다. I중대에 있던 조 투미의 전 중대장은 조에 대한 충성스런 마음에서 조를 데려오기 위해 구조부대를 이끌겠다고 자원했다. 그러나 이는 무모한 임무가 될 것이었고, 결국 승인받지 못했다.

전투가 채 끝나기 전 이백 명 이상의 군인들이 죽거나 부상당하거나 실종됐다. 어둡기 전에 짐과 다른 이들은 순천에 이르는 길을 여전히 적군이 제압하고 있는 가운데 우회로를 통해 진군하기 시작했다.

짐이 조에게 무슨 일이 일어났는지 알아보려고 할 때 누군가 포로들이 끌려가는 것을 봤는데 "그중 한 명은 키가 매우 컸다"고 말했다. 아마도 그 이는 조가 분명했다. 그는 우리 학급에서 가장 키가 컸다. 그 후 그 소식은 조가 아마도 전쟁포로일 것이라는 말과 함께 동기들의 풍문에 떠다녔다. 모두 그가 포로생활에서 잘 빠져나올 것이라고 확신했다. 그러나 약 두 달 후 조는 포로수용소에서 죽었다. 그의 죽음에 대한 구체적인 정보는 알려진 바가 없다.

추수감사절에 7기갑연대는 표창장 수여식을 가졌고 분위기는 거의 축제분위기에 가까웠다. 그러나 며칠 후, 개리 오웬 부대원들은 충격적인 현실로 되돌아가게 되었다. 그들은 예비역에서 벗어나서 신창동 동쪽의 좁은 길에 걸쳐 있는 진지에 자리를 잡았다. 그들 북쪽의 한국군 부대는 꺾였고, 그들 전방에 아직 남아 있는 아군 부대가 있을지, 없을지는 몰랐다.

연대는 촘촘히 경계를 섰다. 2대대가 길의 왼쪽, 1대대가 오른쪽, 3대대가 예비역이었다. 빌 마슬렌더와 그의 사병들은 길 옆의 평평한 땅에 있었다. 1대대 왼쪽 측면이었다.

해가 진 후, 곧 눈이 내리기 시작했다. 이미 추위를 느끼고 있던 사병들은 더 많이 떨기 시작했다. 자정이 되기 불과 얼마 전 눈이 그쳤고 안개가 꼈다. 기온은 더 떨어졌다. 모든 것이 고요해 보였다. 빌은 몸을 좀 더 따뜻하게 하기 위해 슬리핑백으로 들어가기 시작했다. 갑자기, 추운 겨울 공기 속에서 그는 나팔 소리를 들었다. 그 후 몇 초 내에 더 많은 신호들이 이어졌다. 경각, 양각, 외침, 수류탄 폭발소리였다.

그는 슬리핑백에서 나오기 직전 수십 명이 그의 소대 진지로 달려오고 있는 것을 목격했다. 조직된 저항은 이미 불가능했다. 맹렬한 육박전이 시작됐고 사병들은 후방으로 내달리기 시작했다.

"높은 곳으로 돌아가라."

빌이 외쳤다.

그들은 다음 산등성이로 후퇴해서 다시 모이기 시작했다. 더 일찍, 잠입병들이 최전선에 있는 중대들 후방으로 왔다. 곧 소총중대들뿐 아니라 1, 2대대의 본부들도 공격받기 시작했다. 연대 예비역으로 있던 3대대는 역공을 가하게 되었다. 공격은 밤새도록 계속됐다. 77야전의 곡사포들이 가까운 거리에서 지원사격을 계속 가해서 중공군 대열을 무너뜨리고 수백 명의 사상자를 냈다.

조금씩 잃었던 곳을 되찾았고 방어선은 회복됐다. 그러나 그 값은 컸다. 빌의 소대 하나에서만 열한 명이 목숨을 잃었다. 연대 사상자 수는 백오십육 명이었고 이 중의 삼십팔 명은 사망했다. 그러나 7기갑부대는 방어선 안에서 350구의 중공군 시체를 발견했고 방어선 바로 밖에 1,250구의 시체가 더 있는 것으로 추정했다.

11월 25일 오후 늦게, 포병 데이브 프리먼은 187연대전투단 베이커 중대의 전방관측자로 발령받고 즉시 중대장에게 가도록 명령 받았다. 중대에 약 오후 9시에 도착한 데이브는 평양 동쪽에 있는 171고지 정상으로 파견됐다. 그리고 소대 부사관인 두마스 부사관을 만나도록 명령받았다. 부사관은 데비브에게 상황을 알려주고 어디에 적군이 위치해 있는지 말해주었다. 데이브는 몇 군데에 포탄을 등록하고 참호로 갔다.

밤 늦게, 데이브는 소총 소리에 깼다. 두마스는 자신이 맹렬한 접전 중이라고 말했다. 데이브는 총격을 요청하기 시작했다. 두마스는 그에게 공격이 더 가까워야 한다고 계속 말했다. 포탄이 전방 비탈에 있는 두마스 부사관과 산 정상에 있는 자기 사이에 떨어졌을 때, 데이브는 공격이 충분히 가까운 것을 알았다. 한번은 데이브가 자신이 두마스와 그의 어시스턴트를 죽인 것이 분명하다고 생각했다. 다행히 그들은 총격으로 일어난 먼지에 맞은 것이었다. 다소 떨면서, 데이브는 사격지휘소에 먼젓번 사격에 약 100야드(91.4미터)를 더 해달라고 제안했다.

데이브는 밤새도록 진지에 머물면서 포탄을 조준했다. 마침내 적군의 공격이 격퇴됐다.

다음 날 아침, 진지 앞 땅에는 적군의 시체들이 즐비했다.

아이템 중대는 여러 시간 걷고 있었다. 이때쯤 우리가 배급받은 고무 방수 장화는 새로운 불평거리가 되었다. 장화가 따뜻하기는 했지만, 모두들이 장화가 오래 걷기에는 끔찍하다는 데 동의했다. 잠시 행군을 멈춘 동안, 우리 중대 군의관이 내 다리가 견딜 만한지 물었다. 이 친구는 내가 부상을 당했던 9월부터 나와 함께 있던 군인이었다.

"다리는 괜찮네."

내가 말했다.

"물어봐줘서 고맙네. 그러나 지금 당장은 난 빌어먹을 만큼 배가 고파서 음식 생각밖에 안 나!"

아침에 먹은 커피가 스물네 시간이 넘는 동안 내가 먹은 전부였다.

진정으로 너그럽게도, 그는 주머니에 손을 넣어서 세 개의 새로운 사탕을 꺼내 나에게 내밀었다. 그가 며칠 전에 집에서 받은 소포 속에 들어 있었던 것이다. 이때 그 사탕은 정말 엄청나게 귀중하게 보였다. 나는 한 개를 입속에 넣었다. 그리고 이것이 마지막 것이 되도록 하려고 애썼다.

우리는 계속 진군했다. 전쟁이 끝났을지 모른다던 아까의 내 생각은 다소 우스꽝스럽게 느껴졌다. 모든 면을 볼 때, 우리는 전체가 퇴각하고 있었다. 우리가 다음 번에 진군을 멈추었을 때쯤에는 해가 지기 시작했다. 우리는 이제 어떻게 될 것인가? 우리가 지금 있는 곳에서 낙오된다면, 우리는 죽거나 포로로 잡힐지 몰랐다. 아니면 적어도 많은 이들이 동사할 것이다. 그럼에도 불구하고 그저 땅에 주저앉고 싶은 유혹에 빠져들고 있었다.

얼마 안 있어 몇 개의 M-26 퍼싱전차가 철커덕 소리와 엔진 소리를 내면서 오더니 우리 종대 곁에 멈췄다. 선봉전차의 포탑에서 한 중위가 고개를 내밀고 우리에게 전차에 오르라고 소리쳤다.

우리는 무기와 추가 장비들을 밀고 당기면서 어찌 됐든 전차의 뒤 칸에 모두 올라탔다. 우리는 엔진 위에 다 함께 난잡하게 서 있었다. 포탑 위 몇 개의 받침대를 제외하고는 붙잡을 만한 것이 아무것도 없었다. 기갑병들은 유일하게 핸들을 닮은 물체인 무전기 안테나 장대는 절대 손을 대면 안 된다고 말했다. 왜냐하면 갑자기 당기면 부러질 수 있기 때문이었다.

모두가 전차에 올라타 보니, 우리는 각 전차에 열두 명이나 그 이상이 타고 있었다. 혼잡한 패턴으로 모두 밀집돼 있었다. 전차들이 움직이기 시작하자 우리는 즉각 균형을 잡는 데 어려움을 겪기 시작했다. 두 명은 포탑의 돌출부에 매달리고 있었다. 다른 두 명은 이 둘을 붙잡고 있었다. 나머지 우리는 그저 서로가 서로를 지탱해주려고 노력하고 있었다. 우리가 지고 있는 모든 무기와 장비, 그리고 전차의 덜컹거림으로 인해 이것은 쉽지 않았다.

우리는 아무도 넘어지지 않게 서로를 지탱해주려고 노력하면서 앞뒤로 비틀거렸다. 난 전차의 움직임에 따라 흔들거리면서 스키 타는 것처럼 무릎을 굽혀봤다. 잠깐 동안은 효과가 있는 듯했다. 그러나 전차가 급격히 움직이면서 난 또 균형을 잃었다. 미친듯이 누군가의 팔을 움켜 잡았다.

한 시간이 지나고, 또 한 시간이 지났다. 유독한 엔진 가스로 인해 우리는 비틀거리기 시작했다. 우리가 서 있는 엔진 그릴은 엔진이 오래 작동하면서 한층 더 뜨거워졌다. 우리 장화의 고무바닥은 전도체로 작용했다. 우리 발은 뜨겁게 달아올랐다. 갑자기 내 한쪽 발이 타는 듯했다. 난 장화를 식히기 위해 그 발을 들었다. 그러면서도 균형을 잡기 위해 애쓰다가 그 발을 내려놓았다. 그때쯤 다른 발이 불타고 있었다. 다른 이들도 나와 똑같이 행동하고 있었다. 우리는 코미디 같은 광경을 만들어내고 있었을 것임에 틀림없다. 꼴사나운 황새 무리가 한번에 한 다리로 서 있으면서 넘어지지 않도록 서로가 서로를 꼭 붙들고 있는 것처럼 말이다.

자정쯤, 우리는 연료를 넣기 위해 멈췄다. 5갤론의 가스 캔이 길 옆에 쌓여 있었다. 우리는 사슬을 형성해서 캔을 전달하고 그것들을 하나씩 근처의 빈 전차에 부어 넣었다.

우리는 다시 전차를 탔다. 전차가 앞으로 비틀거리며 나아갔다. 그리고 똑같은 과정이 반복되기 시작했다. 군인들은 서로에게 기대어 추위, 엔진 가스, 바닥의 열기에 대해서 저주하면서 꼴사납게 비틀거리고 있었다. 두 번 정도 전차 부사관이 포탑에서 고개를 내밀고 무전기 장대를 붙잡고 있는 이들을 꾸짖었다. 이에 사병들은 만약 그러면 어찌할 것이냐고 소리쳐 대꾸했다.

새벽 2시경, 우리는 소박한 가게들이 길가에 늘어서 있는 마을을 지나게 되었다. 가게들은 모두 문이 닫혀 있었다. 한두 개의 문 뒤에는 희미한 촛불이 켜져 있는 것 같았다. 이때쯤 난 깨어 있기 위해 싸워야 했다. 난 춥고 배고프고 그저 눈을 감고 싶었다. 시간이 꽤 흘렀다. 내 눈꺼풀이 무거워지고 감기기 시작했다. 난 결국 몸의 균형을 잃고 말았다.

"졸지 마십시오, 중위님."

누군가 말했다.

"음…, 알겠어… 고마워."

난 웅얼거렸고 눈은 다시 감겼다. 그리고 갑자기 머리를 전차 밖으로 내던지면서 넘어지고 있었다. 누군가가 내 다리를 잡았다. 잠깐의 끔찍했던 한순간 난 매달려 있었다. 빠르게 회전하는 전차로부터 머리가 몇 인치 밖으로 나간 채 말이다. 손들이 날 확 잡아당겨 똑바로 세웠다. 난 감사를 표했다. 악몽 같은 여행은 계속됐다.

새벽 4시나 5시경 아직 날이 어두울 때 우리는 길을 떠나서 눈 덮인 골짜기로 갔다. 전차들이 멈췄다. 기갑병들이 우리에게 내리라고 소리를 질렀다. 난 땅으로 뛰어내려 선봉전차로 달려 중위를 찾았다. 아마도 그의 무전기는 작동하고 있을 것이었다. 그는 내가 다른 누군가와 교전할 수 있는 유일한 통로였다.

"일이 어떻게 진행되고 있습니까?"

내가 외쳤다.

"잘 모르겠습니다."

그가 높은 포탑에서 외쳐 답했다.

"그러나 이곳에 당신들을 내려드려야 합니다. 당신들을 이곳에 내려드리라고 명령받았습니다."

"그렇지만 여기가 어디입니까? 우리 중대의 나머지 대원들은 어디 있습니까?"

"잘 모르겠습니다. 사병들을 데리고 가십시오. 우리는 계속 가야 합니다."

전차들은 후진하더니 방향을 바꿔서 우리가 왔던 길을 향해 돌아갔다. 전차 엔진소리가 점점 희미해지더니 마침내 사라졌다. 사병들은 떼 지어 배회하고, 투덜거리고, 질문하고 불평하고 있었다.

난 무전기로 깁에게 연락을 취하려고 했으나 아무런 응답이 없었다.

짐 엑슬리가 말했다.

"해리, 자네가 사령권을 쥐고 있는 것 같네."

"흠, 그래."

"무슨 일입니까, 중위님? 여기가 어디입니까? 무슨 일이 벌어지고 있습니까?"

내가 스스로 생각할 수 있는 것이라곤, "내가 대체 그것을 어떻게 알아?"였다. 그러나 난 자신감에 차 있는 것처럼 말하려고 애썼다.

"그런 것은 신경 쓰지 말도록 하게! 지금 중요한 것은 자리를 잡고 방어 태세를 굳히는 것이다. 1소대는 왼쪽으로 간다. 2소대는 첫 산등성이로 가서 흩어진다. 3소대는 오른쪽으로 간다. 무기소대는 후방의 평지로 간다. 중대 지휘소는 우리가 지금 서 있는 바로 이곳이 될 것이다."

거의 허세와 으름장에 불과했다. 그러나 어쨌든 사병들은 나를 믿었다. 어둠 속에서 난 부사관들이 사병들을 모으고 움직이는 소리를 들었다. 사병들은 여전히 불평하고 있었지만 최소한 누군가는 큰 그림을 보고 있다고 생각하고 있었다. 우리가 있는 곳이 어딘지, 어둠 속 바깥에는 무엇이 있을지 알지 못한다는 것은 섬뜩한 일이었다. 다행히 고립되었다는 감정은 몇 시간만 더 지속됐다. 해가 뜬 후, 우리는 대대 집결지로 안내받았다. 부엌과 배급 구역이 이미 자리하고 있었다. 취사병들이 따뜻한 음식도 마련해 놓은 상태였다.

명백히 우리는 중공군과의 만남을 피했으며 그들의 덫에서 탈출했다. 최소한 몇 시간 동안 우리는 위험에서 벗어나 있었으며, 심지어 휴식을 취할 수도 있었다.

FROM THE HUDSON TO THE YALU

9

8군 퇴각

11월 30일 ~ 12월 31일

우리 부대는 사실 다소간 적군에게 끊어져 연락이 두절된 상태였다. 그러나 우리는 계속 순천, 그리고 평양을 향해서 진군했다. 며칠 전 다소 희망차게 진군해왔던 길을 다시 되돌아가게 된 것이다.

| 11월이 끝나갈 무렵, 중공군의 공세는 탄력이 붙고 있었으며 사기를 잃은 미 8군은 퇴각하고 있었다. 미 8군은 평양 근처에 방어선을 구축하기를 바라고 있었다. 도쿄에서 맥아더 장군이 10군단 사령관 네드 알몬드 장군과 8군 사령관 월튼 워커 장군을 만났다. 모임 후 맥아더 장군은 대규모의 중공군 개입은 '전혀 새로운 전쟁'의 시작을 의미한다고 선언했다. 군 성명은 아군의 북진으로 중공군이 성급히 도움의 손길을 뻗치게 됐다고 말했다. 다시 말해, 유엔 전략은 중공군 덫이 성공하지 못하도록 했으며, 사실상 지혜로운 작전이었다는 것이다.

전장에 있는 소위와 중위들은 이 선언이야말로 명백히 나쁜 상황을 좋게 포장하려는 시도라고 여겼다. 누구도 이 말에 속지 않았다. 우리는 덫을 향해 걸어들어 갔고 심각한 손실을 경험했으며, 이제 완전히 퇴각하는 중이었다.

이때쯤 더 많은 동기생들이 한국에 있었다. 오키나와에서 도착한 아홉 명의 총각 공병들을 포함해서 말이다. 역설적으로 공병부대 배치는 결혼한 장교들에게 일본으로 갈 수 있는 우선권을 주었다. 그곳에 가족용 숙소가 있기 때문이었다. 이에 따라 전쟁이 시작되면서 조지 스턱하트가 표현했듯이 미혼 공병들이 "소화기 수를 세는 등의 다양한 중요한 일을 수행하는 데 3개월"을 보내는 동안 부대들이 일본에서 한국으로 급히 수송될 때, 결과적으로 결혼한 장교들이 전투에 임하게 되었다. 미국을 떠나기 전 스톤맨 캠프에 있던 조지, 에드 타운슬리, 그리고 다른 군인들은 발령지가 오키나와에서 한국으로 바뀌도록 노력했으나 실패하기도 했다. 게다가 오키나와에 도착했을 때, 그들은 자신들이 배속될 예정이던 76공병대대가 이미 자기들을 두고 한국으로 떠난 것을 알게 됐다. 마침내 10월 이들은 한국을 향해 출발했다. 조지는 심각하게 많은 사상자가 발생한 2사단에 갔고 에드는 25사단에 들어갔다. 1949년도 졸업생 중 첫 대위가 된 동기 해리 그리피스는 공군 건설부대인 SCARWAF로 배치됐다.

11월, 미그기들이 전투에 첫 출현한 지 얼마 안 돼, 공군은 한국전을 위해 많은 수의 F-86 사브레와 F-84 선더제트를 수송했다. 샌디에고에서 27전투기 호위 비행전대의 비행기들이 운반선 시트코 베이 호에 실렸다. 2주 후 이 비행기들은 일본 이타주케 공군기지에 도착했다. 12월 5일까지, 27비행전대 소속의 플로이드 스티븐슨, 데이브 반즈, 그리고 다른 조종사들은 대구 근처 공군기지인 K-2에 배치됐다.

이때쯤, 더그 부시와 335 전투기 비행대는 F-86 사브레를 몰면서 서울 근처 김포 K-14에 도착했다. 그리고 한 달간 더그는 그의 비행대장 호위기 조종사로서 열 번의 전투 임무를 수행하게 됐다. 꽤나 흥미로운 복무였다. 그러나 과거 보병이던 더그로서는 좌절스러운 점이 하나 있었다. F-86의 비행속도 때문에 근거리에서 육군 병사들을 위한 공중 지원을 하기에는 적합하지 않았던 것이다.

플로이드 스티븐슨(그의 가족은 그를 '보'라고 불렀지만, 대부분의 동기생들은 그를 스티브라고 불렀다)은 직업 해병장교의 아들로서, 일련의 해외 전초에서 살았고 그 과정에서 자연스럽게 능숙한 언어학자가 되었다. 실제로 한번은 멕시코 대리 대사가 스티브의 스페인어가 완벽하다고 말했다. 그가 들어본 모국어가 영어인 사람의 스페인어 중 최고라는 것이었다. 스티브는 또 훌륭한 뮤지션, 대학 체조선수였고 탁월한 조종사였다. 그는 당연히 자신의 F-84 선더제트를 자랑스러워했지만 비극적이게도 그가 한국에 도착한 지 겨우 한 주가 지난 12월 13일 그가 탄 F-84가 추락했다. 스티브는 작전 중 사망한 동기생 중 첫 번째 공군이 됐다.

마이크 왜즈워스는 의료기관을 통해 후송돼, 더그 부시와 플로이드 스티븐슨이 이동할 때쯤 일본에 도착했다. 안타깝게도, 마이크가 당한 부상은 치명적이었다. 마이크는 12월 3일 오사카에서 마지막 숨을 거두었다. 그의 소대 부사관 헨리 헤이스너는 마이크의 아내 베트 왜즈워스에게 쓴 편지에서 이렇게 말했다.

> "휴식지에 있는 동안 왜즈워스 소위가 우리 소대에 도착했습니다. 그 이후로 저는 제가 상을 하나 받았다는 것을 알았습니다. 그는 즉각 지도력을 발휘함으로써 자신이 사람들이 '지옥까지' 따라갈 종류의 장교라는 것을 보여주었습니다. 대부분의 경우에 그는 정찰병보다 앞장서 진군했고 몇몇 경우에 난 그에게 그의 역할은 소대의 작전을 지휘하는 것이지 이를 위해서 정찰을 하는 것이 아님을 상기시켜줘야 했습니다. 그가 정말 훌륭한 사람임을 부인께서 분명히 알고 계실 것을 압니다. 왜즈워스 소위에 앞서 한국에서 네 명의 소대장, 2차대전 중 유럽에서 열세 명의 소대장을 거친 저는 정직하게 그가 제가 아는 중의 최고의 소대장이었으며 그가 군인으로서 대단한 미래를 가진 자였다고 믿습니다. 전 비록 짧은 기간이었지만 그의 소대의 일원이어서 행복했다고 당당히 말할 수 있습니다."

아이템 중대를 포함한 21보병연대가 한국 서해안을 따라 전선에서 퇴각하는 동안, 중공군은 내륙 안쪽에서 우리와 평행을 이뤄 움직이고 있었다. 이들은 주기적으로 우리 종대의 앞이나 뒤를 공격했다. 종대의 중간쯤에 위치한 아이템 중대는 중공군과 직접 접전할 기회가 아직 없었지만, 이따금 우리 앞이나 뒤에서 나는 총격 소리를 들을 수 있었다.

잠시 진군을 쉬는 동안 난 재빨리 집에 편지를 썼다. 전령병이 이 편지를 보관하고 있겠다고 말했다. 그는 며칠간 우편물을 전달할 수 없었다. 사실 그는 이미 내가 몇 주 전에 쓴 한두 통의 편지도 아직 가지고 있었다. 그 문제로 나는 이제까지 애써 억눌려왔던 것을 시인하게 됐다. 우리 부대는 사실 다소간 적군에게 끊어져 연락이 두절된 상태였다. 그러나 우리는 계속 순천, 그리고 평양을 향해서 진군했다. 며칠 전 다소 희망차게 진군해왔던 길을 다시 되돌아가게 된 것이다. 마침내 우리는 중공군으로부터 벗어난 것 같았다. 미군의 기동력 덕분에 우리는 중공군이 쫓아오는 것보다 더 빨리 달아날 수 있었다.

한 주간 퇴각한 후 우리는 방어진지를 구축하고 버려진 집에 우리 중대의 지휘소를 세웠다. 만약 몇 달 전이라면 우리는 이 원시적인 집을 원치 않았을 것이다. 그러나 지금 이곳은 아늑하고 있을 만한 곳으로 보였다.

다음 날 아침 일찍, 문 밖에서 난 폭발소리로 인해 이 진지의 고요함이 산산조각났다. 고함소리가 났고 우리는 무슨 일인가 싶어 집 밖으로 나왔다. 그리고 무기중대의 사병 몇몇은 안뜰의 볏짚 더미 위에서 자고 있었는데, 그들이 아침에 일어날 때 누군가의 주머니에서 수류탄이 떨어진 것이었다. 그리고 아침 공기 가운데 떨면서 군인들이 짚을 이용해서 불을 피우자 수류탄이 폭발했다. 한 명이 죽고 두 명이 부상을 당했다.

우리는 남쪽으로 향했다. 우리는 이제 영구적인 방어진지를 구축할 것이라고 들었다. 그곳에서 나머지 겨울을 난다는 것이었다. 중공군은 계속 추격하고 있었다. 그들은 거의 밤에 이동하고 낮에는 숨어 있었다. 우리가 계속 남진하는 가운데, 적군을 위한 방어막을 형성할 수 있는 구조물들을 불태우는 것이 좋겠다는 권고가 내려왔다.

우리 호위대는 길 옆에 멈춰 서서 새로운 아이템 중대 구역을 가리켜 보여주었다. 흥분되는 일이었다. 마침내 우리는 좋은 사계, 철조망, 지뢰, 잘 파진 참호 등이 갖춰진 견고한 방어진지를 구축할 수 있게 되었다.

우리의 새로운 전선 바로 후방에는 평화스런 골짜기에 지어진 큰 한국집이 있었다. 우리는 이곳을 중대 지휘소로 만들어야 해서, 기품 있어 보이는 집주인 노부부에게 떠나야 한다고 말해줬다. 그들은 슬프고 당황한 가운데 보따리를 싸면서 집안을 이리저리 돌아다녔다. 난 통역병에게 그들의 집에 무슨 일이 일어날지 모르나 우리가 여기에 잠시 있을 계획이므로, 할 수 있는 한 그들의 소유물을 보호해주겠다고 말해달라고 부탁했다. 통역병은 어리둥절한 것처럼 보였다. 왜 중위님이 이런 것을 신경 쓰고 계실까? 이 사람들이 중위님과 무슨 관계가 있단 말인가? 그러나 그는 그들에게 내 말을 전했다. 그들은 감사의 표시로 절을 하고 집을 떠나기 전에 자신들의 아들에 대해서 말했다. 그는 미국에서 공부하고 지금 남한 어딘가에서 의사로 일하고 있다고 했다. 노부부는 젊은 여성과 어린 아이도 데리고 있었는데, 아마도 그 아들의 가족인 것 같았다. 이윽고 나이 든 신사는 무거운 지게를 졌고 젊은 여성은 아이를 등에 멨다. 두 여인 모두 머리에 보따리를 이었다. 그리고는 터벅터벅 걸어갔다. 처량한 작은 행렬이었다.

비록 우리가 피난민 행렬에는 익숙해져 있었지만, 이 가족과의 친밀감(집에 있는 그들을, 그들이 자신들의 집에서 떠나야만 하는 상황을 보았다)으로 인해 난 특히 더 침울해졌다. 그들이 떠난 후 난 영어로 된 몇 개의 의학서적을 포함해서 버려진 책을 죽 넘겨봤다. 그러자 그 가족과 아들이 더 가깝게 느껴졌고, 그 상황이 한층 더 통렬하게 다가왔다.

우리는 우리의 '영구' 진지에 꼭 하루 동안 머물면서 중공군이 다른 구역에서 아군의 측면을 포위하는 작전행동을 취했다. 우리는 그들이 우리를 끊어내기 전에 다시 철수해야만 했다. 중대는 고지로부터 내려왔다. 길에 집결하고 트럭들이 와서 우리를 남쪽으로 태워가기를 기다렸다. 구조물을 불태워야 한다는 정책을 알고 있는 일등상사가 우리가 점령하고 있던 집으로 가서 그곳을 불태우겠다고 제안했다.

난 의사 아들을 둔 노부부를 생각했다. 그래서 이렇게 말했다.

"아니, 그것 하나는 그냥 두도록 하지."

그러나 이미 너무 늦어버렸다. 내가 뒤를 돌아보니, 검은 연기가 솟아오르고 있었다. 우리 뒤에 온 누군가가 그곳을 불태운 것이다. 아마도 합법적인 방화범은 몇의 중공군이 쉼터를 찾는 것을 막았을지 모른다. 그러나 다소간 난 우리가 불명예스런 짓을 한 것처럼 느껴졌다.

평양 주변에 방어선을 형성하려는 계획은 급히 잊혀졌다. 남쪽으로의 이동은 점점 더 급박해졌다. 우리가 북진할 때 빌 무어와 그의 공병대대는 건설자들이었다. 그들은 교량을 수리하고 부교를 설계하고, 때로는 교량을 수리해서 세웠다. 이제 우리가 퇴각하면서 이들과 또 다른 공병들은 파괴자들이 되었다. 교량, 무기 임시 집적소, 가솔린 보급소, 후송되지 못한 모든 것들은 이제 적의 손길이 닿지 못하도록 파괴되어야 했다. 겨울 의복이 도착하고 있었지만, 우리 사단의 3분의 1은 아직도 그 의복을 받지 못하고 기다리고 있었다. 어떤 경우에는 사병들이 막 폭파되려는 저장소를 지나면서 간절히 필요로 했던 코트나 파커를 거머쥐었다. 때때로는 이렇게 하기 위해서 폭파를 좀 지연해달라고 사정해야만 했다. 언급되지 않은 수십 아마도 수백 대의 트럭, 전차, 포병 물품들도 다 이런 식으로 파괴되고 버려졌다. 8군의 모든 것이 끝장나는 것처럼 보였다.

1기갑사단의 비처 브라이언이 속한 중대는 잠시 예비역으로 있었다. 얼마 전 소대장에서 중대 부관으로 승진한 비처는 집에 이런 편지를 썼다.

"우리는 많은 정찰대를 보냈습니다. 그러나 지금까지 우리는 게릴라 몇 외에는 적군을 만나지 못했습니다. 우리가 분명 내일이나 그 다음 날에는 움직일 것이라고 생각합니다. 우리가 남쪽으로 이동하고 곧 배에 올라타서 이곳을 떠날 수 있기를 바랍니다. 전 장기적인 전략적 계획이 무엇인지 몰라 당황스럽습니다. 그들이 우리를 한국에서 나갈 수 있도록 계획하고 있을 것임이 분명합니다. 전 여기서 우리가 무슨 도움이 될 수 있을지 모르겠습니다. 이 달 내에 무슨 일이 벌어질지 알 수 있을 것입니다. 더 일찍 알 수 있는 것이 아니라면 말입니다."

아이템 중대는 의정부와 서울을 향해 뻗은 전통적인 침략 수송경로를 통해 계속 남진했다. 이 길은 북한이 전쟁 초기에 사용했던 길이다. 난 침략자들이 수세기에 걸쳐 이 길을 통해 오지 않았을까 추측해보았다.

트럭에서 군인들이 내렸다. 맥 중령은 길 근처의 민둥산에 모든 중대장과 부관들을 불러 모았다. S-3가 각 중대 구역을 가리키며, 38선이 우리 전방에서 100야드도 채 떨어지지 않은 곳에 있다고 지나가면서 언급했다. 우리 북쪽의 골짜기를 가로질러서 우리는 낮은 산등성이 네트워크를 볼 수 있었다. 그 뒤에는 눈 덮인 높은 산들이 자리하고 있었다. 맥 중령은 중공군들이 이미 그곳에 배치된 것이 확실한 것 같다고 말했다.

한편, 우리 포병 연락장교인 존 번즈 대위는 잠재적인 공격목표들에 집중하고 있었다. 포병 탄환 하나가 우리 전방의 비탈에 떨어졌다.

"이봐, 번즈!"

누군가가 웃으면서 말했다.

"저 탄환들 주의하게. 너희 포병들은 저 너머 고지들을 등록해야 돼. 이쪽 말고!"

S-3는 계속해서 진지들을 가리켰다. 또 다른 포탄이 우리 앞에서 폭발했다. 잠시 후 또 하나가 오른편에 떨어졌다. 우리보다 조금 뒤였다.

"이봐, 번즈, 대체 무슨 일이야?"

"저희 포탄이 아닌 것 같습니다."

그가 말을 미처 마치기도 전에 높은 음조의 탄환 소리가 났고, 우리 몇 야드 뒤에서 폭발이 있었다. 거의 우리 한 가운데 떨어졌다.

"이쪽을 겨누고 있어!"

맥 중령이 말했다. 심지어 그가 말할 때조차 우리는 또 다른 포탄이 날라오는 날카로운 소리를 들었다. 난 근처의 참호로 뛰어들었다. 그러나 재빨리 뛰어들었음에도 M중대의 중위가 나보다 더 빨랐다. 그가 참호에 먼저 도착했고 곧바로 내가 그 위를 덮쳤다. 포탄들이 날카로운 소리를 내며 계속 날아왔다. 우리는 참호 속에서 몸을 움직이지 못한 채 엎드려 있었다.

난 우리가 얼마나 좋은 표적이었는지에 대해 중위에게 말했다. 장교들의 무리가 지평선에 서서 쌍안경으로 주변을 살피고 있었다니 말이다.

그도 동의했다. 그리고 "해리, 총을 맞은 것 같은데!"라고 말했다.

"아니야, 아닌데. 적어도 난 아프지 않아."

"한번 확인해보는 것이 좋겠어. 빌어먹을. 네가 지금 나에게 계속 피를 묻히고 있어!"

확실히 내게서 피가 떨어지고 있었다. 내 코로부터 나오고 있는 피였다. 내가 참호에 도착했을 때, 내 코가 그의 팔꿈치와 부딪혔던 것이 틀림없었다. 피가 계속 흐르고 있었다. 나보다 그에게 더 끔찍한 일이었다. 게다가 우리는 참호 속에 처박혀 있었어야 했으니 말이다. 난 코피를 멈추게 할 길이 없었다. 몇 분 후 주위가 고요해졌다. 조심스럽게 우리는 고지를 떠났다. 이번에는 몸을 구부렸다.

나는 형제장교에게 내가 그 위에 흘린 피를 생각해 나를 명예상이기장 수여자로 추천해줄 것인지 물었다.

"지옥에나 가."

그가 말했다.

12월 23일 오전, 월튼 워커 장군은 우리 24사단 사령부를 방문하고 데이비슨 장군과 회의를 가졌다. 그리고 영 연방 여단을 향해 출발했다. 워커 장군이 탄 지프는 빙판길 위에서 북쪽으로 질주하다가 남쪽으로 향하던 남한 군용차와 정면으로 충돌했다. 워커 장군은 즉각 근처의 이동외과야전병원으로 후송됐다. 그러나 도착했을 때는 이미 숨진 후였다.

워싱턴에서 매트 리지웨이 장군이 워커 장군의 후임으로 지명됐다. 그는 하루가 채 지나기도 전에 공군이 제공한 네 개의 엔진이 달린 컨스텔레이션 수송기를 타고 극동으로 향하고 있었다. 그는 나중에 이렇게 기록했다.

> “난 그곳에 도착했을 때, 8군의 사기 상태로 인해 깊이 근심하게 되었다. 불안감, 우울한 불길함, 불확실성, 미래에 대한 근심 등이 뒤섞인 분위기가 발견됐다.”

아이템 중대의 오른쪽 측면은 의정부 및 서울로 이르는, 남쪽으로 향하는 길과 연결돼 있었다. 우리의 왼쪽과 중앙은 일련의 낮은 언덕 위에 있었다. 우리는 왼쪽 측면에서 전선을 뒤로 구부렸다. 웨스트포인트 전술 수업에서는 우리가 “우리의 측면을 거부했다”고 표현할 것이다. 우리 바로 왼편에는 아무도 없었기 때문이다.

아이템 중대의 가장 가까운 이웃은 서쪽으로 몇백 야드 떨어진 19보병연대의 대대였다. 그곳의 소대장 한 명은 내 동기 존 라구치(리거)였다. 리거와 내가 이웃이 된 것은 이번이 처음은 아니었다. 우리는 둘 다 뉴욕 북부 출신인데, 난 시라큐스 출신이고 리거는 그 이웃에 있는 오번 출신이다.

우리 분대 중 하나는 손가락처럼 생긴 산등성이에 자리를 잡았다. 이 산등성이는 우리 전선 왼쪽에서부터 뻗어 있었다. 돌출된 손가락 모양 산등성이는 전초로 쓰기에 적당했다. 거꾸로 말하자면, 북쪽에서부터 우리에게 내려오기 원하는 이들에게도 편리한 경로였다.

그들은 둘째 날 우리를 공격했다. 자정쯤 난 반대편 비탈에 이전에 있던 사람들이 파놓은 참호 뒤에 있었다. 방금 슬리핑백 안으로 기어들어 간 상태였다. 갑자기 전초 부근에서부터 총성이 들려왔다. 그런 후 듣기 싫은 자동권총 소리가 났다. 난 여전히 슬리핑백 속에 들어간 채로 참호 속으로 굴러들어 가 무겁게 떨어졌다. 더 많은 총성이 있었다. 자동화기로부터 빛이 번뜩였다. 혼란이 가득했다.

무전기에서 소리가 들려왔다.

"우리가 공격을 당했습니다! 몇몇 전초부대는 다시 제자리를 잡았습니다. 그러나 그들 분대장이 사망했습니다. 부상자들도 몇 명 발생했습니다. 몇몇의 다른 병사들은 잘 모르겠습니다."

총격이 계속됐다. 무슨 일이 벌어지고 있는지 말한다는 것은 불가능했다. 더 많은 소음이 있었고, 몇 초간 고요가 있었다. 그러고 나서 내가 있는 쪽으로 총격이 오기 시작했다. 이제 우리의 이전 전초기지 자리에 있는 중공군은 우리 전선으로 총을 쏘아댈 수 있었다. 어둠 속에서 아군을 쏠 수도 있었기 때문에 우리는 총성으로 반격하기를 주저했다. 총알들이 내 머리 바로 위를 지나가고 있었다. 난 적군이 참호를 가로질러 쏠 수는 있어도 참호 안으로는 쏠 수 없기를 바랐다. 자동화기가 앞뒤를 공격했다. 예광탄이 녹색 흔적을 남겼다. 이들은 어둠 가운데 곡선을 그리며 날아갔다. 번쩍이는 총알이 내 머리 몇 피트 바로 위를 날아가는 것을 바라보니 오싹했다.

나에게서 몇 마일 떨어진 곳에 있던 깁이 무전기로 우리 3소대와 교전하고 있었다. 그러나 그는 별로 많은 것을 알 수 없었다. 우선 우리는 고립된 상황 가운데 있었다. 심지어 교전하고 있는 소대조차 누가 어디에 있는지 알지 못했다. 깁은 포병에게 예광탄을 발사해달라고 요청했다. 그리고 그와 난 예광탄이 발사됐을 때 적군의 위치를 알 수 있도록 전방 비탈로 기어갔다. 머리 위에서 돌진하는 소리가 나더니 뻥하고 폭발했다. 실패였다. 예광탄이 1, 2초 불타더니 꺼져버렸다. 그러나 괜찮았다. 만약 예광탄이 제대로 터졌더라면 그것이 우리 조금 뒤에서 터졌기 때문에, 우리에게 적군의 위치를 알려주기보다는 오히려 적군에게 우리의 위치를 알려줄 게 뻔했다.

우리 전방관측자가 예광탄을 다시 요청했다. 그리고 그들에게 사정거리를 늘리라고 주문했다. 이번 것은 거의 우리 머리 바로 위에서 뻥 터졌다. 깁과 나는 땅에 엎드렸다. 다행히 이번 것도 첫 번 것보다 약간 더 오래 불빛을 내다가 꺼져버렸다.

"빌어먹을. 사정거리를 더 늘려서 다시 한 번 더 쏘라고 하게!"

깁이 말했다.

시간이 좀 지체됐다. 전방관측자와 사격지휘소 간의 대화가 좀 길어지는 것 같았다. 점점 더 초조해진 깁은 전방관측자에게 서두르라고 말했다.

"대위님, 문제가 있습니다."

전방관측자가 말했다.

"무슨 문제든 상관치 않겠네."

깁이 말했다.

"여기 예광탄이 발사되도록 하게!"

"대위님, 사격지휘소에서는 예광탄이 부족하다고 하며, 이것이 정말 비상사태인지를 알기 원합니다."

이 말에 깁은 완전히 폭발했다. 깁은 송수화기를 낚아채더니 소리 지르기 시작했다.

"여기에 전사자가 있다. 여기 와서 피비린내 한번 맡아보고 싶나? 군인들이 죽을 때 난 이것을 비상사태로 여긴다! 여기에 대해서 더 할 말 있나?"

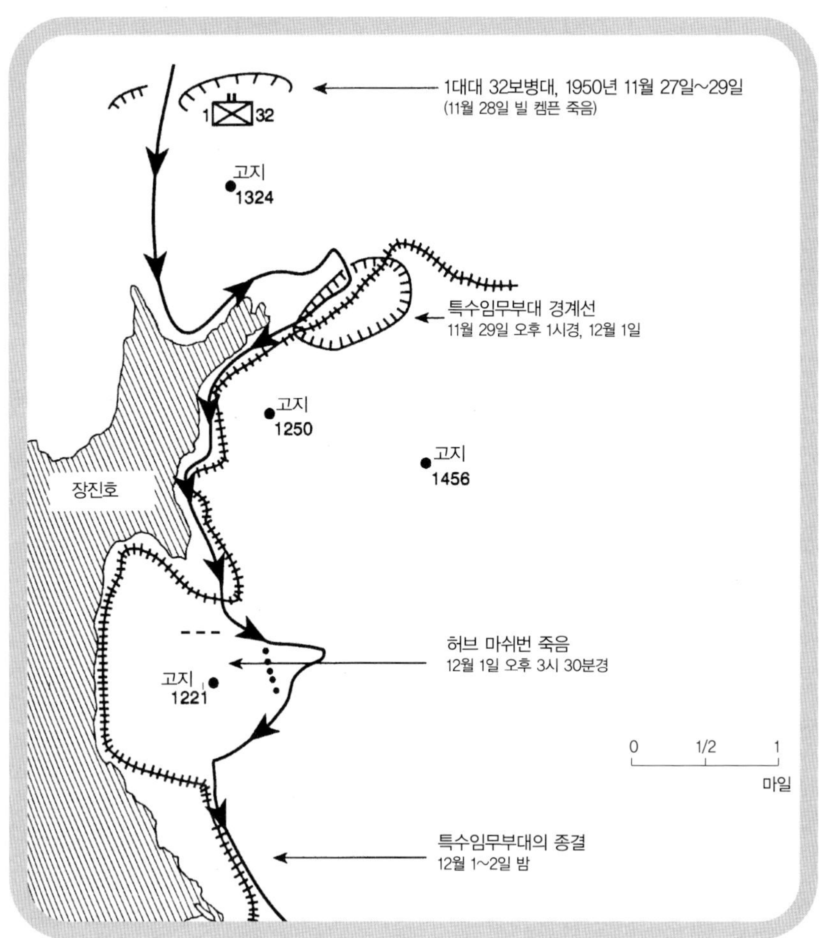

1950년 11월 27일~12월 2일, 수십만 명의 중공군 포위망을 뚫고 흥남까지 철수했던 장엄한 장진호전투

마침내 예광탄이 한 발 더 발사됐다. 이번에는 우리가 원하던 위치에 발사됐고 이것으로 우리는 주변을 제대로 볼 수 있었다. 우리 왼쪽 측면의 군인들은 총격을 가하기 시작했으며, 적군이 제압되고 있었다.

이때쯤, 대부분의 중공군은 어둠 속에 몸을 숨긴 채 사라졌다. 고작 몇 명만이 철수를 방어하기 위해 남아 있었다. 명백히 우리의 위치를 고착화시키려는 시도였고 전방위 공격은 아니었다. 아침이 밝아오기 시작할 때, 연결된 산등성이를 이용할 수 있었던 두 개 분대가 역공을 펼치고 전초를 다시 회복했다.

다음 날 아침, 우리는 보강된 분대 정찰대를 보냈다. 그들이 2마일도 채 못 나갔을 때 그들 양 측면에서 공격이 시작됐다. 두 명이 가벼운 부상을 당했지만 다행히 모두 복귀할 수 있었다.

이제 중공군은 우리가 어디에 위치해 있는지 알고 있었다. 아마도 그들은 이제 우리를 피해갈지 몰랐다. 아닐지도 몰랐다. 한 가지는 확실했다. 그들은 물러가지 않고 있었다.

3, 7사단의 동기생들을 포함한 10군단 군인들은 장진호와 흥남에서 벗어나게 돼서 기뻤다. 미 군함 빌리 미첼 장군호를 승선한 잭 매디슨은 다양한 독창적인 소문을 들었다. 그중 한 가지는 그들이 지금 샌프란시스코로 가고 있다는 것이었다. 샌프란시스코 금문교에는 이미 '환영 7사단' 이라고 적힌 현수막이 걸려 있다고 했다. 그럼에도 불구하고, 배가 12월 23일 부산항구에 도착했을 때 아무도 놀라지 않았다. 그들은 배에서 내려 얼마간 떼지어 몰려다닌 후, 기차를 타고 대구 부근의 집결지로 갔다. 크리스마스날, 잭은 집에 편지를 썼다.

> "우리는 따뜻하고 괜찮은 학교 건물에 자리를 잡았습니다. 칠면조가 스토브 안에 있습니다. 우리 모두는 여기 있다는 것이 굉장히 기쁩니다."

곧 그들은 자신들을 절실히 필요로 하고 있는 8군 전선에 자리를 잡게 될 예정이었다. 미군 사단들은 심각하게 약화되었고 한국군은 더 심한 상태였다. 중공군은 다음 공세를 위해 집결하고 있었다.

내 가장 가까운 친구 둘이 다른 부대로 전출되게 되었다. 짐 엑슬리는 중박격포탄 중대로, 깁은 대대 참모로 가게 된 것이다. 난 그들을 그리워하는 만큼 그들이 소총중대에서 안전하게 벗어날 수 있게 된 것에 대해서 기뻤다. 훌륭한 녀석들이었다. 시타델 사관학교는 이 둘 모두를 자랑스러워할 만하다. (그 후 얼마 지나지 않아 깁은 일본 총사령부로 발령받게 되었다. 그는 보병부대 리더로서 계속 좋은 경력을 쌓아갔다. 한편 짐은 몇 달 후 자신이 타고 있던 지프가 지뢰를 밟게 되어 목숨을 잃었다.)

러프 린치가 중대장 대리가 되었다. 며칠 후 그는 마이크 중대로 전출되었다. 그곳에서 그는 부관으로 일하게 될 것이었다.

"그렇지만, 이 중대는 어떻게 하고?"

내가 러프에게 물었다.

"버니 포터가 맡게 될 걸세. 그는 병원에서 퇴원해 오늘 돌아올 예정이야."

난 버니를 몰랐다. 그러나 이름은 기억하고 있었다. 그는 한때 L중대를 지휘하다가 병이 생겨서 후송되었다. 확실히 그는 이제 회복된 것 같았다. 그러나 난 이 상황이 정당하지 않은 것 같았다. 아이템 중대의 사병들을 그 누구보다 잘 알고 그들과 처음부터 함께 있었던 러프가 당연히 지휘할 기회를 얻는 것이 합당한 것 같았다. 난 지프를 잡아 타고 대대 본부로 갔다. 그리고 맥 중령에게 잠시 이야기를 나눌 수 있는지 물었다.

"물론이지."

그가 나와 한구석으로 갔다. 부관인 에반스 중령도 우리에 합류했다.

"전 린치 중위에 대해서 말씀드리고 싶습니다. 중령님, 그는 좋은 사람입니다."

"우리도 아네."

"그리고 전 그가 아이템 중대를 잘 지휘할 수 있다고 생각합니다. 제가 버니 포터에 대해서 무슨 이의가 있는 것은 아닙니다. 사실 전 그를 알지도 못합니다. 그러나 전 린치 중위가 승진할 기회를 받을 만하다고 생각합니다. 그가 조용한 편이며 대령님께서 그를 그다지 많이 보지 못하셨기에 아마도 그가 어떻게 훌륭하게 일하는지 모르실 수도 있다고 생각합니다. 제가 여기에 대해서 말씀드리는 것에 대해 언짢아하지 않으셨으면 좋겠습니다."

"그래, 전혀 그렇지 않네."

맥이 말했다.

"사실, 고맙게 생각하네. 그리고 우리는 러프가 좋은 사람인 것을 잘 알고 있네."

그 말을 받아들이고 싶었으므로 난 받아들였다. 그러나 여전히 난 이것이 정말일까 의심스러웠지만 내겐 비교할 기초가 없었다. 나에게는 대대참모들이 전선에 있는 중대들을 방문하고 그들을 알아가는 데 충분한 시간을 쏟지 않은 것처럼 보였다. 그렇다면 대대에 있는 이들이 어떻게 이들을 평가할 수 있겠는가?

에반스 중령이 끼어들었다.

"해리, 이것은 포터가 더 나은 사람이고 린치는 자질이 부족하다는 그런 문제가 아니라네. 이것은 사실 선임 순위의 문제라네. 군에 좀 더 있다 보면 이것이 군이 돌아가는 방식이라는 것을 이해하게 될 걸세. 포터는 린치보다 더 오래 중위로 있어왔어. 그는 이미 한 중대도 지휘했었다네. 그가 몇 달 전 후송되지 않았더라면 그는 벌써 대위가 되었을 거야. 그는 다음으로 지휘 가능한 중대를 맡을 자격이 있네. 그 중대가 아이템이야. 이해하겠지?"

"네, 중령님. 어떤 논리인지 알겠습니다. 그러나 전 이번 경우는 선임 순위가 그렇게 중요하지 않아야 되는 때 중 하나라고 생각합니다."

"글쎄, 결정은 변함 없네."

"네, 알겠습니다."

이것이 다였다. 그러나 난 여전히 동의하지 않고 있었다. 그들이 선임 순위에 따라서 결정하는 것이 잘못일 수 있었다. 그러나 러프가 승진의 기회를 잡을 수 있도록 그들이 결정을 번복하기 바란 나 또한 잘못이 있었다. 전투에서 이런 두 가지 요소 모두 지위를 결정짓는 결정적인 요소가 되어서는 안 되는 것 같았다. 누가 더 그 직책을 잘 감당할 수 있는가? 누가 더 많은 생명을 살릴 수 있는가? 이것이 중요한 것이었다.

난 며칠 있으면 일본으로 떠나게 된 깁에게 짧은 작별인사를 한 후 중대로 되돌아가기 시작했다. 지프가 얼마간을 데려다줬다. 그리고 다시 나 혼자 길을 가게 되었다. 난 넓고 황량한 골짜기를 가로질러 걷기 시작했다.

갑자기 박격포탄이 내 북쪽 100야드 앞에 떨어져 폭발했다. 이쪽을 향해 오는 것일 수 있을까? 아마 아니라고 난 생각했다. 이것은 아군 부대 하나에서 날아온 포탄일 가능성이 더 높았다.

두 번째 포탄이 떨어졌다. 이번에는 나에게 더 가까웠다. 이제 포탄들이 이쪽을 향해 오고 있는 것이 분명했다. 난 더 빨리 걷기 시작했다. 갑자기 난 또 다른 포탄이 날아오는 날카로운 소리를 들었다. 난 땅에 엎드렸다. 포탄은 내 몇 야드 뒤에 떨어졌다. 난 포탄에서 오는 진동을 느낄 수 있었다. 불행하게도 그들은 바로 내 쪽으로 발포하고 있었다. 몸을 숨길 곳을 찾아 달리기 시작했다. 일반적으로 신중한 관측자는 일개 개인을 공격하기 위해 먼 사정거리의 탄환을 낭비하지 않는다. 그러나 공격받고 있는 그 사람이 내가 된 경우는 관측자가 신중하게 행동하고 있는지 어떤지는 중요하지 않았다. 난 지옥 같은 공포를 느꼈다!

골짜기 저편에는 마른 시내바닥이 있었다. 이곳은 가시나무, 빽빽한 덤불이 매우 무성했다. 난 다리의 움직임이 허락하는 한 최대한 빨리 이 시내바닥을 향해 달렸다. 일단 그곳에 도착하자, 난 덤불에 뛰어들어 잠복해 시야에서 사라졌다. 총격이 멈췄을 때 난 다시 북쪽 방향으로 이동하기 시작했다.

힘든 길이었다. 나는 관목, 나뭇가지, 덩굴 사이를 비집고 기어서 나아갔다. 난 여전히 떨고 있었다. 포탄의 충격 때문이기도 했지만, 포탄이 지역이 아닌 일개 개인인 나를 대상으로 삼았다는 것에 더 크게 영향을 받았다. 공격이 지극히 개인적이었지만 만약 내가 몇 야드 앞에 놓여 있는 공포를 미리 알았더라면 난 한층 더 많이 떨고 있었을 것이다.

시내바닥은 몸을 잘 가려주었다. 그러나 비참한 통로였다. 때때로 덤불이 뚫리고 다시 막혔다. 덤불 사이를 치고 통과해서 다시 나를 때리는 가지들을 젖혀내야 했다. 가시나무들은 촘촘했다. 난 얼굴을 땅에 가까이 댄 채 네 발로 기거나 낮게 웅크려서 움직여야 했다.

그리고 바로 거기에 그것이 있었다. 섬뜩한 얼굴이 몇 인치 떨어진 곳에서 나를 흘겨 보고 있었다. 그러나 눈이 없는 얼굴을 과연 흘겨보고 있었다고 말할 수 있을까? 눈이 있었을 것이 분명한 곳에는 이제 빈 구멍만 있었다. 입은 괴기스런 웃음을 지은 상태로 벌어져 있었다. 난 벌벌 떨면서 뒤로 펄쩍 뛰었다.

아마도 한국인 농부의 것으로 보이는 이 시신은 홀로 동떨어져 무엇에도 접촉되지 않은 채 꽤 오랜 시간 있었던 것처럼 보였다. 아마 그도 나처럼 이 시내바닥에 몸을 피해 있었는지도 모른다. 그의 경우에는 포탄이 계속되다가 마지막 한 발이 그 옆에 떨어져서 그를 폭발시켜버린 것이 분명했다. 그 시신은 심지어 영면이란 고귀함을 취할 권리조차 박탈당한 채였다. 덤불 속에 갇혀서, 이 시신은 생명체의 무시무시한 시뮬레이션처럼 몸이 절반쯤 곧추선 채 보존돼 있었다. 어디선가 누군가 그에 대해서 걱정하면서 그가 집에 돌아오길 기다리고 있지는 않을까?

난 시체를 멀리 피해 계속 길을 갔다. 곧 시내바닥에서 벗어나서 고지로 오르고 '집'에 도착하게 되었다. 돌아와 보니 버니 포터가 이미 우리가 중대 지휘소로 쓰는 집에 도착해 있었다. 그 후 몇 시간 동안 그와 난 서로가 알고 있는 정보들을 비교해보고 서로를 알아갔다. 버니는 따뜻하고 활발하고 아는 것이 많은 사람이었다. 그는 중대원들, 특히 핵심 부사관들에 대해서 실속 있는 질문들을 던지고 전체적인 방어력을 증진시킬 수 있도록 몇 가지 변화를 제안하기도 했다. 그와 함께 전선을 거닐며 우리 중대와 왼편에 위치한 19보병연대 사이의 큰 간격을 보면서 함께 신음했다.

12월 날씨는 점점 더 세차졌고 우리는 우리 진지 뒤편의 마른 골짜기에 있는 두 채의 집을 징발해 휴식오락센터로 삼았다. 몇 푼의 한국 돈을 더 벌 기회에 감사하면서 네 명의 한국인들은 큰 주전자를 놓고 우리의 더러운 양말과 속옷을 삶았다. 사병들이 고지에서 내려와 씻고 따뜻한 음식을 먹고 옷을 갈아입고 몇 시간 눕고, 심지어 카드놀이를 하거나 책을 볼 수 있도록 스케줄이 짜여졌다.

실망스럽게도 몇몇 사병은 이런 기회를 이용하지 않았다. 그저 고지에 머물면서 고지를 내려오는 수고를 들이지 않기로 한 것이다. 그들은 무감정이란 끔찍한 괴물에게 굴복당했다. 이들은 전선에 너무 오래 있어서 심신이 지칠 대로 지쳐 있었다. 눈빛은 멍했고 말하는 것은 맥이 풀려 있었다. 리지웨이 장군은 그의 존재감을 알리기 시작했다. 모든 부대는 이런 전갈의 사본을 받았다.

> "전 전에 거의 예고도 없는 전투상황에서 큰 책임감을 맡게 되었습니다. 그러나 자유인이 용납할 수 없는 세계적 위협을 물리치기 위해 우리의 사랑

하는 이들과 우리의 조국을 위해 봉사할 이보다 더 큰 기회를 가진 적은 결코 없었습니다. 여러분, 그리고 우리의 해군과 공군의 동료들과 함께 복무할 수 있다는 것이 영광스러운 특권입니다. 최선을 다하겠습니다. 여러분도 그러하길 기대합니다."

리지웨이 장군은 용맹스럽게 적었지만, 사실 부대들을 방문하면서 낙담해 있었다. 그는 나중에 이렇게 적었다.

"그들은 반응이 늦고, 마지못해 말했다. 난 그들로부터 정보를 끌어내야 했다. 사기가 높은 부대에서 발견하게 되는 경계심, 공격심 등이 전혀 발견되지 않았다."

불행히도, 그는 아이템 중대에 대해서 말하고 있었던 것인지도 몰랐다.

반가운 우편물에는 아내로부터 온 편지도 몇 통 포함돼 있었다. 그녀는 우울한 것처럼 들렸다. 그녀는 24사단이 거의 고립될 뻔했다는 것을 신문에서 읽었다. 또 나로부터 거의 3주나 아무런 우편물도 받지 못한 상태였다. 진은 꽤 충성스럽게 매일 편지를 써왔다. 그러나 이제 그녀는 답장을 받기 전까지 편지 쓰는 것을 중단할지도 모른다고 적고 있었다. 무슨 뜻인지는 분명했다. 아무도 읽지 않을 수도 있다는 의심이 든다면 뭐하러 편지를 계속 쓰겠는가?

다른 전우들에게도 비슷한 분위기의 편지들이 도착하고 있었다. 우리 모두는 현재 상황이 모국에 있는 아내들에게 가장 견디기 어려울 것이라는데 동의했다. 우리의 경우 대부분의 시간은 임박한 위험에 처해 있지 않았기에 불안에 사로잡힐 필요가 없었다. 그러나 아내들은 그런 휴식시간을 가질 수 없었다. 그들에게는 적어도 안전하다고 느낄 수 있는 때가 없었다.

심지어 답장이 도착할 때조차도 그러했다. 그것은 기껏해야 편지가 쓰였던 8일이나 10일 전 남편이 안전했다는 것을 말해줄 뿐이었다. 그러나 오늘 이 시간은 어떻다는 것인가? 아내들은 결코 알 길이 없었다.

크리스마스 날, 우리 중대 취사병들은 적절한 휴일저녁 식사를 준비했다. 칠면조, 크랜베리 외에도 딸려나오는 여러 음식들이 준비됐다. 우리는 배식 순서를 정하고 사병들에게 교대로 고지에게 내려오라고 전갈을 보냈다. 전체 중 3분의 1씩 말이다. 첫 그룹이 식사를 마친 후 난 왜 두 번째 그룹이 늦어지고 있는지 의아해했다. 그때 부사관 하나가 상황을 솔직하게 말해줬다.

"중위님, 사병들은 내려오고 싶어 하지 않습니다. 그들은 그저 씨-레이션을 먹어야 한다 할지라도 그저 고지에 남아 있으려고 합니다. 고지를 내려와서 다시 올라가는 것이 너무 고달프기 때문입니다."

좋은 식사와 일상에서의 휴식에 대한 생각조차 추가적인 고생을 요구한다면 별로 매력적이지 않은 것임이 분명했다.

난 다소 불안한 마음으로 부사관에게 말했다.

"사병들이 크리스마스 저녁을 먹도록 고지에서 내려오도록 명령한다. 전갈을 선하고 다음 그룹이 지금 당장 이곳에 오도록 하게!"

고지에서 사병들은 억지로 자기 참호에서 끌어내졌고 고지 아래로 내려가서 식사하도록 명령받았다. 그들은 억지로 내려왔다. 몇몇은 명령이 좀 이상하다고 생각하는 듯했다. 그러나 나머지는 어떻게 되든 별로 신경 쓰지 않는 것 같았다. 모두가 먹었을 때쯤 많은 이들은 면도할 기회를 얻었다. 사병들은 보다 더 나아보였고 행동도 더 나아졌다. 그날 오후, 그들 중 한 명이 나에게 말했다.

"식사가 정말 좋았습니다, 중위님."

"잘됐네. 취사병들에게 식사가 좋았다고 말하는 것을 잊지 말게."

"그러겠습니다. 중위님, 우리가 내려와서 식사하도록 명령해주셔서 감사드립니다. 기분이 훨씬 나아졌습니다."

한 달 이상, 중공군은 그들의 세 번째 공세를 준비하고 있었다. 8집단군은 6개의 군단, 19사단, 57개 연대로 구성돼 있었는데, 38선 부분에 집결돼 있었다. G-2 예측자들은 오점투정이의 실적을 가지고 있었지만 이번에는 자심감 있게 예측할 수 있었다. 주요한 중공군 공격이 다음 며칠 내에 있을 것이라는 것이다.

버니 포터는 12월 30일 오전을 연대 본부에서 보냈다. 그곳에서 많은 특파원을 만났다. 기자들이 모여 있다는 것이 불길하게 느껴졌다. 무언가 큰 일이 부근에서 일어날 것을 기다리고 있다는 것을 뜻하기 때문이었다.

버니가 오후 중반에 부대로 돌아올 때, 그는 존 랜돌프와 함께였다. 존은 바로 전날 한국에 도착한 AP연합통신의 젊은 특파원이었다. 존은 방금 도착한 사람다운 열정으로 우리에게 질문을 들이댔다. 그는 다소 아첨하는 듯한 순진한 수용적인 태도로 우리의 견해를 물어왔다. 그러나 좋은 기자인 그는 최고의 이야기가 장교들이 아닌 사병들에게 있다는 것을 알고 있었다.

일광이 희미해지고 있었다. 난 랜돌프에게 보통 이때쯤 버니나 내가 고지에 올라간다고 말했다. 공격은 어둡기 바로 전 시작되는 경향이 있기 때문이다. 랜돌프는 내가 우리 왼쪽 측면으로 가는 산길을 오를 때 나를 따라왔다. 우리는 반대편 비탈의 불 쪽으로 향했다. 어둠이 내리면서 사병들은 이제 그 불을 끄려고 하고 있었다. 몇 사병이 불꽃 주위에 모여서 마지막 온기를 누리려고 했다. 드라마틱한 사진이 나왔다. 눈과 꺼질 듯한 불빛, 무기를 들고 두꺼운 옷으로 둘러싸인 덥수룩하게 수염이 가득한 사병들 말이다.

다소 수줍게, 존은 말했다.

"이런, 완전 영화 속의 한 장면이잖아!"

난 사람이 보는 관점이란 제각각이란 것을 깨달았다.

한 시간이 지났다. 이때쯤, 불이 다 꺼지고 흑암만이 가득했다. 난 존에게 지휘소로 돌아갈 준비가 되었는지 물었다.

"글쎄요. 전 여기 사병 중 몇이 전초에 갈 것이라는 사실을 방금 들었습니다. 그저 그곳인 어떤지 보러 저도 가볼 수 있을까요?"

"그곳이 어떤 곳인지 말씀드리겠습니다. 그곳은 춥고 조용하고 때로 위험합니다. 재미 삼아서 한번 방문해볼 만한 곳이 아닙니다."

"글쎄요, 그래도 가능하다면 한번 가보고 싶습니다. 아마 한 시간이나 그 정도요."

"알겠습니다."

난 마지못해 대답했다. 그를 책임져야 한다고 느꼈기 때문에, 난 내가 호위하기 위해 같이 가주겠다고 말했다.

전초기지에 배치된 사병은 네 명이었다. 존과 내가 가니 여섯 명이 되었다. 우리가 우리 방어선을 떠나 골짜기를 가로질러 걷자, 세상은 매우 조용하고 황량하고 불길하게 보였다. 들리는 소리라곤 우리 장화가 눈 위를 오도독 걷는 소리뿐이었다.

전초로 가는 길을 절반쯤 갔을 때, 난 존에게 속삭였다.

"바로 이제, 우리는 38선을 가로질러서 북한으로 들어갑니다."

전초는 작은 언덕 위에 위치해 있었다. 38선에서 4분의 1마일 떨어진 곳이었다. 우리는 사고 없이 전초기지에 도착했고 사병들은 조용히 자기 자리를 잡았다. 시간이 흘러갔다. 점점 더 추워지고 있었고, 우리가 주변을 돌아다닐 수 없었기 때문에 그 추위가 더 뼛속 깊이 파고들었다.

난 속삭였다.

"자, 이제 돌아갑시다."

"저기, 제가 여기 좀 더 있어도 될까요?"

"글쎄, 원하시면 그렇게 하실 수 있습니다. 그렇지만 저는 돌아갑니다."

난 이렇게 말했다.

"잊지 마십시오. 이 분대는 날 새기 직전까지 이곳에 있을 것입니다. 제가 이곳을 떠난 후에는 당신이 마음을 바꾼다 해도 당신을 데려다줄 사람이 없을 것입니다."

그는 이해한다고 말했다. 난 이제 내가 할 바를 다 했다고 생각했다.

내가 다시 돌아서 걸어갈 때, 산길이 갑자기 더 길고 더 텅비고 더 무섭게 보였다. 어둠 속에서 그 누구의 땅도 아닌 곳에 나 홀로 있다는 것은 편치않는 느낌이었다. 난 내가 중공군에게 공격받을 수 있는 만큼 미군으로부터도 그러하다는 것을 깨달았다.

어둠 속에서 누군가 속삭였다.

"누구냐?"

"날세. 마이하퍼 중위네."

"오, 알겠습니다, 중위님. 이리 오십시오."

난 안심하고 작은 언덕을 올라서 이인용 참호를 찾았다. 그 참호에는 자동 소총사병과 그의 분대장이 함께 들어가 있었다. 그 참호는 좋은 참호였다. 잘 파져 있었고, 주의깊게 숨겨져 있었다. 산길을 따라 내려오는 누구든 보호할 수 있는 것이었다.

난 두 사병이 있는 그 참호에 기어들어 갔다. 우리는 숨죽인 목소리로 잠시 이야기를 나누었다. 아무것도 아닌 것들에 대한 비밀 이야기였다.

부사관이 말했다.

"중위님, 제가 뭐 하나 가진 것이 있습니다."

그는 파카에 손을 뻗더니 한국 상표가 붙은 짙은 갈색 병을 꺼냈다.

그가 음흉하고 음모를 꾸미는 듯한 목소리로 말했다.

"바나나 브랜디 한 잔 어떻습니까?"

난 진저리를 쳤다. 비록 추웠지만 그래도 유혹당하지 않았다. 그 물체가 악 그 자체처럼 보였다.

"고맙지만 괜찮네."

내가 말했다. 그는 실망한 듯이 보였다. 거의 상처받은 듯했다.

"글쎄, 조금쯤."

내가 말했다. 난 그 병을 입술에 대고 조심스럽게 한 모금 빨아들였다. 이것은 메스꺼워 숨이 막힐 정도로 달았다.

"흠, 좋군."

내가 말했다.

"정말 더할 나위가 없군."

"그렇습니다."

부사관이 말했다. 아마도 난 최전선 참호에서 주류를 금지시켰어야 했다. 그러나 어찌됐든 무슨 상관이랴.

지휘소에서는 버니가 우리 중대의 소대들, 우리 측면의 부대들, 후방의 부대들 등 모든 구역으로부터 전갈을 받고 있었다. 정군 정찰대에 대한 산발적인 보고들이었다. 그러나 정말 중요한 것은 없었다.

존 랜돌프는 다음 날 오전 우리 지휘소에 나타났다. 지치고 단정치 못한 모습이었지만, 이해할 만하게 스스로를 자랑스러워하는 모습이었다. 그는 우리가 그를 잘 대접해준 것에 대해서 감사를 표현했고 우리는 악수를 나눴다. 그는 이제 떠났다(나중에 사병 하나가 시카고신문을 스크랩한 기사를 받았다. 그 기사는 이렇게 시작했다).

"매일 밤 미군의 소유지가 되는 작은 북한 영토가 있다."

그 기사는 어떤 분대의 이름을 직접 언급했으며, 또 밤에 "전초 가까이의 어떤 관목에서 움직임이 있었다 … 미군 자동 소총이 발사됐다 … 움직임은 멈췄다"고 말했다.

1950년이 끝나갈 때, 유엔군은 불확실한 상황 가운데 놓여 있었다. 도쿄와 워싱턴에서는 다가오는 중공군 공세 및 미군들이 한반도에서 완전히 밀려나게 될 정말 실제적인 가능성에 대해서 논의가 진행됐다.

미군 24, 25사단은 38선상에 진지를 구축하고 있었고, 전력이 약화된 1기갑부대는 우리 후방에 예비부대로 있었다. 10군단이 흥남으로부터의 철수를 모두 마쳤지만, 아직도 대구 지역에서 모이는 중이었다. 그들은 너무 남쪽에 있어서 전선에 있는 우리들을 도울 수 없었다. 금오리에서 병력을 크게 상실한 2사단은 여전히 보충병을 받고 있는 상태로 전투태세로 준비되기에는 거리가 멀었다. 이로 인해 전력이 약한 한국군이 전선의 대부분을 지키게 됐다. 전력이 약화된 이들은 과거에 그랬던 것처럼 적군에게 무너질지 몰랐다.

정보보고 내용은 좀처럼 소총중대까지 새어나오지 않는다. 그러나 이번에는 많은 내용이 내려왔다. 우리는 중공군이 집결됐으며 언제든 공격이 시작될 수 있다고 들었다.

12월 31일, 우리는 우리의 추가적인 짐을 후방으로 보냈다. 만약 급히 퇴각해야 할 경우 더 가볍게 이동할 수 있도록 하기 위해서였다. 점점 더 이날이 바로 그날이 될 것처럼 보였다.

난 집에 편지를 썼고, "만약 나에게 무슨 일이 생기면, 이것을 기억해주오" 같은 말을 쓸까 고려해봤지만 곧 그런 생각을 접었다. 만약 무슨 일이 생기면, 편지가 도착하기 전 전보가 이미 도착할 것이었다. 그렇지 않다면, 그 편지는 그저 염려만 가중시킬 뿐이었다.

"1소대에 가보겠네."

버니가 말했다.

"여기 있으면서 일 좀 신경 써주게."

나와 함께 남은 병사들은 중대 본부 사람들인 무전병 두 명, 전령병 두 명이었다. 만약 전투가 발생한다면 과연 이들이 얼마나 도움이 될 수 있을지 의아했다. 이런 질문은 다만 이론적인 것으로 끝나기를 바랐다.

한 시간이 지나자 밖은 완전히 껌껌했다. 지휘소 안에서는 우리의 변덕스런 랜턴이 다시 한 번 꺼졌다. 우리는 작은 촛불의 불빛에 의존하고 있었다. 통신병 하나가 밖에 나가서 보초를 섰다.

길 근처 우리 오른쪽 측면에 위치한 2소대 쪽에서 총소리가 났다. 2소대에서 연락이 와서 무언가를 향해 총을 쐈는데, 그쪽에서도 자기네 쪽으로 총을 쐈다고 말했다.

"그들을 볼 수 없었나?"

내가 물었다.

카투사와 함께한 해리 마이하퍼

"잘 모르겠습니다. 사병 중 하나는 몇 명을 본 것 같다고 생각하지만 너무 어두워서 확실히 말하기는 어렵습니다."

"그들이 무엇을 하고 있었나?"

"제 생각에는 저희 후방으로 오려고 하는 것 같았습니다. 아마도 대대를 향하고 있을 것입니다. 아니면 지휘소 쪽으로 가고 있는지 모릅니다. 그곳에서도 조심하십시오."

"그래, 알겠네. 고맙네."

난 대대 S-2에 보고를 전달했고, 우리 중 한 명이 원치 않는 방문객을 만날지도 모른다고 말했다.

멀리서 난 우두둑거리는 소리를 들었다. 전화기를 든 사병이 고개를 들더니 말했다.

"중위님, 1소대가 박격포탄 공격을 받고 있다고 합니다. 오, 이런!"

"무슨 일이야?"

"중위님, 포터 중위가 부상당했다고 합니다."

"빌어먹을! 상태가 어떤가?"

"그들은 잘 모르겠다고 합니다. 다리를 다쳤다고 합니다. 거기 군의관이 같이 있습니다. 사병들이 그를 들것에 싣고 있습니다."

난 더 많은 우두둑거리는 소리를 들을 수 있었고 소리는 더 가까워졌다. 누군가가 우리 후방으로 오고 있는 듯했다. 난 대대에 연락을 취해서 부관인 에반스 중령에게 버니 포터에 대해서 그리고 다가오는 총격에 대해서 말했다.

"총격에 대해서 알고 있네."

에반스 중령이 말했다.

"총격 중 일부는 심지어 우리를 향해서 떨어지고 있네!"

그는 이것이 다소 불공평하다는 듯이 들리게 말했다. 최전선의 중대가 아닌 다른 곳을 공격함으로써 중공군이 규칙을 어긴 것처럼 말이다.

한 시간 후, 버니의 들것이 지휘소 바깥에 도착했다. 사병들이 그를 내려놓았다. 난 그 옆에 무릎을 끓고 그에게 말했다.

"어때, 버니?"

내가 말했다.

"그렇게 나쁘지는 않네, 해리. 다리가 타들어가는 느낌이야. 그러나 모르핀 주사를 맞아서 좀 괜찮아지고 있어."

"내가 뭐 해줄 일 있어?"

"내 잡낭 좀 가져와서 들것 위에 올려줄 수 있어? 그 안에 내가 간직하고 싶은 편지가 몇 통 있고, 내 면도용품, 그리고 몇 가지 것들이 있어."

난 서둘러 집 안으로 들어와서 잡낭을 찾고 이것을 그에게 가져왔다.

"이제 자네가 군의관에게 가게 허락해야 될 것 같네."

내가 말했다.

"그래, 그런 것 같네. 중대 잘 돌보게. 그리고 자네 자신도 말이야."

"물론이지, 버니. 잘 가."

난 들것을 든 사병들에게 중공군 정찰대에 대해서 속삭여 말하고, 골짜기를 건널 때 조심하라고 했다.

얼마 후, 맥 중령이 무전기에 등장했다. 그는 버니에 대해서 물었다. 그리고 말했다.

"해리, 다른 곳에서도 보고가 들어오고 있어. 곳곳에서 무언가 벌어지고 있는 것 같네. 자네가 버틸 수 있을 것 같은가?"

"네, 버틸 수 있을 것 같습니다."

"그래, 물론 자네가 그러면 좋겠네. 그러나 자네가 제압당하기는 원치 않네. 적군의 공격이 너무 맹렬한 것 같으면 알려주게나. 연대에 우리가 철수해도 되는지 물어보겠네."

"중령님, 걱정마십시오. 상황이 너무 악화되면 연락드리겠습니다!"

"좋아. 자네는 어떤가? 지휘소에 계속 있을 계획인가?"

"그렇습니다. 최소한 현재로서는 말입니다. 중요한 것은 모두와 연락이 잘 되는 곳에 있어야 한다고 생각됩니다."

맥 중령이 말했다.

"동의하네."

그리고 덧붙였다.

"자, 이제 자네가 중대를 맡았어."

"네, 알겠습니다, 중령님. 최선을 다하겠습니다. 괜찮기를 바랍니다."

"난 걱정하지 않네. 자네는 잘 해낼거야."

깁에게서 러프, 버니, 그리고 나의 순서로 이어지면서 난 2주가 채 못되어서 아이템 중대의 네 번째 사령관이 됐다. 중대를 지휘한다는 것이 어떤 것일까 궁금하곤 했다. 이제 난 기회를 얻었다. 그러나 확실히 내가 선택한 때도 장소도 아니었다.

12월 31일 밤 중공군이 남한을 침공했을 때, 그들은 서쪽의 한국군 1사단과 6사단이 있는 서쪽에 주공격을 퍼부었다. 한국군 1사단은 거의 즉각 무너졌다. 그러나 6사단은 몇 시간 버틸 수 있었다. 그런 후 댐이 무너지고 6사단의 세 개 연대 모두는 혼란 가운데 퇴각했다.

중공군의 계획은 자신들이 남한 군을 뚫고 내려가고 미군은 피하는 것이었다. 그러나 계산착오에 의해서, 그들의 주공격 중 하나는 한국군에 대항한 것이라고 생각했으나, 우리 24사단의 19보병연대에 대한 정면 공격이 되고 말았다.

맹렬한 교전이 19보병연대 구역에서 벌어졌다. 전면에 선 소대들은 끈질기게 싸웠다. 소대 중 하나는 리거 라구치가 이끌고 있었다. 교전 끝에 결국 중국군이 뚫고 들어왔고 19보병연대의 3대대가 뚫렸다. 밤중의 교전 중 리거 라구치는 전투 중 가장 최근에 전사한 동기생이 되었다.

대대 S-2는 아이템 중대가 정찰대를 보낼 준비를 해야 한다고 말해주었다. 난 3소대에 연락해 그들의 분대 중 하나가 지휘소에 오도록 했다. 이제, 연대 스티븐스 대령이 직접 무전연락을 취해왔다.

"안녕, 마이하퍼 중위. 정찰대를 보내야 한다는 것은 들었나?"

"네, 대령님."

"그래, 고려할 상황이 있네. 자네 왼쪽 산등성이에는 19보병연대의 3대대가 위치해 있네. 아무하고도 연락이 안 되네. 그쪽 연대에서 그쪽과 교신이 안 되네. 그들 대대에서 자네 중대로 이어진 측면 통신선에서 아무런 답변이 없네."

"적들이 그들을 제압했습니까, 대령님?"

"잘 모르네. 이것이 자네 정찰대가 알아봐줘야 하는 것이네. 만약 적군이 그들을 제압했으면, 중공군이 그 산등성이를 타고 남쪽으로 진군하고 있을 수 있어. 그렇다면, 자네 정찰대가 그들을 만날 수도 있네. 그런 일이 벌어지는 건 원치 않네. 그러니 자네 사병들이 골짜기를 가로질러 가서 산등성이를 오르고 19보병연대 진지 쪽으로 가도록 하게. 조심스럽게 말이야."

분대가 지휘소에 도착했다. 분대장 후안 말도나도 부사관이 나를 찾아왔다. 난 그에게 지금까지의 상황을 설명해주고 내가 그의 분대원들에게도 직접 말해도 될지 물어봤다.

"네, 중위님. 좋을 것 같습니다."

여섯 명의 분대원이 밖에서 기다리고 있었다. 내가 지휘하던 소대 출신의 낯익은 몇몇 더러운 얼굴들과 내가 모르는 몇몇 신참들의 얼굴들이 기다리고 있었다. 너절하고 단정치 못한 이 병사들은 두툼한 겨울 의복을 입은 채 어설프게 움직이고 촛불에 눈을 깜박이면서 방 안으로 몰려들어 왔다.

"사병들, 지금 상황이 이렇네."

내가 말했다.

"자네들은 19보병연대의 진지로 정찰을 하러가는 정찰대로 선택됐네. 연대의 3대대는 우리 왼편에 있네. 그러나 그들과는 연락이 두절됐네. 우리는 그들이 아직 진지를 지키고 있는지 알아봐야 되네."

사병들이 나를 뚫어져라 쳐다봤다. 아직 파악을 잘못한 것 같았다. 난 말을 계속했다.

"그들은 아직 그곳에 있을지 모른다. 그러나 그들이 밀려났을 가능성도 있다네. 다른 말로, 자네들은 중공군과 맞닥뜨릴 수도 있다. 이 말을 하는 이유는 자네들이 특별히 조심하도록 하기 위한 것이네."

이제 상황이 접수되었다. 그들은 서로를 의미심장한 눈길로 쳐다보았다. 그리고 다시 한 번 나를 주목했다. 어떤 이는 네 글자 단어를 중얼거렸다.

그들에게 내가 말했다.

"난 자네들이 가로질러 가기 전에 남쪽으로 길을 우회하기 바라네. 그리고 산등성이를 타게. 어떤 활동을 보게 되면, 그저 관측하게. 그리고 여기로 다시 돌아오게. 자네들이 본 것을 나에게 보고해주면 되네."

말도나도가 나서서 분대원들에게 어떻게 진군할지 지시했다. 그는 침착했고, 질문도 하지 않았고 불평도 하지 않았다. 사실 어떤 종류의 감정도 내비치지 않았다.

"행운을 비네, 부사관."

"감사합니다, 중위님."

그는 분대를 향해 돌아섰다.

"이제 가자."

그들은 종대를 지어 밤길을 떠났다. 왜 내가 말도나도에게만 말하지 않고, 모든 사병에게 말했는지를 말도나도가 과연 알았을지 궁금했다. 그는 좋은 군인이었다. 그러나 난 이렇게 말이 적은 사람이 사병들이 알아야 하는 것 전부 다 말해줄지 다소간 의아했던 것이다. 또 난 만약 그들이 어떤 불의한 상황을 만나면, 그들 각자가 어디에 보고해야 할지 알기를 원했던 것이다.

이제 기다리는 일만 남았다. 시간이 길고 긴장되며 느리게 흘러갔다. 내 상상력이 발휘되고 있었다. 중공군은 어디에든 있을 수 있었다. 우리 전방, 우리 측면, 또는 우리 후방에도 가능했다. 그러나 최소한 그들이 아이템 중대를 직접 공격하지는 않을 것처럼 보이기 시작했다. 물론 확실한 것은 아무것도 없었다. 그러나 그들이 초저녁에 이미 다른 부대들을 공격했기 때문에, 또 그들의 공격이 아마도 사전에 조정된 것이었기 때문에, 아이템 중대가 그들의 주 목표물 중 하나가 아닐 가능성이 꽤 있었다.

전선에 있는 부대들로부터 계속 보고가 들어오고 있었다. 19보병연대 사령부의 질문을 포함해서 말이다. 그들은 정찰대로부터 어떤 소식이 왔는지 궁금해하고 있었다.

밖에서 소음이 들렸고 난 잔뜩 긴장했다. 얼마 후 그 소음의 주인공이 분대원들과 함께 돌아온 말도나도인 것을 알고는 안심했다. 그는 들어와서 보고했다. 여전히 동일한 무감각해 보이는 모노톤으로 말이다.

"중위님, 우리는 중위님 말씀하신 대로 한참을 뒤로 돌아갔습니다. 그리고 그 다른 산등성이로 건너갔습니다. 길을 찾아서 북진했습니다. 19보병연대가 있던 곳까지 말입니다."

"주위에 아무도 없었나?"

"아무도 없었습니다, 중위님. 미군은 없었습니다. 중공군은 몇 봤습니다."

"그들이 뭘 하고 있던가?"

"정확히는 잘 모르겠습니다. 그들은 주위를 돌아다니고 있었습니다. 저희는 그들로부터 떨어져 있었습니다."

"잘했군. 그때 미군은 아무도 못 봤단 말이지?"

"글쎄, 우리는 고지 위에서 몇 명 봤지만, 본 이들은 모두 사망해 있었습니다. 그래서 돌아왔습니다."

"오, 대관절 어떤 말을, '모두 사망해 있는 것'을 발견한 이에게 할 수 있겠는가?"

"그래, 고맙군, 부사관. 일을 잘 처리한 것 같군. 내가 그렇게 말했다고 분대원들에게 전해주게. 또 그들에게 모두 안전하게 돌아와서 내가 기뻐했다고 말해주게. 이제 가서 좀 휴식을 취하게."

"네, 중위님. 감사합니다."

그는 발을 질질 끌며 사라졌다. 나는 무전으로 보고했다. 그리고 이제 끝이었다.

이제 날이 밝기 시작했다. 일출이 이렇게 반가운 적이 없었다. 작은 지휘소 일원들은 고단하게 보였다. 군인들은 잠을 못 자서 눈이 시뻘게졌다. 그러나 그들은 조금씩 미소 짓기 시작했다.

나는 말했다.

"새로운 하루를 시작할 수 있을 것 같군. 여러분 모두 수고해줘서 고맙소. 이제 씨-레이션과 아침을 먹도록 하세."

아이템 중대는 고단하고, 다소 동요되었으나, 아직 멀쩡한 상태였다. 1951년이 됐다.

10 공격과 역공

1951년 1월 1일 ~ 3월 31일

날이 점점 어두워지기 시작했고, 아이템 중대는 228고지의 정상에 거의 다다랐다. 사상자 수는 압도적이었다. 토마호크 작전 수행을 위해서 중대는 공식 병력인 214명에 가깝게 구성돼 있었다. 그러나 이날 그들에게서 이미 84명의 사상자가 나왔다.

계획은 38선과 서울의 중간전선으로 후퇴하는 것이었다. 그러나 한국군이 완전히 무너짐으로써 중간 진지를 세우고 지키는 것은 불가능해졌다. 리지웨이 장군은 어쩔 수 없이 전체 철수를 명령했다. 8군은 적군과의 접촉을 끊고 한강으로 후퇴한 후 서울을 둘러싸고 교두보를 세우기로 했다.

새해 첫날, 우리 21보병연대가 운이 좋았다는 것은 명백해졌다. 우리 왼편의 19보병연대, 우리 오른편의 한국군 2사단은 맹렬한 공격을 받고 많은 사상자를 냈다. 그에 비해 21보병연대는 지금까지 적군의 공격을 그다지 많이 받지 않은 상태였다.

오전 중반 맥 중령이 중대를 지휘하도록 러프 린치를 보냈다. 난 괜찮았는데 러프가 말했다.

"난 맥 중령에게 자네가 계속 지휘하게 해야 한다고 건의했네."

"러프, 내가 이 중대를 계속 지휘할 수는 없어. 난 너무 하급장교인 걸. 난 그저 맥 중령이 자네를 임명해서 기쁘네. 축하하네."

"제길, 그래도 난 여전히 자네가 맡았어야 된다고 생각해. 결국 난 단지 임관받을 만큼 운이 좋았던 부사관일 뿐이야. 그러나 자네, 자네는 웨스트 포인트 출신이야. 난 맥 중령에게 중대를 지휘하는 것이 자네 경력에 좋을 것이라고 말했지."

"그렇게 생각해주다니 고맙네."

내가 말했다.

"그러나 난 지금 이렇게 되어서 기뻐."

실제로 난 정말 그랬다.

중공군의 압박은 우리 양 측면에서 계속 고조됐다. 그날 늦게 우리는 철수하라는 명령을 받았다. 우리는 땅거미가 지기 바로 직전 철수했다. 우리는 골짜기를 가로질러 걸어서 트럭들이 대기하고 있는 곳으로 갔다. 부관으로서 난 No.2중대 지프로 갔다. 난 운전병 옆 오른쪽 앞좌석에 탔다. 뒷좌석에는 급식 부사관 톰 넬슨이 통역병으로도 일하는 취사보조 한국군 지브스와 함께 탔다.

호위대는 느릿느릿 움직였다. 트럭, 전차, 지프는 종종 범퍼와 범퍼를 맞댄 채 날이 어두운 가운데 영하의 추운 날씨 속에서 남쪽으로 기어갔다. 도로의 갓길에는 우리와 평행을 이뤄서 피난이 이뤄지고 있었다. 애처로운 피난민 무리는 끝없는 슬픈 행렬이었다. 여인들은 나이가 많거나 젊거나 머리에 큰 보따리를 이고 있었다. 이 중 많은 이들은 아기도 등에 붙들어 매고 있었다. 남자들과 소년들이 지고 가는 짐은 훨씬 더 무거웠다. 대부분의 남자들은 등에 과도한 무게의 지게 짐을 지고 있어서 그 무게로 인해 몸이 앞으로 굽어진 채 걸어가고 있었다. 피난민 물결에서 유력한 인사들은 어르신들이었다. 이 덕망 높은 연장자들은 그들의 연세의 위엄 위에 아무런 짐도 지고 있지 않았다. 그들의 신분은 전통적인 검은 갓으로 표시되었다. 그들은 나이가 많았고 두려울 만한 위엄을 가지고 있었다.

우리 종대가 멈췄을 때, 갓길에 선 이 어르신 중 한 명이 길에서 좀 떨어진 좁고 높은 둑길 위를 걷고 있는 피난민들에게 소리쳤다.

지브스는 그 노인이 이렇게 말했다고 설명했다.

"이쪽 길로!"

분명히 그 노신사는 그들이 간선도로를 미군에게 양보한 것에 기분이 상했던 것이다. 이 길이 공유돼야 한다고 느낀 것이다. 결국, 이 길은 그들의 길이었다. 그 노인에 대한 존경심으로 피난민 행렬은 길을 변경해 고속도로로 되돌아왔다.

지프 뒤쪽에서 넬슨 부사관의 나직한 목소리가 들렸다. 그는 신중하게 말했다. 마치 제대로 말하기 위해 마음속에서 문장을 계속 가다듬고 있었던 것 같았다.

"소위님, 이제 우리는 어떻게 되는 것입니까?"

난 어깨를 으쓱하면서 말했다.

"나도 모르네."

잠시 아무런 말도 없었다. 그러더니 넬슨이 천천히 말했다.

"이런, 운전대도 무슨 일이 벌어질지 모른다면, 우리가 대체 무엇을 알 수 있겠냔 말이야."

"운전대?"

아마 넬슨이 보기에는 나도 일종의 운전대였을 것이다. 그러나 그 당시 난 전혀 그렇게 느끼고 있지 못했다.

1월의 첫 이틀은 날씨가 서늘하고 맑았다. 공군에게는 축복이었다. 좀 더 정확히 말하자면, 우리를 추격하는 중공군의 속도를 늦추고 있는 공중 폭격에 의지하고 있던 우리에게는 그랬다. 일본과 남한의 공군기지로부터 최근 전장에 도착한 동기생들이 몰고 있는 수백 대의 소티 전투기가 날아올랐다.

한편, 임박한 서울의 상실은 근처 김포 공군기지의 상실을 의미하기도 했다. 더그 부시가 있는 F-86 비행대는 김포 공군기지로부터 일본 이타주케 공군기지로 이동했다.

1월 3일, 많은 한국군 사단이 계속 무너짐에 따라, 리지웨이 장군은 8군 전체가 고립될 위험에 처해 있다는 것을 깨닫게 되었다. 그는 서울을 버리고 한강 남쪽으로 철수하라는 명령을 내렸다.

대규모의 후퇴가 진행되는 동안 몽크 커르츠, 테리 파워즈, 에드 타운슬리 같은 공병들은 필요 없는 물품을 파괴할 뿐 아니라 마지막 아군이 떠나자마자 교량들을 파괴할 책임도 맡게 되었다. 잭 헤인의 대공소대는 수원 공군기지를 지키고 있었다. 잭은 공군이 버리고 떠난 많은 양의 폭탄들을 파괴시켜야 될지 어떻게 해야 할지 궁금해하고 있었다. 그는 그의 공병 동기인 해리 그리피스가 그 일을 하기 위해 도착했을 때 기뻤다.

그날, 우리 연대의 진지는 우리를 9군단의 오른쪽 측면에 위치시켰다. 다시 한 번 19보병연대는 우리의 왼편, 대한민국 2사단은 오른편에 위치하게 됐다. 그날 늦게 우리는 다시 행군을 시작했다. 또다시 이 이동은 어둠과 혼란 가운데 진행됐다. 우리는 서울을 통과했다. 서울의 길은 붐비는 군사 차량과 끊이지 않는 피난민 물결을 제외하고는 텅 비어 있었다.

종대는 마을 끝자락의 좁고 버려진 길에서 멈췄다. 바로 앞에는 한강과 일차선 교량이 있었다. 교량은 고무 부교에 의지하고 있었다. 어두운 물 위를 떠다니는 큰 얼음 덩어리들이 계속 부교에 부딪혔다. 헌병들이 차량들의 차간 거리를 맞추고 있었다. 그들은 각 운전병에게 차간 거리를 잘 맞추어서 기어가라고 말해주었다. 만약 교량이 통제되는 일이 생긴다면 아직 북쪽 강기슭에 남아 있는 우리 모두에게는 나쁜 소식이 될 것이었다.

길 옆에 한 무리가 작은 불 주위에 움츠려 모여 있었다. 난 걸어가서 책임을 맡고 있는 것처럼 보이는 공병대위에게 날 소개했다. 그는 내 호위대가 꽤 오래 기다려야 할 것이라고 말했다. 우리는 이 모든 혼란, 추위, 대규모 퇴각이란 고통스런 고뇌에 대해서 서로를 동정했다. 그는 자기의 임무는 아군 차량이 다 건너면 교량을 파괴하는 것이라고 말해주었다.

대위는 마지막 미군이 첫 중공군보다 훨씬 더 앞서서 이곳에 도달하기를 진심으로 바란다고 말했다. 난 그에게 동의했다. 그에게 행운을 빌어주고 내 지프로 돌아왔다.

마침내 우리가 움직일 차례가 되었다. 천천히 운전병이 흔들거리는 부교 경간으로 운전해나갔다. 우리는 교량을 건넜다. 우리가 강을 건너기까지 기다리는 동안은 그토록 불길하게 보였던 한강이 이제 건너편 해안에 도착해 돌아보니 우리의 동맹이 되어 있었다.

다음 날도 우리는 계속 이동했다. 좁고 얼음이 언 길 위에서 여전히 피난민들과 길을 다투면서 말이다. 저녁쯤, 우리는 또 다른 마을에 도착했다. 안전을 위해서 우리는 각 집에 오직 여성, 어린이, 노인들만 있도록 해야 했다. 난 두 명의 사병들을 데리고 가서 첫 번째 집의 문을 열었다. 겁에 질린 많은 얼굴들이 나에게 쏠렸다. 방의 크기는 가로 12피트, 세로 15피트(16.7평방미터) 정도였는데, 약 스무 명이나 그 이상 되는 주민들이 비좁게 모여 있었다. 한 구석에서는 한 여성이 신음하고 있었다. 한 나이 든 여성이 나를 향해 고성으로 깩깩거렸고 난 뒤로 물러섰다.

"저 여성이 뭐라고 말한 거지?"

난 통역병에게 물었다.

"그녀는 '여자가 아이를 낳으려고 해. 남자들은 가!' 라고 말했습니다."

아기라고? 몇 개월 전 내 딸이 출생했던 것을 기억하면서 내 마음은 그 불쌍한 여성에게 확 기울여졌다. 아마 우리가 도울 수 있을지도 모른다.

"이봐."

난 지프 운전병에게 말했다.

"대대로 가서 의사를 데려올 수 있는지 보도록 하자."

우리는 중대 지프를 타고 눈길을 덜컥거리며 달려서 대대본부로 갔다.

후퇴하는 24사단
19보병연대

그리고는 내가 말했다.

"의사 선생님, 함께 가보시면 어떻겠습니까? 아이템 중대가 있는 곳에 아기를 출산하려는 여인이 있습니다."

"알겠습니다. 못 갈 이유가 없죠."

그는 대대 부상병 외에 다른 이에게 그의 의술을 실행할 기회를 얻게 되어서 행복해하는 듯 보였다.

"나도 같이 가면 어떻겠소?"

쿡 신부도 말했다.

"물론이죠, 신부님. 같이 가신다니 기쁩니다."

우리는 우르르 지프를 탔다. 의료도구를 가진 의사, 카빈총을 가진 나, 쌀자루를 가진 쿡 신부가 함께였다. 중대 영역에 이르러서, 난 그 집으로 갔다. 우리가 문을 열었다. 다시 한 번 깜짝 놀란 얼굴들이 내 쪽을 향했다. 통역병은 우리가 의사를 데려왔다고 설명했다. 그러나 나이 든 여인은 일어서서 우리보고 나가라는 제스처를 취했다. 심지어 의사들까지 포함해서, 남자들은 필요치도 원하지도 않는다는 것이었다. 아이 낳는 것에 관해서는 남자가 아닌 여자가 전문가라는 것이었다!

쿡 신부가 앞으로 나와서 쌀자루를 건네주었다. 나이 든 여인은 그것을 받더니 극진히 감사를 표했다.

다음 날 아침, 우리는 다시 우리 길을 나섰다. 난 그 여성들과 어린이들에 대해서 궁금해하고 있었다. 특히 막 아이를 출산하려고 했던 그 여성에 대해서 말이다.

"오, 못 들으셨습니까, 중위님? 그 마을 주민들 모두가 새벽녘에 길을 나섰습니다. 새로 엄마가 된 여성을 포함해서 말입니다. 그녀는 아기를 등에 업고 나머지 무리들과 함께 산을 타기 시작했습니다."

서울에서 약 30마일 떨어진 남쪽에서 병참대 사병들은 물자들을 기차에 싣고 수원에서 떠나느라고 미친듯이 일하고 있었다. 그럼에도 수원 철도역은 정지된 엔진과 가득 실린 유개화차, 더 남쪽으로 가는 수송수단을 소망하며 모인 수천 명의 피난민들로 인해 혼잡했다.

14공병대대는 많은 파괴 임무를 수행하여 폭탄이 바닥났다. 이에 S-3는 빌 무어와 에이블 중대 소속 그의 소대를 수원으로 돌려보내 군사물자를 실은 철도차량을 찾도록 했다.

빌과 그의 소대원들은 피난민들을 뚫고 가서 차를 찾기 시작했다. 그들의 첫 발견품 중 하나가 맥주 몇 상자이자 환호성이 터져 나왔다.

"먼저 폭약을 찾도록 하세. 그런 후 맥주를 마시러 돌아올 수 있을 걸세."

빌이 말했다.

그들은 탐색을 계속했다. 마침내 그들이 필요로 하던 TNT(강력폭약), 플라스틱 폭발물 뿐 아니라 몇 종류의 탄약을 실은 기차를 찾아냈다. 그들이 폭약을 내릴 때 그들은 연기가 나는 것을 봤다. 누군가 불이 났다고 말했다.

더 잘 보기 위해 기차 꼭대기에 올라간 빌은 근처의 유개화차에서 불꽃이 솟구치고 있는 것을 발견했다. 두려움 가운데, 그는 불이 곧 번질 것이라는 것을 깨달았다. 그럴 경우 탄약, 폭발물이 폭발하고 결과적으로 기차 전체가 폭발할 것이었다.

빌과 사병들은 즉각 떠나야 할 필요성을 깨닫고 기운이 빠져 심지어 맥주에조차 개의치 않았다! 그들은 운집한 시민들에게 기차에 불이 붙었으며 곧 폭발할 것이라고 말했다. 그러나 피난민들은 그들의 말을 알아듣지 못했거나 아니면 믿지 못했다. 그들 중 그곳을 빠져나가려 하는 이들은 거의 없었다.

빌과 그의 소대는 역을 빠져나왔다. 그들은 마을에서 반 마일 떨어진 고지 정상 바로 너머에서 멈추고 기다렸다. 약 10분 후, 탄약이 폭발하기 시작했다. 그것은 그들이 결코 이전에는 들어본 적이 없는 폭발소리였다. B-52 비행대 몇 개가 그들의 폭탄을 제한된 장소에 동시에 떨어뜨린 것 같은 소리였다. 빌은 불길, 연기, 조명탄이 솟아오르는 가운데 폭발 소리에 섞인 피난민들의 고함, 비명, 신음소리를 들을 수 있었다. 이것은 빌이 결코 잊지 못할 소리이자 순간이었다.

8군은 적군과의 접촉을 피해 달아났다. 다소 신기하게, 중공군은 더 이상 추격하려 들지 않았다. 최소한 이때만큼은 한강 북쪽의 자기들의 진지를 강화하는 데 만족해하는 듯 보였다.

그러나 많은 게릴라 부대들을 포함한 동쪽의 북한군은 좀 더 활동적인 상태로 남아 있었다. 한번은 5기갑연대 소속 비처 브라이언의 중대가 요새를 공격했고 약 오십 명을 생포할 수 있었다. 이들 모두는 민간인 복장을 입고 있었고 이웃 마을의 농부들처럼 보이려고 애쓰고 있었다.

비처는 자기 대대 S-2 영역에 배속된 몸집이 우람하고 강인하게 보이는 한국군과 대화를 나눴다. 그들은 이 포로들 중 몇 명이 진짜 민간인일 수 있을지 의논했다. 얼마 후, 그 남한군이 그 무리 앞으로 걸어갔다. 이 무리들은 웅크리고 앉아 있거나 무릎을 꿇고 있었다. 모든 눈이 그에게 쏠려 있을 때 그 남한군이 갑자기 차렷 자세를 취하고 한국어로 명령을 외치기 시작했다. 나이 든 남자 한 명을 제외하고 모든 그룹이 벌떡 일어서서 곧은 차렷 자세를 취해 섰다. 한국군인이 일련의 명령을 외쳐댔다. 좌향좌, 우향우, 그리고 몇 번 더 좌향좌와 우향우를 섞어서 외쳤다. 이 무리는 명석하게 잘 따라했다. 비처는 그들을 한 명 한 명 바라보면서 그들이 정체를 드러낸 것을 깨달았다. 더 이상 그들은 순진한 농부 역할을 할 수 없었다. 그 나이 든 남자는 풀려나고 다른 모든 이들은 신속히 전쟁포로로 보내졌다.

1951년 1월은 전환기였다. 상당 부분 매트 리지웨이 장군의 굉장한 리더십에 힘입어 8군은 고비를 넘기고 있었다. 새해가 시작될 때 무렵 우리는 패배주의적인 태도를 가진 기진맥진하고 사기가 저하된 부대였다. 우리는 전쟁에 지쳤으며 한국에서 내몰리기를 전적으로 기대하고 있었다. 그러나 리지웨이 장군은 군에 새로운 기운을 불어넣는 데 성공했다. 곧 모든 계급의 사령관들은 전쟁의 주도권을 다시 잡을 방법을 찾게 되었다. 이 사령관들의 대부분은 리지웨이 장군이 직접 뽑은 장교들이었다.

그 달은 1949년도 졸업생들에게도 전환기였다. 지난 여름 한국에 도착했던 많은 장교들은 소대장이나 전방관측자로 전투에 투입되었다. 이들 중 많은 이들, 너무 많은 이들이 더 이상 우리와 함께 있지 않았다. 또 남은 우리는 더 이상 장교 사다리의 맨 밑바닥에 위치한 애송이가 아니었다. 우리는 중위의 은 막대기 휘장을 단 베테랑이었다. 또 우리는 새로운 자리로 이동하고 있었는데, 이는 아마도 우리의 경험을 활용하기 위함이거나 아니면 단지 우리에게 숨 돌릴 틈을 주기 위함이었다. 예를 들어, 32보병대의 아이템 중대에서 소대장으로 있던 잭 매디슨과 조 킹스톤은 새로운 자리로 이동하고 있었다. 잭은 중대부관이 되었고, 조는 대대의 어시스턴트 S-3이 되었다.

비처 브라이언은 조 투미가 한때 이끌었던 5기갑의 I&R 소대를 맡게 되었다. 조와 마찬가지로 비처에게 있어서도 이것은 영예로운 것이었다. 그러나 비처는 그 자리를 다소 복잡한 심경으로 맡지 않을 수 없었다. 그는 5개월 안에 그 부대의 일곱 번째 소대장이 되는 것이었다.

8기갑연대에 있는 동안 부상을 당했던 루 메싱거는 8군의 심리전 부대로 발령받았다. 5기갑의 짐 숄츠는 1해병사단 연락장교가 됐다. 5연대 전투단의 소대장이었던 밥 리치는 연대 중박격포중대로 전출됐다.

루 바우만은 그 당시 스스로의 선택에 의해 계속 소대장으로 남아 있었다. 그는 2사단으로의 전출 기회를 제의받은 적이 한 번 있었다. 2사단은 너무 많은 장교들을 잃었기에 그는 의심할 여지없이 적어도 중대부관이 될 수 있었다. 또 곧 자기 중대를 가질 좋은 기회도 함께 주어진 것이었다. 그러나 루는 그 미심쩍은 기회를 사양했다. 그가 합류할 부대는 어디든 크게 상처 난 부대로서 이제 갓 미국에서 온 보충병들로 가득 차 있으리라고 생각하면서 말이다.

한편 전방관측자로서 대부분 최전방 중대들과 함께 복무해온 웨스트포인트 동기인 포병들은 고지에서 내려와 그들의 총격대대에 합류하고 있었다.

내 휴식기간은 갑작스럽게 끝이 났다. 전쟁의 주도권을 회복하고 적군과 다시 대면하려는 리지웨이 장군 계획의 일환으로써 우리 대대 전체가 먼 거리 정찰을 나서게 되면서부터였다. 우리는 트럭을 타고 출발했으며, 중공군을 만나면 차에서 내려 싸울 준비태세를 갖췄다. 우리는 천천히 트럭을 타고 북진했다. 적군의 활동의 기미는 없었다. 사실상 어떤 생물체가 있다는 기미도 보이지 없었다. 오직 텅 빈, 눈부신, 흰 벌판뿐이었다. 몇 마일을 더 나간 후 우리는 멈췄다. 사병들이 발을 구르고 팔을 펄럭이고 다소 혈액순환을 할 수 있도록 하기 위해서였다.

우리는 다시 출발했다. 몇 마일 더 가다가 좁은 길을 통과하게 됐다. 길 양 옆에는 낮은 언덕들이 있었다. 매복하기에 완벽한 지형이었다. 우리 모두는 조심스럽게 언덕을 관찰했다. 그러나 아무 일도 일어나지 않았다. 그 때나 또는 그 이후의 아침시간에도 마찬가지였다. 우리가 약 20마일(32.2킬로미터) 나간 후, 되돌아오라는 명령이 떨어졌다. 명백히 중공군은 우리가 생각했던 것보다 훨씬 더 북쪽에 있었던 것이었다. 우리로서는 괜찮은 일이었다.

자동차를 탄 우리 정찰대가 우리 전방에서 적군을 발견하지 못했기 때문에, 우리는 전선의 빈 곳을 메우기 위해 이동하도록 결정됐다. 이에 따라 우리 대대는 북쪽으로 약 10마일 이동해 여주 근처 진지들로 갔다. 우리 2개 소총 중대가 나란히 자리를 잡았다. 며칠마다 순서를 바꾸기로 한 세 번째 중대는 전방의 전초이자 정찰대 기지로 일하기 위해 더 전방에 자리를 잡았다.

7사단도 적군과 다시 대면하기 위해 북진했다. 그러나 이들이 대구 근처의 집결지를 떠나기 전에 그들의 군단장 네드 알몬드 장군은 전체 현장검열을 명령했다. 그들이 적절히 장비를 갖추고 있는지 만전을 기하기 위해서였다. 잭 매디슨의 무기소대는 약 오전 5시쯤 준비가 갖추고 추위 가운데 떨면서 검열을 기다렸다. 10시 정도가 되어서 군단장은 난방장치가 된 앰뷸런스 같은 차를 타고 도착했다.

알몬드 장군이 잭의 소대에 도착했을 때 한 코멘트라곤 박격포가 적절치 못한 색깔로 칠해졌다는 것이었다. 해병들에게서 페인트를 우려냈던 잭은 그저 페인트를 칠할 수 있다는 것이 운 좋은 일이었다고 느끼고 있었다.

1월 말에야 잭은 집에 편지를 썼다.

> "최근에 많은 활동이 있었습니다. 5일 동안 편지를 보낼 수 없었습니다. 매섭게 춥습니다. 동상 걸린 발이 큰 문제입니다. 보충병들을 좀 맞이하고 있습니다. 우리 소총중대는 241명이 공식 병력인데, 지금 우리는 109명으로 줄어들었습니다."

대대 회의에서 막 돌아온 러프 린치가 말했다.

"해리, 자네를 위한 좋은 제안이 있어. 사단장 처치 장군이 미국으로 돌아가네. 새로운 장군이 올 거야. 각 연대는 그의 부관으로 괜찮은 장교를 추천하도록 요청받았어. 맥 중령이 스티븐스 대령에게 이야기했고 그들은 자네를 추천하고 싶어 하네."

러프와 난 그 인사이동의 좋은 점과 나쁜 점에 대해 논의했다. 러프는 재치 있게 이것이 내 경력에 줄 유익을 강조했고, 보다 즉각적인 이점에 대해서는 그다지 많이 말하지 않았다. 즉각적인 이점이란 사단본부에 있는 이들은 적군의 공격을 거의 받지 않는다는 것이었다. 그럼에도 불구하고 우리 둘은 이것이 중요한 이점이란 것을 알고 있었다.

그날 저녁, 대대 후방에서 난 S-1과 함께 부관이 될 기회에 대해 이야기를 나눴다. S-1은 그날 밤 내 호스트 역할을 했다. 그는 술병을 내왔고 우리는 술을 마시고 서로의 비밀을 나누면서 밤늦게까지 앉아 있었다. 내가 누군가에게 빌린 슬리핑백 안으로 기어들어갈 때 내 머리는 돌고 있었고 이것은 오랜만에 술을 마셨기 때문만은 아니었다. 난 중요한 직책을 위해 선택받았다는 사실로 인해 아첨을 받은 것 같이 느껴졌고, 여러 가지 의문과 자기 자신에 대한 의심들이 계속 일어나고 있었다.

발단이 되는 질문은 내가 정말 아이템 중대를 떠나 내가 알아온 가장 가까운 관계들을 끊기 원하는 지였다. 떠나는 것이 가능성 있는 일이 되자 난 이 낮은 중대와 내가 얼마나 서로의 일부가 되었는지를 깨닫기 시작했다.

내 운전병과 난 다음 날 아침 일찍 대대를 떠났다. 주도로를 타고 다이아몬드라 불리는 21연대 지휘소를 지나 24사단 전방 지휘소를 뜻하는 멜로드라마처럼 들리는 'Danger Forward' 라는 사인을 따라갔다.

우리는 오전 중반까지 그곳에 있었다. 운전병은 동작이 활발한 헌병이 우리에게 계속 가라고 손짓해주는 대로 사령부 영역에 차를 댔다.

많은 텐트와 많은 차, 많은 사인, 말끔하게 정렬된 모든 것 등 사단 시설은 더러운 최전방과 상당히 대조를 이루고 있었다. 내 아이템 중대 지프와 난 갑자기 이곳에 어울리지 않는 것 같았다. 마치 큰 도시에 온 시골 사람들 같았다. 나는 방향을 돌려 내가 '속한' 곳에 돌아가고픈 충동을 억누르고 있었다.

G-1 텐트에 가니 대위가 나와서 말했다.

"안녕, 자네가 21보병연대에서 온 장교임이 분명하군. 스티븐스 대령이 어제 자네에 대해서 말했다네. 인터뷰가 막 종결되려고 했었어. 사단 포병 및 다른 연대에서 온 후보자들은 며칠 전에 여기 왔었다네. 그러나 빅 식스가 기다리라고 했네."

"대위님, 전 꽤 전방 쪽에 나가 있었습니다. 그리고……."

"괜찮네. 스티븐스 대령이 이미 설명했네. 대령은 다른 인터뷰들은 잊으라고 하면서 그 직책을 잘 수행할 이를 뽑아두었다고 하더군. 사실 자네를 인터뷰하는 것이 내가 아니야. 새로운 사령관인 브라이언 장군이 직접 할 것일세. 지금 그는 처치 장군과 면담 중이네."

한 시간 정도 후 난 곧 이곳을 떠나게 된 처치 장군과 그를 대체할 브라이언 장군에게 소개되었다. 처음부터 24사단에 있었던 처치 장군은 작고 강인하며 가죽 같은 피부를 가진 인물이었다. 반면, 블랙쉬어 브라이언(베이브) 장군은 이전에 대학 미식축구에서 태클을 맡았고 나중에 사관학교에서 어시스턴트 미식축구 코치를 맡았던 인물이었다.

"자네 내 부관이 되고 싶나?"

그가 우렁차게 물었다.

"네, 그렇습니다."

난 내 자신이 대답하는 소리를 들었다. 다행히 그는 왜 그런지는 묻지 않았다. 만약 물었더라면 난 답을 짜내느라고 고생했을 것이다. 장군은 내 배경을 간략히 요약해 말해달라고 요청했고, 난 내가 사관학교에 들어오기 전 공군군단에서 사병으로 복무했었고 웨스트포인트, 서비스 학교를 다녔으며, 8월 이후에 21보병연대 소속으로 한국에서 복무해왔다고 말했다.

"웨스트포인트 몇 년도 졸업생이지?"

"1949년입니다, 장군님."

"맙소사. 내가 정말 늙은 것 같군!"

1922년도 졸업생인 브라이언 장군이 말했다. 몇 가지 질문이 더 이어진 후 난 G-1 텐트로 돌아왔다. 그날 오후 난 내가 그 직책을 맡게 되었다고 들었다. 난 사흘 후 그곳으로 옮겼다. 그리고 바로 새로운 9군단 사령관인 브라이언트 E. 무어 장군이 집행한 사령관 이 · 취임식에 참석했다. 식을 집행한 무어 장군은 내가 졸업반일 때 우리 학교 교장이었다. 처치 장군은 공로훈장을 받았고, 신실한 '성공에의 기원'을 받았다. 브라이언 장군은 두 번째 별을 달았고 21사단의 사령권을 이어받았으며, 또 애송이지만 자원하는 마음을 가진 부관도 곁에 두게 되었다.

8월이 시작되자 8군과 중공군 모두 공세를 계획하고 있었다. 주도권을 되찾고자 하는 리지웨이 장군의 열망에 발맞춰 8군은 다소 낙관적으로 이름 붙여진 라운드업 작전을 통해 때로는 끈질기게 싸웠고, 또 때로는 녹아 없어지는 것 같아 보이는 적군을 대항해 북진하기 시작했다. 전선의 서쪽에서는 미군들이 그달 중순까지 인천을 재점령하고 심지어 한강 기슭에까지 이르렀다.

그 사이, 많은 중공군 병력은 중앙 구역으로 이동해왔다. 대규모의 중공군 병력이 자신들의 네 번째 공세를 준비하고자 그곳에 모여 있었다. 이곳에서 10군단이 공격을 개시했다. 그 공격 초기에는 미군들이 잘 싸웠다. 매복병을 제압하고, 공중 및 포병 지원을 잘 활용했다. 적군에서 많은 사상자가 발생했다.

그러나 한국군은 계속 실망감을 안겨주었다. 많은 수의 중공군에게 공격을 받을 때마다 제대로 된 훈련도 받지 못했던 남한군들은 대개 아무런 경고 없이 무너졌다. 실험삼아 10군단은 남한 사단을 직접적으로 지원해주는 미군 부대들을 두어 한국군을 지지해주기로 했다.

중앙 구역에서는, 187연대전투단이 10군단을 강화하고 남한군을 지원하게 됐다. 라운드업 작전이 시작되자, 187연대전투단의 1대대와 3대대는 한국군의 공격개시선을 확보하기 위해 원주 북동쪽을 공격했다. 공격하던 중 187연대전투단 에이블 중대 소속 소대장인 스티브 화이트는 심각한 부상을 입고 후송됐다.

작전을 위해 포병과 38연대의 1개 보병대대를 포함한 21지원부대가 한국군 8사단에 배속됐다. 보병소대 중 하나는 톰 버드가 이끌고 있었다. 톰은 조지아 주 작은 마을 출신으로 키가 크고 목소리가 나직했다.

2월 11일, 중공군이 공격을 개시했을 때, 한국군 8사단은 거의 즉각 뚫렸다. 남한군은 혼란 가운데 남쪽으로 물결쳐 내려왔고, 이로 인해 방어선에 큰 구멍이 생겼다. 톰 버드의 중대를 포함, 많은 미군 지원부대들은 떼 지어 남진하는 중공군에 제압당했다. 2월 12일, 톰은 작전 중 실종된 이들의 명단에 올랐다.

동일한 공격의 일환으로, 187연대전투단의 674공수포병대대는 한국군을 지원하도록 북쪽으로 파견됐다. 보통은 187연대전투단 I중대의 전방관측자로 있던 짐 코플랜은 새로운 임무를 부여받아 자기의 전방관측부대와 함께 한국의 27연대에 가도록 명령받았다. 도중에 짐은 새 배터리를 가지러 대대 본부에 들렀다. 짐의 대대장은 상황이 '다소 정돈되지 않은' 것처럼 보인다면서 짐에게 그날 밤 대대에 머물 것을 제안했다.

날카로운 경계를 유지하고 있는 25사단 35보병연대의 C, K중대

다음 날 아침, 그들의 두려움은 현실로 나타났다. 공포에 질린 한국군이 골짜기 아래로 우루루 달아나 포병 진지를 둘러쌌다. 길에서만 끌고 다닐 수 있는 포탄들의 취약함을 유념해, 미군들은 참호 속에 들어가 자리를 지켰다. 또 퇴각하는 한국군으로부터 가능한 한 많은 무기를 징발했다.

오후 중반쯤 되자, 중공군 부대가 주변 고지들에 나타났다. 대대들은 먼 사정거리에서부터 발사된 저격병의 총격을 받기 시작했다. 다행히 187연대전투단 보병소대들이 이때 도착해 포병들을 구해냈다.

낙하산병들이 약 오후 4시에 길 교차점에 모여 원주로 돌아가는 두 가지 길을 두고 어느 길을 택할지 숙고했다. 그중 한 길은 서쪽으로 가다가 홍성에 이르고, 다시 남쪽으로 가서 원주에 이르렀다. 또 다른 길은 거의 계속 남쪽으로 가다가 홍성을 지나가게 되어 있었다. 중공군의 돌파 상황을 고려해볼 때, 두 길 모두 안전해 보이지 않았다. 짐이 대대장에게 자기가 최근에 두 번째 길로 3대대와 함께 북진했었다고 말했기 때문에 다행히 그쪽 길로 가기로 결정이 났다. 만약 그렇지 않았더라면 그들은 나중에 학살의 골짜기로 알려지게 된 첫 번째 길에서 덫에 걸렸을 것이고 아마도 많은 사상자가 발생했을 것이다.

날이 어두워진 후, 낙하산병들이 길을 나섰다. 짐과 그의 전방관측부대는 원주에서 길을 틀 수 있도록 길 안내자로 앞장섰다. C대대가 길을 갈 때 도착한 헌병들과 함께 짐과 그의 부대는 그날 밤 나머지 시간 자신들의 대대에 붙어 있었다. 매우 긴장되는 진행이었다. 그러나 남쪽의 길은 적군 부대가 없는 것으로 드러났다.

187연대전투단이 원주 가까이 이르렀을 때, 다른 부대의 군인들을 차에 태우기 시작했다. 그리고 중공군이 5, 8 한국사단을 흩어버린 것에 더해, 미군 부대들을 뚫고 북진했다는 것을 알게 됐다. 그리고 C대대가 진지로 가고 있을 때, 네덜란드 대대의 대위와 네 명의 사병이 도착해 어떻게 그날 밤 한국군으로 가장한 중공군 부대로 인해 그들의 대대장이 죽었는지를 설명했다.

다음 날 오전 짐과 그의 부대는 I중대로 돌아왔다. 길을 가는 도중 짐은 동기생 잭 헤인을 만났다. 그는 원주 철도역에서 그의 분대 –50s을 위한 진지를 정찰하고 있었다. 잭은 짐에게 I중대로 가는 길을 알려주었다. I중대는 철도 터널 근방에 위치하고 있었다. 짐과 그 일행이 떠나고 얼마 안 돼 중공군이 잭에게 120밀리미터 박격포탄 집중충격을 퍼부어 잭은 거의 죽을 뻔했다.

짐 코플란(Jim Coghlan)

그 유명한 '원주 발포'가 발생한 2월 14일 데이브 프리먼, 워드 고슬링, 데니 발머, 보이드 알렌은 모두 674부대에 속해 있었다. 항공 관측자들은 두 개의 중공군 사단이 대담하게 대낮에 진군해오는 것을 목격했다. 사단과 군단 포병들이 함께 조정한 포탄이 중공군 대열로 날아갔다. 적군 수천 명이 사망했다. 여러 시간 동안 무시무시한 살육이 계속됐다. 그러나 중공군은 한 기자가 표현했듯이 '앞서 간 이들의 뭉그러진 몸뚱이 위로 기어 올라가는 인도 위의 개미처럼' 계속 진격해왔다. 거의 5,000명의 중공군이 죽었다. 그러나 아마도 그 세 배 이상의 중공군이 부상당했을 것이다. 마침내 중공군이 북쪽으로 도망갔다. 그러나 심지어 그때도 공중 지원군이 포병들의 공격의 손길이 미처 미치지 못한 곳까지 계속 중공군을 응징했다.

1기갑의 99야전부대 소속의 자랑스러운 포병 잭 맥도널드는 AP 기사가 실린 〈성조지〉를 집에 보냈다. AP 기사는 이렇게 썼다.

> "앞으로 여러 해 동안, 포병들은 '원주 발포' 이야기를 할 것이다. 원주 발포는 목요일 전방 중앙의 전세를 뒤집어놓았다. 포병들은 원주 발포를 '모든 레드 레그(미 포병의 닉네임)의 꿈'이라고 말할 것이다(우연히도 그 기사는 존 랜돌프가 쓴 것이었다. 그는 한국에 도착한 후 둘째 날 밤을 우리 아이템 중대의 전초에서 보냈었다)."

며칠 동안, 날씨가 따뜻해지면서 눈이 녹았고 이에 이동이 잦았던 흙길은 이제 거의 지나다닐 수 없을 지경이 되고 말았다. 잭 매디슨은 집에 이렇게 적었다. 진흙이 '굉장한 문제'라고 말이다. "끈적끈적하고 질퍽이고, 모든 것을 끌어당기고 모든 것에 들러붙고. 다루기 정말 어렵습니다"라고 말이다. 그러나 그는 그들이 계속 승리하고 있으며 이에 사기가 증진되고 군인들이 낙관적이 되기 시작했다고 덧붙였다.

2월 17일, 비처 브라이언은 그의 스물네 번째 생일을 이틀 앞두고 자신의 I&R소대와 함께 연락 정찰대로 파견됐다. 그는 경전차 두 대 뒤에서 사령 지프에 타고 있었는데, 그 지프에는 운전병, 무전병, 한국어 통역병이 타고 있었다. 그들이 좁은 길 위를 달리고 있을 때, 비처의 차가 갑자기 두 개의 지뢰를 거의 동시에 밟았다. 격렬한 폭발이 있었고, 비처는 공중으로 튀어서 그의 지프의 후드 위로 날랐다. 그는 양손으로 그의 철모를 붙잡고 우리가 체육 수업에서 배웠던 매끄러운 구르기를 시도하려고 했다. 그러나 불가능했다. 그는 '쿵' 하면서 등을 바닥으로 해서 떨어졌다. 그는 숨을 헐떡였다. 그의 앞에서는 전차들이 주위의 산등성이에 총격을 가하고 있었다.

통증에도 불구하고, 비처는 한 번에 대략 네 가지 일을 하려고 했다. 숨을 가다듬는 것, 전차들이 무엇을 쏘고 있는지 보는 것, 보호막을 찾으려는 것, 신음을 멈추는 것 말이다. 그에게 가장 먼저 든 생각은 지프가 일종의 수평탄도 총알에 맞았다는 것이었다. 그는 총알이 더 날아올 것으로 예상했다. 몇 초 내에 다른 지프들 중 한 대가 다가왔다. 비처는 그들에게 등에 부상을 입은 한국인 통역병을 돌봐달라고 부탁했다. 운전병와 무전병은 몸은 흔들렸지만 그다지 심한 부상은 입지 않았다. 그들은 계속 정찰대에 남아있을 수 있었다. 이때쯤, 심하게 엉망이 된 비처의 발은 통증이 매우 심했다.

몇 분 내 브라이언은 대대 응급치료소로 후송됐다. 그는 깨닫지 못했지만 그는 이제 집으로 향하고 있었다. 그는 일련의 병원을 거쳤다. 먼저 대구, 그 다음 요코하마, 그리고 호놀룰루의 병원이었다. 마침내 그는 샌프란시스코에 있는 레터만 군 병원에 도착했다. 거기서 그는 발이 낫기까지 18개월을 보냈다. 발목이 제대로 융합되지 않아서 그는 레터만에서 영구 부목을 오른발에 대었다. 그는 이제 다시 군인 복무로 돌아갈 수 있게 되었다고 들었을 때 상을 받은 기분이었다. 그러나 레터만에서 그에게 주어진 가장 최고의 상은 플로렌스라는 여성이었다. 플로렌스는 그를 치료한 매력적인 물리치료사였는데, 비처는 환자로 있는 동안 그녀와 연애를 했고 결혼식도 올렸다.

3월 말쯤 되었을 때, 루 바우만은 32보병연대의 조지 중대에서 지금까지 유일하게 부상을 당하지 않은 소대장이 되었다. 커드 앤더스로부터 시작해서, 다른 모든 소대장들은 죽거나 부상을 당했다. 대대에서 루가 휴식이 필요하다는 결정이 내려졌고 이에 따라 루는 대대 차량장교가 되었다.

루는 자기 자리에 그대로 머물러 있고 싶었지만, 대대장은 완강했다. 루가 자신이 수송부에서 정말 필요한 것은 아니라는 것을 확인하기까지는 그리 오랜 시간이 걸리지 않았다. S-4가 실제 책임자였을 뿐 아니라, 차량 부사관은 유별나게 유능한 사병이었다(내가 아는 최대의 사기꾼, 솔직히 말해 진정한 말뚝상사 빌코). 이 사병은 루가 간섭할 필요 없이 모든 것을 다 잘 다스리고 있었다.

2주간 불필요한 존재처럼 느끼던 루는 수송부에서 무단이탈해 한창 총격전을 벌이고 있는 옛 소대로 복귀했다. 다행히 소대의 총격전은 성공을 거두었다. 며칠 후 루가 정말 소총중대에 있고 싶어 한다는 것을 깨닫게 된 대대장은 그를 F중대의 부관으로 보냈다. 그가 곧 중대를 지휘하기 위해 전선에 있게 될 것이라는 약속과 함께 말이다.

2월 24일 9군단장 브라이언트 E. 무어 장군은 24사단 포병 사령관인 마이어스 장군을 방문하고 있었다. 마이어스 장군의 부관은 짐 휘트마쉬(휘트니)였다. 무어 장군이 지휘소를 떠날 때, 그가 탄 헬리콥터가 이륙하면서 통신선을 건드리고 강으로 굴러 떨어졌다. 구조받은 무어 장군은 충격을 경험했지만 분명히 몸에는 아무런 이상이 없었다. 그는 잠시 몸을 말리고 쉬기 위해 마이어스 장군의 밴으로 갔다.

몇 분 후, 무어 장군은 심장발작으로 죽었다. 근처의 24사단 사령부에 있던 난 아마도 동기생 중에서는 휘트니 다음으로 그 소식을 들었을 것이다. 동기들을 대신해 난 조용히 그를 위해 기도를 올려드렸다. 그는 우리가 일학년 때 웨스트포인트 교장이었다. 난 휘트니도 나처럼 했을 것이라고 확신한다.

브라이언 장군은 매일 아침 일찍 지휘소를 떠나서 최전선의 부대들을 방문했다. 그의 이러한 방문은 많은 유익을 가져왔는데, 그중 하나는 다른 사령관들도 지휘소를 떠나서 더 많은 시간을 전선에서 보내게 되었다는 것이다. 장군이 개인적으로 관심을 기울이게 되자, 사단의 외양도 훨씬 말쑥해졌다. 24사단 군인 대부분은 이제 깨끗하게 면도를 하고 철모를 쓰게 되었으며, 심지어 더 말끔한 군복을 입게 됐다. 그의 이런 방문 길에 동행하던 하루, 난 동기인 빨간 머리 밥 리치를 만났다. 그와 난 몇 개월간 같은 사단에 있었지만, 이번이 그 기간 중 서로 처음 만나는 것이었다. 필연적으로 우리의 대화는 사망한 동기들에 대한 것이 됐다. 사망한 이들 중에는 1944년 워싱턴 DC에서 밥과 함께 웨스턴고등학교 졸업반을 다녔던 조종사 플로이드 스티븐슨이 있었다.

중공군의 4차 공세가 느슨해져가면서, 187연대전투단은 군 예비역으로 복귀했고, 대구 근처의 집결지로 돌아갔다. 근처에는 잭 버카트가 있었다. 그의 대공포병(AAA) 소대는 8군 지휘소를 지키고 있었다. 부근의 또 다른 친숙한 얼굴은 공군이 된 찰리 번이었다. 그는 야간사진정찰 임무를 위해 B-26을 몰고 있었다. 찰리가 자신의 필름을 모든 제공한 후에는 자신에게 남은 500파운드(227킬로그램) 불꽃 조명탄의 신관을 다시 잘라서 표면이 폭발하게끔 하고, 그런 후 자신이 직접 선택한 목표물에 폭탄을 투하한다는 소문이 있었다.

187연대전투단이 예비역이 되면서 추가적인 훈련의 기회가 주어졌다. 훈련의 일환은 공지작전 체계를 포함하고 있었는데, 다름 아닌 더그 부시가 이를 지휘하고 있었다. 그의 비행대가 이타주케로 돌아갔을 때, 그는 활동이 없는 것에 초조해졌고 전방항공통제관으로 육상에서의 복무에 자원했다. 그의 첫 임무는 한국군 부대와 함께하는 것이었다. 예상할 만하게 그의 삶은 위험스러웠다. 그가 그곳에서의 임무를 마친 다음 날, 그가 복무하던 통제부대는 전멸되었다. 이제 이런 훈련수업을 실시할 때 그는 그의 첫 사랑인 낙하산 보병과 다시 함께하게 되었다. 그는 2차대전 때 이런 부대에서 복무했었다.

나의 어느 날 하루는 브라이언 장군이 21보병연대를 방문하고 싶다고 말하는 것으로 시작됐다. 가는 길에 스티븐스 대령이 우리에게 합류했는데 그는 운전병에게 아이템 중대로 가라고 말했다.

블랙쉬어 브라이언 장군과 마이하퍼

아이템 중대라고? 난 브라이언 장군이 더러운 얼굴들, 진흙에 더렵혀진 군복, 덥수룩한 수염들을 볼 때 충격받지 않을까 두려웠다. 철모에 관해서는, 난 전체 대대에서 다섯 손가락에 꼽을 만큼 적은 수의 사병만 철모를 쓰고 있었던 것으로 기억했다. 부대 방문이 당황스러운 일이 될 것 같았다.

내가 스티븐스 대령에게 속삭였다.

"아이템 중대는 제가 있던 부대입니다."

"오, 그래?"

그가 별 관심 없다는 듯이 답했다. 난 브라이언 장군이 왜 아이템 중대를 방문하려는 것일까 궁금했다. 전투가 있었나? 만약 그렇다면, 사상자 수는 얼마이고 그들은 누구일까? 우리가 좁은 길로 돌아서 들판에 도착하니 사병들이 계급별로 정렬해 있었다. 이들은 내 옛 중대인 아이템 중대였다. 그런데 그들은 깨끗하게 보일 뿐 아니라 심지어 철모까지 쓰고 있었다.

들판의 중앙에 서 있는 S-3을 제외하곤 3대대 참모장교들이 길 가장자리 가까이에 서 있었다. 중대가 "받들어 총"을 했다. 브라이언 장군이 답례했다. 그리고 "세워 총", "열중 쉬어"가 이어졌다. 장군이 날 보더니, "가서 저기 서게"라고 말했다.

난 주저하면서 들판으로 걸어갔다. S-3가 나에게 자신을 마주보고 서라고 손짓했다. 그는 표창장을 공식적인 '연병장용' 목소리로 읽기 시작했다. 그제야 난 서서히 부대 시찰, 대형, 그리고 이 모든 것들이 서서히 이해되기 시작했다. 이는 날 위해 준비된 것이었다. 난 멍한 상태로 표창장 내용을 들으면서 깁이 내가 부상당한 날의 내 행동에 대해서 훈장 수여를 추천한다는 것에 대해서 뭐라고 말했던 것을 기억했다.

S-3가 표창장을 다 읽었다. 브라이언 장군이 얼굴에 큰 웃음을 띤 채 다가와서 내 야전 재킷 주머니에 메달을 달아주었다.

"우리가 자네를 좀 놀래킨 것 같군."

그가 말했다.

"장군님, 정말 그러셨습니다."

내가 작은 소리로 말했다. 중대원들이 흩어져서 내게 몰려왔다. 그들은 웃으며 축하인사를 건네고 나에게 악수를 건넸다. 난 매우 어색하고 수줍었지만 이 순간은 내가 항상 소중하게 생각하게 된 순간 중 하나가 되었다.

8군 전면이 진군하는 리퍼 작전은 3월 7일 개시됐다. 거의 즉각적으로 7사단은 바위투성이의 산 지형으로 갔다. 그곳의 길은 진흙이 질퍽이는 오솔길이나 다름없었다. 그곳에서는 배급품이 공중 투하되거나 한국인 짐꾼들이 가져와야 했다.

32보병연대의 L중대 안에서는 빌 페닝톤의 소대가 '정사각형 바위' 산을 공격하라는 임무를 부여받았다. 빌은 25살 생일이 한 달 남은 상태였지만 이때쯤 벌써 진정한 베테랑 소대장이 되어 있었다. 그는 인천상륙작전 후 곧 청동성장을 수여받았다. 표창장은 "그가 자신의 개인적 안전을 고려하지 않고 적군에 대항해 소대를 공격적으로 이끌면서 뛰어난 리더십과 용맹을 드러냈다"고 말했다. 그가 이끌던 사병 한 명에 따르면, 그는 '전투에 임할 때든, 예비역으로 있을 때든 바른 때에 바른 결정을 하는' 요령을 가진 것처럼 보였다.

빌의 소대가 정사각형 바위 산을 오를 때, 이들은 맹렬한 총격에 맞닥뜨렸다. 포병포탄이 목표지점에 가해지기 위해서는 불가피하게 소대가 충분히 뒤로 물러나야 했다. 빌은 자신이 적에게 노출된 지점에 있었지만 이에 개의치 않고 자기가 총격으로 방어막을 형성하는 동안 후퇴하라고 사병들에게 신호했다. 그리고 얼마 후 그는 죽었다.

그가 이끌던 사병 중 한 명이 빌의 아내에게 편지를 썼다.

"당신의 남편은 그가 이끌던 소대 사병들과 이 연대의 모든 장교 분들에게 매우 중요한 분이셨습니다. 그분의 위대한 영웅적인 행동으로 인해 우리 많은 이들이 오늘 이 자리에 남아 정사각형 바위산의 이야기를 할 수 있게 되었습니다. 그 산에서 그분은 매우 용맹스럽게 사병들을 이끌었으며, 그들이 안전한 곳으로 후퇴할 수 있도록 하기 위해 목숨을 잃었습니다. 전 그분의 용맹함으로 인해 오늘 우리들이 여기 있을 수 있게 된 것과 그분이 그날 거기에서 한 일들을 우리가 결코 잊지 않으리라는 것을 압니다."

조 킹스톤과 잭 토마스가 부근에 있었다. 잭은 사실 빌과 같은 중대에 속해 있기도 했다. 조와 잭은 함께 빌의 죽음을 애도했다. 조는 무거운 마음으로 빌의 졸업반지를 받아서 이것을 빌의 미망인 메리에게 보냈다. 빌은 포트 베닝에서 보병 수업을 듣고 있을 때 메리를 만났고, 이들은 빌이 해외로 떠나기 고작 한 달 전인 지난 7월 결혼했다.

전진하는 조 킹스톤의 32보병연대 K중대

신실한 이상주의자 빌 페닝톤은 보병 전투의 위험성을 이해했다. 그러나 그는 자신이 하는 일에 신념을 가지고 있었다. 그는 죽기 얼마 전 집에 편지를 보내서 만약 나에게 무슨 일이 벌어진다면, 매일 한국에서 바쳐지는 나나 다른 이들의 희생과 다른 무엇이 아니라 매우 가치 있고 중요한 대의를 위한 것이었다고 알아주오"라고 말했다.

서쪽에서는, 부대들이 서울의 측면을 포위하기 위해 한강을 건넜다. 결국 적군은 끊어지지 않기 위해 수도로부터 퇴각했다. 클레이 버킹햄이 M-46 전차소대와 함께 한강을 건널 때, 한번은 전차의 포탑으로 물이 쏟아질 만큼 수심이 깊어져서 거의 죽을 뻔했다.

클레이는 이때쯤 폐허처럼 변해버린 서울을 지나서 부대 집결지를 향해 북진했다. 클레이는 다음 날 또 다른 물 장벽을 만났다. 그러나 이번에는 그다지 운이 좋지 못했다. 전차가 불어난 시내를 건널 때, 클레이는 발목이 부러져서 다음 몇 주간 요코하마 병원의 신세를 지게 됐다.

중앙 전면에서는 전투가 계속되었으며 38선에서 밑으로 8마일 떨어진 길 중심인 청천은 다음으로 중요한 목표지점이 됐다. 확고한 낙하산병 매트 리지웨이 장군은 청천에 공중공격을 가하면 꽤 많은 수의 중공군과 북한군 부대를 고립시키고 덫으로 잡을 수 있다고 생각하게 되었다.

대구에 있는 187연대전투단은 청천에 공중공격을 가하는 호크 작전을 놓고 경계태세를 갖추게 됐다. 집결지는 철조망으로 막아졌고, 맹렬한 공중공격을 위한 장비들이 준비되었으며, C-119, C-46부대 수송기들이 K-2에 집결하기 시작했다.

더그 부시가 공중공격이 계획돼 있다는 것을 들었을 때는 그가 한국군과의 임무를 마치고 F-86 소속으로 일본에 돌아가 있었을 때였다. 2차대전 때 유럽에서 전투 공수에 참가한 베테랑이자 마음은 여전히 낙하산병인 더그 부시로서는 단 한 가지 길밖에 없었다. 그는 30일 휴가를 요청하여 승인

받았다. 이는 187연대전투단과 함께 공수에 가담하고 그들의 전방항공통제관으로 활동하기 위해서였다.

그 사이 미군은 적군이 후퇴해 청천에서 떠났으며 결과적으로 그곳에의 공중강하는 무의미하게 되었다는 것을 깨달았다. 리지웨이 장군은 호크 작전을 취소하고 대신 이번에는 1군단의 영역에 있는 문산리를 공격대상으로 선택했다. 토마호크라고 이름 붙여진 새로운 작전은 3월 23일 성 금요일에 행해지기로 결정됐다. 문산리 북쪽의 한 곳, 남쪽의 한 곳으로 총 두 개의 강하 지역이 결정되었다. 남쪽의 강하 지역은 남쪽에서부터 오는 기갑 특수임무부대와의 연결기지로 사용될 것이었고 187연대전투단의 1대대만 그곳에 강하할 예정이었다.

불행히도 1대대 일련의 비행기 중 대대장, 전방관측자 데니 발머 등이 타고 있던 선봉 비행기가 이륙하자마자 곧 기계적인 문제의 발생으로 비행을 중단해야 됐다. 비행기에 타고 있던 이들은 대구에서 여분의 C-119로 갈아타고 다시 한 번 북쪽으로 날아갔다.

그러는 사이, 주 병력이 강하하기 시작했다. 일련의 1대대 비행기는 지도자가 없는 동안 실수로 자신들의 계획된 강하 지역을 지나쳐서 다른 모든 이들이 강하하고 있는 동일한 곳에서 강하하기 시작했다. 3대대 소총중대의 전방관측자들인 짐 코플랜, 데이브 프리먼, 워드 고슬링은 오전 9시가 갓 지난 후 신호를 받고 강하하기 시작했다. 오른쪽에 있는 비행기에서 강하하게 된 짐은 동쪽 하늘이 비어 있을 것으로 예상했다. 그러나 하늘에는 낙하산이 가득했다.

원래 예정돼 있지 않던 부대와 장비까지 몰려와 붐비게 되면서 강하 지역은 다소 혼란스러워졌다. 다행히 낙하산병들은 적군의 저항을 별로 만나지 못했고 지역은 곧 확보됐다.

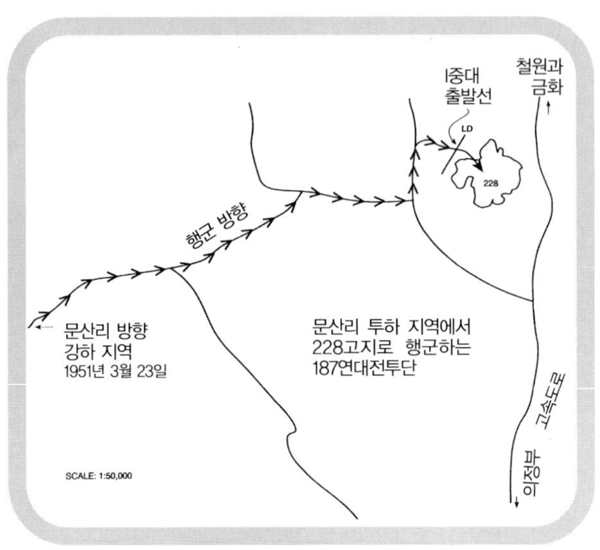

1951년 3월 23~27일, 토마호크 작전

잠시 후, 1대대 사령단을 태운 C-119가 남쪽 강하 지역에 도착했다. 그들은 이곳이 텅 비어 있어서 놀랐다. 그러나 부대들이 이미 이 지역을 소탕하고 앞으로 진군해간 것이 틀림없다고 생각하고 강하했다. 이들은 겨우 스물아홉 명으로 구성된 보잘 것 없는 공격부대였다. 곧 그들은 주위의 산에서부터 날아오는 소총공격을 맞이했다. 이때 데니는 몇 시간 후 구조중대가 도착할 때까지 포병포탄과 통신을 모두 지원해주면서 핵심적인 역할을 수행했다.

작전개시 다음 날인 3월 24일, 연대전투단은 황혼 무렵에 집결했다. 그리고 서울-의정부-철원을 잇는 길인 3간선도로로 가는 행군을 시작했다. 이날은 비가 오고 있었고 행군은 고달팠다. 후방 호위대인 3대대는 그들 앞 종대의 아코디언 같은 움직임을 쫓아가기 위해서 정지하거나 돌진하는 것을 번갈아 했다. 선봉 분대들을 제외한 모든 행렬은 앞서 지나간 부대들이 소택지로 만들어놓은 산길에서 반복적으로 주르르 미끄러졌다.

작전개시 3일 후인 3월 26일, 187연대전투단의 아이템 중대는 228고지를 향해가고 있었다. 228고지는 중국인들의 참호로 얽은 자국이 나 있으며 3간선고지를 내려다보고 있는 우뚝 솟은 고지였다. 근처의 높은 땅에 있던 아이템 중대의 전방관측자인 짐 코플랜은 '요청받은' 포병 집중포화를 조준하기 시작했다. 그때 다름 아닌 더그 부시와 그의 전방항공통제부대가 그곳에 도착했다.

"저 고지에 직접적인 공중폭격이 가해지면 좋겠다."

더그가 말했다.

"흰 인광성으로 표시 좀 해줄 수 있어?"

짐은 기쁜 마음으로 전투 폭격기의 목표물을 표시하기 위해 105밀리미터 흰 인광성 포탄을 몇 개 조준했다. 더그가 공중폭격을 지도했다. 몇 분 후, 짐이 동료 전방관측자인 데니 발머와 포병지원 자료를 교환하게 되면서 현장에서는 더 많은 동기생 간 연합활동이 이뤄졌다.

자신의 전방관측부대와 함께 온 데이브 프리먼은 더그 부시가 공중 폭격을 지도하는 것을 보았다. 그들은 서로에게 손을 흔들었다. 데이브는 전투의 진정한 프로를 볼 수 있다는 것이 얼마나 기쁜일이냐고 생각했다.

아이템 중대는 228고지를 공격하라는 명령을 받았다. 중대는 전통적인 '앞에 둘, 뒤에 하나' 의 대형을 이뤄 배치됐다. 이때 짐의 전방관측부대와 중대사령그룹은 선봉 소대들 바로 뒤에 위치해 있었다. 중대가 공격을 개시했다. 이들은 마른 논밭을 가로질러 228고지의 비탈을 오르기 시작했다. 공중공격 및 포병공격을 준비했음에도, 참호 속에 잘 자리 잡은 중공군은 많은 양의 소총과 박격포탄 공격을 진행할 수 있었다. 낮은 비탈의 참호로부터 날아오는 수류탄 세례도 섞였다. 사병들이 쓰러지기 시작했다. 그러나 아이템 중대는 가장 효과적인 무기인 수류탄을 각 참호 속에 떨어뜨리면서 계속 관목 덤불 사이를 통해 고지를 올라갔다.

날이 점점 어두워지기 시작했고, 아이템 중대는 228고지의 정상에 거의 다다랐다. 사상자 수는 압도적이었다. 토마호크 작전 수행을 위해서 중대는 공식 병력인 이백십사 명에 가깝게 구성돼 있었다. 그러나 이날 그들에게서 이미 팔십사 명의 사상자가 나왔다. 소대장 네 명 전부를 포함해서 말이다. 남은 장교는 중대장과 그의 전방관측자인 짐 코플랜 밖에 없었다. 그들도 비록 부상은 당하지 않았지만 의복과 장비가 총에 맞았다. 짐의 경우에는 총알이 그의 발가락 위 장화 가죽을 잘랐다. 그러나 양말은 그대로였다.

한편 더그 부시는 후방에 사상자들이 생기고 있는 것을 보았다. 그리고 후에 잘못된 정보였음이 드러났지만, 아이템 중대의 장교가 모두 사상되었다고 들었다. 그는 무전병에게 자신이 '공중폭격의 결과를 관측하기 위해' 전방에 나가 있는 동안 뒤에 머물러 있으라고 했다. 아마도 더그는 상황이 심각한 것을 알고 도우러 가고 있었다. 의심할 여지없이, 사령권을 이어받고 군대를 재결집하기 위해 장교가 필요할지도 모른다고 느끼고 있었던 것이다.

데이브 프리먼
(Dave Freeman)

더그 부시의 전 생애는 위험감수와 모험, 그리고 성공으로 이어졌다. 이 책의 첫 페이지들에서 소개된 것처럼 졸업 직후에 대담하게 오마 브래들리 합참의장을 찾아갔던 이야기는 분명 그 예이다. 그는 항상 운이 좋았다. 그가 노르망디에서 공수하고 있을 때, 웨스트포인트 운동경기에서 시합하고 있을 때, 아니면 조종사로 북한에서 F-86을 몰 때도 말이다. 그가 228고지의 비탈을 오르면서 자신이 안전하게 느꼈다면 이해할 만하다.

더그가 고지를 향해 나갈 때, 중공군 박격포탄이 떨어지면서 그 조각이 그의 오른팔에 박혀 숨을 거뒀다. 어둠 가운데 그의 시신이 고지에서 내려졌다. 사병들은 그의 주머니에서 작은 성경을 발견했다. 그의 동기들은 더그가 천하무적이라고 믿고 있었기 때문에, 다음 날 그 얘기를 듣고도 태연했던 짐 코플랜과 데이브 프리먼의 자연스런 반응은 믿을 수 없다는 것이었다.

187연대전투단은 공격을 계속했고, 3월 30일까지 그들의 목표지점을 확보했다. 이제 낙하산병들은 3사단의 소대들과 교체됐으며 대구 근처의 집결지로 되돌아갔다.

11 춘계 공세

4월 1일 ~ 6월 30일

유엔군이 철의 심각지대 가까이에 도달하자 적군의 저항이 거세졌다. 춘계 공세가 막 시작되는 것은 분명했다. 적군 포로들은 아마 4월 22일이 목표날짜일 것이라고 말했다. 더 많은 보고들이 이 날짜를 확증했다. 당일 생포된 포로 심문에 기초에 브라이언 장군은 4월 22일 오후 7시경 군단을 소집했다. 공세가 약 두 시간 내에 시작될 것이라고 예측했다.

리지웨이 장군이 지휘하는 8군은 4월 1일까지 38선 근방에 배치돼 있었다. 그리고 남한은 전쟁 전의 상태로 회복되었다. 리퍼 작전 기간 동안, 미군 부대는 약 70마일(113킬로미터)을 진군했다. 그러나 적군은 빠른 속도로 철수하면서 최소한의 사상자를 냈다. 결과적으로, 리지웨이 장군은 리퍼 작전이 '완벽한 성공'이었다고 평가하게 되었다.

한편, 워싱턴에서는 트루먼 대통령을 포함한 고위장교들이 이런 남한의 회복에 대해 평화회담을 추진할 때가 된 것인가를 두고 고민하고 있었다. 그러나 우선 더욱 신중하게 방어할 수 있는 지형으로 움직여야 한다는 결론이 내려졌다. 그 결과 38선을 건너서 캔자스선까지 진군하는 러지드 작전이 개시됐다.

한편, 중공군은 북한 내 병력을 계속 증대시켰다. 거대한 부대 증대는 또 한 번의 전면공세에 대한 경각심을 주는 신호였다. 지난 몇 달 동안, 어니 던햄은 포트 베닝에서 사격술을 가르치고 있었다. 기본 과정을 마친 후 그가 원래 발령받은 곳은 그의 친구 세실 뉴먼의 경우처럼 하와이였다. 그러나 아내 글로리아가 출산을 앞두고 있어서, 어니는 수송이 유예되고 베닝 무기위원회에 머물게 되었던 것이다. 그러나 1951년 봄이 되자 그는 샌프란시스코와 도쿄를 거쳐 결국 대구에 도착했다. 그리고 24사단 21보병연대로 배치됐다.

어니는 자신이 사관생도 중대 A-2에서 네 번째로 한국에 온 보병이라는 사실을 곱씹어봤다. 이때쯤 세실 뉴먼, 마이크 왜즈워스, 리거 라구치 등은 모두 사망한 상태였다.

21보병연대는 맹렬한 전투를 치르고 있었다. 어니는 연대가 어느 특정 도로에서 뒤로 후퇴하고 있기 때문에 그들을 따라잡을 수 있을 것이라고 들었다. 그는 등에 짐을 지고 길 끝자락에 서 있었다. 지나가던 연대장이 그를 보고 차를 길에 댔다.

어니는 연대장에게 자기를 소개했다. 대령이 말했다.

"S-1가 지프 내 바로 뒤에 타고 있네. 그에게 자네를 1대대로 배치해달라고 말하게. 그리고 B중대가 지나갈 때 합류하게. B중대의 장교들이 모두 죽었어. 자네가 새로운 중대장이네."

소총 소대장으로 있던 밥 리치는 5연대전투단의 중박격포중대로 전출되면서 더 안전해질 것이라고 생각했다. 비슷한 류의 전출로써, 아이템 중대에 나와 함께 소대장으로 있던 시타델 사관학교 출신인 짐 엑슬리도 21보병연대의 박격포중대로 옮겼다. 그러나 아이러니하게도, 둘 다 비슷한 시기에 목숨을 잃었다. 밥은 현리 근처에서 작전 중 부상당한 후 4월 3일 사망했다. 짐은 그가 탄 지프가 지뢰를 밟아 그 자리에서 즉사했다.

상관 알렌 대장이 미국으로 돌아가게 되면서 잭 호데스는 그의 부관 휘장을 떼고 다시 한 번 보병의 서로 어긋난 소총 그림이 그려진 휘장을 달았다. 2월 23일 이후, 잭은 8기갑연대 F중대의 2소대를 이끌고 있었다. 한 달 반 정도 후인 4월 7일, 그는 심각한 부상을 입고 일본으로 후송됐다(그해 여름 내가 휴양휴가 중일 때, 난 도쿄종합병원에 있는 잭을 방문했다. 나중에 난 브라이언 장군에게 그 방문에 대해서 언급했다. 잭의 아버지 호데스 장군을 알고 있던 브라이언 장군은 '행크의 아들'에 대해서 큰 염려를 표현했다. 그가 말하는 방식을 통해 난 평화시대 정규군들이 서로 얼마나 친밀하고 가까운지를 알 수 있었다).

지난 몇 달 동안, 잭 헤인과 76대공대대 소속 그의 소대는 한반도 상공을 위아래로 이동하면서 공군기지들을 방어하고 있었다. 4월 초, 그의 부대는 대구 근처 K-2 공군기지에 배치되었다. 그곳에서 그는 사관학교 초년생 시절 룸메이트였던 데이브 반즈를 만나게 되었다. 데이브는 조종사로서 27전투기 호위비행전대에 속해 있었다. 27전투기 호위비행전대는 지난 12월 사망했던 플로이드 스티븐슨이 속해 있던 부대이다. 플로이드는 한국에 도착한 지 얼마 안돼 사망했지만 데이브는 이 시점까지 많은 비행 임무를 수행했으며, 이로 인해 공군수훈십자훈장과 다섯 개의 공군수훈장을 받았다.

데이브의 텐트는 잭이 있던 지휘소로부터 100야드 정도 떨어진 곳에 위치해 있었다. 잭은 어느 날 데이브가 적어도 다섯 번이나 교환대를 통해(공군기지에서 8군, 중간 교환대, 잭의 대대, 부대, 그리고 마침내 잭에게) 자기를 불렀을 때 이해할 수가 없었다. 그냥 소리치면 빨랐을 것이다. 어쨌든 데이브는 잭에게 안부인사를 하고 싶은 방문객이 있다면서 가능한 빨리 와보라고 했다.

잭은 급히 데이브의 텐트로 가서, 문을 열었다. 어두운 데서 손을 뻗어 인사하면서 "안녕, 잭, 어떻게 지내나?"라고 말했다. 데이브의 아버지였다. 미 육사 1925년도 졸업생으로서 공군 장군인 얼 반즈였다. 그는 무기평가차 한국에 방문 중이었다.

이때쯤 잭 매디슨은 집에 편지를 보냈다. 약 한 달간 맹렬한 전투를 치른 후 32보병연대에 예비역으로 돌아왔으며, 그들은 자신들과 교체할 군인들을 맞기 위해 몸을 씻었고 또 "심지어 따뜻하고 고급스런 음식도 먹을 수 있었다"고 그는 편지에 썼다. 그는 또 조 킹스톤이 K중대를 지휘하게 되었다며, "정말 뛰어나게 제 역할을 다하고 있다"고 덧붙였다.

상급장교들이 우리 사단을 방문할 때마다 브라이언 장군은 그들을 수행해야 된다는 부담감을 느낄 수밖에 없었다. 그가 다른 일을 하고 싶을 때도 말이다(그는 언젠가 농담으로, 별 두 개짜리 장군이 사단을 관리하고, 별 세 개짜리 장군이 방문자들을 관리하도록 두 명의 장군은 있어야 된다고 말했다).

4월 12일 브라이언 장군이 방문자를 맞으러 가야하는 데에는 어떤 의문의 여지가 없었다. 이번 VIP는 다름 아닌 프랭크 페이스 주니어 육군장관이었기 때문이다. 몇몇 상급장교가 페이스 장군과 동행해왔는데 그중에는 8군 사령관인 매트 리지웨이 장군도 있었다.

브라이언 장군과 난 다른 몇 명과 함께 사단 활주로에서 페이스 장관 일행을 맞았다. 우리는 먼저 '반죽 소년' 이란 별명을 가진 19보병연대를 방문했다. 그리고 '도미노' 란 별칭의 5연대전투팀 지휘소를 찾아갔다. 우리가 도착하자마자 곧 프랭크 페이스를 찾는 전화가 연대 교환대로 걸려왔다. 교환원은 5연대전투단에는 그런 이름을 가진 사람이 없다고 답했다. 다행히 이 어처구니없는 실수가 발견돼, 잠시 후에 페이스 장관은 레브 알렌 8군 참모장이 가장 긴박하게 자신과 연락하고 싶어 한다는 말을 듣게 됐다.

교환대가 페이스 장관과 대구의 알렌 장군을 연결해주었다. 알렌 장군은 워싱턴으로부터의 전갈을 전달했다.

"레브, 내게 다시 한 번 읽어주게. 난 한 번 듣고 맥아더 장군을 물러나게 하고 싶지는 않네."

우박을 동반한 폭풍 같은 상황임에도 불구하고 페이스 장관은 리지웨이 장군을 밖으로 데리고 나가서 말했다.

"리지웨이 장군, 이제는 당신이 태평양 통합군 사령관이요. 맥아더 장군은 해임됐소."

"믿을 수 없습니다, 장관님."

리지웨이 장군이 대답했다.

"나 역시 그렇소. 그러니 다시 반복하네. 이제는 장군이 태평양 통합군

사령관이네. 맥아더 장군은 해임됐네."

근처에 있던 우리로서는 무슨 일이 벌어지고 있는지 전혀 알 길이 없었다. 그러나 육군장관이 방문일정을 줄이고, 리지웨이 장군과 함께 활주로로 급히 되돌아갈 때 우리 모두는 분명 무슨 일이 벌어졌다는 것을 알 수 있었다. 리지웨이 장군은 마치 전 세계가 자기 어깨 위에 올려져 있는 것처럼 보였다. 어떤 면에서는 그가 이렇게 느꼈던 것인지 모른다(전갈이 늦어서 처음 계획은 사실상 무산되었다. 처음 계획은 페이스 장관이 도쿄로 가서 개인적으로 맥아더 장군에게 해임 사실을 알리는 것이었다. 만약 전갈이 제 시간에 도착했다면 어찌 되었을까? "아무 문제없습니다." 그는 나중에 농담을 했다. "대통령령입니다. 전 첫 비행기를 징발해서 바로 도쿄로 날아갔을 것입니다. 몇 시간 후에 전 즉각 맥아더 장군의 숙소로 갔을 것입니다. 그리고 명령서를 꺼내서 초인종을 누른 후, 명령서를 얼른 문 밑에 밀어넣고 부리나케 달아났을 것입니다!").

4월 19일, 더글라스 맥아더 장군은 상하 양원 합동회의에서 그의 감정적인 "노병은 죽지 않는다"는 고별연설을 했다. 미국 전역에서 맥아더 장군이 해임된 방식에 대해서 분노의 목소리를 높였다. 그러나 동시에 맥아더 장군이 전쟁 확대를 암시하며 "승리를 대신할 만한 것은 없다"고 말했을 때, 미국 대중은 별로 편치 않게 느꼈다.

그 불편한 감정은 그들이 만약 전쟁터의 불길한 상황에 대해서 알았더라면 더 증폭되었을 것이다. 북한에 있는 적군의 병력은 이제 사십칠만오천 명에 달하고, 만주에 사십칠만오천 명이 예비역으로 더 있었다. 중공군과 북한군의 증강은 그들이 다섯 번째 공세를 개시하기 위한 대비였다. 베이징과 평양의 라디오들은 이번이 단 한 번에 '공격자들을 바다로 밀어낼' 공세라고 공공연히 자랑하고 있었다.

철원, 평강, 김화를 잇는 '철의 삼각지대'를 향해 조심스럽게 진군하는 던트리스 작전이 4월 11일 시작됐다. 4월 14일부터 8군의 사령권을 이어받은 밴 플리트 장군은 리지웨이 장군의 계획을 계속 이어서 수행하고 있었다. 이 계획에 따르면, 새로운 적군의 공세가 임박했다 할지라도 북진은 계속될 예정이었다. 이 계획은 일단 적군의 공격이 시작되면 아군은 미리 계획된 방어진지로 철수하며 그동안 포병공격과 공중폭격으로 최대의 사상자를 내는 것이었다.

유엔군이 철의 삼각지대 가까이에 도달하자 적군의 저항이 거세졌다. 춘계 공세가 막 시작되는 것이 분명했다. 적군 포로들은 아마 4월 22일이 목표날짜일 것이라고 말했다. 더 많은 보고들이 이 날짜를 확증했다. 당일 생포된 포로심문에 기초해 브라이언 장군은 4월 22일 오후 7시경 군단을 소집했다. 공세가 약 두 시간 내에 시작될 것이라고 예측했다. 그리고는 말했다.

"우리가 그동안 기다리던 것이 왔다."

그날 밤 중공군이 총공격을 가했다. 포병들은 수천 개의 포탄을 인파에 쏟아부었다. 그러나 그래도 중군은 여전히 밀려내려 오고 있었다. 공중에서도 근접거리에서 지원 임무를 하느라 바쁘게 날아다니고 있었다. 1949년도 졸업생 조종사 데이브 반즈도 곧 전투기를 타고 하늘로 날았다. 아버지가 방문한 지 겨우 2주 만인 중공군 공세 첫날 데이브의 전투기는 추락했고 그는 포로로 붙잡혔다.

사관생도 시절 데이브는 우리 학급에서 가장 영리한 학생 중 한 명이었다. 그러나 언제나 재능이 부족한 이들을 기꺼이 도왔다. 그를 알았던 이들은 그의 유머 감각, 활기찬 성격, 클래식 음악과 좋은 책에 대한 그의 사랑을 높이 평가했다. 전쟁포로인 그의 모습은 그려보기 힘들었다. 그러나 두 달 후인 6월 20일, 데이브 반즈는 포로수용소에서 숨을 거뒀다.

4월 22일, 자정이 가까워오자 32보병연대의 조 킹스톤이 이끄는 K중대는 3,400미터 길이의 전선을 따라서 줄지어 서 있었다. 이들은 능선을 점령하고 있었는데, 이 능선의 주된 지형은 902고지였다. 이 불가능한 전선을 방어하기 위해 조는 약 삼백 명의 사병을 거느리고 있었다. 그가 중대장으로 있는 킹 중대(이제 보충병 및 병원에서 돌아온 병사들로 인해 공식적인 병력에 가까워졌다)와 직접 지원하는 M중대의 1개 무기소대, 연대 I&R소대, 4.2인치 박격포소대를 포함한 것이다.

보름달 빛으로 인해 중대 전초부대 사병들은 북한군들이 기어서 그들을 지나가는 것을 목격했다. 전초부대가 총격을 가하기 시작했다. 그로 인해 중대가 경계를 갖추게 되고 적군은 잠시 뒤로 물러나게 되었다. 적군 분대들이 전초부대로 몇 번 돌진해왔다. 그때마다 그들은 퇴각하게 됐다. 마침내 잠시 접전이 소강된 틈에 전초부대 병력이 여섯 명의 부상자들과 함께 주 부대로 돌아왔다.

조 킹스톤은 그의 사령관 3대대장에게 무전연락을 했다. 그리고 적군의 주공격이 902고지를 주 공격대상으로 해서 강화되고 있는 것 같다고 보고했다. 그는 측면에 위치한 부대의 지지를 얻을 수 있도록 허락해달라고 요청했으며 또 부대증원이 필요할지도 모른다고 말했다.

"자네가 해야 되는 일이나 하게."

대대장이 말했다.

"난 자네로부터 세 시간이나 떨어진 곳에 있어. 내가 도와줄 수 있는 것은 아무것도 없네. 자네 스스로 해결하게."

이 비협조적인 발언에 분노한 조는 무전기 송수화기를 일등상사에게 넘겼다.

"저런 사람들과 더 이상 이야기해도 아무런 의미가 없네. 누군가 연락하면 자네가 답하게! 그러나 중대 부관에게 연락해서 무슨 일이 벌어지고 있는지 말하고 투입 가능한 사병과 추가 무기들을 가지고 와달라고 하게."

조는 응급치료소로 변해버린 지휘소를 떠나서 전선으로 나갔다. 공격하기 위해 몰려온 무리를 보면서 그는 오늘이 바로 그날이 될 수 있다는 것을 깨달았다.

곧 북한군이 물결을 이뤄 계속 몰려왔다. 적군의 주 공격은 조가 M중대의 중기관총을 위치해둔 곳을 겨냥했다. 아군의 중박격포탄이 빠른 속도로 포탄을 발포했다. 적군의 시신 수십 구가 쌓였으며 첫 공격의 여세가 무너졌다. 포병포탄과 박격포탄이 큰 무리의 대형에 떨어지기 시작했다. 그럼에도 적군은 여전히 몰려오고 있었다. 더 나은 무엇인가를 위해 써졌으면 나았을 용기를 가지고 말이다. 첫 공격 물결은 무기를 가지고 있었다. 자동권총이거나 소총이었다. 이어지는 물결은 다만 수류탄이 든 자루만 가지고 있었다. 마침내 아무런 무장을 하지 않은 군인들이 몰려왔다. 이들은 자기들 앞에서 쓰러진 군인들의 무기를 거머쥐고 무장하려고 애썼다.

킹스톤의 1소대는 이전에 부사관이던 보일이 이끌고 있었다. 보일은 전투임무를 성공적으로 수행하고 이제는 소위가 된 뛰어난 군인이었다. 공격이 진행되는 한 시점에서, 1소대는 순전히 사람 수에 밀려서 땅을 내줄 수밖에 없었고 보일은 목숨을 잃었다.

조는 자신 주변의 사병들을 조직했다. 여기에는 자기들의 무기를 모두 써버린 60밀리미터 박격포탄 사병들도 있었다. 조는 그들에게 무기를 들고 전투태세를 갖추라고 했다. 그리고 조는 그들을 이끌고 진지를 탈환하기 위한 맹렬한 돌격에 돌입했다.

조는 사병들을 재촉하고 권고하면서 전선 위 아래로 움직였다.

"저들이 소리 지르기 시작하면 언제든 자네들도 그들에게 정면으로 소리를 지르게!"

조는 부대에 이렇게 명령했다.

새벽 4시, 수백 구의 적군 주검이 킹 중대 진지 앞에 쌓였다. 그러나 아마도 북한 45사단일 가능성이 높은 점점 더 많은 병력이 계속 902고지 비탈로 몰려왔다. 조의 사병들은 끊임없이 싸웠다. 이때쯤 미군 몇은 무기 및 탄약의 부족으로 획득된 적군의 무기와 탄약을 사용하게 됐다. 킹 중대 부관인 로저스 중위가 더 많은 탄약과 삼사십 명 정도의 사병들을 추가로 데리고 도착했을 때 상황은 좀 호전됐다. 로저스 중위가 데려온 몇 명의 군인들은 그들이 새롭게 속하게 된 부대에 대한 잊을 수 없는 신고식을 치르게 됐다. 다른 이들은 로저스가 끌어 모은 후방의 취사병, 운전병, 카투사 등이었다.

새벽 5시경, 킹 중대는 902고지 정상에서 뒤로 밀리게 됐다. 그때 한 젊은 사병이 네 발로 기어와서 조의 바짓가랑이를 당기더니 자기가 A중대에서 온 전령병이라고 말했다.

"저희는 중위님 부대를 보강하라고 명령받았습니다. 저희 중대장님은 저희가 어디에서 박격포탄을 발포해야 할지 알고 싶어 하십니다. 그래서 중대장님은 중위님이 오셔서 그분과 조정하기 원하십니다."

"자네가 가서 중대장님에게 내가 어디 있는지 말하게. 직접 대화를 나누기를 원한다면 그분이 여기 오면 되네!"

조가 소리쳤다.

몇 분 후, 1대대장 길리스 중령이 그의 포병 연락장교인 동기생 돈 고워와 함께 아침 안개 속에서 등장했다.

"내가 무엇을 도울 수 있겠나, 중위?"

길리스 중령이 물었다.

"중위님, 여기 와서 전투에 임할 수 있는 사병이 좀 필요합니다!"

길리스는 A중대의 중대장에게 연락을 취해서 그에게 "킹스톤이 원하는 것을 무엇이든지 해주게"라고 말했다.

곧 A중대의 1개 소대가 서둘러 고지로 왔다. 조는 그들이 전투태세를 갖추게 하고 그들에게 그들이 902고지 정상을 재탈환할 것이라고 말해줬다. 그들이 고지를 오르기 시작했다. 선봉분대들과 함께 있던 조는 옆에 있던 이에게 무엇을 말하기 위해 그를 향해 몸을 돌렸다. 바로 그때, 총알이 날아와서 그 옆 사병의 왼쪽 귀를 정면으로 때렸다. 피가 흘러내리기 시작했고 그 사병은 후송됐다.

공격은 계속됐고 902고지 산 정상에서 마침내 적군이 뒤로 물러났다. 대대의 나머지 사병들이 전선으로 나오는 가운데 작전은 나흘이나 더 계속됐지만, 적군의 공격은 무뎌졌다. 킹 중대는 처음에는 원래 1소대만이 책임지던 지역을 차지하게 되었다.

적군 수백 명을 사살하는 동안 조 킹스톤의 킹 중대에서는 열일곱 명이 죽고 쉰다섯 명이 부상을 당했다. 또 배속부대에서 다섯 명이 죽고 열일곱 명이 부상을 당했다.

4월 22, 23일 이틀간 진행된 군사행동으로 인해 조의 부대는 대통령에게 표창장을 받았다. 군단장 네드 알몬드 장군은 조 킹스톤에 대한 칭찬의 편지에서 A중대와 K중대는 "적군의 결연한 날카로운 공격의 기세를 버티어내고 10군단의 어깨 부분을 방어했다 … 신속하고 결단력 있는 전투 … 10군단 전방에서 느껴졌다"라고 적었다.

9군단 구역에서는 대한민국 6사단이 무너졌다. 사병들은 무기를 버리고 공포 가운데 달아났다. 이로 인해 전선에 큰 빈틈이 생기게 되었으며 중공군이 이곳을 통해 쏟아져 들어왔다. 미군 부대들은 그 빈틈을 메우기 위해 이동됐다. 더 많은 사상자가 발생했다. 그러나 결국 8군의 최전선이 견고해졌다. 적군이 이어지는 일련의 진지들로 후퇴하는 동안 포병공격과 공중폭격이 계속적으로 이들을 맹공격했다.

4월 22일과 30일 사이 6 · 25의 가장 피비린내 나는 전투 몇 개가 진행됐다. 이 기간 유엔군에서는 칠천 명의 사상자가 발생했다. 한편 중공군과 북한군은 그들 대형의 많은 사병들이 미군 공중폭격과 포병포탄에 사살됨으로써 그 사상자 수가 혼비백산할 정도의 어마어마한 수에 이르렀다. 이 9일의 기간 동안, 적군 사상자는 칠만칠천 명이라는 깜짝 놀랄 만한 수에 이르렀다. 어떤 이는 공산주의 지도자들이 얼마나 오랜 기간 자신들의 인민을 이토록 무자비하게 희생시킬 것인지 궁금해했다.

5월, 조종사 딕 쉐너먼과 밥 매키니는 샌프란시스코에서부터 일본 후추에 있는 보충대로 향했다. 거기서 밥은 김포에 위치한 4전략전투기비행단 F-86 조종사로, 딕은 수원에 위치한 51전략전투기비행단 F-80 조종사로 배치됐다. 그러나 딕은 먼저 일본 츠이키에 위치한 비행단 훈련기지로 가게 됐다. 그곳에서 딕은 그의 처녀 전투비행 임무를 가졌다. 그전에는 일생 동안 한 번도 비행기에서 폭탄을 투하하거나 총을 발사해본 경험이 없었다.

밴 플리트 장군은 다음 중공군 공격이 서울을 공격목표로 할 것이라고 예측했다. 그러나 5월 중순, 적군의 주공격은 동쪽의 한국군 사단을 향해 일어났다. 다시 한 번 그 사단은 무너졌다. 이로 인해 8군의 오른쪽 측면이 뚫리게 되었다. 적군 돌파구의 어깨에 위치해 있던 미 2사단은 끈질기게 싸웠고 결국 전선을 지킬 수 있었다. 8군은 추가 병력을 쏟아부었고, 역공을 개시했다. 중공군은 뒤로 밀리기 시작했다.

중간 구역에서는 24사단이 교전하고 있었는데, 이곳에서 1950년 가을 이후 12보병연대 이지 중대원이던 잭 아네트는 5월 27일 부상을 당했다. 스투 마틴도 한동안 이지 중대에서 복무하고 있었다. 포트 녹스에서 나와 같이 있었던 스투 마틴은 나처럼 기갑장교였다가 보병 소대장이 됐다. 그러나 이제 그는 보병을 떠나서 6기갑대대에서 복무하고 있었다.

며칠 후 6월 1일 19보병연대의 에이블 중대에 속해 근처에서 같은 군사작전을 위해 전투에 임하고 있던 조 털리도 부상을 입고 후송됐다.

같은 날 동기생 빌 뮬러는 8군 공격을 지원하기 위한 폭격 임무를 띠고 출발했다. 세인트루이스 동쪽지방 출신인 빌은 웨스트포인트 입학 전 공군 부사관으로 복무했었다. 그는 98폭탄비행전대 343비행대 소속 조종사였다. 작전 중 그의 전투기가 추락하면서 사망자 명단에 올랐다.

6월 중순까지 거의 3개월 동안 찰리 중대를 지휘해온 어니 던햄은 이제 그가 이끄는 사병들에 대해서 아주 잘 알게 되었다. 그가 좋아하던 사병 중 하나는 헨리 세실이라는 일등상사였다. 그는 키가 크고 게리 쿠퍼처럼 생긴 이단자였다. 그의 배경은 거의 잊혀진 미군 역사의 한 장을 포함하고 있었다.

1933년 대공황 때 군의 예산은 거의 없다시피 할 정도로 막대하게 삭감되었고 이상한 경제정책이 제안됐다. 포트 레븐워스에 있던 영창 수감자들은 미 대륙을 떠나서 돌아오지 않기로 동의하면 풀려나게 되었다. 이런 이들 중 한 명이던 세실은 하와이로 갔고 하와이의 주군에 들어갔다. 그리고 2차대전 때 태평양에서 싸웠다. 그런 후 그는 24사단 소속으로 하와이에 남았다.

한국에서 세실 일등상사와 무기소대의 소대 부사관은 본래의 C중대에서 살아남은 유일한 두 명의 군인이었다. 이들은 괜찮아 보이는 한국인들을 일단은 먹이고 그 다음에 훈련시키고 모집한 후 비정규 '군'을 만들었다. 이때쯤, 무기소대는 거의 백 명의 추가 카투사들을 얻은 상태였다.

6월 공세 동안, 어니의 중대는 화강암산으로 알려진 험한 고지를 공격하고 점령하라는 임무를 받았다. 산 정상까지 이르는 산등성이가 좁아서 한 번에 한 소대씩 공격을 가할 수 있었다. 포병포탄 준비 후 어니는 그의 1소대를 산으로 보냈다. 곧 그들은 소총, 수류탄, 그리고 천둥 소리를 내는 박격포 탄막을 만났다. 약 이십 명의 사상자가 발생한 후 소대는 마침내 퇴각할 수밖에 없었다.

어니 측은 더 많은 포병포탄을 퍼부었다. 그리고 2소대가 새롭게 공격을 개시했다. 이번엔 소대원들이 저번보다 산등성이를 더 많이 올라갈 수 있었다. 그러나 그들도 맹렬한 발포 앞에서 많은 사상자를 낸 후 후퇴할 수밖에 없었다.

화강암에 공중폭격이 이뤄졌다. 그러고 나서 더 많은 포병 집중공격이 진행됐다. 그러나 중공군은 여전히 진지를 지키고 있었고, 다시 한 번 마지막 잔인한 단계, 즉 적군과 대면하는 것은 보병들의 역할이었다.

어니는 더 이상 '당신 먼저, 친구'가 있을 수 없다는 것을 깨달았다. 만약 다른 소대가 고지를 올라야 한다면, 이것은 "날 따르시오!"가 되어야 했다. 어니는 3소대가 산등성이를 오를 때 선봉에 선 분대들과 함께했다. 그들이 산 정상에 가까이 이르렀을 때, 어니는 잘 파인 참호를 가진 진지들을 알아볼 수 있었다. 구멍에서 손이 하나 나오고 나면 수류탄이 날아왔다. 그리고는 손이 사라졌다. 또 다른 구멍에서 머리가 튀어나와서 자동권총을 쐈다. 그리고 머리가 내려갔다. 총알들과 폭발하는 수류탄에도 불구하고 찰리 중대의 사병들은 한 발 한 발 앞으로 나아갔다.

학교에서 우리는 최후 방어사격 이론에 대해서 배웠다. 최후 방어사격은 적군이 일정 지점까지 다가오면 전방위로 '중지명령 이전까지 최대 발사속도로 지속적인 사격을 하는' 것이다. 유감스럽게도 어니는 이제 이 최후 방어사격이 이뤄지는 것을 직접 볼 기회를 얻었다. 끔찍한 크레센도의 순간에, 막대한 양의 박격포탄, 포병포탄이 선봉분대들로 쏟아져 내려왔다. 폭발로 인해 계속해서 비명들을 질러댔다.

120밀리미터 박격포의 비명 소리를 내는 포탄이 어니 몇 인치 뒤에서 폭발했다. 어니는 공중으로 튀어나갔다. 그는 30피트(9.1미터) 전방에 떨어졌다. 머리가 거꾸로 처박혔다. 한쪽 다리는 거의 형체를 알아볼 수 없을 만큼 망가졌고 다른 한쪽 다리는 말 그대로 날아갔다.

생존자들이 뒤로 물러났다. 이는 중공군의 역공을 알리는 신호였다. 여전히 희미한 의식 가운데, 어니는 흰 뱀들이 얼굴을 가로질러 가는 것을 봤다. 그에게 든 첫 번째 생각은 '내가 죽을 것인가?' 였다. 그리고 이제는 '내가 전쟁포로가 될 것인가?' 로 바뀌었다.

어니는 의식을 잃었다. 만약 그가 의식이 있었다면 그는 헨리 세실 일등상사의 고함 소리를 들었을 것이다. 그는 무기소대의 오합지졸 카투사 비정규군을 데리고 공격을 이끌고 있었다. 중공군이 뒤로 물러났다. 그 사이 이 비정규군들이 어니를 데리고 산등성이를 내려왔다.

화강암 산의 기슭에서, 어니는 다른 사상자들 옆에 눕혀져 있었다. 육군 파견근무를 하고 있던 한 해군 의사가 진료 우선순위를 결정하기 위해 사상자들의 상태를 신속히 점검하고 있었다. 누가 즉각적인 치료가 필요한 것인가? 치료가 좀 늦춰져도 괜찮은 이는 누구인가? 희망이 전혀 없는 이는 누구인가?

의사가 어니에게 다가왔을 때, 그는 다만 고개를 젓고 지나가버렸다. 어니는 비록 의식이 없었지만, 자기 몸 밖을 떠다니는 것 같았다. 실제적으로 볼 때, 그는 등을 대고 누워서 눈이 감긴 채 하늘을 향하고 있었다.

그러나 유체이탈 경험처럼, 그는 아래를 내려다보고 있었다. 그리고 의사가 환자들의 열을 지나다니는 것을 보았다. 심지어 자기 자신의 얼굴도 보았다. 의사가 자신에게 다가왔을 때, 그는 고개를 흔들고 지나갔다. 어니는 자기가 아직 살아 있다고 외치고 싶었다. 다음으로 어니는 자기가 어두운 터널에 있다고 느꼈다. 터널의 끝에는 그가 본 중 가장 밝은 빛이 비추고 있었다. 그는 계속 나아갔다. 아마도 떠갔다. 그때 12월에 죽은 자신의 친구 마이크 왜즈워스가 말했다.

"이리 와, 어니. 날 따라와. 그렇게 나쁘지 않아."

나중에 어니는 자신이 마이크를 봤던 것인지, 다만 그의 목소리를 들었던 것인지, 아니면 단지 그가 있다는 것을 느꼈던 것인지 알 수 없었다.

어떤 이유에서였는지 의사가 급히 되돌아왔다. 그는 청진기를 어니의 가슴에 댔다. 그리고 희미한 심장박동을 감지한 의사는 희망이 거의 없거나 전혀 없다고 느꼈음에도, 최소한 생존할 가능성이 있을 수 있도록 혈장을 투여하기로 결심했다. 비록 지금 상태로는 어니가 누구인지 알아보기가 어려웠지만 그럼에도 의사는 어니가 희미하게나마 친숙하다고 느꼈다. 사실 둘은 몇 주 전 만났었고 어니는 그 해군에게 음료수까지 사줬다. 오랜 후 도쿄 병원에서 어니는 그 의사를 만났고 그가 "급히 되돌아왔었다"는 이야기를 들었다.

농담을 하기는 꽤 어려운 주제였지만, 그럼에도 어니는 의사가 이렇게 말했을 때 미소 지을 수 있었다.

"아마도, 당신이 저에게 그 음료수를 사주지 않았더라면……."

오늘, 그 어두운 터널을 기억하면서 어니는 말한다.

"만약 내가 거기에 다시 한 번 들어간다면, 난 절대 돌아오지 않을 걸세."

6월 중순, 클레이 버킹햄의 전차 소대는 철원 근처 철의 삼각지대에서 교전 중인 65보병대를 지원하고 있었다. 군사작전 수행 중, 클레이의 전차가 지뢰를 밟았고 그래서 선로가 망가졌다. 지뢰 폭발에 뒤이어 몇 초 후 대전차포 발포가 있었고 이로 인해 클레이의 운전병이 부상을 입었다. 클레이와 다른 이들은 작동이 멈춘 전차에서 나왔다. 그 순간 그들 뒤의 전차가 대전차포를 또 한 번 맞았다. 전차의 사령관은 머리에 탄환을 맞고 즉사했다.

클레이는 근처 사병 몇을 모았다. 그들 및 자기 부대원들을 데리고 클레이는 임시로 보병부대의 대장이 되었다. 그들은 대전차 총들을 꺼냈고, 손상된 선로를 고칠 수 있었다. 그들의 전차는 하루 더 싸울 수 있었다.

7사단의 32보병연대도 철의 삼각지대에서 교전 중이었다. 그 연대의 3대대는 한국에서 가장 높은 산봉우리 중 하나를 공격하라는 임무를 받았다. 바로 악명 높은 1073고지였다. 이 고지는 지형의 핵심 부분으로서 김화의 동쪽 지역을 내려다보고 있었다. 참호 속에 잘 자리 잡은 중공군은 어떻게 해서든 그 고지를 지키려고 했다.

6 · 25 참전 초기부터 같이 있어온 조 킹스톤과 잭 매디슨은 여전히 3대대에 같이 있었다. 조는 킹 중대를 지휘하고 있었고, 잭은 대대의 S-3이었다. 한동안 조 매디슨도 중대를 지휘했다. 실망스럽게도, 새로 도착한 대위가 그 자리를 맡게 될 때까지 말이다.

마침내 1073고지를 점령했다. 그러나 그전에 맹렬한 육박전이 포함된 교전이 선행됐다.

며칠 후 6월 18일, 조는 중대 규모의 정찰대를 구성해 사병들을 데리고 더 북쪽으로 진격하라고 지시받았다. 이때쯤, 대부분의 사령관들은 리지웨이 장군에 동의하고 있었다. 리지웨이 장군은 지형은 의미가 없고, 주 목표는 북한군과 그들의 중국 동료들을 사살함으로써 그들이 자신들의 공격이 성공하지 못할 것이라는 것을 깨달을 때까지 벌을 가하는 것이라고 느꼈다. 잠정적인 외교적 휴전타진은 이미 시작됐다. 그리고 책략전은 축소되고 있는 것이 분명했다.

이런 모든 것에도 불구하고, 아니면 아마도 이 모든 것들의 결과로, 양측은 여전히 좋은 방어지형을 차지하려고 애쓰고 있었다. 요새화될 수 있고 무기한적으로 지켜질 수 있는 곳 말이다. 6월 18일, 길을 나선 조의 정찰대는 이런 노력의 일환이었다.

이때까지 조는 몇 번의 구사일생을 경험했지만 운 좋게도 아무런 부상을 입지 않았다. 그러나 이날 그는 무언가 나쁜 일이 일어날 것 같은 불길한 예감이 들었다. 전날 밤 그는 부상당하는 꿈을 꾸었다. 정찰대를 이끌고 출발할 때 조는 부관에게 "난 왠지 오늘 부상당할 것 같다"라고 말했다.

정찰대가 1073고지에서 나와서 진군할 때, 문제에 부딪혔다. 높은 고지의 중공군이 킹 중대를 향해 총격을 퍼붓기 시작한 것이다. 조의 사병들은 아군의 전선으로 물러섰다. 마지막으로 부상을 당한 이는 조였다. 총알이 어깨로부터 가슴을 관통했던 것이다.

대대에서 구급 헬리콥터를 부르는 임무는 잭이 담당했었다. 그는 일단 이 임무를 마친 후 지휘소를 떠나서 산등성이로 서둘러 달려갔다. 잭은 조를 나르던 들것 팀과 만났다. 그리고는 어디로부터 조의 어깨로 총알이 들어갔는지 봤다. 그는 머리를 흔들면서 총알이 나온 구멍이 없는 것도 확인했다. 여전히 힘겹게 싸우고 있는 조는 그의 오른쪽 옆구리의 상당한 통증에 대해서 불평하고 있었다.

그들은 들것을 헬리콥터가 착륙하는 곳으로 쓰일 수 있을 만한 트인 곳에 놓았다. 그곳에 이르기까지 중간에 조는 높은 보수를 받는 들것을 나르는 자들도 두었다. 그의 대대장과 연대장 마운트 대령(우리의 옛 웨스트포인트 전술장교), 그리고 사단장 버디 페렌바흐 장군이었다.

그들은 조를 헬리콥터의 외부환자를 운반하는 포드 위에 눕혔다. 작은 유리창을 통해 잭은 조의 얼굴을 볼 수 있었다. 조는 혈색을 잃고 있었고 확연히 고통스러워하고 있었다.

대대장이 잭에게 말했다.

"자네가 가서 킹 중대를 맡게."

숲속 등산로를 따라 움직이는 K중대 32보병연대의 정찰대

잭은 그 말을 따랐다. 그는 고지를 올라가면서 자기 친구를 다시 볼 수 있을 것인지 궁금해했다.

6월 18일, 조가 부상을 당한 날, 〈뉴스위크〉지는 '웨스트포인트 사망자 통계'라는 제목의 기사를 실었다. 1951년도 졸업생들은 막 졸업했다. 〈뉴스위크〉지는 이들을 염두에 두고 이런 통계수치를 전했다.

> 6·25 사상자 명단은 독자들을 우울하게 한다. 이에 따르면 1949, 1950년도 졸업생 중 육군 소위의 절반이 한국으로 급히 배치받았고, 이들 중 3분의 1이 죽거나 부상당하거나 작전 중 실종됐다. 1950년도 졸업생 중 17명이 죽고, 30명이 부상당하고 8명이 실종됐다. 1949년도 졸업생 중 22명이 죽고, 30명이 부상당하고 7명이 실종됐다. 6·25에서 웨스트포인트 출신 장교들의 수가 웨스트포인트 출신이 아닌 장교들의 수보다 20대 1의 비율로 적지

만, 사망한 530명의 장교 중 거의 100명이 웨스트포인트 졸업생이었다. 이는 노병들에게는 놀랄 일이 아니다. 모든 미군이 참전한 전쟁에서 웨스트포인트 출신들은 그들의 몫 이상을 감당해왔다. 그들의 6 · 25 사상자율은 역대 최고일지도 모른다.

기사에는 이 수치가 '노병' 들에게 놀라운 일이 아니라고 말했지만, 이것은 젊은 군인들에게도 마찬가지였다. 비록 수치가 높지만(그리고 더 높아질 것이지만) 우리는 올바른 전투 지도력은 불가피하게 자기 자신을 위험스런 자리에 둘 수밖에 없다는 것을 알고 있었다. 우리가 이것을 좋아한 것은 아니었지만, 받아들였다. 알라바마 주의 상원의원이 웨스트포인트 사상자 수가 많은 것은 웨스트포인트의 훈련에 분명 무언가 심각한 문제가 있음을 보여주기에 조사가 이뤄져야 한다고 말한 것으로 알려졌을 때 우리는 또 깊이 분개했다.

헬리콥터에 실린 몇 분 후 조 킹스톤은 이동외과야전병원에 도착해서 수술대에 올랐다(그는 자신이 만났던 두 명의 지혜롭고 행동이 빠른 외과의사들이 후커와 트래퍼가 만든 TV 방영물 매쉬의 모델들이라 확신하고 있다). 그들은 조에게 쇄골에 총알을 맞았고, 그 아래로 빗겨 내려가서 폐를 찔렀으며, 간에 머무르고 있다고 말한 후 치료에 들어갔다. 그들은 즉시 수술해야 했다. 그렇지 않으면 조는 죽을지도 몰랐다.

"물론, 당신은 어쨌든 죽을 수도 있습니다."

둘 중 한 명이 명랑하게 덧붙였다. 조는 가까스로 그들에게 말대꾸를 할 수 있었지만 그 후에는 의식을 잃었다. 비록 의사들이 총알을 꺼내는 데는 실패했지만 수술은 성공적이었고 그의 상태는 안정됐다.

한 주 후 조는 비행기에 실려 부산 항구의 스웨덴 병원함선 리포즈 호로 갔다. 그곳에서 찍은 엑스레이는 조의 몸 안에서 총알이 움직이고 있는 것을 보여주었다. 또 한 차례의 수술이 행해졌다. 몇 차례의 시도 끝에 의사가 조에게 말했다.

"당신이 참으실 수 있다면 제가 한 번 더 보도록 하겠습니다."

몇 초 후 그는 총알을 조의 손바닥 위에 올려줬다.

외교적인 휴전타진이 이제는 양쪽 진영에서 나오고 있었다. 유엔에 파견된 소비에트 대사는 북경을 대변해 말하지는 않겠다고 하면서, '가장 이른 시기의 가능한 때에' 평화로운 해결이 이뤄졌으면 하는 소망을 표시했다.

6월 25일, 이에 대한 일종의 답변으로 트루먼 대통령은 이렇게 말했다.

"지금 우리는 한국에서의 평화로운 해결 노력에 가담할 준비가 되었다. 우리가 항상 그래왔던 것처럼 말이다. 그러나 이것은 진정한 해결이어야 한다. 공격을 완전히 종결하고 지역과 한국의 용감한 시민들에게 평화와 안전을 회복시켜야 한다."

공식, 비공식 채널을 통해서 추가적인 예비 교섭이 이뤄졌다. 명백히 양측 모두 완벽한 승리는 만약 그것이 가능하다 하더라도 그 대가가 너무 클 것이라는 것을 인지하고 있었다.

6월 29일, 워싱턴에서 온 조심스럽게 짜여진 지시를 따라서, 리지웨이 장군은 '한국 내 공산군 총사령관' 에게 초청하는 연설을 방송했다.

"전 귀하가 한국에서의 모든 적대적인 행위와 모든 무장병력의 행동을 멈추기 위해서 휴전 및 그런 휴전을 유지하기 위한 적절한 보증을 논의하기 위한 회담을 원할지 모른다고 듣게 되었습니다."

북경은 본 초청에 약 30시간 후에 응했다. 그들은 회담이 38선상에 위치한 개성에서 1951년 7월 10일에서 15일 사이 열려야 한다고 제안했다. 전투는 아직 진행 중이었고 군인들은 여전히 죽어나갔다. 하지만 최소한 무언가가 시작됐다.

FROM THE HUDSON TO THE YALU

대치

1951년 7월 ~ 1953년 7월

12

평화회담은 질질 끌었다. 많은 걸림돌이 있었다. 아마도 가장 큰 걸림돌은 전쟁포로 송환 문제였다. 1952년 1월, 유엔 팀은 어떤 전쟁포로도 자기 의사에 반해 공산주의 정권으로 돌아갈 수 없다고 말했다.

휴전회담이 임박했는지는 몰라도, 전쟁은 계속 진행 중이었다. 리지웨이 장군과 밴 플리트 장군은 계속 적군에 압박을 가하기로 했다. 이들은 만약 그렇지 않을 경우 자신들의 병력이 약하다는 것으로 해석될지 모른다고 느꼈다. 유엔 협상자들은 전 세계가, 또 특히 공산주의자들이 자신들이 청원자가 아니라 교섭인으로서 협상 테이블에 임할 것임을 알기 원했다.

한국 동쪽에 위치한 펀치볼 지역과 김화 근처 고지들에서의 작전결과, 맹렬한 전투가 펼쳐졌지만, 전투 전선에는 별다른 변화를 가져오지 못했다. 한편 모든 계급의 사령관들은 "당장 젊은이들을 조국으로 데려오라"는 미국 내 여론에 대해서 염려하기 시작했다. 명백하게, 평화가 임박했다면 아무도 목숨을 잃는 마지막 사람이 되고 싶어 하지 않았다.

7월 1일, 3사단 분대들이 평강 근처 철의 삼각지대에 위치한 717고지를 점령하기 위해 공격을 가했다. 클레이 버킹햄은 호킨스 특수임무부대의 선봉 전차에 타고 있었다. 호킨스 특수임무부대는 적군의 전선으로부터 몇 마일 후방에 있었고, 적군의 퇴각로를 끊고자 시도했다. 종대가 홍수에 잠긴 광활한 논밭에 이르렀을 때, 클레이는 목표지점에 이를 수 있는 대안적인 길을 찾기로 자원했다.

그의 청동성장 표창장은 "그는 그의 소대를 이끌고 진군했다. 소총공격이 벌어지고 있는 가운데 전차에서 내려 전차들을 인도해 이들이 이동하기

까다로운 시내 바닥을 통과해 진격할 수 있도록 했다. 그리고 그들이 적군에 최대한의 충격을 가할 수 있도록 그들을 효과적으로 배치했다. 그는 또 지뢰 설치 여부를 알고자 그곳의 길을 정찰했다. 그리고 적군의 포병공격에도 개의치 않고, 길이 안전하다는 것을 확인할 때까지 탐색했다"고 말하고 있다.

빌 무어의 공병소대는 유엔 협상가들을 지원하기 위해 문산리에 '평화캠프'가 세워졌을 때 마침 그 지역에 있었다. 협상의 양측은 안건을 논의하기 위해 개성에서 만나기로 합의했다. 이를 위해 C. 터너 조이 해군준장이 이끄는 유엔 협상팀은 비포장도로를 따라 이동해야 할 수도 있었다. 따라서 무어는 그 도로를 정찰하고 지뢰가 설치돼 있는지 확인하는 임무를 부여받았다.

협정에 따라 공병들은 그들의 지프에 흰 깃발을 달고 지뢰를 탐지하기 위해 사용할 총검을 제외하곤 모든 무기를 남기고 길을 떠났다. 첫 몇 마일을 가는 동안은 아무런 문제가 없었다. 다행히 그 길은 지뢰가 설치된 적이 한 번도 없었다.

빌의 소대가 개성 거의 가까이에 있는 임진강에 이르렀을 때, 소총공격이 시작됐다. 강 건너 기슭에는 중공군 무리가 있었다. 명백히 총격은 무어의 소대 쪽을 향하고 있었고, 이는 더 이상 가까이 오지 말라는 신호였다. 영어를 조금 할 줄 아는 중공군 장교가 미군 장교에게 그쪽으로 건너와서 대화를 하자고 했다.

빌은 생각했다.

'제기랄, 내가 어떻게 해야 하나.'

그는 다소 불안해하면서 강을 건넜다. 분명히 여기까지가 그가 정찰해야 할 영역이었다. 그 이후 길은 중공군 책임이었다. 중공군 장교의 영단어 실력은 상당히 제한돼 있었다. 그러나 적어도 중국어를 전혀 할 줄 모르는 빌보다는 나았다. 다소 어렵게, 그들은 짧은 '농담' 을 주고받을 수 있었다. 그리고 빌은 자신의 소대로 돌아왔다.

이때, 중공군 장교가 좀 더 대화를 나눌 수 있도록 다시 와달라고 빌을 불렀다. 빌은 이것이 미군의 체면을 잃게 하려는 책략이라고 생각했다.

"아닙니다."

빌이 외쳤다.

"더 이야기하고 싶으시면, 당신이 이곳으로 오십시오."

중공군 장교는 이 제안을 거부했다. 그래서 이제 임무를 마친 빌과 그의 사병들은 문산리로 돌아왔다. 하급장교들 간의 만남은 중국의 조정 앞에선 미군의 확고부동함을 반영하고 있었다. 많은 면에서, 이는 다가오는 휴전회담의 좌절감에 대한 징조를 보이고 있었다.

육지에서의 전투가 늦춰지는 한편, 공중전에 관심이 더 쏠렸다. 그리고 점점 더 많은 동기생들이 이에 가담하게 되었다. 일본에서 F-80 임무를 수행해온 딕 쉐너먼은 7월 초 수원에 위치한 한국 공군기지로 배치됐다. 필 오브라이언도 딕과 같이 16전투기 비행대에 속해 있었다.

딕의 하급생 시절 룸메이트였던 공병 켄 맥킨타이어가 활주로를 재포장하기 위해 수원에 도착했을 때 마치 수원에 일종의 작은 동창회가 열린 듯했다. 그들은 켄의 '놀이 도구' 가 도착했을 때 함께 웃었지만 깊은 인상을 받았다. 그 도구는 거대한 이렉터 세트처럼 포장된 아스팔트 설비였다. 어쨌든 켄은 이 설비를 조립하고 활주로 표면을 성공적으로 재포장했다.

7월에 도착한 또 다른 이로는 진 메츨링이 있었다. 한 달 전, 진은 넬리스 공군기지에서 전투기 포격학교를 마쳤다. 그리고 라구나 해변에서 즐거운 두 번째 신혼여행을 즐긴 후 수송됐다. 이후 대구 근처 K-2 비행장에 도착했다. K-2에서 진은 F-84 선더제트 부대인 49전투폭격단 9비행대에 합류했다. 그와 함께 K-2에 와서 F-84를 타게 된 이로는 디디 오버톤이 있었다. 그는 결국 다른 사람들보다 더 많은 비행임무를 수행하게 됐다.

진이 자신의 첫 비행임무를 준비하고 있을 때, 그는 그가 임무 수행시 보게 될지도 모르는 많은 것들에 대해서 들었다. 그러나 노장 조종사들은 진의 첫 임무에서 가장 중요한 것은 생존이 될 것이라고 내다봤다.

"아마 그 빌어먹을 것들을 보지 못할지도 모른다"고 그들은 생각했다. 양 날개에 각각 1,000파운드(454킬로그램)의 폭탄을 장착한 F-84는 여름의 일광 가운데 특히 느리게 움직였다. 한 명 이상의 조종사가 이륙 후 활주로에서 막 벗어난 안장모양의 산등성이인 '힘내 고지(Bust-your-ass)'를 들이박았다(이후 한 해 동안 49전투폭격단은 전투에서의 손실 및 사고를 통해서 약 75개의 전투기를 상실했다. 100퍼센트의 매상이었다).

진 메츨링(Gene Mechling)

F-84는 이륙시 추가적인 힘을 얻기 위해 보조 이륙장치인 자토를 사용하고 있었다. 조종사들은 활주로를 달리면서 자토를 켰다. 자토는 힘을 더해줄 뿐 아니라 빽빽한 증기와 연기를 뿜어냈다. 진이 그의 첫 비행 임무에서 탄 전투기는 그때 가장 마지막으로 이륙하는 비행중대에 속해 있었다. 진과 그의 호위기 조종사가 전투기를 타고 이륙할 때쯤에는 전에 이륙한 전투기들의 모든 자토로부터 뿜어진 물질로 형성된 구름이 있었고 이로 인해 첫 임무의 스릴이 한층 가중됐다. 아직 해가 떠 있는 중이었음에도 사실상 앞이 하나도 보이지 않는 가운데 이륙한 꼴이 되었다.

디디 오버톤은 한국으로 자원하기 전 영국에서 F-84를 몰았었다. K-2에서 디디가 그의 비행대 대원 모두의 비행 횟수를 합친 것보다 더 많이 F-84를 몰아봤던 것으로 드러났다. 본래의 그룹원들은 모두 백 번의 임무를 수행한 후 대략 비슷한 시기에 다른 병사들과 교환해 모국으로 돌아가고 있었다. 대부분이 미 주군(州軍) 출신이었던 신참들은 제트기 비행 경험이 거의 없었다. 곧 디디는 보통 소령이 하게 되는 비행대 작전 장교가 되었다. 그리고 비행대장이 팔을 다쳤을 때는 디디가 비행임무를 수행할 때, 비행대를 이끌게 되었다. 때로는 비행전대까지도 맡았다.

잭 매디슨은 한국에 온 이후로 꾸준히 아덴 헤닝과 서신을 교환해왔다. 여러 달이 지나자 그들의 편지는 굉장히 열정적으로 변했다. 그리고 마침내 둘은 잭이 한국에서 돌아오면 결혼하기로 결심했다.

잭은 조 킹스톤이 부상당한 후 킹 중대를 지휘해오고 있었다. 7월 말, 중대가 예비역이 되었을 때, 잭은 대대장에게 헤닝 대령을 만나러 갈 수 있도록 허가해달라고 요청했다. 헤닝 대령이 이끄는 포병본부는 서울에 있었다.

"포병군인들을 만나기 위해서인가?"

"사실 전 그분 따님과의 결혼을 허락받고 싶습니다."

"작전지대에서는 보기 드문 요청일 뿐 아니라 아마도 내가 들어본 중 최고의 요청인 것 같네!"

잭의 상사가 말했다.

서울에서 잭은 헤닝 대령을 찾아갔다. 대령은 잭을 어렴풋이 기억하고 있었지만 그가 대체 왜 자신을 방문한 것인지 어리둥절해하고 있었다. 그럼에도 잭은 주말 내내 대령과 동행했다. 그리고 일요일 저녁, 멋진 저녁식사를 마친 후에 잭은 이때가 바로 이야기를 꺼낼 때라고 느꼈다.

"대령님, 아덴과 결혼하고 싶습니다."

잭 매디슨과 32보병연대 장교들

다소 차가운 침묵이 흐른 후, 헤닝 대령이 잭을 바라봤다.

"자네는 소총 중대장이지?"

"네, 그렇습니다."

"글쎄, 중위. 자네가 미국으로 돌아올 때, 그리고 돌아오게 된다면, 그리고 아덴이 대학을 마친 후에, 이 상황에 대해서 좀 더 이야기를 해볼 수 있겠네."

다행히도 잭은 미국으로 돌아왔고 아덴과 결혼했다. 이 책이 쓰일 무렵, 둘은 그들의 결혼 40주년을 앞두고 있었다. 오랜 세월이 흐른 후, 소장으로 은퇴했던 잭의 장인은 문제의 그날 저녁 먹은 것이 체해서 끔찍한 소화불량을 겪고 있었다고 잭에게 말해줬다!

딕 쉐너먼은 스물다섯 번의 임무를 마친 후, 공중 전방항공통제관으로 한국군 9사단으로 파견됐다. 이 부대는 두 번씩이나 줄행랑을 쳤던 부대였다. 딕은 전방항공통제관으로서의 대부분의 시간을 서울 북부 훈련지에서 보내게 돼서 행복했다. 어떤 한국군 사단과의 최전방 복무는 군인의 건강에 해로울 수 있었다.

딕이 수원으로 돌아왔을 때, 그는 비행단이 F-86으로 전환하고 있는 것을 알게 됐다. 그의 예전 부대는 해산되고 있었고, 대부분의 조종사들은 다른 부대로 재배치받고 있었다. 이전에 F-86을 몰아본 경험이 있는 딕은 소수의 다른 대원들과 함께 비행단에 남아 있게 됐다.

미시간 주에 있는 셀프리지 공군기지 군인들과 비행기들을 핵으로 두고 새롭게 구성된 F-86 부대에는 프란시스 가브레스키, 빌 위즈너 대령 등의 유명한 격추왕들을 포함해 2차대전 노병들이 많았다. 이들의 도착과 북한에서의 미그기의 증가로 인해 전술에 변화가 생겼다. 지도자들은 2차대전 때처럼 큰 편대를 이뤄서 전투에 임하기 시작했다.

F-86 작전 초기에, 딕은 평양 정도의 위도에 비행단과 함께 있었다. 그때 그들은 정확히 같은 위도에서 대량의 미그-15기들을 정면으로 만났다. 만약 사건 직후 누군가가 딕에게 물었더라면, 딕은 적어도 백 대의 미그기들이 있었다고 답했을 것이다. 양측 모두에게 이 만남은 완벽한 놀라움 그

자체였다. 양쪽 모두 제동장치를 꼭 움켜쥐는 것 외에 다른 어떤 행동을 취할 겨를이 없었다. 다음 이어지는 몇 초는 마치 영원처럼 길게 느껴졌다. 양 편대는 선회했고 딕이 회상할 때, 고양이와 개가 큰 무도회장에서 싸우는 디즈니 만화 같은 장면을 먼지 구름 가운데서 연출했다. 딕이 아는 한, 양쪽 모두에는 아무런 손실이 없었다. 모든 이들의 주 관심이 선회하고 있는, 그렇게 많은 비행기들과 공중에서 충돌하는 것은 피하는 것이었기 때문이다.

휴전회담이 진행되는 동안, 전선은 다소간 고정됐다. 최전선 부대들은 참호를 파고 그들의 진지를 요새화했다. 그들은 철조망과 지뢰를 설치하고 모래주머니를 쌓았으며, 그들 전방에 무엇이 놓여 있는지 알기 위해 정찰대를 보냈다.

루 바우만이 있는 포스 중대는 핵심 능선에 위치해 있었고, 중공군은 두 개의 산등성이 너머에 진지를 구축하고 있었다. 중간에는 둥근 언덕 모양의 고지가 있어서 점령자가 계속 바뀌고 있었다. 종종 미군이 고지를 점령하고 낮 동안 머문 후 철수했다. 그러면 중공군이 밤에 이곳을 점령하고 새벽녘 전에 철수하거나 얼마 안 되는 병력이 머물러 있다가 미군이 공격을 개시하면 퇴각했다.

이 일과는 꽤 규칙적으로 이뤄졌다. 심지어 8월 초순 동안, 루는 중간 고지를 훈련장소로 삼을 수 있었다. 루는 소위들이 소대들을 작전에 따라 이동시키고 대형을 바꾸고 공격을 위해 배치하고 언덕을 점령하고 그리고 다시 기지로 돌아올 때 그들을 한 명 한 명 코치했다.

아마도 어떤 상사가 좀 더 공격적이기를 원했던 것 같다. 8월 20일 어떤 연유인지 루는 대대본부로 오라는 명령을 받았고, 폭스 중대와 함께 무장정찰을 하는 임무가 주어졌다. 그는 중간 고지를 점령하고, 그 북쪽 골짜기를 건너가고, 그 골짜기 너머 높은 산등성이에 있는 적군의 병력이 어떠한

지 알아봐야 했다.

“대령님, 전 적군이 그쪽에 있는 것을 알고 있습니다.”

루가 대대장에게 말했다.

“전 최소한 세 번을 그 언덕에 가서 그들을 관찰했습니다. 정확히 몇 명인지 알려드릴 수는 없지만 그들이 꽤 많다는 것은 확실합니다. 휴전회담이 진행되는 동안 그들은 저희를 괴롭히지 않고 있고, 저희도 그러합니다. 전 그곳에 가는 것은 미친 짓이라고 생각합니다. 그저 무수한 사람이 다치고 해를 입을 것입니다.”

그러나 명령은 재확인됐고 루는 다시 항의했다.

“전 반대하고 싶습니다! 이것은 해서는 안 되는 일입니다. 1개 소총중대를 그쪽에 가게 하는 것은 아무런 유익을 주지 못할 것입니다. 우리는 그저 지옥을 경험할 뿐입니다!”

대령의 인내심은 바닥이 났다.

“루, 하고 싶지 않으면 다른 사람을 시키겠네.”

“대령님, 전 제가 이끄는 중대가 두들겨 맞게 되었을 때 떠나지 않을 것입니다. 제가 하겠습니다. 그러나 알아주셨으면 좋겠습니다. 전 항의하면서 하는 것입니다.”

루는 중대로 돌아왔다. 그리고 계획을 세웠다. 포병 지원, 그들이 어떻게 중간 언덕을 점령할 것인가, 그들이 어떤 대형을 이룰 것인가 등을 포함해서 말이다.

다음 날인 8월 21일, 루는 선봉소대와 함께 중간 고지로 가는 산길을 탔다. 갑자기 그들은 산길에 인계철선이 설치돼 있는 것을 발견했다. 새로운 발전이었다. 명백히 중공군이 그 언덕이 방어할 만한 가치가 있다고 생각하게 된 것이었다. 루 일행은 부비트랩을 해체했고 모두 산길에서 떨어지

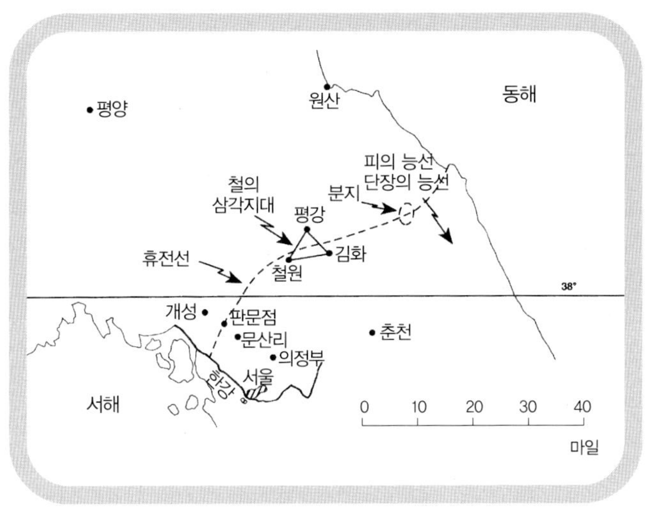

휴전선(The Armistice Line)

라는 명령을 전달했다.

선봉 소대가 언덕 가까이에 다다랐을 때, 그들은 총격을 받기 시작해 진격을 멈췄다. 루는 다른 소대들을 배치한 후 수류탄 공격을 명령했다. 그리고 진격했다. 그들은 언덕을 휩쓸고 반대편으로 내려갔다. 이때쯤 중공군은 퇴각했다.

언덕 조금 떨어진 곳에서 박격포탄이 하나 터졌다. 그리고 그 바로 너머로 포탄이 또 하나 떨어졌다. 명백히 적군 박격포탄이 이쪽을 향해 발포되고 있었다. 그리고 루는 멀리서 일련의 박격포가 발포되는 소리를 들었다. 몇 초 후 연발탄이 떨어졌다. 전 고지가 폭발하는 것 같았다. 폭발하는 포탄들이 폭스 중대 진지 곁에 떨어졌는데, 그중 한 발은 루의 오른쪽으로 3피트 떨어진 곳에 떨어졌다. 루는 그 충격으로 내던져져서 근처의 나무 그루터기에 부딪혔다. 그는 몸을 흔들고 일어섰다. 그리고 무전기로 포탄 공격을 요청했다. 루는 요청하면서 오른쪽 다리의 힘을 잃었다. 그는 땅에 넘어졌다. 다시 일어서려고 했지만 갑자기 자신이 설 수 없다는 것을 깨달았다.

무전병이 달려왔다.

"중위님, 다치셨습니다! 바지에 피가 묻어 있습니다. 손에도 피가 묻으셨습니다."

"부관을 불러오게."

루가 말했다.

루는 걸을 수가 없어서 기어서 고지의 정상으로 나아갔다. 그리고 부관이 도착했을 때 중대를 맡아서 '고기 분쇄기' 로 인도하라고 했다.

몇 분 후, 군의관이 도착했다. 그는 루의 바지를 뜯어서 보더니 말했다.

"중위님, 부상이 심합니다. 뼈가 부러진 것 같지는 않지만, 오른쪽 다리에 꽤 큰 구멍이 났습니다."

"지금까지 사상자가 몇 명인가?"

루가 물었다.

"네, 1소대장이 부상을 당했고, 여기서 적어도 파편 조각이나 소형 총격으로 여섯 명에서 여덟 명이 더 죽거나 부상을 당했습니다."

부관이 대대에 상황을 보고했다.

"작은 총격전을 만났는데 그것이 더 큰 것으로 발전됐습니다. 폭스 6은 무너졌고 폭스 1도 그렇습니다. 그리고 추가적인 사상자들이 있습니다."

약 5분 후, 대대는 전갈을 보냈다.

"작전을 그만두고 돌아오게."

루에게 있어서 일련의 산길과 산등성이를 따라 이뤄지는 후송은 영원 같은 시간이 걸리는 것 같았다. 다리 부상에 더해, 팔의 위아래에 유산탄 파편이 박혀 있었다. 통증이 더 심해졌다. 루는 자기 자신에게 계속 되뇌었다.

"난 쇼크에 빠지지 않을 거야. 난 쇼크에 빠지지 않을 거야. 난 평정을 유지할 거야. 난 이 빌어먹을 언덕에서 죽지 않을 거야."

한번은 들것을 드는 군인들이 루의 들것을 아래에 내려놓았다. 공포스럽게도 루는 그들이 들것을 인계철선 바로 위에 올려놓은 것을 발견했다. 어떻게 사병들이 인계철선을 보지 못했는지 루는 결코 이해할 수 없었다. 루는 부비트랩에 다가가서 이것을 조심스럽게 해체한 후 외쳤다.

"이봐, 우리가 고지를 처음 오르면서 이쪽을 지나갈 때 이 산길에서 떨어져야 한다고 말했던 것을 기억하게. 돌아갈 때도 떨어지게!"

마침내, 들것을 드는 사병들이 루를 구급 헬리콥터가 착륙할 수 있을만한 넓은 터로 데리고 갔다. 헬리콥터가 다가올 때, 현장에 있던 군목은 착륙할 지점을 연기로서 표시해주므로 도움을 주기로 결심했다. 불행히도 그가 연막탄이라고 생각했던 것은 흰 인광성 수류탄이었다. 흰 인광성 수류탄이 뜨거운 파편을 뿜으면서 폭발했다. 들것에 실린 군인들이 뜨거운 물질로부터 피하기 위해 미친 듯이 담요를 던져버리기 시작했다. 다행히 부상자들은 더 이상 무기를 가지고 있지 않았다. 만약 가지고 있었더라면 루를 포함해서 그중 누군가가, 좋은 의도는 가지고 있었으나 멍청한 짓을 한 그 성직자를 쏘아버리고 싶은 유혹을 받았을지도 모른다.

마침내 헬리콥터가 도착했고 루는 거기에 실려서 길을 떠났다. 곧 그는 일본에 있는 병원에서 훌륭한 간호를 받게 됐다.

8월 23일, 루가 부상당한 지 이틀 후, 공산주의자들은 평화회담에서 걸어 나왔다. 그들은 미군 비행기가 개성 중립지대에 폭탄을 투하했다고 주장했다. 이는 조사됐고 근거 없는 것으로 판명됐다. 그럼에도 회담은 두 달간 유예됐다. 그 기간 유엔 대표들은 개성보다는 판문점을 회담 장소로 내세웠다. 공산주의자들이 합의했다. 그리고 10월 25일, 회담이 다시 판문점에서 시작됐다. 휴회기간에도 전투는 그 강도가 줄어들지 않은 채 계속됐다. 그러면서 '단장의 능선 전투' 등이 미군 역사의 일부가 되었다. 적군에 큰 벌이 가해졌고, 밴 플리트 장군은 그 기간 공산주의자들의 사상자 수가 대략 이십삼만사천 명이라고 가늠했다. 같은 기간, 유엔군의 사상자 수는 육만 명이었고 이 중 이만이천 명이 미군이었다.

미국에서는 국민들이 하찮은 산등성이로 보이는 곳에서 발생하는 새로운 미군 사상자들과 맹렬한 전투에 대해서 듣고 있었다. 이제 한국에서의 미군 전체 사상자 수는 거의 십만 명에 이르고 있었고, 전쟁에 대한 미국 내 지지는 급격하게 약화되고 있었다.

진 메츨링의 첫 비행임무는 그의 가장 인상적인 비행임무 중 하나이기도 했다. 세 개 비행단으로 구성된 약 백오십 대의 비행기가 열두 대의 B-29와 함께 날았다. 이때 그들은 신의주 부근의 적군 비행장을 공격했다. 낮 동안의 공습이었으므로 그들은 맹렬한 대공포와 많은 미그기들을 충분히 예상하고 있었다.

임무에 대한 명령은 다소 늦게 전달됐다. 그래서 진과 다른 조종사들은 급히 출격해야 했다. 활주로는 미끄러웠고 이륙을 위해 달리는 동안 F-84 두 대가 서로 충돌해 외부 연료탱크가 파열되고 터져서 불길이 치솟았다. 소방차와 불도저들이 활주로를 치웠다. 그리고 다른 F-84들이 계속 이륙했다.

화재 때문에 공중에서 비행기들이 모이는 것이 지체됐다. 진과 다른 조종사들은 자신들이 지원하고 있는 폭격기들을 낙심시키지 않기 위해 전속력으로 북쪽으로 날았다. 그들이 목표지점에 도착했을 때는 포탄투하가 이미 시작됐다. 적군의 맹렬한 대공포 공격이 시작됐고 하늘은 미그기들로 가득 찬 것처럼 보였다.

진에 따르면, 비행기들이 전 방향으로 움직이고 있었는데, 낙하산과 비행기는 불타고 있었고, "메이데이!"라는 외침이 가득했다. 이 모든 것이 합쳐져서 '그가 그때까지 본 광경 중 가장 빌어먹을' 혼전이 벌어졌다. 진은 4비행중대의 네 번째 조종사였다. 그는 리더가 쏠 것을 찾는 동안 리더를 호위했다. 갑자기 미그기들이 날카로운 소리를 내며 진의 코 앞을 가로질러 갔다. 조준할 새도 없이 진은 멈추고 미그기들이 자신의 비행로를 통과해 가기를 바라면서, 총격을 가했다. 적군의 비행기가 총격을 맞았는지 안 맞았는지 알 길이 전혀 없었다.

임무가 채 끝나기 전에 이미 많은 손실이 발생했다. 전투기뿐 아니라 열두 대의 B-29 중 아홉 대가 손실됐다. 다행히도 아홉 대 중 몇 대는 아군의 영토에 떨어졌다. 그러나 이러한 큰 규모의 소모로 인해 상부에서는 전술을 다시 생각해보게 됐고, 이후로 대낮에는 B-29 공습이 이뤄지지 않았다.

1951년 가을, 워싱턴으로부터 모든 부대가 인종통합적이 되어야 한다는 명령이 떨어졌다. 이에 따라 장교는 대부분 백인이고 사병이 모두 흑인인 64기갑대대는 자신들의 사병 80퍼센트를 다른 부대로 보내고 반대로 다른 부대로부터 백인 사병들을 받았다. 64대대가 한국에 도착한 이후 계속 그 대대에 있었던 클레이 버킹햄은 흑인 사병들에게 작별인사를 할 때 진심으로 슬퍼했다. 지난 한 해 동안 그들은 클레이 곁에서 진정 충성스럽게 함께 싸웠던 것이다(아무도 클레이의 64대대 사병들에 대한 충성심을 의심할 수 없었다. 몇 달 전 그가 요코하마 병원에서 한국에 돌아왔을 때, 클레이는 서울에 있는 사단 보충중대에 가서 보고했다. 그리고 그가 64대대로 돌아가기보다 연대 기갑중대로 가게 되었다고 들었다. 클레이는 감사를 표시하고 북쪽으로 향하는 트럭을 발견해서 64대대로 돌아왔다. 보충중대가 무슨 일이 벌어지고 있는지 깨닫기 전에 말이다).

11월 무렵에는, 32보병연대에서 중대장으로 있던 잭 토마스와 잭 매디슨이 모국으로 돌아갈 시점이 지난 상태였다. 1950년 9월 인천에 상륙했던 다른 동료들 거의 대부분은 이때쯤 미국으로 돌아간 후였다. 두 잭은 비록 모국으로 돌아갈 군인 명단의 가장 상위에 있었지만, 승진을 위해 추천된 상태라 곧 대위직이 주어지기를 바라면서 한국에서의 체류기간을 연장시켰다. 역설적이게도 많은 중대들이 중위들을 중대장으로 두고 있었음에도 8군에서 대위로의 승진은 동결된 상태였다. 전체적으로 대위가 과잉된 연유였다(이에 앞서 대위로의 승진이 동결되기 전 열 명의 보병, 다섯 명의 포병, 두 명의 공병 등 총 열일곱 명의 동기생들이 대위로 승진했다).

어느 날 오전, 잭 매디슨은 중대 진지에서 밖을 내다보다가 중공군 무반동총에 거의 목이 날아갈 뻔했다. 그는 야전전화를 들고 잭 토마스를 찾았다.

"잭, 난 오늘 아침 거의 죽을 뻔 했어. 이제 우리가 여기를 빠져나갈 때가 된 것 같아."

"나도 그렇게 생각하네."

잭 토마스가 말했다.

"우리는 지금 우리 운을 연장시키고 있다고."

그들의 연대장 루이스 하이타워 대령(우리의 사관생도 시절 전술장교였다)은 거의 아버지 같은 태도로 그들에게 승진이 이뤄질 때까지 버티라고 권고했다. 한 달 후 여전히 승진이 동결된 상태로 그들은 이제 자신들이 충분히 기다렸다고 결론 내리게 됐다. 그들은 하이타워 대령에게 사과한 후 미국으로 출발했다.

나 또한 미국으로 향하고 있었다. 브라이언 장군의 부관으로 복무하는 것은 훌륭한 경험이었지만 그것으로 충분했다. 내가 몇 번이나 분명한 힌트를 준 후에야 이해심 많은 나의 상사는 내게 이제 가족에게 돌아갈 때가 되었다고 말했다. 동기이면서 우리 사단 11야전포병대대에서 복무하고 있던 고블 브라이언트가 날 대신하게 되었다. 난 그가 나 대신 오게 되어 영광스럽게 느껴졌고 그가 잘할 것이라 생각했다. 고블과 브라이언 장군은 공통점이 많았다. 둘 다 포병이었을 뿐 아니라 군 미식축구 스타였으며 웨스트포인트에서 얼마간 어시스턴트 코치로 일했었다.

마침내 미국으로 출발할 때가 되었다. 브라이언 장군은 내 업무에 대해서 따뜻하게 감사함을 표했고 부관으로서의 내 업무에 대해 육군표창훈장을 수여했다. 난 한국으로 가게 됐다.

한국으로 오는 여행은 '신속히 신속히' 였다. 그러나 집으로 가는 길은 '천천히 천천히' 에 가까웠다. 미국으로 돌아가는 길에 일본 사세보 항구도시에서 잭 매디슨을 포함한 몇 친구들과 재회했으며 또 내 새로운 발령지도 알게 됐다. 뉴저지 주 포트 딕스에 있는 트레이닝 사단이었다. 그리고는 육중하게 이동하는 2차대전 빅토리호 함선을 타고 태평양을 건넜다. 부대 열차 사령관으로서의 지루한 5일(포트 로톤, 워싱턴, 캠프 킬머, 뉴저지)이 이어졌다. 기대감의 연속으로 진과 우리 아기와의 12월의 재회는 훨씬 더 멋지게 됐다.

같은 달, 미 군함 고든 호가 샌프란시스코에서 출항했다. 이 배에는 헤이즈 메츠거, 봅 블랙, 머레이 윌리엄즈, 클린트 노먼이 타고 있었다. 네 명은 모두 전장에서 중대장으로 복무하게 되었다(헤이즈에게는 한국으로 가는 여행이 얼마나 오래 걸렸는지 기억하는 것이 쉬웠다. 22일이 걸렸으며 그동안 그는 몸무게를 22파운드나 잃었다!) 헤이즈와 다른 이들에게는 6 · 25 전쟁의 성격이 달라져 있었다. 더 이상 인천상륙작전 같은 신문의 헤드라인을 장식할 만한 뉴스가 없었고, 대규모의 작전도 없었다. 양군은 1차대전 때처럼 참호 속에 잘 자리 잡고 있었다. 포크찹 고지 전투, 불모 고지 전투 등으로 알려진 외진 고지에서의 전투에서는 뜨거운 투쟁과 피비린내가 가득했다.

심지어 포트 딕스에서도 나는 계속 전쟁을 의식하고 있었다. 더 많은 졸업생들이 한국으로 향했다. 포트 딕스에서 훈련받은 이들의 대부분도 그러했다. 종종 난 여러 동기들의 소식을 들었으나 플레처 맥머리, 헤이즈 메츠거, 돌프 오버톤 같은 이들의 이야기는 훨씬 나중에야 들었다.

앞서 이야기했던 것처럼 빌 마슬렌더, 로저 쿨만과 사관생도 시절 4년간 룸메이트로 지냈던 플레처 맥머리는 빌의 여동생 린다와 결혼했다.

1952년 3월, 플레처는 린다와 로저의 이름을 딴 그들의 갓난 아들에게 작별인사를 했다. 플레처는 한국에 도착해서 8폭격비행대에 합류했다. 며칠 후 그의 동기 척 리드, 톰 불록, J. P. 혼처럼 플레처는 북한의 목표물에 대항해 야간침입 임무를 수행하고 있었다. 1952년 4월 19일 늦은 잠, 플레처의 무거운 검은색 B-26은 이륙 후 곧 추락했다. 불행하게도 그 폭격기는 서해 속에 잠기고 말았다.

어떤 이유에서였는지 플레처는 그의 마지막 임무수행 때 웨스트포인트 졸업반지를 끼고 있지 않았다. 린다가 플레처의 개인 물품을 받았을 때, 그녀는 자기 오빠가 손에 부상을 입자 외과의사들이 치료를 위해 오빠의 반지를 잘랐던 것을 기억해냈고 린다는 플레처의 웨스트포인트 졸업반지를 자기 오빠 빌에게 주었던 것이다.

1952년 7월 말, 23보병연대의 찰리 중대를 맡고 있던 헤이즈 메츠거는 야간공격을 위해 중대를 준비시키라는 명령을 받았다. 헤이즈의 경험은 다소 전형적인 것이었다. 그는 참호가 갖춰졌으며 잘 요새화된 진지에 자리잡고 있었다. 충분한 배급품과 좋은 총격 지원이 있었다. 총격 지원의 일부는 메리 윌리엄스가 맡고 있는 박격포탄 중대로부터였다. 배급은 원활했고, 사실상 연대장이 헤이즈에게 무엇 필요한 것이 있는지 물었을 때 헤이즈가 대답한 것이라곤 라이터 액을 가질 길이 없었던 것 같다는 것뿐이었다.

사흘간, 찰리 중대는 목표지점 지역과 비슷한 지형에서 공격을 연습했다. 그리고 정찰대를 보내서 목표지점에 이르는 최고의 길을 알아봤다. 공격 바로 전, 긴장감이 고조되고 있었다. 헤이즈는 한 낯선 사람이 참호 위를 기어서 자기에게 다가오는 것을 봤다. 연대 피엑스 배급품을 다루는 준위였다. 그의 고통스런 얼굴 표정에서 전방의 소총중대를 방문하게 된 것이 전혀 기쁘지 않다는 것이 분명하게 드러났다.

준위는 작은 종이 가방을 헤이즈의 손에 쥐어주고 말했다.

"고맙습니다. 당신 덕분에 호되게 혼났습니다. 당신을 위한 빌어먹을 라이터액입니다!"

헤이즈는 이 역설적인 상황에 웃음을 터뜨렸다. 그리고 그에게 감사를 표했다. 그는 조금도 지체치 않고 바로 길을 떠났다.

8월 1일, 찰리 중대는 비속에서 어둠에 몸을 숨긴 채 공격을 개시했다. 그들은 진흙 위를 기어갔다. 찰리 중대가 적군 진지에 15피트 가까이까지 나아갔을 때 중공군이 알아챘다. 적군이 수류탄을 던지기 시작했고 소형과 박격포탄 세례가 이어졌다. 전투가 점점 맹렬해졌다. 목표지점이 확보되었을 때쯤에는 중공군 시신이 200구 이상 있었다. 작전 중 찰리 중대에서는 네 명이 죽고 열네 명이 부상을 당했다. 부상자 중 한 명인 헤이즈는 응급치료소로 후송됐고 그곳에서 젊은 치과의사에게 임시로 치료를 받은 뒤 부산으로 추가 후송됐다. 그리고 결국 해안에 닻을 내린 스웨던 병원선을 타게 됐다.

헤이즈 메츠거가 부상당했을 무렵, 디디 오버톤은 F-84와 함께한 그의 근무기간이 끝나가고 있었다. 그는 백여 번의 임무를 수행했다. 철도, 댐, 기차, 시멘트 공장, 발전소 등을 폭파했고, 육군 부대들과 함께 전방에 갔으며, T-6 '모스키토' 탄착 관측기를 몰았다. 또 해군과 함께 수송선 미 군함 밸리포지 호를 타고 부산에 있는 해군을 방문했다(그곳에서는 위대한 야구 선수 테드 윌리엄스가 비행기를 몰고 있었다). 또 하루는 최악의 대공포 가운데 평양을 세 번이나 공격했다.

다른 이들에게는 이 모든 것이 이미 충분했을 수 있다. 그러나 디디는 멋진 F-86을 몰 기회를 얻고 싶었다. 그의 사령관의 도움으로 그는 F-86 부대에서 오십 번의 추가임무를 수행할 수 있는 허가를 받았다. 수원에서 그는 에드 헬러 대령이 이끄는 16전투기 요격기 비행대에 합류했다. 헬러 대령은 최고의 조종사 중 한 명으로서 2차대전 중 유럽에서 격추왕이 되었다.

다음 몇 달간 디디는 F-86 비행임무를 여러 차례 수행했다. 몇 번의 죽음의 고비를 경험하고, 많은 미그기를 만났다. 그리고 그중 몇 대를 손상시킬 수 있었다. 그러나 1953년 1월 21일, 46번째 F-86 비행임무에서 그는 그의 첫 공중전 승리라고 인정될 만한 성과를 거뒀다. 그는 미그기 네 대를 발견하고 그중 한 대를 공격해 날개와 꼬리 부분에 맞췄다. 미그기가 오른쪽으로 돌았고 긴 연기를 내뿜으면서 중심을 잃고 회전했다. 그리고 아래로 떨어졌다. 3분 후 디디는 두 번째 미그기를 공격했다. 그의 총격에 미그기는 균형을 잃고 날카로운 다이빙을 했다. 오른쪽 날개에서 연료가 유출되고 있었다.

놀랍게도, 디디는 그 후 이어지는 이틀 동안 각일 미그기들을 공격해 파괴했다. 사흘간 네 번의 공중전 승리를 거둔 것이다. 1월 22일, 일반 명령의 보고에 따르면, "그는 두 대의 미그기로 구성된 비행중대 중 한 개 기체에 다이빙 공격을 가했다 … 날개, 동체, 꼬리 파이프 부분을 맞혔다. 적군 비행기는 의주 근처에 추락해 폭발한 것으로 관찰됐다고 한다."

1월 23일의 그의 네 번째 승리도 의주 근처에서였다.

F-86 사브르 제트기 조종석 안의 돌프 오버톤(디디)

다음 날, 디디는 49번째 F-86 비행임무, 또는 전체적으로는 151번째 비행임무를 가졌다. 1월 24일 당일, 그는 헬러 대령이 1포지션에서 이끄는 소탕 비행에 가담하도록 명령받았다. 2포지션에서 헬러 대령의 호위기 조종사로 비행할 대원은 스미스라는 이름의 조종사였다. 3포지션은 새로운 비행대 작전장교가 될 헤릭 소령이 맡았다. 디디는 헤릭의 호위기 조종사로서 4포지션에서 비행할 예정이었다.

디디는 호위기를 몰아야 해서 약간 마음이 상했다. 왜냐하면 그는 이제 두 번의 비행임무만 남겨놓고 있었고 매직 넘버 5에 도달하기 위해서는 한 대의 미그기를 더 맞혀야 했기 때문이다. 디디가 가장 훌륭한 사람 중 한 명으로 생각하는 헬러 대령이 그를 달랬다. 헬러 대령은 헤릭 소령이 후방에 한 위치를 잡고 있을 필요가 있다고 말하면서, 디디 오버톤에게 주의하라고 했다. 아니면 그가 자신의 뾰족한 꼬리를 그의 배기관 파이프에 꽂아버릴 것이라고 했다. 디디는 건방지게 대꾸했다. 그러나 헬러 대령은 그의 등을 탁 치고 씩 웃으면서 상급장교에게는 그렇게 말하는 법이 아니라고 말했다. 사기가 충전한 둘은 함께 나와서 비행기로 걸어갔다.

그들은 곧장 압록강으로 나아갔다. 곧 그들은 큰 규모의 미그기 비행중대 가운데 위치하게 됐다. 헬러 대령과 헤릭 소령이 나눠졌다. 갑자기 디디와 헤릭 소령의 비행기 두 대만 남게 되었다. 그들은 두 대의 미그기 뒤로 접근할 수 있었다. 헤릭 소령이 하나를 맞혀서 떨어뜨렸고 디디도 다른 하나를 맞혀서 떨어뜨렸다. 그리고 그들은 기지로 돌아왔다. 디디는 세상을 다 얻은 것 같았다. 이제 그는 미그기를 다섯 대를 격추시켜 떨어뜨렸으며, 임무를 한 번 더 마친 후에는 집에 가게 될 것이었다.

디디는 15년이 지난 후에야 헬러 대령을 다시 만났다. 그때 대령의 비행기는 중국으로 떨어졌고 대령은 낙하산으로 탈출하던 중 심한 부상을 입고는 중공군의 전쟁포로가 됐다. 그는 전쟁이 끝나고 2년 후 헨리 키신저가 이들의 석방을 위해 중국을 방문했을 때 다른 일곱 명과 함께 풀려났다.

판문점에서 열릴 휴전회담에 가기 위해 중국에서 기차를 타고 가던 몇몇의 스위스 중립주의자들은 하늘에 생긴 비행운을 목격했고, 그 쇼를 구경했다. 그들은 헬러 대령이 탄 비행기가 떨어지는 것을 봤고 헤릭 소령과 디디가 쏜 미그기 두 대가 떨어지는 것도 봤다.

다음 날 아침, 디디는 5공군사령부 대령인 비행단장으로부터 호출을 받았다. 그 방문객은 디디에게 단 하나의 질문만 했다.

"자네 어제 압록강에 있었는가?"

디디는 확실히 잘 모르겠다거나 맹추격 중이었다거나 아니면 그가 어디 있었든지 그는 네 대의 비행기 중 4포지션에 있었고 리더들만 따르고 있었을 뿐이라는 등 어물쩍 넘어갈 수 있었다. 그러나 존경할 만한 디디 오버톤은 단지 이렇게 답했다.

"네, 대령님."

얼마간 F-86 조종사들은 미그기들이 불공평하게 만주로 피신하는 것에 분노해, 압록강을 건너 날아가곤 했다. 이것을 금하는 명령은 크게 무시되고 있었다. 비행단장도 압록강을 건넌 적이 있었으며(디디가 그를 목격했다), 또 이를 묵과하고 있었다. 그러나 이 특별한 사건이 판문점의 유엔 협상가들을 곤란하게 만들지도 모른다는 생각에 희생양이 필요했고, 그 대상으로 디디가 선택된 것이었다.

디디는 비행단장이 사령부의 사람들에게 무엇이라고 말했는지, 또는 그들이 비행단장에게 무엇이라고 말했는지는 알 수 없었다. 그가 아는 것이라곤 다음 날 그가 호출되어서 견책을 받았으며, 그가 비행금지를 받고 미국으로 돌려보내질 것이라고 들었을 뿐이었다. 그는 전장에서 받은 대위직을 잃을 것이며 소위로 되돌아가게 됐다. 그리고 한국전쟁에 대한 어떤 상이나 훈장도 받지 못하게 됐다. 미국으로 돌아온 그는 비행기가 한 대도 없는 미국 메인 주의 한 공군기지로 발령받았다. 무척 열심히 복무했음에도 환멸을 느끼게 하는 결론이었다. 몇 달 후 제트기 에이스인 디디 오버톤은 군을 떠났다.

평화회담은 많은 걸림돌이 있어 지지부진하게 진행되었다. 아마도 가장 큰 걸림돌은 전쟁포로 송환 문제였다. 1952년 1월, 유엔 팀은 어떤 전쟁포로도 자기 의사에 반해 공산주의 정권으로 돌아갈 수 없다고 말했다. 그리고 석 달 후, 십삼만이천 명의 전쟁포로 가운데 겨우 칠만 명만이 송환되기를 원한다고 하자 분노한 공산주의 협상가들은 판문점에서 걸어나왔다. 회담은 무기한 휴회됐다. 그리고는 붉은 프로파갠다 기계가 활발히 작동하기 시작했다. 그들은 미국이 세균전쟁을 하고 있고, 전쟁포로를 학대하고 있다고 고발했다.

1953년 봄, 드와이트 아이젠하워 대통령의 취임 후 전쟁포로 문제에 관한 공산주의자들의 입장이 다소 누그러졌다. 병들거나 부상을 입은 전쟁포로 교환에 관해 동의가 이뤄진 후, 리틀 스위치 작전이 4월 20일 5월 3일 사이에 진행됐다.

리틀 스위치 작전이 진행되는 동안, 상급 협상가들은 판문점에서 회담을 재개했다. 다시 한 번 포로송환 문제가 주요 주제가 됐다. 마침내 6월 27일 전쟁포로 문제 및 다른 문제들이 다소간 해결되었고, 휴전협정이 맺어졌다. 그 후 얼마 안 있어, 마크 클라크 유엔군사령관이 휴전은 단지 총격을 멈추기 위한 군사적인 협정이므로 양측은 갈등을 해결하기 위한 정치적인 해결책을 찾을 수 있다고 주의를 줬다.

이제 총성이 잦아들고 포로 교환을 위한 빅 스위치 작전이 진행되었다. 모국에 돌아오게 된 삼천육백 명의 미군 가운데 1949년도 졸업생은 톰 버드와 존 해스팅스 겨우 두 명이었다.

총성이 멈췄다. 그러나 나나 다른 이들에게 한국전쟁의 기억은 계속됐다. 포트 딕스에서 한번은 내가 공식적인 만찬에 있는 꿈을 꾸었다.

난 몇 테이블 떨어진 곳에서 나에게 등을 돌리고 앉아 있는 레슬리 컥패트릭을 보자마자 흥분해서 그에게 달려갔다.

"레슬리!"

내가 외쳤다.

"난 네가 죽은 줄 알았어!"

그가 갑자기 몸을 돌렸다. 그는 내가 그를 마지막에 본 그 모습 그대로였다. 얼굴은 더럽고 몸은 수척했으며 전투 작업복을 입고 있었다. 그의 이마에는 총구멍이 있었다.

"그랬었지."

그가 조용히 말했다.

난 떨면서 잠에서 깨어났다. 포트 딕스에 있는 이웃 중 한 명인 루 바우만은 자기가 한번은 한밤중에 명령을 외치고 빠른 말로 욕하다가 깨어났다고 말했다. 그의 아내 패트는 그가 한국에서의 경험을 털어내고 있는 것처럼 보였다고 말했다. 나중에 야영지에서 루는 그와 함께 한 소위에게 자기가 밤중에서 신음하거나 명령을 외치는 것을 들을지 모른다고 말했다.

"만약 내가 그러면, 미쳤다고는 생각지 말게. 그저 날 깨워주게."

그는 오랫동안 한국전쟁 악몽이 이따금씩 계속됐다고 말했다. 심지어 그가 중령으로 베트남전에 참전했을 때까지도 말이다.

물론 좋은 기억들도 있었다. 잭 매디슨은 1951년 중반에 있던 한 하루를 기억한다. 그때 그의 중대는 어떤 산 정상에 배치돼 있었다. 그때 그는 스물세 살 된 자기가 그 고지 위에 있는 약 사백 명의 사병을 거느리고 있다는 것을 깨달았다. 그의 소총 중대, 중무기중대에서 배속된 부대원들, 위생병, 포병관측부대 등 말이다. 어떤 상사가 그가 위치한 곳까지 오기에는 몇 시간은 걸릴 것이었다. 사실상 그는 혼자였고, 생사를 가르는 상황 가운데 있는 이 모든 이들을 책임지고 있었다. 이것은 무거운 책임이었지만 그가 받아들인 것이었다. 갑자기 그는 자신과 또 다른 동기생들이 이루고 있는 일에 대해서 자신감이 밀려오는 것을 느꼈다.

내 좋은 기억 중 하나는 가버너스 아일랜드에서 보낸 하루다. 진과 난 내 영웅 중 한 명인 오마 브래들리 장군을 만났다. 날 포함한 다섯 명이 은성훈장을 받은 그날 행사를 보도한 〈뉴욕타임스〉 기사에는 이런 단락이 포함돼 있었다.

"깜짝 놀라게 한 사열팀원은 두 살 6개월 된 베로니카 마이하퍼였다. 그녀는 브래들리 장군 옆에 함께 서서 아버지에게 훈장이 달리는 것을 지켜봤으며, 수여식 후에는 장군의 무릎 위로 기어올라 갔다."

다른 두 가지 순간이 생각난다.

1953년 말이었다. 이때 난 웨스트포인트에서 교관으로 일하고 있었다. 난 누군가 문을 두드렸을 때 답했다. 거기에는 존 해스팅스가 있었다. 그는 24사단의 동료 참전용사였으며 다섯 개의 북한 포로수용소를 거쳤다. 우리는 오랫동안 서로 포옹한 후에야 겨우 입을 열 수 있었다.

또 다른 기억은 오랜 시간이 지난 후 있었던 웨스트포인트 동창회였다. '더 롱 그레이 라인'에 합류한 이들을 위한 추도식 이후, 우리는 포스트 묘지에 있는 동기생들의 무덤을 찾았다. 각 무덤에 한 명씩의 동기가 화환을 놓고 몇 마디 말을 하도록 되어 있었는데, 톰 하더웨이의 무덤을 위해서는 내가 선택됐다. 톰의 특별한 친구로 여겨졌다는 것은 큰 영광이었다.

거의 60년이 지난 지금 내 동기들의 기억을 통해서 6·25를 위해 바친 희생과 수고를 돌아보면서 난 역사상 모든 참전용사들이 스스로에게 물었을 것이 분명한 동일한 질문을 나에게 던지지 않을 수 없다. 그럴 만한 가치가 있었는가?

그러나 이 질문에 답하기에 앞서, 우리 1949년도 졸업생들의 기억에서 공통적으로 흐르는 것들을 말하고 싶다. 연락이 됐던 모든 동기생들은 예외 없이 우리의 교사이자 친구로서 복무했던 노병 부사관들에게 찬사를 보냈고 그 참전용사 부사관들도 동기들에게 따뜻한 찬사를 보내줬다.

반대로, 우리 중 많은 이들은 몇몇 하급장교들로부터 분노 어린 대접을 받았다. 이들 중 몇은 드러내놓고, 자신들이 "웨스트포인트들을 증오한다"

오마 브레들리 장군과 은성훈장을 받은 마이하퍼와 그의 가족

고 말했다. 종종 이런 이들은 2차대전에 참전했었으며, 웨스트포인트 출신들이 '특별 케이스'로 다뤄지는 데 대해서 아마도 정당한 사유를 가지고 분노한 대위들이었다. 이유가 어찌 되었든, 이는 우리가 예상치 못했던 상황이었으며 또 우리 모두가 무시하려고 노력했던 것이었다.

한국은 성장과 성숙의 때였다. 이때 우리는 그다지 기쁘지 않은 몇 가지 진실을 몇 가지 알게 됐다. 미국 국민이 우리를 지지하는 데 있어서 미지근할 수 있다는 것, 어떤 상사들은 자신들의 개인적인 경력에 지나칠 정도로 집착할 수도 있다는 것, 상급 사령관들이 종종 큰 실수를 할 수도 있다는 것 등 말이다. 다행히도, 이런 부정적인 것들에도 불구하고, '의무, 명예, 조국'에 대한 우리의 신념은 훼손되지 않았다. 우리의 친구들이 목숨을 잃었을 때, 우리 중 많은 이들은 "한국은 그럴 만한 가치가 없다!"고 울부짖었다. 그러나 우리 각자는 매튜 리지웨이 장군이 "자유인이 용납할 수 없는 세계적 위협을 물리치기 위한 우리의 사랑하는 이들과 우리의 조국에 대한 봉사"라고 말했을 때 그 말을 이해했다.

마찬가지로 빌 페닝톤이 죽음을 얼마 앞두고 적었던 글을 읽었던 우리 중 누구도 그것에 대해 냉소적이지 않았다. 그는, "만약 나에게 무슨 일이 벌어진다면, 매일 한국에서 바쳐지는 나나 다른 이들의 희생은 다른 무엇이 아니라 매우 가치 있고 중요한 대의를 위한 것이었다고 내가 알고 있는 것처럼 알아주오"라고 적었다.

이제 우리는 한국이 그 모든 희생을 치를 만큼 가치 있는 것인가에 대한 질문으로 되돌아왔다. 개인적으로 난 그렇다고 믿는다. 남한은 번영한 동맹국이 되었으며 활발한 무역 파트너이다. 추하고 빈곤한 독재국인 북한과 날카로운 대조를 이룬다. 우리는 남한이든 다른 어디든 만약 미국이나 유엔이 공산주의자들의 침공에 대해서 강력한 입장을 견지하지 않았더라면 무슨 일이 벌어졌을까 다만 헤아려볼 수 있다.

여기에 더해, '잊혀진 전쟁'에 참전했던 1949년도 졸업생들은 리더십, 희생, 다른 이들을 돌보는 것에 대해서 배웠다. 이 배움은 우리와 오랜 세월을 함께했는데, 우리의 군인으로서의 삶, 시민으로서의 삶에 도움을 주었으며, 난 이것이 우리 국가에게도 도움을 주었다고 믿고 싶다. 한국에서의 내 동기들의 경험을 회상해볼 때, 난 자랑스럽게 느끼지 않을 수 없다. 난 목숨을 바친 이들, 그리고 생존한 이들 모두가 자랑스럽고 뛰어난 군인 경력을 쌓아간 이들 또한 자랑스럽다. 그들 중 많은 이들이 조 킹스톤이나 클레이 버킹햄처럼 장군이 되었다. 난 또 시민으로서 교사, 변호사, 시민 지도자, 또는 디디 오버톤이나 잭 맥도널드처럼 회사 사장이 된 친구들도 자랑스럽다.

마지막으로 이 회고록에 도움을 준 이들에게 감사를 표하고 싶으며, 또 한국전에서 용감하게 싸웠으나 정확한 정보의 부족으로 그들의 이야기를 수록하지 못한 많은 나의 동기생들에게도 용서를 구하고 싶다.

또한 이 이야기는 우리의 귀한 한국전 동료들인 웨스트포인트 1950년도 졸업생들에게도 감사를 표하지 않고서는 마쳐질 수 없을 것이다. 이들 중 많은 이들이 졸업휴가 직후 전장에 뛰어들었다. 두 학년이 공통의 경험과 서로에 대한 존경으로 이토록 가깝게 이어진 경우는 거의 없었다.

부 록

당신의 앞마당에서 벌어지고 있는 일

로버트 T. 펄룬

(17보병 전투단 소속 중위)

| 저자 노트 : 밥 펄룬은 심각한 부상을 입은 후 결국 워싱턴으로 후송돼 월터 리드 군 병원에 입원했다. 그는 그곳에 있는 동안 《당신의 앞마당에서 벌어지고 있는 일》이란 제목의 에세이를 썼다. 이 글은 〈새러데이 이브닝 포스트〉, 〈리더스 다이제스트〉, 〈워싱턴 스타〉, 〈리치몬드 뉴스 리더〉 등 많은 신문과 잡지에 실리기도 했다.

전쟁에 대해 당신께 드릴 말씀이 있습니다.

지금이 아주 춥고 습기 찬 겨울 밤 열 시쯤이라고 잠시 상상해보십시오. 당신은 석간신문을 보면서 난롯가 옆에 아늑하게 앉아 있었습니다. 기분 좋은 하루였습니다. 밖은 음산하지만 난롯가 옆은 따뜻하고 편안합니다. 당신은 잠자리에 들기 전 잠시 신선한 공기를 들이마시러 현관 밖에 나가기로 결정합니다. 전 당신이 종종 그렇게 했을 것이라고 생각합니다. 그런데 이날 저녁, 이상한 광경이 당신 눈에 띕니다.

당신 집 앞 잔디밭 중앙에 커다란 구멍이 있습니다. 그 주위에는 흙이 파

헤쳐져 있습니다. 흰 눈에 날카롭게 대립해 경계를 이루고 있습니다. 구멍 속에 웅크리고 있는 사람이 보입니다.

그에 대해서 몇 말씀 드리겠습니다.

그는 지금까지 이 근방에서 약 3주간 있었습니다. 당신 앞마당에 있는 이 구멍과 비슷한 열두 개쯤의 구멍 속을 옮겨 다니면서 말입니다. 그에 대해서 가장 분명한 사실은 그가 춥다는 것입니다. 당신 앞마당은 당신이 서 있는 곳보다 20도 이상 더 춥기 때문입니다. 종종 그는 몸을 좀 더 따뜻하게 하려고 삽을 잡고 구멍을 좀 더 깊게 팝니다. 그것이 그가 몸을 따뜻하게 할 수 있는 유일한 방법입니다. 왜냐하면 불을 피우면 그의 몸이 드러날 것이고 당신의 거실에 박격포탄이 날아오게 될지도 모르기 때문입니다.

그는 오랫동안 추위 가운데 있었습니다. 그리고 젖어 있는 상태였습니다. 그는 발의 감각을 느낄 수 없습니다. 그는 발이 동상에 걸렸을까봐 점점 걱정이 되고 있습니다. 긴 밤이 될 것입니다. 더 추워질 것입니다.

그는 매우 더럽습니다. 100개쯤 되는 씨-레이션에서 나온 기름이 그의 파카와 장갑에 얼어붙어 있습니다. 또 그 기름은 2주 동안 못 깎아 덥수룩한 수염에도 덮여 있습니다. 낮에 차마 발사하지 못한 소총에서 나온 그을음이 그의 바지와 부츠에 전부 배어 있습니다.

그는 전신이 더럽습니다. 한 달도 더 넘게 속옷을 갈아입지 못했습니다. 그리고 앞으로 한동안 더 그러할 것입니다. 저 멀리까지 내려가기에는 너무 춥습니다. 그에게서는 냄새가 납니다. 아주 끔찍합니다.

그는 배가 꽤 고프기도 합니다. 사람들은 땅거미가 지고 나서야 그에게 레이션을 가져다주었고 그는 레이션을 녹이기 위해 불을 피울 수도 없었습니다. 그는 아침까지 기다려야 합니다. 뜨거운 커피 한 잔을 마시면 정말 맛있을 것 같습니다. 그는 수염과 구부정한 자세 때문에 꽤 나이 들어 보이지만 겨우 열아홉 살 정도 되었습니다. 당신이 아는 여느 열아홉 살과는 전혀 달라 보이지만 말입니다.

당신은 그가 그곳에 그렇게 오래 고독하게 앉아 있으면서 무슨 생각을 하고 있을지 궁금할 것입니다. 글쎄, 별 것 없습니다. 그저 왜 이렇게 추운지와 또 커피를 마시면 얼마나 좋을까 정도입니다. 아마 가끔 집 생각도 할 것입니다. 그러나 그것은 먼 이야기이고, 추위, 발, 배고픔은 훨씬 더 긴급한 일입니다. 당신은 이 세 가지가 어떻게 사람 마음을 가득 채울 수 있는지에 놀랄 것입니다.

당신은 그가 당신 울타리에 구멍을 뚫고 구멍을 통해 소총을 발사할 태세를 갖추고 있는 것을 눈치 챘을 것입니다. 그가 생각하는 또 다른 것은 이것입니다. '그들이 언제 또 올까?' 그는 그곳에 혼자 있으면서 다소 겁에 질려 있습니다. 그는 집 두 채 정도 거리만큼 떨어져 있는 비슷한 구멍에 들어가 있는 친구를 찾아가서 이야기를 나누고 싶지만, 밤에 그렇게 기어가는 것은 그다지 좋은 생각이 아닙니다. 그는 친구들이 그렇게 멀리 떨어져 있지 않기를 바랐지만, 항상 충분치 않은 수의 사람이 넓은 영역을 감당해야 하는 것 같았습니다. 서로 멀리 떨어져 있으면 서로 간에 그다지 도움이 되지 않습니다.

당신은 이 남자를 위해 어떻게 해주고 싶습니까? 당신의 난롯가에 초청하고 커피 한 잔을 대접하겠습니까? 당신의 면도기를 빌려주고 뜨거운 샤워를 할 수 있도록 해주겠습니까? 참호 속에서 흙과 추위 속에서 자는 대신 침대에서 잘 수 있도록 침대를 제공해주겠습니까? 분명 당신은 그러할 것입니다! 두 번 생각하지도 않을 것입니다. 그러나 당신은 그렇게 할 수 없을 것 같습니다. 저 너머 언덕 위에는 당신 집 정문 안으로 들어오기 원하는 누군가가 있습니다. 당신 앞마당에 있는 이는 소대장으로부터 당신의 집과 그 옆집을 지키라고 명령받았습니다. 그래서 그는 당신 집에 들어갈 수 없고 당신도 그에게 다가갈 수 없습니다. 그는 매우 멀리 떨어져 있습니다.

그러나 당신이 아침이 되어서 문 밖을 나서면 그는 여전히 그 자리에 있습니다. 작은 불을 피운 채 웅크리고 있을 것입니다. 손과 레이션을 녹이고, 발의 감각을 되찾으려고 하고 있을 것입니다. 이때쯤 구멍은 꽤 깊이 파들어 가 있고, 울타리도 더 잘라져 있을 것입니다. 당신이 일터에서 집에 돌아올 때 그는 여전히 거기 있습니다. 당신이 거실의 편안한 난롯가를 맞이할 때, 그 군인은 또 한 번의 추운 밤을 보낼 준비를 하고 있습니다.

전 이 군인에 대해 이야기하면서 이 군인을 당신의 앞마당에 두었습니다. 저 먼 나라에서 군인들이 지키고 있는 모든 황량한 고지는 사실 당신의 정문 안에 있다는 것을 알려드리기 위해서였습니다. 당신 집에 들어와서 해를 가하려는 이들이 있습니다. 그 군인의 의무는 그들로부터 당신을 지키는 것입니다. 그는 그의 일을 할 것이고 당신에게 이 일을 대신 해달라고 하지는 않을 것입니다. 그가 추위 속에서 당신 앞마당에 앉아 있어야 한다면 그것은 그래야만 하기 때문입니다. 그는 당신 난롯가의 안락함이나 저녁식탁 때문에 당신을 시샘하지 않을 것입니다. 그러나 그는 당신이 당신의 일을 하고 있지 않다는 것을 안다면 매우 쓰디쓰게 느낄 것입니다.

무엇이 '당신의 일' 입니까? 글쎄, 제가 '당신의 일' 이 무엇일지 모른다고 생각하는 것은 그다지 중요하지 않습니다. 그러나 전 당신이 그것이 무엇인지 빨리 발견하고 그것을 하기 시작하는 것이 중요하다고 생각합니다. 왜냐하면 그것이 무엇이든지 간에 그것은 나라가 존재하기 위한 씨름의 중요한 한 부분이기 때문입니다. 아마도 당신이 오늘밤 집에 돌아가서 당신 집 앞마당의 구멍에서 몸을 웅크린 채 떨고 있는 사람을 발견한다면 당신이 해야 할 일이 무엇인지가 당신에게 좀 더 분명해질지도 모르겠습니다.

허드슨강에서 압록강까지

초판 1쇄 인쇄 2010년 6월 5일
초판 1쇄 발행 2010년 6월 10일

저 자 해리 J. 마이하퍼
옮긴이 김 만 종
발행인 배 효 선
발행처 법 문 사
등 록 1957년 12월 12일/제 2-76호(윤)
주 소 (413-756) 경기도 파주시 교하읍 문발리 526-3
전 화 (031)955-6500~6 FAX (031)955-6525
E-mail (영업)bms@bobmunsa.co.kr
(편집)edit66@bobmunsa.co.kr
홈페이지 www.bobmunsa.co.kr
디자인 피앤피디자인(www.ibook4u.co.kr)

ISBN 978-89-18-00069-5 03810

* 값은 표지 뒷면에 표기되어 있습니다.
* 저자와의 협의 하에 인지를 생략합니다.